JIT를 잡아라

JIT를 잡아라

개정판 1쇄 인쇄 2020년 10월 10일
개정판 1쇄 발행 2020년 10월 15일

저　자　엘리 골드렛
역　자　홍 성 완
작　업　이 동 영
디자인　EG 디자인
CTP　허 용 범
인　쇄　재원프린팅
제　본　광명제책사
발행처　**새길아카데미**
발행인　이 미 숙
주　소　서울특별시 마포구 서강로 11길-24
주문처　02-325-5966 FAX 02-324-6799
ISBN　978-89-97759-70-5(03840)

비즈니스 기업소설

JIT를 잡아라

Over Just in time

엘리 골드렛 지음 ● 홍성완 옮김

새길 아카데미

2020

Over Just in time

by

Eliyahu Moshe Goldratt

옮긴이의 말

이 책은 기업소설이다. 사람에 따라서는 재미있는 연애소설이라고도 한다.

하지만 『JIT를 잡아라』는 누가 뭐래도 교과서이다. 그것도 대학원생들이 읽는 대학원 학습교재이다. 미국 대학원생들이 읽는 교재를 살펴보면 제일 처음에 기록되어 있는 책이 『JIT를 잡아라』이다.

그러나 다시 말하지만 『JIT를 잡아라』는 소설이다. 대학생들뿐만 아니라 회사원 및 일반 부인들 사이에서도 베스트셀러가 되었으니 대학원 교재라고만 말할 수는 없을 것이다.

바로 이점에서 저자 엘리 골드렛의 목적은 달성했다고 할 수 있겠다. 진정한 교육은 어떤 내용을 주입시키는 것이 아니라 자발적 유추과정을 통하는 것이라고 저자 엘리 골드렛은 믿고 있다. 내용 속에서 알 수 있겠으나 주인공 알렉스 로고의 옛 교수인 조나는 문제에 대한 해답을 다 알고 있음에도 불구하고 알렉스에게 그것을 알려주지 않고 연속적으로 그에게 질문을 함으로서 알렉스 자신이 그 해답들을 발견하도록 유도하고 있다.

그러한 유추를 하도록 줄거리를 제공해야하는 것이 바로 교과서라고 저자는 말한다. 그리고 줄거리는 지속적인 유추과정을 계속 즐길 수 있도록 하기 위해 재미있게 씌어져야 한다는 것이다. 때문에 역자는 그의 소설(아니 교과서)이 베스트셀러가 되었다는 사실에서 그가 본래의 목적에 달성했다고 말하는 것이다. 왜냐하면 재미없는 책은 베스트셀러가 될 수 없기 때문이다.

내용면에서 보면 『JIT를 잡아라』는 생산성 향상을 위한 새로운 시스템을 제안 설명하는 이야기이다. 주인공 알렉스가 운영하는 공장이 만성적으로 고객이 원하는 납기일을 맞추지 못하고 있는 상황을 벗어나기 위해 공장 내의 자원을 효율적으로 이용하는 시스템이 제안된다.

새로운 시스템의 자원은 아주 작지만 아주 중요한 공장의 병목을 최대한 활용하는 일이다. 이러한 시스템의 제안에는 '효율성'이라는 새로운 인식이 바탕이 된다. 지금까지 우리는 인력 또는 어떠한 자원이라도 항상 그것을 가동하거나 일을 함으로서 높은 효율성을 얻을 수 있고, 그것이 생산성을 높이고 결국 수익성으로 이어진다고 믿어 왔다.

하지만 알렉스의 공장에서 보듯 높은 효율성은 직접적으로 생산성 향상과 관계가 없으며 오히려 그 반대 현상이 나타날 수도 있었다. 효율성과 수익성의 경우에도 높은 효율성이 높은 수익성과 어떤 인과관계가 있다는 것이 실재로 증명되지 못한 상태에서 마치 당연한 관계인 것처럼 인식되어 왔다.

알렉스가 자기 공장에 새로 도입한 시스템은 이러한 기존 관념 및 기존 성과분석 방법들을 과감하게 버리고 모든 것을 판매의 관점에서 보고 공장 안의 병목을 극대화함으로써 더불어 판매를 극대화하는 것을 근간으로 하고 있다. 따라서 병목을 항상 가동상태로 있게 하기위해 그것에 필요한 인원을 24시간 대기시키고 쓸데없이 노는 시간을 없애는 방안이 제시된 것이다. 언뜻 보면 극히 간단하고 단순한 논리 같지만 저자는 그 새로운 시스템을 근래에 생산에 관한 가장 효율적인 시스템의 하나로 인정받고 있는 일본의 '적기선적'(Just-in-time)에 비교하여 더 효율적이고 논리적인 시스템이라고 주장하고 있다. 다시 말해 이 책의 제목 『JIT를 잡아라』는 '일본의 JIT 시스템을 잡고 뛰어 넘자'라는 의미이다.

그동안 서구 사회가 일본에 밀려 약간은 빛이 바래가는 서구 시스템에 자만심을 지키려는 것처럼 보이기도 하지만 확실한 실용성과 이론적 배경을 지닌 시스템임에는 이론의 여지가 없을 것이다. 그 증거로서 그가 제안하고 있는 것 대부분이 기존의 생산법칙이나 회계원리와는 다르거나 전혀 상반되는 것들임에도 불구하고, 그것들이 실제로 생산에 종사하는 사람들과 회계사들에게 저항없이 받아들여지고 있다는 점에서 알 수가 있다.

특히, 본문 중에서 주인공 알렉스가 그의 아들 데이브의 보이스카웃 하이킹에 따라갔다가 아들 친구들과 함께 한 주사위 게임은 경영대학원 생산경영시간에 직접 실습이 실시될 정도로 그 실용성을 인정받고 있다.

번역자는 이 책을 미국에서 경영학 공부를 하면서 하룻밤사이에 모두 읽었다. 끊임없이 독자를 사고의 세계로 빠져들게 하고 의문을 갖게 하는 사건과 갖은 문제의 연속 등은 주인공 알렉스를 둘러싼 인간적 문제가 연민을 느끼게 하면서 눈을 떼지 못하게 하였다. 그리고 주인공 알렉스가 문제를 하나하나 해결해 나가는 명료한 모습에 놀라면서 마지막에는 그에게 빠져들어 버렸다.

이 책은 누구나 어떠한 경영학에 대한 지식이 없이도 쉽게 내용을 이해하고 알렉스의 시스템를 소화하고 빠져들게 될 것이다. 이 책은 20여 개국 언어로 번역되어 화이트칼라, 블루칼라는 물론이고 대학생 및 가정주부들에게도 널리 읽히는 세계적인 베스트셀러이다.

마지막으로 이 책은 신성불가침의 법칙에 도전한 엘드 골드렛을 첫 작품이자 첫 결실임을 밝혀둔다. 저자는 이후 『위기탈출 경영혁명』(*The Race*)이라는 간단한 저술을 발표한 후 「아브라함 H 골드렛 연구소」를 설립하여 서구 사회에 새로운 생산 시스템을 연구하고 전파하는 데 노력하였다.

옮긴이 홍성완

JIT를 잡아라

목 차

등장 인물

Alex Rogo : 제조 공장 관리자(주인공)
Jonah : 비판적인 조언과 단서를 제공하는 Alex의 대학 교수
Julie Rogo : Alex Rogo의 아내
Bill Peach : 사업부 부사장
프랜 : Alex의 비서
Lou : 수석 회계사
Stacey : 공장 재고 관리자
Bob Donovan : 생산 관리자
Ralph Nakamura : 데이터 처리 관리자
Herbie : 식물의 병목 현상을 은유적으로 상징하는 보이 스카우트
Dave : Alex의 아들
Sharon : Alex의 딸

1

SOS ! 회사가 휘청거린다

1/4분기 판매실적
20% 감소, 원자재 코스트
증가, 직접노무비용 계속 증가,
시간당 생산효율성 12% 감소…….
이럴 수가, 모든 계열사의 결산결과가
최악이다. 적자는 창업 이래 사상 최고로
치솟았다. 회사에 현금이 딸릴 정도다.
위기가 우리에게도 닥친 것이다.

1

7시 30분에 정문으로 들어가다 보니 건너편 주차장에 진홍색 벤츠가 보였다. 바로 공장사무실 옆에 주차되어 있었다. 내 자린데. 빌 피치말고 또 누가 그럴 수 있겠는가! 그는, 그 시간에 주차장이 거의 비어 있고 방문객을 위한 주차공간이 따로 있다는 것도 전혀 개의치 않는다. 그는 내 이름이 씌어 있는 곳에다 주차를 함으로써 뭔가 암시하고 싶은 것이다. 그래 좋다. 그는 계열사 사장이고 나는 단지 공장장에 지나지 않으니까. 그는 아무 곳에나 그가 원하는 곳이면 그 빌어먹을 벤츠를 주차시킬 수 있겠지.

내 뷔익을 그의 차 옆에 주차시켰다. 그곳은 회계담당자의 자리였다. 걸어가면서 언뜻 보니 빌의 차가 틀림없었다. 그의 번호판엔 'NUMBER 1'이 새겨져 있다. 그리고 빌이 늘 원하는 자리가 무엇인가를 생각해본다면, 그 번호판은 정말 꼭 들어맞는 셈이다. 그는 사장이 되기를 바라는 것이다. 지금으로선 결코 거기까지 올라갈 기회가 없을 것 같지만, 나도 원하는 자리가 아닌가?

어쨌든, 사무실로 들어갔다. 벌써 긴장이 됐다. 도대체 빌이 여기서 무엇을 하는지 궁금했다. 아침에 무슨 일을 하기는 틀린 것 같았다. 나는 대개 아침 일찍 나와, 전화나 회의 등으로 바빠지기 전에 잡무를 처리하곤 한다. 오후에는 그런 것을 처리할 시간을 내기 힘들기 때문인데, 오늘은 영 힘들 것 같다.

"로고 씨." 누군가 나를 불렀다.

멈춰 서 보니 네 명의 남자가 공장 저쪽에서 몰려나왔다. 교대 책임자 뎀프시, 조합 간부 마티네츠, 시간제 일꾼 한 명, 그리고 기계센터 반장 레이였다. 그들은 동시에 나에게 뭐라고 떠들어댔다. 뎀프시는 문제가 생겼다고 하고, 마티네츠는 파업을 할 것이라고 소리쳤다. 시간제 일꾼은 뭔가 고용학대에 대해 얘기를 하고 있었다. 레이는 부품이 없어서 몇 가지 일을 끝낼 수 없다고 소리치고 있었다. 갑자기 아수라장에 빠진 나는 그들을 물끄러미 쳐다보기만 했다. 그들도 나를 쳐다보았다. 젠장 나는 아직 모닝커피도 못 마셨단 말일세…….

간신히 모두를 진정시키고 무슨 일인가를 물어보니, 피치가 한 시간 전쯤에 와서 고객주문 41427번의 현 진행상태를 보여달라고 했다는 것이다.

일이 꼬이려고 그랬는지 아무도 그 주문건에 대해 모르고 있었다. 그러자 피치는 모두를 시켜서 그 일에 대해 알아보게 했고, 그것은 꽤 큰 주문이었던 것으로 드러났다. 그리고 우리는 납기일을 못 지키고 있었다. 그래서 뭐가 새롭단 말인가? 이 공장에선 모든 것이 다 늦는데 말이다. 살펴보면, 이 공장에선 급한 주문에 대해 4단계의 우선순위를 가지고 있다 : 급함, 꽤 급함, 아주 급함, 당장 할 것! 우리는 이것들 중 아무것도 제시간에 해내지 못하고 있었다.

41427번 주문이 전혀 출고준비가 되어 있지 않다는 것을 발견하자 피치는 재촉하기 시작했다. 그는 미친 듯이 돌아다니며 뎀프시에게 소리치며 지시하기 시작했다. 결국 한 무더기의 필요한 부품들이 준비되었지만, 그들은 더이상 조립을 할 수 없게 되었다. 1단계 조립에 필요한 한 개의 부품이 없었기 때문이다. 그 부품을 만들려면 아직 몇 가지 공정이 더 필요한데, 부품이 없으면 조립을 할 수 없고, 조립을 못하면 출고할 수 없는 것은 당연한 일이었다.

그들은 그 부품의 조립에 필요한 재료들이 N/C 기계 중의 하나에서 가공되기를 기다리고 있다는 것을 발견했다. 하지만 그들이 그곳에 갔을 때 그 기계는 문제의 부품을 가공하기 위한 준비가 돼 있지 않았다. 대신 다른 당장-해야-할 작업을 위해 준비돼 있었다.

피치는 그 작업에 전혀 개의치 않았다. 그가 신경쓰는 것은 오로지 41427을 빨리 출고시키는 것이었다. 그래서 뎀프시에게, 작업반장 레이에게 지시해서 기계공에게 다른 하찮은 것에 신경쓰지 말고 41427 부품이나 만들 준비를 시키라고 말했다. 기계공은 레이로부터 뎀프시, 피치를 차례로 쳐다본 후 렌치를 던지며 모두 미쳤다고 중얼거렸다. 그 다른 급한 작업을 위해 그와 그의 조수가 한 시간 반이나 걸려서 기계를 준비해놨는데, 이제 와서 그 일은 제쳐놓고 다른 일을 위해 기계를 준비하라니? 무슨 지랄이란 말인가! 여기서 피치가, 언제나 노련한 외교관인 피치가 나섰다. 그는 감독관과 반장을 지나 그 기계공에게 가서, 만약 그가 자신이 시킨 일을 안 한다면 당장 해고시키겠다고 말했다. 몇 마디 말이 더 오갔다. 기계공도 화가 나서 파업을 하겠다고 협박조로 말했다. 조합 간부도 왔다. 모두가 미친 것이다. 아무도 일을 안 하고 있었다. 그리고 그때 마침 내가 도착해서 그 화난 네 사람을 만난 것이다.

"그래, 지금 피치 씨 어디 있나?" 내가 물었다.

"공장장님 사무실에 있습니다." 뎀프시가 대답했다.

"좋아, 그에게 가서 내가 곧 갈 거라고 말해주게."

뎀프시는 서둘러 사무실로 갔다. 나는 마티네츠와 문제의 기계공인 그 시간제 일꾼에게 말을 돌렸다. 내가 아는 한 어떠한 제재나 해고도 없을 것이며 모든 것이 오해라고 말해줬다. 마티네츠는 처음엔 완전히 만족하지 않았다. 그 기계공은 피치가 사과를 해야 된다고 말했다. 나는 그 일에 끼어들 생각이 없었다. 또 마티네츠가 그의 권한으로 파업을 요구할 수 없음도 알았다. 그래서 나는, 만약 조합에서 소원수리 접수를 하기 원한다면 오후에 기꺼이 지역 조합 지부장인 마이크 오도넬에게 말해서 모든 일을 정해진 순서대로 처리하겠다고 말했다. 어쨌든 오도넬과 얘기하기 전에는 아무것도 더 할 수 없다는 것을 깨닫고 마티네츠는 결국 내 제안을 받아들이고, 시간제 일꾼과 같이 공장으로 돌아갔다.

나는 레이에게 말했다. "그들이 다시 일할 수 있도록 하시오."

"물론이죠. 하지만 어떤 일을 하죠? 우리가 원래 하려던 일인가요, 아니면 피치가 원하는 일인가요?" 레이가 물었다.

"피치가 원하는 일을 하시오."

"좋아요, 하지만 괜한 시간만 낭비한 셈이 됐군요."

"그렇다면 낭비해야지. 이봐요 레이, 나는 사실 지금이 어떤 상황인지도 몰라요. 그렇지만 빌이 여기 있다는 것은 뭔가 급한 상황이 있다는 얘기입니다. 안 그렇소?"

"예, 물론이죠. 단지 무얼 해야 될지 알고 싶었을 뿐이에요."

나는 그들이 좀더 기분좋게 느끼도록 말해줬다.

"자, 빨리 준비를 하고 그 부품을 만듭시다."

"예."

안으로 들어가니 공장으로 돌아오던 뎀프시가 내 앞을 지나갔다. 그는 내 방에서 방금 나왔는데 급하게 그곳을 빠져나오는 것 같았다. 나를 보더니 고개를 흔들었다.

"행운을 빕니다." 그는 나지막히 말했다.

내 사무실 문은 활짝 열려 있었고 들어가보니 빌이 있었다. 그는 내 책상에 앉아 있었다. 작달막하고 뚱뚱한, 그리고 굵고 억센 회색 머리와 그것에 어울리는 눈을 가진 빌이었다. 가방을 내려놓자 그는 나를 뚫어지게 쳐다보면서 눈으로 말했다. 이게 네 목이다, 로고.

"좋아요, 빌. 무슨 일이죠?" 나는 물었다.

"얘기해야 할 일들이 있어. 앉아보게."

"앉고 싶지만, 당신이 내 자리에 있잖아요."

상황에 안 맞는 농담이었던 것 같았다.

"내가 여기 온 이유를 알고 싶겠지?" 그가 말했다. "자네의 그 나쁜 피부를 치료해주러 왔지."

"아니오, 내가 방금 만난 사람들에 의하면 당신은 나의 노사관계를 망치러 왔어요."

그는 나를 똑바로 쳐다보며 말했다. "자네가 만약 여기서 뭔가 일어나게 하지 못한다면 걱정할 노조도 없어질걸. 왜냐하면 걱정할 공장이 없어질테니까. 사실 걱정할 일자리도 없어질 걸세, 로고."

"알았으니 잠시 진정해봐요." 나는 말했다. "한번 말해봅시다. 이 주문에 뭐가 잘못된 건지."

맨 먼저 빌은 어젯밤 열시경에 우리 유니코사의 가장 큰 고객 중 하나인, 자신의 오래된 친구 버키 번사이드 사장에게서 전화를 받았다고 했다. 아마 버키는 그의 주문(41427)이 7주나 늦춰지고 있다는 사실에 대해 물고 늘어졌던 것 같다. 그는 계속해서 피치를 한 시간 동안이나 볶아댔다고 한다. 버키는 다른 모든 사람들이 그 주문을 우리의 경쟁사에 주자고 하는데도 불구하고 우리 회사에 그 주문을 주도록 한 것 때문에 몹시 위태로운 처지에 있는 것이 분명했다. 그의 고객들과 저녁을 할 때도 그들은 자신들의 주문이 늦어지는 것에 대해서 버키에게 마구 항의를 해댔다는 것이다. 사실 그 주문이 늦어진 것은 우리 때문인데 말이다. 그래서 버키는 흥분해 있었던 것이다(그리고 아마 약간 취했었던 것 같다). 피치는 그 건을 자신이 직접 처리할 것을 약속하고, 무슨 일이 있더라도 오늘까지 주문을 실어 보내겠다고 보장함으로써 간신히 그를 달랠 수 있었다는 것이다.

나는 빌에게 우리가 그 주문을 되는 대로 놔둔 것에 대해 과실을 인정하고 그 건에 대해 신경을 쓰겠다고 약속했다. 하지만 과연 그 일 때문에 그가 오늘 아침 여기에 와서 이렇게까지 공장 전체를 뒤집어놓아야 했는지 물어보았다.

그러자 그는 그가 어저께 나에게 전화를 걸었을 때 도대체 어디 있었냐고 되물었다. 나는 그에게 아내와 다투고 있느라 전화 두 번을 받지 않았다는 것을 말할 수 없었다. 우습게도 아내와 싸운 이유는 내가 그녀에게 너무 무관심하다는 것이었다. 세번째 전화는 그녀와 화해를 하는 중이어서 받지 않았다.

나는 그에게 집에 늦게 들어갔다고 말하려 했지만 그는 더이상 그 문제를 언급하지 않았다. 대신 그는 내게 어떻게 내 공장 안에서 돌아가는 일들을 내가 모르고 있는지를 따졌다. 그는 납기일이 지난 주문에 대한 불만을 듣는 데 이골이 나 있었다.

"내가 확실히 아는 것은요," 그에게 말했다. "당신이 3개월 전 20퍼센트 생산 축소와 더불어 행한 두번째 감원 이후, 납기일을 맞춘다는 것은 운 좋을 때나 가능해졌다는 점입니다."

"알렉스," 그는 조용히 말했다. "그 빌어먹을 물건들이나 만들어 내게, 알겠나?"

"그렇다면 내게 필요한 사람들을 구해줘요." 나는 그에게 말했다.

"충분히 사람들이 있지 않은가! 도대체 효율성면을 보자구, 얼마든지 개선할 여지가 있지 않은가, 알렉스. 가지고 있는 사람들을 효과적으로 쓸 수 있다는 것을 보여주기 전엔, 사람이 부족하다는 그런 우는소리는 하지도 말게."

내가 뭐라고 말을 하려 하자 피치는 손을 들어 내 입을 막아버렸다. 그리곤 일어나서 문쪽으로 가 문을 닫았다. 제기랄 나도 생각이 있는데.

문 앞에서 그는 돌아서서 말했다. "앉게."

그러고 보니 나는 계속 서 있기만 했다. 방문객이 앉는 책상 앞 의자 중 하나에 앉자 피치가 책상 뒤로 돌아왔다.

"보게 알렉스, 이 문제를 가지고 따지는 것은 시간낭비일세. 자네의 지난번 운영보고서만 봐도 다 알 수 있어."

"맞아요. 당신이 옳아요. 중요한 것은 번사이드 씨의 주문을 실어내는 것이겠죠."

피치는 폭발했다. "집어쳐! 문제는 번사이드의 주문이 아니야! 그의 주문은 여기에 산재한 문제들의 한 증후에 불과할 뿐이란 말야. 자네는 내가 겨우 여기에 늦어진 주문을 재촉하려고 왔다고 생각하나? 나는 자네와 이 공장 모든 사람들에게 뭔가를 일깨워주러 온 거야. 이건 단지 고객 서비스 문제가 아니야. 자네가 맡고 있는 공장이 손해를 보고 있단 말일세."

마치 그 문제를 충분히 이해해야 한다는 듯 그는 잠시 멈췄다.

그러더니 갑자기 주먹으로 책상을 쾅 치고 손가락으로 나를 가리켰다.

"만약 자네가 그 주문들을 실어내지 못한다면, 내가 직접 어떻게 해야 되는지를 보여주지. 만약 그래도 자네가 해낼 수 없다면, 자네 혹은 이 공장 둘 중 하나는 문닫아야 될 걸세."

"빌, 잠깐 기다려봐요."

"젠장. 난 시간이 없어." 그는 고함치듯 소리쳤다. "변명 들을 시간이 더이상 없단 말일세. 그리고 설명도 필요없네. 단지 그 일을 끝내서 실어내게. 그 다음에 돈을 받으면 되는 거야."

"알아요. 빌."

"하지만, 자네는 우리 회사가 역사상 최악의 적자에 직면했다는 것은 모를 걸세. 수렁에 깊이 빠져 결코 헤어날 수 없을지도 모르네. 그리고 바로 자네의 공장이야말로 모든 것의 원인이네."

나는 이미 탈진해 있었다. 지친 듯이 그에게 물었다.

"알았어요. 나한테 뭘 원하는 거죠? 난 여기에 온 지 육 개월밖에 안 됐어요. 내가 온 이후로 상태가 호전되기는커녕 악화됐다는 건 인정하겠어요. 하지만 나는 최선을 다하고 있어요."

"최후선을 알길 원한다면 말해주겠네. 3개월 안에 이 공장을 바꾸어놓게."

"만약 그 시간 안에 못한다면요?"

"그렇다면 경영위원회에 가서 공장문을 닫으라고 건의하겠네."

나는 말없이 앉아 있었다. 그의 말은 확실히 내가 이 아침에 예상했던 어떤 말보다도 최악의 것이었다. 그러나 그렇게 놀라운 것은 아니었다. 힐끔 창문 밖을 보았다. 제1교대조의 사람들로 주차장이 붐볐다. 뒤를 돌아봤을 때 피치는 일어나서 책상 주위로 다가왔다. 그는 내 옆에 앉아 몸을 앞으로 기댔다. 다음은 안도의 시간이었다. 그는 나를 위로하려고 말했다.

"알렉스, 자네가 처한 이 상황이 최상이 아니라는 것은 아네. 내가 자네에게 이 공장을 맡긴 것은 자네가 이 공장을 적자에서 최소한, 글쎄, 조금의 이익이라도 만들어내는 곳으로 바꿀 수 있는 사람이라고 생각했기 때문이네. 그리고 아직도 그 생각엔 변함이 없네. 그러나 자네가 이 자리를 계속 지키기 원한다면 뭔가 결실을 만들어내야 하지 않겠나?"

"하지만 빌, 시간이 필요해요."

"미안하네, 3개월뿐일세. 그리고 상태가 더 나빠지면 그것마저 못 줄지도 모르네."

앉아 있는 나를 놔둔 채 빌은 시계를 보고 일어섰다. 대화는 끝이 났다.

"지금 떠나야 두번째 회의부터라도 참석할 수 있네."

내가 일어서자 그는 문쪽으로 걸어갔다. 손잡이를 잡은 채 그는 웃으면서 말했다. "이제까지 내가 자네를 도와주기 위해 사람들을 닥달해놨네. 그러니 버키의 주문을 오늘 안으로 실어나르는 데 문제가 없겠지. 안 그런가?"

"해보겠어요, 빌."

"좋네." 문을 열면서 윙크하며 그는 말했다.

잠시 후 창문 너머로 그가 벤츠를 타고 정문으로 출발하는 것이 보였다. 3개월. 오직 이 생각뿐이었다. 창문에서 돌아서는 데 얼마나 많은 시간이 흘렀는지 기억할 수 없었다. 갑자기 내가 책상에 앉아 허공을 쳐다보고 있다는 것을 알았다. 그리고는 이 공장에서 무슨 일이 벌어지는지 직접 가서 봐야겠다는 결심을 했다. 문 옆의 선반에서 안전모와 보안경을 쓰고 나섰다. 비서 옆을 지나갔다.

"프렌, 잠시 작업장에 가보겠소." 나가면서 그녀에게 말했다. 프렌은 타이프 치던 편지에서 눈을 떼며 나를 보고 미소지었다.

"알았어요. 그런데 오늘 아침 공장장님 주차장에 서 있던 차가 피치 씨 차가 맞나요?"

"그래요."

"좋은 차던데요." 그녀는 웃으며 말했다. "처음에 봤을 땐 공장장님 차라고 생각했어요."

이번엔 내가 웃었다.

"그런 차는 얼마나 할까요?"

"정확히는 모르지만 삼만 달러는 할 거요."

그녀는 치던 것을 멈추고 말했다. "농담이죠? 그렇게나 비싸요? 차가 그렇게까지 비쌀 수 있으리라곤 생각조차 못했어요. 와, 내 쉐비를 그런 차로 바꾼다는 건 상상도 못하겠네요."

한바탕 웃고 그녀는 다시 타이프를 치기 시작했다.

프렌은 말하자면 OK 타입의 여자다. 몇 살이나 됐을까? 40대 초반쯤 됐을까, 두 명의 십대 아이를 부양하고 있었다. 그녀의 전남편은 알콜 중독자였다. 그들은 꽤 오래 전에 이혼했고 그후 그녀는 그와 전적으로 관계를 끊으려 했다. 프렌은 그녀의 이 모든 얘기를 내가 공장에 부임해온 다음날에 다 해주었다. 나는 그녀를 좋아한다. 일하는 것도 마음에 들어서 봉급도 많이 주고 싶다. 최소한 우리 형편으로는 말이다. 어쨌든 그녀도 3개월은 더 일할 수 있으니까.

공장 안으로 들어가는 것은 마치 사탄과 천사가 일종의 음침한 마술을 하기 위해 결혼한 곳에 가는 것 같다. 주위의 모든 것들이 우주적이고 초자연적이다. 나는 늘 공장을 굉장히 매력적인 것으로 본다. 시각적 견지에서만 봐도 말이다. 하지만 대부분의 사람은 나와는 다른 생각을 하는 것 같다.

사무실을 공장과 분리해놓은 이중문을 지나면 새로운 세계가 나타난다. 머리 위로는 지붕 트러스에 램프가 쭉 매달려 있다. 나트륨 등불이 따뜻한 오렌지색으로 모든 것을 비추고 있다. 체인으로 연결된 거대한 구조물은 천장과 바닥을 잇는 칸들로 구분되어 있는데, 그 안에는 우리가 만들어내는 모든 것들을 위한 부품과 재료가 가득 차 있는 상자들이 들어 있다. 칸들 사이의 좁은 통로로는 천장의 트랙을 따라 움직이는 포크레인이 돌아다닌다. 바닥에서는 말려져 있던 쇠판이 서서히 펴지면서 절단기 안으로 반짝이며 들어간다.

기계들. 공장은 정말 기계들로 가득 채워진 거대한 몇 에이커의 방이다. 기계들은 블럭별로 조직되어 있고 그 블럭들은 통로들에 의해 구분되어 있다. 대부분의 기계들은 주황, 자주, 노랑, 파랑의 진한 파스텔색으로 칠해져 있다. 몇몇의 새 기계의 디지털 표시판에서 붉은색 숫자가 빛나고 있다. 로봇들은 기계적 동작프로그램에 따라 작동되고 있다. 그 기계들에 가려서 사람들이 잘 안 보일 때가 자주 있다. 내가 걸어가면 목을 빼놓고 봐야 한다. 어떤 이들은 손을 흔들기도 한다. 나도 손을 흔들어준다. 엄청 살이 찐 사내가 모는 전기 카트가 우는 소리를 내며 지나갔다. 긴 테이블에선 여자들이 각양각색의 선들을 만지며 일하고 있었다. 작업복을 입은 무섭게 생긴 사내 하나가 얼굴 마스크를 조정한 후 용접봉의 불을 점화시키고 있었다. 유리 너머로는 건강하게 생긴 빨간머리 여자가 노란색 화면의 컴퓨터 터미널에 키를 꽂고 있었다.

그런 풍경들에 섞여서 각종 소음들이 들려왔다. 선풍기, 모터, 환풍기 들의 돌아가는 소리가 끊임없는 화음으로 만들어내는 소음은 마치 끝없는 숨소리같이 들린다. 가끔 식별할 수 없는 굉음이 들리기도 한다. 뒤로는 지붕에 달린 크레인이 지나가면서 경보음을 내고 있었고, 뒤따라서 철커덕거리는 소리가 들렸다. 사이렌 소리도 들렸다. PA 시스템으로부턴 흡사 영혼의 목소리가 신처럼 모든 것들 위로 말하는 것 같은 소리가 간헐적으로 새어나왔다.

그러한 소음에도 불구하고 휘파람 소리를 들을 수 있었다. 돌아다보니 저기서 통로를 걸어오고 있는 봅 도노반의 모습이 보였다. 6피트 4인치의 정말 산 같은 사나이다. 250파운드의 그의 몸무게 중 많은 부분이 맥주살일 것이다. 허풍을 떨지 않는 것이 그의 장점인데, 좀 거칠긴 하지만 좋은 친구다. 그는 이곳에서 9년간이나 생산 매니저를 하고 있다. 만약 어떤 일을 하려면 봅에게 얘기만

하면 된다. 그리고 만약 그 일이 가능한 일이라면, 다음번에 그에게 말을 할 때쯤이면 벌써 일은 끝나 있을 것이다.

서로 마주서는 데는 1분 정도가 걸렸다. 가까이서 보니 별로 기분이 좋아 보이지 않았다. 서로 통하는 게 있나보다.

"나오셨어요?" 봅이 먼저 인사를 했다.

"응. 아는지 모르겠네만 오늘 방문객에 대해 들었나?"

"예, 공장 전체가 다 알아요."

"그렇다면 주문번호 41427을 실어내는 게 얼마나 급한지도 알고 있겠군."

그의 얼굴이 붉어지기 시작했다. "저도 그것에 관해서 말하려고 왔어요."

"왜, 무슨 일인가?"

"알렉스, 당신도 이미 들었는지 모르겠는데, 오늘 아침 피치가 소리쳤던 그 기계공이 그만두었어요."

"이런, 제기랄." 나는 중얼거렸다.

"그런 친구들은 흔하지 않아요. 아마 새 사람을 찾는 데 애를 먹을 겁니다."

"그를 다시 데려올 수 없나?"

"글쎄요, 그러고 싶지 않을 걸요. 그만두기 전에 그 녀석이 레이가 시킨 대로 다시 기계를 설치해놓고 자동으로 작동시켜놨거든요. 그런데 그놈이 조종나사 두 개를 조여놓지 않아서 지금 그 기계부품들이 바닥에 엉망진창으로 뒹굴고 있어요."

"얼마나 많은 부품을 만들어내야 하나?"

"글쎄요, 많지는 않아요. 잠시만 돌리면 돼요."

"그 주문에 필요한 만큼 만들 수 있나?"

"체크해봐야 돼요. 하지만 문제는 기계가 멈춰 있고, 아마 꽤 오래 저런 상태로 있어야 한다는 거죠."

"어떤 기계지?"

"NCX-10."

나는 눈을 감아버리고 말았다. 마치 차가운 손이 뱃속으로 들어와 위 밑부분을 잡아채는 것 같았다. 그 기계는 이 공장에 있는 유일한 기종이 아닌가? 나는 봅에게 얼마나 고장이 심한가 물었다.

"모르겠어요. 기계의 반쯤이 떨어져나갔는데 지금 그 기계 생산자에게 전화를 하고 있어요."

나는 걸음을 재촉했다. 내 눈으로 직접 보고 싶었다. 정말 큰 문제일까? 같이 따라오는 봅을 힐끔 보았다. "고의적이었다고 생각하나?"

봅은 놀라는 것 같았다. "글쎄요, 말할 수 없어요. 아마 그 친구가 너무 화가 나서 제대로 마무리를 못 짓고 떠난 것 같아요."

얼굴이 달아오름을 느꼈다. 차가운 손은 사라졌다. 이제는 빌 피치에게 오줌을 갈기고 싶어졌다. 그에게 전화를 해서 그의 귀에다 소리를 지르는 장면을 상상했다. 모든 게 그의 책임이다. 머리 속에 그가 보였다. 내 책상에 서서 나에게 어떻게 주문들을 문 밖으로 내보낼 수 있는지를 보여주겠다고 말하는 것이 들렸다. 맞아요, 빌. 정말 어떻게 해야 하는지를 보여줬군요.

2

주변의 사람들은 아무렇지도 않은데 나만 산산조각이 나는 것처럼 느낀다면 이상하지 않은가? 더구나 왜 그 사람들은 나처럼 영향을 받지 않는지도 알 수 없으니 말이다. 6시 30분에 공장을 빠져나와 저녁을 먹으러 집에 왔다. 문을 들어서니 줄리가 TV로부터 내게 눈을 돌렸다. "안녕! 내 머리 어때요?" 그녀가 물었다.

굵고 곧았던 갈색머리가 파마머리로, 그것도 색깔마저 한 가지가 아닌 것 같았다.

"좋아 보이는군." 시큰둥하게 대꾸해줬다.

"미용사가 말하기를, 이 머리스타일이 내 눈을 돋보이게 해준대요." 그녀는 크고 예쁜 푸른 눈을 가졌다. 내 생각엔 더 돋보일 필요가 없는 것 같지만 내가 뭘 알겠는가?

"좋아."

"치, 별로 매력적이지 않군요?"

"미안해. 오늘 힘들어서 그래."

"아이, 불쌍한 이 같으니. 하지만 내게 좋은 생각이 있다구요. 나가서 식사를 하는 거예요. 아마 모든 걸 잊을 수 있을 거예요."

나는 고개를 흔들었다. "그럴 수 없어. 빨리 뭘 좀 먹고 공장에 다시 가봐야 해."

그녀는 일어나서 자기 허리에 손을 댔다. 그때서야 그녀가 새 옷을 입고 있는 것을 알아차렸다.

"혼자 재미가 좋은가 보죠? 애들도 없겠다."

"줄리, 난 지금 급박한 위기 상황에 처해 있어. 공장에서 가장 비싼 기계가 오늘 아침 고장났어. 그리고 급한 주문을 위해 필요한 부품을 만들려면 그 기계가 필요하단 말야."

"알았어요. 좋아요. 하지만 먹을 게 하나도 없어요. 나가서 먹을 줄 알았거든요. 어젯밤 당신이 그랬잖아요."

그때서야 생각이 났다. 어젯밤 그녀와 싸우고 난 후 화해를 위해 내가 약속한 것 중 하나였다.

"미안해. 보자, 한 한 시간 정도는 나갈 수 있을 것 같아."

"그게 시내에서 밤을 보내자는 당신의 아이디어예요?" 그녀가 말했다. "관둬요, 알렉스."

"들어봐. 빌 피치가 오늘 아침에 갑자기 왔단 말이야. 공장문을 닫는 것에 대해 이야기하더군."

그녀의 얼굴이 바뀌었다. 그 말이 그녀를 그렇게 놀라게 했나 보다. "공장을 닫는다구……요? 정말이에요?"

"응, 상황이 악화되고 있어."

"당신이 어떤 곳으로 옮기게 될지 말해주던가요?" 잠시 동안의 침묵 끝에 그녀가 말했다.

"아니, 그것에 대해선 얘기 안 했어. 내 일은 여기 있어. 이 도시, 이 공장에."

"하지만 공장이 문을 닫을 거라면 당신이 다음에 어디에 살지 궁금하지 않아요? 나는 그런데요?"

"그는 공장에 대해서만 얘기했어."

"아!"

나는 갑자기 화가 나서 그녀를 쳐다보았다. "빨리 이 도시를 벗어나기를 원하는군. 그렇지?"

"여기는 내 고향이 아니예요, 알렉스. 당신이 갖는 그런 센티멘탈한 감정이 내겐 없어요."

"우리는 여기 겨우 6개월밖에 안 있었어."

"뭐라구요? 겨우 6개월밖에라구요? 알렉스, 나는 여기에 친구 하나 없어요. 더구나 당신은 거의 집에 없잖아요. 당신 가족들이 좋은 건 알아요. 하지만 당신 어머니하고 한 시간만 같이 있으면 미칠 것 같아요. 그러니 6개월이 6개월 같지 않다구요."

"뭘 원하는 거야? 내가 여기로 오게 해달라고 하진 않았잖아. 회사에서 이곳으로 보낸 거잖아? 다 내 운일 뿐이지."

"운은 약간일 뿐이에요."

"줄리, 또 싸울 시간이 정말 없어." 내가 말했다.

그녀는 울기 시작했다.

"좋아요, 당장 떠나요! 나 혼자 여기 있을테니까." 그녀는 계속 울었다. "매일 밤 똑같아요."

"아, 줄리." 나는 결국 그녀를 안아주었다. 우리는 몇 분간 같이 아무말 없이 서 있었다. 그녀는 눈물을 그치고 몇 걸음 물러나 나를 보았다.

"미안해요. 공장에 가봐야 한다면서요? 지금 가세요."

"내일 밤 나가는 게 어때?"

그녀는 손바닥을 뒤집었다. "좋아요…… 뭐든지."

나는 뒤돌아서 다시 그녀를 보며 물었다. "정말 괜찮겠소?"

"물론요. 냉장고 안에서 뭔가 먹을 걸 찾아봐야겠어요."

이제 저녁에 대해선 잊어버렸다. 차에 타자 식욕이 완전히 없어졌음을 느꼈다.

우리가 베링턴으로 옮겨온 후부터 줄리는 매우 어려운 나날을 보내왔다. 이 도시에 대해서 이야기할 때마다 그녀는 언제나 불만을 말했고 나는 늘 이 도시를 옹호해왔다. 내가 이 도시에서 태어나고 자랐기 때문에 고향처럼 느끼는 것은 사실이다. 모든 골목길을 알고 있으며, 물건을 사려면 어디로 가야 하는지, 좋은 술집은 어딘지, 또 어떤 곳이 위험한지 등 모든 것이 훤하다. 이 도시에 대해 일종의 주인의식도 가지고 있고, 고속도로가의 어떤 다른 동네보다 더 애정을 가지고 있다. 어쨌든 18년간을 보낸 고향이 아닌가.

그렇다고 내가 이곳에 대해 특별한 관심을 가지고 있는 것은 아니다. 베링턴은 공업도시다. 지나가는 사람들이 보기엔 별볼일 없는 도시일 것이다. 차를 몰다보면 나도 똑같은 생각이 드니 말이다. 동네 사람들은 미국의 다른 교외에 사는 사람들과 다를 바 없다. 집들은 대부분 새로 지은 것들이다. 근처에 쇼핑센터들과 패스트푸드 레스토랑이 있고, 고속도로 옆엔 큰 백화점이 하나 있다. 그동안 내가 살았던 다른 교외와 비교해 별차이가 없는 풍경들이다.

도시 중심부로 가면 약간 침울해지는 것도 사실이다. 길가엔 오래된 벽돌빌딩들이 서 있는데, 매연으로 검게 퇴색되고 망가져가고 있었다. 많은 가게들이 비어 있거나 합판으로 문이 가리워져 있었다. 기차 선로는 많이 있지만 기차는 많지 않다.

메인 가와 링컨 로가 만나는 구석에는 쓸쓸히 하늘을 향해 서 있는 이 도시 유일의 고층 빌딩이 있다. 그것이 약 십 년 전에 지어졌을 때에는 그 40층 전체가 이 근처에선 대단한 가치가 있는 것으로 여겨졌다. 소방서는 그 빌딩을 구실삼아서 소방차에서 꼭대기까지 갈 수 있는 긴 사다리를 샀다(그 이후로 내 생각엔 그들이 은근히 불을 기다렸던 것 같다. 그래서 그 새 사다리를 이용해서 건물로 들어가보려고 말이다). 이 지역 후원자들은 즉시 그 건물이 베링턴의 생동감의 상징이며 오랜 공업도시의 새 탄생의 징조라고 주장했다. 그리고선 한 2년 전에 그 빌딩 경영주는 꼭대기에 거대한 현수막을 내걸었는데, 붉은 글씨로 씌어진 그 내용은 '나를 사주세요'였다. 그리고 전화번호가 적혀 있었다. 고속도로에서 보면 마치 도시 전체를 파는 것 같았다. 그 말도 그렇게 틀린 말은 아니지만.

매일 공장을 나가다 나는 또 하나의 공장을 지나간다. 그것은 꼭대기에 가시를 달아놓은 녹색 철조망 안에 위치하고 있다. 공장 앞으론 포장된 주차장이 있었는데 갈라진 틈 사이로 갈색 풀들이 뻗쳐나와 있었다. 수년간 차들이 주차된 적이 없었다. 벽의 페인트도 색깔이 바래서 초콜릿색이 되어버렸다. 정문 벽의 윗부분엔 회사 이름을 박았던 글자들과 상표를 떼어낸 자국이 진한 색깔로 드러나 있어 회사 이름을 알 수 있게 했다.

그 공장은 남쪽으로 가버렸다. 노스 캐롤라이나 어딘가에 새 공장을 세웠다 한다. 들리는 말로는 조합과 관계가 악화되어 옮긴 것이라고 한다. 또 그 조합이 오 년 정도 안에 다시 그들을 쫓아갈 것이라는 말도 있다. 하지만 그동안 그들은 낮은 임금의 노동자를 쓰고 노조로부터의 시달림도 덜 당할 것이다. 그리하여 베링턴은 또 다른 산업공룡의 시체를 변두리에 갖게 됐고, 2,000명의 실직자가 생겼다.

6개월 전에 공장 안엘 들어가볼 기회가 있었다. 그때에 우리는 근방에 있는 값싼 창고부지를 물색중이었다. 내 일은 아니었지만 그곳을 한 번 들러보려고 다른 사람과 같이 갔었다(이곳에 꿈을 가지고 처음 왔을 때, 언젠가는 확장 때문에 더 넓은 공간이 필요할 것이라 생각했었다. 지금에 와선 얼마나 우스운 일인가!). 나를 진정으로 맞이한 건 정적이었다. 모든 것이 조용했다. 발짝 소리만이 메아리쳤다. 이상한 분위기였다. 모든 기계들이 철거되어서 그곳은 단지 거대한 빈 공간일 뿐이었다.

그 옆을 지금 지나가면서, 그것이 3개월 후의 우리일 것이라는 생각을 떨쳐버릴 수가 없었다. 그 생각에 멀미가 다 날 지경이었다.

이런 일이 일어나는 것은 정말 싫다. 70년대 중반 이후 이 도시에는 일년에 하나꼴로 대고용주가 떠났다. 그것도 완전히 문을 닫거나 철수해서 다른 곳으로 가버린 것이다. 이 현상엔 끝이 없어 보였다. 그리고 이제는 우리 차례인 것이다.

내가 우리 공장을 운영하러 이곳에 다시 돌아왔을 때 베링턴《헤럴드》지는 나에 관한 기사를 실었었다. 꽤 큰 것이었다. 그러나 얼마 동안은 나는 그저 작은 유명인사에 지나지 않았다. 시골 꼬마가 크게 되었다. 마치 고등학교 때의 꿈이 실현된 것 같은 것이었다. 다음 번엔 공장이 문을 닫는 걸로 신문에 실릴 걸 생각하니 너무 싫었다. 내가 모든 사람들에게 배신자가 된 것 같은 기분을 느끼기 시작했다.

공장에 돌아왔을 때 봅은 마치 흥분한 고릴라처럼 보였다. 오늘 그가 뛰어다니면서 한 일들을 생각하면 몸무게가 5파운드 정도는 족히 빠졌을 것이다. NCX-10으로 걸어가다 보니 그는 그의 몸무게를 한쪽 다리에서 다른 쪽 다리로 옮기고 있었다. 그리고선 몇 초간 걷다가 서버렸다. 갑자기 누군가와 얘기를 하려고 통로를 건너 돌진했다. 그리곤 무언가를 검사하려고 그를 데리고 갔다. 두 손으로 휘파람을 불었으나 그는 듣지 못했다. 두 개의 부서를 지나고서 다시 NCX-10에 와서야 그를 잡을 수 있었다. 그는 나를 보고 놀라는 것 같았다.

"해낼 수 있을까?"

"노력하는 중입니다."

"알아. 하지만 해낼 수 있느냐 말일세."

"최선을 다하고 있습니다."

"봅, 오늘 주문을 실어낼 수 없느냐 말일세."

"아마도 할 수 있을 겁니다."

나는 돌아서서 NCX-10을 보고 서 있었다. 볼 게 많은 기계다. 그것은 커다랗고, 우리가 가진 것 중 가장 비싼 N/C 기계다. 그리고 번들거리는 특이한 연보라색으로 칠해져 있었다(그 이유는 나도 알 수가 없다). 한쪽 면엔 조작판이 있는데 빨간색, 녹색, 노란색 불빛과, 반짝이는 스위치들, 검은색 키보드, 테이프 드라이브, 그리고 컴퓨터 화면으로 가득 차 있었다. 매혹적인 모습의 기계다. 그리고 무엇보다도 그것이 해내는 금속작업은 대단한 것이다. 바이스가 쇠를 물고 있으면 절삭기가 그것들을 잘라낸다. 청록색 윤활유가 계속해서 그 위로 뿌려지면서 찌꺼기들을 한쪽으로 밀어낸다. 최소한 그 빌어먹을 기계가 다시 작동하고는 있었다.

오늘은 운이 좋은 편이다. 그 고장은 처음 우리가 생각했던 것만큼 심각하진 않았다. 하지만 서비스 기술자가 장비들을 4시 30분까지도 싸지 않았고 그때는 이미 교대시간이 되었다.

우리는 조립조의 모든 사람들을 잡아놓고 연장근무를 시켰다. 비록 그것이 현재의 회사 정책에 위반되는 것이지만 말이다. 이 비용을 어디에서 빼야 할지는 모르지만 어쨌든 이 주문을 오늘까지 실어내야 한다는 생각뿐이었다. 오늘만도 네 번씩이나 마케팅 매니저인 조니 존스로부터 전화를 받았다. 그도 역시 피치와 그의 세일즈부 사람들 그리고 고객들로부터 계속 독촉을 받고 있었다. 우리는 절대적으로 오늘밤 안으로 이 주문을 출고시켜야 하는 것이다.

나는 더이상 뭔가가 잘못되지 않기를 바라고 있었다. 하나의 부품이 완성되자마자 각각 그것들이 끼워맞춰질 곳으로 옮겨졌다. 그리고 그것들이 조립되자마자 반장이 그 조립품을 최종 조립장으로 내려보냈다. 효율성에 대해 말하고 싶은가? 사람들이 한 번에 하나씩 부품들을 들고 왔다갔다하니까 사람당 부품의 생산성은 한심할 것이다. 미친 짓이다. 사실 나는 도대체 어디서 봅이 이 모든 사람들을 구했는지 궁금했다.

천천히 주위를 돌아보았다. 부서 안에서 41427과 관련되지 않은 일을 하는 사람은 거의 없었다. 봅은 그가 구할 수 있는 모든 사람들을 데려와서 이 주문에 매달리게 했다. 이렇게 해선 안 되는데.

어쨌든 우리는 그 주문을 실어내갔다.

언뜻 시계를 보았다. 11시가 조금 지났다. 우리는 출고대 위에 있었다. 트레일러의 뒷문이 닫혔다. 운전사가 자리로 올라가서 시동을 걸었다. 그리고 브레이크를 풀고 어둠 속으로 사라졌다.

나는 봅에게로 돌아섰다. 그도 역시 내 쪽으로 몸을 돌렸다.

"축하하네."

"고맙습니다. 하지만 어떻게 해냈는지는 묻지 마세요."

"알았네, 안 물음세. 저녁, 어떤가?"

오늘 처음 봅이 웃었다. 저만치서 트럭이 기어를 바꾸고 있었다.

봅의 차가 가까이 있었으므로 그의 차를 타고 가기로 했다. 처음 들른 두 군데는 문이 닫혀 있었다. 그래서 내가 길을 안내하기로 했다. 16번가의 강을 건너서 베서머에서 사우스 플렛 쪽으로 내려가다 방앗간에 도달했다. 우회전을 해서 우리는 좁은 샛길을 따라갔다. 그 뒤에 있는 집들은 마당도 잔디도 나무도 없이 그저 벽들로 이어져 있었다. 매우 좁은 길인 데다 길가에 주차까지 시켜놓아 길을 지나갈 때 신경이 많이 쓰였다. 간신히 세드닉 바에 도착할 수 있었다.

슬쩍 바를 보더니 봅이 물었다.

"이곳이 정말 공장장님이 찾던 곳입니까?"

"그렇다네. 들어와. 이 도시에서 제일 맛있는 햄버거 집일세."

들어가서 우리는 뒤쪽으로 가 앉았다. 맥신이 나를 알아보고 다가와서 한바탕 떠든 후, 봅과 나는 햄버거와 감자튀김 그리고 맥주를 주문했다.

안을 살펴보더니 봅이 말했다. "어떻게 여길 아셨죠?"

"글쎄, 이곳이 내가 처음으로 술을 배운 곳일세. 저기 왼쪽에서 세번째 의자에서였지."

"술을 늦게 배우기 시작하셨나요, 아니면 이 도시에서 자랐나요?"

"여기서 두 블록 떨어진 곳에서 자랐지. 아버지가 모퉁이에 있는 가게를 하셨고 지금은 형이 그걸 경영하고 있고."

"베링턴 출신인지 몰랐어요."

"이곳저곳 왔다갔다하다가 결국 15년 만에 고향으로 다시 돌아온 거지."

맥주가 나왔다.

"조가 이 두 잔을 샀어요."

그녀는 바 뒤에 서 있는 조 세드닉을 가리키며 말했다. 봅과 나는 그에게 감사의 뜻으로 손을 흔들어줬다.

봅이 잔을 들고 말했다.

"41427이 오늘 출고될 수 있었던 것에 건배!"

"건배!" 내 잔을 그의 잔에 부딪치며 말했다.

봅은 조용해졌다. 한참 후 그는 말했다.

"재촉을 하면서 나쁜 것들을 너무 많이 다시 배운 것 같아요."

"보게. 자넨 오늘 정말 잘해냈네. 진심이야. 그러나 우리는 애써 만들어놓은 정석이라는 것이 있잖은가. 그것을 알아야 하네. 그리고 오늘 그 하나의 주문 때문에 온갖 문제를 일으켰던 그 빌 피치가, 아마도 우리가 이 공장의 효율성을 잘 관리하지 못하면 이달 말쯤 다시 와서 우리의 머리를 박살낼 걸세."

봅은 천천히 고개를 끄덕이더니 물었다. "그렇다면 다음 번에 이런 문제가 또 생기면 어떻게 해야 하죠?"

나는 웃었다. "아마도 똑같이 그 짓을 하겠지." 그리고 나서 나는 돌아서서 말했다. "맥신, 여기 맥주 두 잔만 더 주게. 아니 그보단, 자네 왔다갔다할 필요 없이 한 조끼로 갔다주게."

몇 모금 마시고 나니 봅은 긴장이 완전히 풀린 것 같았다. 그러나 나는 아직도 오늘밤의 일들이 잊혀지지 않았다.

"그걸 실어내느라고 우리가 얼마나 비싼 값을 치뤘는지 아나?" 나는 그에게 물었다. "유능한 기술자 한 명을 잃었고, NCX-10을 고치는 비용에다, 연장근무 수당이 남아 있네."

"거기다가 NCX-10이 고장나 있을 동안에 입은 시간 손해를 생각해야죠. 하지만 우리가 한 번 마음먹으면 진짜 해낼 수 있다는 것은 인정해줘야 해요. 매일 그럴 수 있다면 좋겠어요."

나는 웃고 말했다. "천만에, 그런 날들은 바라지도 않네."

"빌 피치가 우리 공장에 매일 와야 한다는 얘기가 아니예요. 우리가 그 주문을 실어냈다는 것을 말하는 거죠."

"주문을 실어나른 것은 물론 전적으로 좋아할 일이지. 하지만 그것을 해냈던 과정은 아닐세."

"문 밖으로 실어냈잖아요, 맞죠?"

"맞아. 그랬네. 하지만 오늘 일어난 일들은 용납할 수 없네."

"나는 그저 우리가 해야 할 것들을 보고 사람들을 적소에 배치하고 지시를 따랐을 뿐이에요."

"봅, 우리가 공장을 오늘같이 운영한다면 효율성면에서 어떻게 될 것 같은가? 하나의 주문 때문에 공장 전체를 매달리게 할 수 없네. 규모의 경제가 없어질 걸세. 비용은 오르고 아마 모든 것이 지금보다도 훨씬 더 나빠질 걸세. 공장을 그렇게 되는 대로 운영할 수는 없네."

그렇게 우리는 오늘의 위기를 해결했다. 승리한 것이다. 아주 간신히 말이다. 그리고 이제 봅이 가고 술이 깨자 나는 도대체 무엇을 축하해야 할지를 알 수 없었다. 우리는 겨우 아주 늦어진 주문 하나를 실어낸 것뿐이다. 만세!

하지만 진짜 이슈는 이 공장이 위기 리스트에 올라갔다는 것이다. 피치는 공장문을 닫기 전까지 3개월을 주었다.

이것은 내가 앞으로 두 번이 될지 세 번이 될지 모르는 월례 보고

서로 그의 마음을 돌려야 한다는 것을 의미한다. 그후에 그는 그룹경영실에 가서 그 보고서들을 발표할 것이다. 탁자 위의 모든 사람이 그랜비를 쳐다볼 것이다. 그랜비는 두세 개의 질문을 던지고 보고서를 다시 한번 본 후 고개를 흔들겠지. 그리고 그게 끝일 것이다. 일단 경영주의 결정이 내려지면 바뀌는 법이 없다.

우리가 그동안 밀린 일들을 처리할 시간을 줄 것이다. 그런 다음에 600여 명의 사람들이 실업자 대열에 서게 될 것이다. 그리고 이미 우리가 해고했던 그들의 동료였던 다른 600여 명의 사람들과 같은 일생이 되겠지.

그리고 그럼으로써 유니웨어 계열은 경쟁이 안 되는 또 하나의 시장을 포기하게 되는 것이다. 그것은 세계가 더이상 우리의 좋은 제품들을 살 수 없다는 것을 의미한다. 그것은 우리가 일본을 꺾을 만큼 싸게, 빠르게, 그리고 좋은 상품들을 만들 수 없기 때문이다. 사실 우리 유니코 그룹의 수익증가 기록은 캔사스 주의 그것과 비슷할 정도다. 본부에 있는 간부들이 다른 파산 회사를 사들여 우리는 당당히 대기업 명부에도 올라가 있는 것이다. 이것이 요즘 기업들의 전략계획의 핵심인 것 같다.

도대체 뭐가 잘못된 것일까?

반 년마다 기업 안의 어떤 그룹이 우리의 모든 문제를 해결해줄 수 있는 최선 만병통치약 같은 새로운 프로그램을 들고나오는 것 같다. 그 중 몇 개가 채택되기는 했지만 그 어떤 것도 좋은 결과를 가져오지 못했다. 달이 갈수록 우리는 절뚝거리고 전혀 나아지지 못하고 있다. 오히려 더욱 악화될 뿐이다.

좋아, 알렉스, 그만 불평하자. 진정하고 좀 이성적으로 생각해 보자. 아무도 없는 늦은 시간이다. 이제 내 왕국의 왕실인 이 구석 사무실에 혼자 남아 있다. 전화도 안 오고 아무 방해도 없다. 그러니

이 상황을 분석해보도록 하자. 왜 우리는 계속해서 좋은 제품을 제시간에 경쟁자에 이길 수 있는 비용으로 만들어낼 수 없을까? 무언가 잘못되어 있다.

뭔지는 모르지만 뭔가 기본적인 것이 틀렸다. 아마 어떤 것을 잃어버린 것이 틀림없다. 나는 틀림없이 좋은 공장이 되어야 했을 이곳을 운영하고 있다. 정말 좋은 공장이다. 기술도 좋다. 가장 좋은 N/C 기계들도 몇 대나 있다. 로봇들도 있다. 커피 만드는 것 빼놓고는 뭐든지 해낼 수 있는 컴퓨터 시스템도 있다.

모든 분야에 좋은 인력도 확보해놓고 있다. 두어 개 분야에 사람들이 좀 없지만 대부분 분야의 사람들은 다 뛰어나다. 조합과도 그렇게 마찰이 심하진 않다. 가끔 치질 같은 존재처럼 느껴지지만, 경쟁사들도 노조는 있지 않은가. 그리고 지난번 그들은 양보도 해줬다. 비록 우리로선 그렇게 좋은 것은 아니었지만, 적절한 계약을 할 수 있었다. 기계도 있고 사람도 있고 재료도 다 있다. 시장도 있음이 분명하다. 왜냐하면 경쟁사의 제품이 팔리고 있으니까. 그렇다면 도대체 무엇이 문제인가?

빌어먹을 경쟁 때문이다. 그것이 우리를 죽이고 있는 것이다. 일본이 우리 시장에 들어온 이후 경쟁은 정말 못 믿을 정도가 되었다. 3년 전에 그들은 제품의 질과 디자인으로 우리를 강타했다. 우리는 이제 겨우 그것들을 따라갈 정도가 되었다. 하지만 이제 그들은 가격과 납기일을 정확히 지키는 배달로 우리를 강타하고 있다. 도대체 그들의 비결이 무엇인지 알고 싶다.

어떻게 하면 좀더 경쟁력을 기를 수 있을까?

비용 절감도 시도해봤다. 이 회사에서 나만큼 비용을 절감시킨 사람은 없을 것이다. 더이상 아낄 곳이 없을 정도니까. 그리고 비록 피치는 그렇게 보지 않지만 효율성도 꽤 좋은 편이다. 내가 알기론이 회사에서 이곳보다 더 효율성이 높은 곳도 없다. 기껏 잘한다는 공장도, 따지고 보면 경쟁사가 없기 때문이다. 더 효율성을 올릴 수 있을지도 모르지만……. 모르겠다. 그것은 마치 지금 전속력으로 달리고 있는 말을 채찍질하는 것과 같아질 것이다.

우리는 방금 납기일을 못 지킨 주문 때문에 뭔가를 해야 했다. 이 공장에선 어떤 것도 독촉되기 전에는 출고되지 않는다. 우리는 충분한 재료가 있고 그 재료들은 계획대로 내보내진다. 하지만 아무것도 제시간에 맞춰 제품이 되어 나오지 못한다.

이상한 일이 아니다. 내가 아는 거의 모든 공장이 독촉계원을 갖고 있다. 그리고 아마 미국에 있는 우리 규모만한 공장들을 지나가다 보면 우리처럼 많은 재공품(在工品)을 발견할 수 있을 것이다. 도대체 무슨 일인지 모르겠다.

반면에 이 공장은 내가 본 대부분의 공장보다 나쁘진 않다. 사실 많은 공장보다 낫다. 하지만 우리는 손해를 보고 있다.

만약 우리의 밀린 주문들을 다 실어낼 수 있다면……. 가끔 뭔가 작은 그렘린 같은 것이 밖에 있는 것 같다. 언제나 우리가 제대로 뭔가를 시작했을 때, 그들은 아무도 안 보는 근무교대 시간에 몰래 들어와 모든 것을 망치게 조작을 해놓고 나간다. 맹세컨대 그렘린임이 틀림없다.

아니면 내가 충분히 모르는지도 모른다. 그러나 나는 공학학위가 있다. 경영학 석사 학위도 있다. 만약 내가 그만한 자격이 없다면 피치가 나한테 이 일을 시키지도 않았을 것이다. 따라서 내가 원인은 아닐 것이다.

모든 것을 아는 촉망받는 신입사원으로 시작해서 내가 이 산업공학분야에서 있은 지가 얼마나 됐는가. 14년? 15년? 달수로는 어떻게 되지?

나는 열심히만 하면 어떤 일도 할 수 있다고 생각해왔다. 열두 살이 된 때부터 나는 일을 해왔다. 하교 후에 아버지가 하는 식료품 가게에서 일했다. 고등학교 때까지도 줄곧 일을 했다. 나이가 들어서는 여름이면 근처에 있는 방앗간에서 일했다. 나는 늘 열심히 일을 하면 나중에 보상을 받을 수 있다고 들어왔다. 사실이 아닌가? 내 형을 보라. 그는 장남이 된 덕을 톡톡히 보면서 쉽게 살고 있지 않은가? 이제 그는 저쪽편 마을에 있는 식료품가게를 가지고 있다. 하지만 나를 보라. 나는 열심히 일했다. 공업학교를 땀흘려 나왔다. 큰 회사에 취직되었다. 결혼도 했고 애도 있다. 나는 우리 유니코사가 주는 모든 쓰레기를 받으면서 말했다. "충분하지 않아요! 더 주세요!" 나는 기꺼이 그것들을 해냈다. 이제 나는 부유한 공장장이 되어 있다. 멋지지 않은가? 이제 드디어 즐기고 있는 것이다. 이제 그런 시간도 끝이 나려 하고 있다. 하루 동안에 너무 많은 재미를 봤나보다.

3

깨어나보니 줄리의 몸이 나를 누르고 있었다. 유감스럽게도 이제 그녀는 그다지 요염해 보이지 않는다.

디지털 알람 시계가 6시 3분을 알리는 테이블로 그녀는 손을 뻗쳤다. 알람은 한 3분 정도 계속 울리고 있었다. 줄리는 버튼을 눌러 소리를 멈추게 했다. 한숨을 쉬고 그녀는 내게서 떨어져나갔다. 잠시 후 그녀가 다시 일정한 호흡을 하는 소리가 들렸다. 다시 자기 시작한 것이다. 새로운 날이 시작됐다.

약 45분 후 나는 차고에서 내 차를 꺼내고 있었다. 아직 밖은 어두웠다. 그러나 길을 따라 몇 마일 달리다 보니 하늘이 밝아왔다. 도심으로 가는 중간쯤 되어 해가 떠올랐다. 사실 생각할 게 너무 많아서 그것을 처음엔 의식하지도 못했다. 옆을 보니 태양이 나무들 뒤로 떠다니고 있었다. 가끔 나를 미치게 만드는 것은 내가 늘 너무 빨리 뛰고 있어서 — 아마 대부분의 사람도 마찬가지겠지만 — 내 주위에서 일어나는 모든 일상의 신비에 신경을 쓸 여유가 없다는 것이다. 여명에 눈을 두기보다는 길을 보면서 피치에 대해 걱정하고 있었다. 그가 본부에서 그에게 직접 보고하는 모든 사람들 — 실제론 그의 공장 매니저들과 참모들 — 을 모아 회의를 갖는다고 했다. 우리가 전달받기론 그 회의는 아침 8시경에 시작한다고 했다. 우스운 것은 피치가 그 회의의 주제가 뭔지를 얘기하지 않았다는 것이다. 그것은 큰 비밀이다. 마치 전쟁이라도 치르는 것처럼. 그는 우리에게 8시까지 보고서와 다른 자료들을 가지고 들어와 모든 계열사의 경영에 대해 철저한 평가를 할 수 있도록 지시했다.

물론 우리 모두는 왜 그 회의를 하는지 안다. 최소한 우리는 어느 정도 윤곽을 잡고 있다. 소문에 의하면 피치는 그 회의를 이용해서 우리가 1/4분기 동안에 얼마나 부진했는지에 대한 어떤 소식을 전달하려는 것 같다. 그리고 나서 그는 우리에게 새로운 생산성 매진에 대해 지시하고 각 공장마다 목표를 정해주고 그것에 대한 경주를 당부할 것이다. 내 생각엔 그것이 이 회의를 이렇게 이른 아침에 여는 이유 같다. 피치는 그것이 이 회의에 대한 정당성을 부여할 것이라고 생각한 것임에 틀림없다.

아이러니는, 그렇게 빠른 시간에 거기에 도착하기 위해선 반 이상이 그 전날 밤 비행기로 날아왔어야 했다는 것이다. 따라서 호텔

경비와 식비가 추가로 들게 된 것이다. 결국 우리에게 우리 계열사가 얼마나 못하고 있는가를 발표하기 위해 피치는, 한 시간이나 두 시간 후에 시작했으면 안 써도 될 많은 돈을 쓰게 된 것이다.

내 생각으론 피치도 이제 쇠퇴기에 접어든 것 같다. 그가 파산으로 떠내려가고 있다고 의심하는 것은 아니다. 다만 근래에 그는 모든 것에 과민반응을 보이는 것 같다는 말이다. 그는 전쟁에서 지고 있는 절대절명의 상황에서 전략을 잃어버린 장군 같다. 한 1, 2년 전의 그는 그렇지 않았다. 확신에 차 있고, 우리에게 권한을 위임하는 것도 두려워하지 않았다. 어느 정도의 수준만 유지한다면 경영의 자율권도 주었다. 그는 '계몽된' 매니저가 되기 위해 노력해 왔고, 새로운 아이디어에도 언제나 개방되어 있었다. 만약 어떤 경영 상담가가 와서 '종업원들은 자신들의 일에 대해 좋게 느껴야 생산적이 될 수 있다'라고 한다면 피치는 그 말을 따르려고 했을 것이다. 그러나 다 세일즈가 잘되고 예산이 풍부했을 때 얘기다.

지금은 그가 뭐라고 말할까?

"그들이 좋게 느낀다면 욕하진 않겠다. 하지만 비용이 한푼이라도 오른다면 그것은 지불하지 않겠다."

이것이, 종업원들이 운동할 수 있는 운동센터를 만들어주자고 제의하던 어느 매니저에게 피치가 한 말이다. 그는 건강한 종업원이 행복한 종업원이므로 만약 운동센터가 생기면 일을 더 잘할 수 있을 것이라는 등 피치를 설득하려 했으나, 피치는 그를 진짜로 사무실 밖으로 던져버렸다.

그리고 이제 그는 내 공장으로 들어와서 소비자 서비스를 향상시킨다는 명목으로 대파란을 일으킨 것이다. 사실 이번이 피치와 내가 처음으로 싸운 것은 아니다. 비록 어제처럼 심각하진 않았지만 두어 번의 싸움이 더 있었다. 나를 진짜로 괴롭히는 것은 나와 피치의 관계가 예전에는 좋았다는 점이다. 우리가 친구라고 생각한 적도 있었다. 내가 그의 참모였을 때 우리는 가끔 일과 후에 그의 사무실에 앉아서 몇 시간씩 얘기하곤 했었다. 가끔은 밖에 나가 술도 마시기도 했다. 모두 내가 그에게 아부하고 있다고 생각했지만, 사실은 그 정반대로 행동했기 때문에 그가 나를 좋아했다고 생각한다. 나는 단지 그를 위해 일을 잘했을 뿐이고, 우리는 서로 죽이 잘 맞았다. 한번은, 아틀란타에서 있었던 연례 세일즈 세미나에서의 그 광란의 밤에 그와 나 그리고 마케팅부의 일단의 괴짜들이 호텔 바에서 피아노를 훔쳐서 엘리베이터 안에서 노래를 부른 적이 있었다. 엘리베이터를 기다리던 다른 손님들은 문이 열리자 아일랜드의 축배가를 들을 수 있었다. 그리고 키보드에서 건반을 두드리고 앉아 있는 피치를 볼 수 있었다(그는 굉장한 피아노 연주자다). 한 시간 후 결국 호텔 매니저가 우리를 잡아갔다. 그때쯤엔 엘리베이터가 넘치도록 사람들이 차서 우리는 옥상에 올라가 온 시내를 향해 노래를 불렀다. 나는 매니저가 우리의 파티를 끝내기 위해 보낸 경비원 두 명과 싸우고 있는 빌을 끄집어냈었다. 정말 대단한 밤이었다. 빌과 나는 도시의 막다른 곳에 있는 좀 기름기가 배어 있는 식당에서 오렌지쥬스로 건배를 하며 그 밤을 끝냈다.

피치는 내가 이 회사에서 장래가 있다는 것을 알게 해준 장본인이다. 그는 내가 겨우 프로젝트 엔지니어이고 단지 어떻게 노력해야 되는가만을 알고 있을 때 나를 커다란 그림 안으로 이끌어주었다. 그는 나를 본부로 뽑아내준 사람이다. 나를 다시 학교로 보내 경영학 석사 학위를 따게 해준 것도 피치다.

헌데, 이제 우리는 서로에게 고함치고 있는 것이다. 정말 믿을 수 없는 일이다.

7시 50분경 유니코사 빌딩에 있는 주차장에 차를 댔다. 벌써 피치와 그의 계열 참모가 주차장의 3층까지를 모두 차지했다. 차에서 나와 트렁크에서 서류가방을 꺼냈다. 가방은 온갖 종류의 보고서와 컴퓨터 종이들로 가득 차서 10파운드는 족히 나갈 정도로 무거웠다. 근사한 날이 될 것은 바라지도 않는다. 나는 얼굴을 찌푸리고 엘리베이터를 향해 걷기 시작했다.

"알렉스!" 누군가가 뒤에서 불렀다.

돌아보니 나단 셀윈이 오고 있었다. 나는 그를 기다렸다.

"어떻게 지내나?" 그가 물었다.

"좋아. 다시 만나 반갑네." 우리는 같이 걷기 시작했다. "자네가 피치의 참모로 임명되었다는 메모는 봤네. 축하하네."

"고맙네. 물론 요즘 모든 일이 되어가는 것으로 봐선 과연 좋은 자리인지 모르겠지만 말일세."

"왜 그러나? 빌이 자네를 밤새워 일을 시키나?"

"아니. 그게 아니라," 그는 잠시 쉬었다 나를 보았다. "얘기 못 들었나?"

"무슨 얘기?"

그는 잠시 멈추어 주위를 살펴보았다. 우리 빼곤 아무도 없었다.

"자네 계열사에 대해선데," 그는 목소리를 낮추며 말했다. 나는 어깨를 움츠렸다. 도대체 무슨 얘긴지 모르겠다.

"계열사 전체가 경매에 오를 거라네." 그는 말했다. "저기 15층에 있는 모든 사람들이 바지에다 똥을 싸고 있다더군. 그랜비가 한 일주일 전쯤에 피치한테 그랬다는 거야. 올해 말까지 경영상태를 호전시키지 못하면 계열사 전체를 팔아버릴 거라구. 그리고 사실인지는 모르지만, 그랜비가 그랬다는군. 만약 그 계열사가 없어지면 피치도 해고라구."

"정말인가?"

나단은 고개를 끄덕이며 덧붙였다. "확실히 꽤 오랫동안 나돌던 말일세."

우리는 다시 걷기 시작했다.

나의 첫 반응은 피치가 요 근래 왜 그렇게 미친 사람처럼 행동했는지가 이해가 간다는 것이었다. 그가 일해온 모든 것이 마비상태에 있는 것이다. 만약 어떤 다른 기업이 그 계열사를 산다면, 피치는 일자리조차 잃는 것이다. 그 새로운 주인은 새롭게 시작하려 할 것이고 당연히 윗사람부터 갈아치울 것이다.

그러면 나는 계속 직장을 가질 수 있을까? 좋은 질문이야, 로고. 이 말을 듣기 전까지만 해도 나는 내 공장이 문을 닫으면 피치가 내게 아마 다른 자리를 줄 것이라고 생각하고 있었다. 대개 그렇지 않은가. 물론 내가 원하는 자리가 아닐지도 모른다. 우리 유니코사 공장 중 공장장이 필요한 곳은 하나도 없다는 것은 안다. 그래서 나는 피치가 아마도 옛날의 그 참모자리를 내게 다시 줄 것이라고 생각했다. 비록 그 자리가 이미 채워져 있고 피치가 그 새 사람에게 매우 만족해 있다고는 들었지만. 이런 생각에까지 이르자 어저께 그가 입을 열자마자 내가 아마 직장을 잃을지도 모른다고 한 말이 진짜 위협이었다는 생각이 들었다.

제기랄. 3개월 후에는 진짜로 거리에 나앉게 될지도 모르겠군!

"이봐, 알렉스. 누가 묻거든 내가 말했다고 하지 말게, 알겠나?"

나단은 그렇게 당부하고 가버렸다.

15층 복도 기둥에 혼자 서 있으면서 나는 내가 엘리베이터를 어떻게 탔는지, 어떻게 여기에 와 있는지 기억조차 할 수 없었다. 오는 길에 나단과 만나 얘기했다는 것과, 그가 사람들이 다 여기저기 이력서를 내고 있다고 말하던 것이 어렴풋이 기억났다.

주위를 둘러보았다. 내가 바보같이 느껴졌다. 내가 어디 있어야 될지도 몰랐다. 갑자기 회의가 있다는 것이 생각났다. 홀 쪽을 향해 내려가니 다른 사람들이 회의실 안으로 들어가는 것이 보였다.

홀 안에 들어가 자리에 앉았다. 피치는 테이블 저쪽 끝에 서 있었다. 그 앞엔 슬라이드 영사기가 있었다. 그가 말을 시작했을 때 벽시계가 정확히 8시를 가리켰다.

주위를 둘러보니 홀 안에는 약 20명 가량이 있었는데 대부분이 피치를 주시하고 있었다. 그 중의 하나, 힐튼 스미스는 나를 보고 있었다. 그도 역시 공장장인데 내가 별로 좋아하지 않는 자다. 나는 그의 스타일을 좋아하지 않는다. 그는 늘 자신이 하고 있다는 새로운 것을 제안하곤 하는데, 그것들의 대부분이 다른 사람들이 하는 것과 사실 별차이가 없었다.

어쨌든 그는 나를 뭔가 탐사하듯이 쳐다보았다. 내가 약간 멍해 있어 그런가? 갑자기 그가 뭔가 알고 있는 것이 아닌가 궁금해졌다. 내가 덩달아 그를 노려보자 그는 피치에게로 고개를 돌렸다.

내가 피치가 하는 말을 겨우 뒤쫓아갔을 때, 그는 마이크를 계열사 회계담당자인 에탄 프로스트에게 넘겨주고 있었다. 그는 마르고 주름진 늙은이로, 약간 화장을 하고 있었다.

오늘 아침 들어온 새로운 소식이 그를 도와줬다. 1/4분기가 이제 막 끝났는데 계열사 모든 곳에서 결산 결과가 최악으로 드러났다. 회사는 이제 현금이 모자랄 정도로 진짜 위기에 처하게 됐다. 모두 허리띠를 꽉 졸라야 할 때가 된 것이다.

프로스트가 말을 끝마치자 피치가 일어나서 강경한 어투로, 어떻게 이 도전을 극복해갈 것인지에 대해 몇 마디 했다. 들으려고 노력했지만 그의 말 몇 마디를 듣자 가슴이 내려앉아버렸다. 내가 들을 수 있는 것은 단편적인 몇 마디 말들뿐이었다.

"위험을 최소화하기 위한 피할 수 없는…… 우리의 현재 마케팅 위상에 적합한…… 전략적 비용의 절감 없이…… 희생을 요하는…… 모든 곳에서의 생산성 향상……."

슬라이드 영사기에서 나오는 그래프가 스크린에 비쳐졌다. 각 분야에 대한 냉혹한 평가가 피치와 다른 사람들 사이에 오갔다. 나는 노력했지만 집중할 수 없었다.

"1/4분기의 판매가 작년대비 20퍼센트나 떨어져…… 총원자재비용은 증가하고…… 시간당 지급액 중 직접노무비용이 3주간 계속 늘고…… 이제 표준에 대비해 우리의 생산시간을 보면 효율성면에서 12퍼센트나 처져 있음을 볼 수 있을 것……."

나는 나 자신에게 중심을 잡고 집중하라고 계속 말하고 있었다. 자켓 안으로 손을 넣어 필기를 할 펜을 찾았다.

"해답은 명백합니다." 피치가 말했다. "우리 사업의 미래는 우리가 생산성을 늘릴 수 있느냐 없느냐에 달려 있습니다."

그러나 나는 펜을 찾을 수 없었다. 다른 포켓을 찾았다. 담배 하나가 나왔다. 나는 그것을 노려봤다. 나는 더이상 담배를 피지 않는다. 잠시 동안, 도대체 이 담배가 어떻게 생겨난 것인가 생각했다. 그리고 마침내 기억해냈다.

2
경영공식은 과연 믿을 만한가

"최신 로봇을 도입한
뒤 생산성이 늘었는가?"
"인건비는 조금이라도 줄었는가?"
"요는, 제품을 하나라도 더 팔고 있나?"
한마디로 답할 수 없다면, 자네는 괜한
숫자놀음에 허송세월만 하고 있는 게
아닌가! 그 따위 비용회계나
경영공식은 오늘부로 머리 속에서
깨끗이 몰아내게!

4

이주일 전 나는 지금 이 옷을 입고 있었다. 모든 것이 다 잘될 것이라고 생각하던 좋은 때였다. 여행중 나는 오헤어 공항에 잠시 머문 적이 있었다. 거기서 어느 항공사의 라운지에 잠깐 쉬려고 들렀는데, 안은 나 같은 비지니스맨들로 북적거리고 있었다. 나는 빈 자리를 찾으려고 주위를 살피고 있었는데, 세줄무늬 옷을 입은 사람, 얌전한 블레저 코트를 입은 여자를 지나서 스웨터를 입은 한 남자에게 시선이 멈춰졌다. 그는 램프 옆에 앉아서 한 손엔 책을 들고 읽고 다른 한 손엔 담배를 들고 있었다. 그의 옆자리는 비어 있었다. 나는 그곳을 향해 갔다. 거의 자리에 앉으려는 순간, 나는 이 사람이 내가 아는 사람이라는 생각이 퍼뜩 들었다.

세상에서 가장 바쁜 공항에서 자신이 아는 사람과 조우를 한다는 것은 놀라운 일이다. 처음엔 진짜 그인지 확인할 수 없었다. 하지만 그는 내가 알던 물리학자 조나 선생님과 너무도 닮았다. 내가 막 앉으려 할 때 그가 책에서 눈을 떼고 나를 힐끗 봤다. 그리고 나는 그의 표정에서 그도 똑같은 생각을 하고 있음을 알았다. 이 사람을 어디서 본 것 같은데…….

"조나 선생님?" 내가 물었다.

"그렇소만?"

"알렉스 로고입니다. 기억나십니까?"

그는 가물가물한 모양이었다.

"우린 전에 알고 지냈죠. 그때 저는 학생이었고 장학금을 받아 당신이 만들어낸 수학 모델 몇 개를 공부하러 갔었구요. 기억하세요? 그땐 수염을 길렀었는데……."

그제서야 그의 얼굴에 나를 알아보는 기색이 보였다.

"물론이지. 그럼, 기억하고 말고. 알렉스, 맞지?"

"네, 맞아요."

웨이트리스가 와서 마실 것을 주문할 것인지 물었다. 나는 스카치와 소다수를 주문하고 조나에게도 물어봤으나 그는 곧 떠나야 한다며 사양했다.

"그래, 요즘 어떻게 지내세요?"

"바빠. 아주 바쁘네. 자네는 어떤가?"

"마찬가지예요. 지금은 휴스턴에 가는 길이죠. 어디로 가시죠?"

"뉴욕이라네."

그는 이런 식의 형식적 대화에 약간 지쳐 보였고 대화를 끝내고 싶어하는 것 같았다. 잠시 침묵이 흘렀다. 그러나 좋은 일인지 나쁜 일인지 몰라도 나는 대화중의 침묵을 내가 떠듦으로써 피해보려는 버릇이 있다(나 자신도 어쩔 수 없는 버릇이다).

"우습죠? 그때 그렇게 많이 연구할 계획들을 세워놓고선 지금은 사업을 하고 있으니 말예요. 유니코사 공장장으로 있어요."

조나는 고개를 끄덕였다. 조금 전보다는 흥미가 있어 보였다. 그는 담뱃재를 떨었고, 나는 계속해서 얘기를 했다.

"사실, 그게 제가 지금 휴스턴으로 가는 이유죠. 우리 회사는 생산자 연합에 속해 있는데 그 연례회의에서 우리 회사의 로봇에 관해서 발표하도록 초대받았죠. 유니코사 안에선 제가 그것에 대해 경험이 제일 많기 때문에 발표자로 뽑혔지요."

"알겠네. 일종의 기술토론회인가?"

"그보다는 사업쪽이죠." 그 말을 하고 나서 나는 뭔가 그에게 보여줄 만한 것을 생각해보았다.

"잠깐 기다려보세요." 나는 가방을 열고 협회에서 내게 보내준 프로그램을 하나 꺼냈다.

"이것 좀 보세요." 나는 그에게 거기에 적혀 있는 것들을 읽어주었다. "로봇—80년대 미국 생산성 위기에 대한 해결책. 이용자와 전문가로 이루어진 발표자들이 미국 생산업에 산업로봇이 끼칠 영향에 대해 토의함."

그러나 그는 별로 흥미가 없어 보였다. 글쎄, 학문을 하는 사람이라 그렇겠지 하고 생각했다. 비지니스 세계를 이해 못하니까.

"자네 공장에서 로봇을 이용한다고 말했나?"

"두 개의 부서에서요."

"그럼 자네 공장의 생산성이 정말 늘어났나?"

"그럼요." 나는 잠시 숫자를 생각해보았다. "36퍼센트나 향상된 분야도 있는 걸요."

"36퍼센트나?…… 정말인가?" 조나가 물었다. "그럼 자네 공장이 그 로봇을 설치함으로써 36퍼센트나 더 돈을 벌고 있나? 놀랍군."

나는 웃지 않을 수 없었다.

"글쎄요, 그건 아니예요. 모두 그게 그렇게 쉬운 줄 알지만 사실 생각보다 굉장히 복잡해요. 음, 36퍼센트 향상을 이룬 곳은 한 부서뿐이거든요."

조나는 담배를 재떨이에 꺼버렸다. "그렇다면 자네는 진짜로 생산성을 향상시킨 게 아니네."

나는 얼굴의 웃음이 굳어짐을 느꼈다.

"무슨 말인지 잘 모르겠군요."

조나는 무슨 음모를 꾸미듯 앞으로 몸을 숙이더니 말했다.

"한 가지 물어보세. 자네가 그 로봇을 설치한 부서에서 일어난 생산성 향상의 결과로 자네 공장에서 하루에 출고할 수 있는 제품의 수가 하나라도 늘었나?"

나는 머뭇거렸다. "글쎄요. 숫자를 한번 봐야 하겠는데요."

"누군가를 해고했나?"

나는 등을 기대면서 그를 쳐다보았다. 도대체 무슨 뜻인가.

"우리가 누군가를 해고했냐구요? 그 로봇을 설치했기 때문에요? 아니요. 우리는 생산성 향상 때문에 근로자를 해고하는 일은 없기로 조합과 약속했거든요. 다만 다른 작업조로 옮겼을 뿐이죠. 물론 경기가 안 좋을 땐 사람들을 해고하기도 하죠."

"결과적으로 그 로봇들이 자네 공장의 인건비를 절감시키지는 않았구먼?"

"네." 나는 인정하는 대답을 했다.

"그렇다면 재고는 줄어들었나?" 그가 다시 물었다.

나는 그 질문에 대해 낄낄 웃으며 말했다.

"아니, 선생님, 대체 뭐 하는 거예요?"

"대답만 해보게. 재고가 줄었나?"

"그런 것 같지는 않아요. 하지만 정말 수치를 봐야 알아요."

"그렇다면 한번 그것을 체크해보게. 그러나 만약 재고가 줄지 않았고 인건비가 줄어들지 않았다면……. 그리고 자네 회사가 더 많은 제품을 팔고 있지 않다면 — 자네가 더 많은 제품을 생산해내고 있지 않다면 너무도 자명한 일이지만 — 그렇다면 자네는 그 로봇들이 자네 공장의 생산성을 증가시켰다고 말할 수 없는 걸세."

순간 나는, 엘리베이터 줄이 끊어졌을 때 그 안에 탄 사람들이 아마도 느낄성싶은 그런 기분이 들었다.

"알았어요. 무슨 말을 하는지. 하지만 효율성이 오르고 비용이 줄어든 것은——."

"정말인가?" 조나는 읽던 책을 덮었다.

"그럼요. 사실 효율성이 평균적으로 90퍼센트를 훨씬 상위해요. 그리고 부품 하나당 비용도 고무적으로 줄었구요. 요즘 같은 때 경쟁력을 가지려면 무슨 일이든지 효율성을 올리고 비용을 줄일 수 있는 일이라면 다 해야 돼요."

주문한 술이 나왔다. 웨이트리스는 술을 내 옆 테이블 위에 놓았다. 그녀에게 오 달러를 주고 거스름돈을 기다렸다.

"그렇게 높은 효율성이라면 자네는 로봇을 계속해서 돌리고 있겠구먼."

"그럼요. 그래야죠. 아니면 부품당 비용을 아낄 수가 없어요. 그리고 효율성도 저하되구요. 로봇뿐 아니라 다른 생산자원들에도 해당하는 말이죠. 효율을 높이고 비용 절감을 유지하려면 계속해서 생산해야 되죠."

"정말인가?"

"그럼요. 물론 우리가 문제가 없다는 것은 아니지만요."

"알겠네." 조나는 미소를 지었다. "이보게. 좀더 솔직해보세. 혹시 재고가 천장을 뚫고 올라갈 정도로 쌓여 있지 않은가?"

나는 그를 쳐다보았다. 어떻게 그것을 알 수 있었을까?

"재공품을 의미한다면……."

"모든 재고를 말하는 걸세."

"글쎄요. 곳에 따라 다르죠. 어떤 곳은 정말 많아요."

"그리고 모든 것이 늦지 않나? 어떤 것도 제시간에 실어낼 수 없지?"

"한 가지 인정할 것은, 우리가 납기일을 지키는 데 있어 조금 문제가 심각하다는 점이죠. 근래에 와서 그것 때문에 고객과 자주 마찰을 빚고 있어요."

조나는 미리 예측했다는 듯 고개를 끄떡였다.

"잠깐만요…… 대체 어떻게 그 모든 것을 알지요?"

그는 다시 물었다.

"육감일 뿐일세. 그리고 사실 그러한 현상은 많은 생산공장에서 볼 수 있지. 자네 공장뿐이 아니네."

"하지만 선생님은 물리학자시잖아요?"

"과학자지. 그리고 조직과학에 대해 연구하고 있네. 좀더 자세하게 말한다면 생산조직들에 대해 연구하고 있지."

"그런 과학이 있다는 건 몰랐어요."

"지금은 있네."

"무슨 공부를 하건 선생님은 제가 안고 있는 큰 문제 두어 개를 집어냈어요. 어떻게 ―."

조나가 히브리말로 뭔가를 소리쳐서 나는 말을 멈췄다. 그는 윗주머니 안에서 오래된 시계를 꺼냈다.

"미안하네. 알렉스. 서둘지 않으면 비행기를 놓치겠어."

그는 일어서서 코트를 들었다.

"선생님 말씀 두어 가지에 호기심이 생겼는데, 서운하군요."

조나는 잠시 멈췄다.

"그런가? 만약 자네가 우리가 토의한 것들에 대해 생각해볼 수 있다면, 아마 자네 공장을 지금 처한 곤경에서 구할 수 있을텐데."

"잠깐만요. 제가 당신에게 잘못된 인상을 준 것 같군요. 약간의 문제가 있지, 공장이 곤경에 처해 있다곤 하지 않았어요."

그는 내 눈을 똑바로 쳐다보았다. 우리에게 무슨 일이 벌어지는지 그가 알고 있다는 생각이 들었다.

"어차피 전 아직 시간이 남았는데 비행기 타는 데까지 같이 걸어가도 될까요?"

"그러게. 하지만 서둘러야 하네."

나는 일어서서 코트와 가방을 들었다. 술은 그대로 남아 있었다. 한 모금 빨리 들이키고는 그냥 테이블 위에 내려놨다. 조나는 벌써 문으로 가고 있었다. 그는 내가 오기를 기다렸다. 우리는 사람들이 이곳 저곳으로 분주히 움직이는 복도로 나왔다. 조나는 빨리 걷기 시작했고 나는 그를 따라잡으려 애를 써야 했다.

"무엇이 선생님으로 하여금 우리 공장에 문제가 있다고 생각하게 만들었는지 궁금하군요."

"자네가 말해준 셈이지."

"아뇨. 전 그런 말 안 했어요."

"알렉스, 자네 말을 듣고서, 자네 공장을 자네가 생각만큼 효율적으로 운영하고 있지 않다는 게 내게는 자명했다네. 그 반대였지. 자네는 공장을 매우 비효율적으로 운영하고 있네."

"우리의 평가에 의하면 그렇지 않아요. 제가 데리고 있는 사람들의 보고서가 뭔가 잘못되었다는 말인가요? 그들이 저한테 거짓말을 한다든지요?"

"아닐세. 자네 사람들이 자네에게 거짓말을 할 것 같지는 않네. 하지만 자네가 이용하고 있는 그 평가방법들이 거짓말을 하고 있는 거지."

"네. 좋아요. 가끔 우리는 숫자를 여기저기 조작하죠. 그러나 누구나 하는 일이에요."

“그것이 중요한 게 아닐세. 자네는 자네가 효율적인 공장운영을 하고 있다고 생각하는데 그 생각이 잘못되었다는 걸세.”

“제 생각에 무슨 잘못이 있죠? 다른 대부분의 매니저들의 생각과 다를 게 없는데.”

“바로 그걸세.”

“무슨 뜻이죠?” 나는 그 말에 약간의 모욕감을 느끼고 물었다.

“알렉스, 만약 자네가 세상의 모든 사람들과 같다면, 많은 것들을 의심없이 받아들이게 되는데, 그것은 곧 자네가 아무 생각도 않는다는 걸 의미하네.”

“하지만, 조나 선생님, 전 늘 생각을 해요. 그것은 제 일의 일부분이에요.”

그는 머리를 흔들었다.

“알렉스, 왜 로봇이 그렇게 큰 향상을 가져왔다고 믿는지 얘기해 보게나.”

“왜냐하면 그것들이 생산성을 높여줬기 때문이죠.”

“그럼 생산성은 무엇인가?”

나는 잠시 생각했다. 기억하려고 애쓰면서.

“우리 회사에서 정의하는 바에 따르면 어떤 공식이 있어요. 뭔가 종업원당 부가가치는 곧…….”

조나는 다시 고개를 가로저었다.

“자네 회사가 어떻게 규정하든 그것은 진짜 생산성이 아닐세. 그 공식을 잠시 잊어버리고, 자네가 생각하는, 자네 경험에서 얻은 대로 생산성을 정의해보게.”

우리는 모퉁이를 돌고 있었다. 앞에 금속탐지기와 보안요원이 보였다. 멈춰서서 그에게 작별인사를 하려 했지만 조나는 속도를 줄이지 않았다.

"말해보게. 생산성이 무엇을 뜻하나?"

그는 금속탐지기를 통과하며 다시 물었다. "자네한테 그것이 무슨 의미냐는 말일세."

나는 컨베이어 위에 가방을 놓고 그를 따라 들어갔다. 그가 무슨 말을 듣기를 원하는지 궁금했다. 나는 그에게 말했다.

"글쎄요. 뭔가를 이루는 것이 아닐까요?"

"정확히 그걸세. 그런데 자네는 뭔가를 어떤 견지에서 이루지?"

"목표의 견지에서요."

"맞아," 그는 스웨터 안으로 손을 뻗어 포켓에 있는 담배를 하나 꺼내 그것을 내게 주며 말했다. "내 치하의 표시네. 자네가 생산적일 때 자네는 목표의 견지에서 뭔가를 이루는 것이지. 맞는가?"

"네." 나는 가방을 들어올리며 대답했다.

둔을 계속해서 지나가며 나는 조나의 걸음에 맞추려고 거의 뛰다시피했다.

그는 계속 말했다. "알렉스, 나는 생산성이란 회사를 그 목표에 좀더 가까이 가져가는 행위라는 결론에 도달했네. 한 회사를 그것의 목표에 더 가까이 가게 하는 모든 행동은 생산적이라 할 수 있네. 반면에 회사를 그것의 목표에 가까이 가져가지 않는 모든 행동은 생산적이 아니지. 알아듣겠나?"

"네. 그렇지만 선생님, 그건 단순한 상식 아니겠어요?"

"단순한 논리 같지만 사실은 바로 그것이네."

우리는 멈춰 섰다. 그가 카운터 너머로 티켓을 건네주는 것을 보았다.

"하지만 너무 단순화됐어요. 저에겐 아무것도 와닿지 않는걸요? 목표로 향해 움직이고 있으면 생산적이고 아니면 생산적이 아니다. 그래서 뭐죠?"

"내가 자네한테 얘기하려는 것은, 자신의 목표를 알지 못한다면 생산성이라는 것이 무의미해진다는 것일세."

표를 돌려받은 그는 출입구 쪽으로 향해 걷기 시작했다.

"알았어요. 그러면 이런 식으로 볼 수도 있잖아요. 우리 회사의 목표들 중의 하나가 효율성을 증대시키는 것이므로 효율성을 올릴 때마다 나는 생산적이 된다, 맞는 논리잖아요."

조나는 죽은 듯이 서 있다가 나를 보고 물었다.

"자네의 문제가 뭔지 아나?"

"그럼요. 좀더 나은 효율성이 필요한 거죠."

"아니네. 그것은 문제가 아닐세. 자네의 문제는 목표가 무엇인지를 모른다는 것일세. 그리고 어떤 회사든지 목표는 단지 하나뿐일세."

그 말에 난 잠시 멍해졌다. 조나는 문쪽으로 다시 걷기 시작했다. 다른 사람들은 다 비행기에 탑승한 것 같았다. 그와 나만이 대기실에 남아 있었다. 나는 그의 뒤에 서서 말했다.

"잠깐만요. 제가 목표를 모른다니 무슨 뜻이죠? 저는 목표가 뭔지 알고 있어요."

그땐 우리는 벌써 비행기 문에 도달해 있었다. 조나는 내쪽으로 돌아봤다. 비행기 안의 스튜어디스들이 우리를 보고 있었다.

"정말인가? 그렇다면 말해보게. 자네 공장의 목표는 무엇인가?"

"제품들을 우리가 할 수 있는 만큼 효율적으로 생산해내는 것이죠."

"틀렸네. 그것이 아니야. 다시 한번 생각해보게나. 진짜 목표가 뭔가?"

나는 그를 멍하니 쳐다보았다.

스튜어디스가 문에 기대어 서서 물었다.

"두 분 다 이 비행기에 탑승하실 건가요?"

조나가 그녀에게 말했다. "잠깐만요." 그리고 그는 나를 보고 다시 말했다. “이보게 알렉스, 알고 있다면 진짜 목표가 뭔지 빨리 말해보게.”

“힘?” 나는 말했다.

그는 놀라는 듯했다. “글쎄……. 나쁘진 않네, 알렉스. 하지만 단지 무언가를 생산하는 것만으로 힘을 얻을 수는 없네.”

스튜어디스는 질렸다는 듯 냉정하게 말했다. “선생님들, 이 비행기에 탑승하지 않으실 거라면 터미널로 돌아가주세요.”

조나는 그녀를 무시한 채 계속 말했다. “알렉스, 자넨 그 목표를 모르는 한 생산성의 의미를 이해할 수 없네. 그때까진 자네는 그저 숫자와 말을 가지고 장난을 하고 있을 뿐이지.”

“알았어요. 그렇다면 시장점유율이에요. 그게 목표죠.”

“그런가?” 그는 비행기 안으로 들어갔다.

“이봐요. 당신이 말해줄 수 없나요?” 나는 그에게 소리쳤다.

“생각해보게, 알렉스. 자네는 자네 스스로 해답을 찾을 수 있네.”

그는 스튜어디스에게 비행기표를 건네주고 나를 보며 손을 흔들었다. 같이 손을 흔들어주면서 나는 그가 내게 준 시가를 꼭 쥐고 있었다.

3
새 바로미터가 필요하다

과연 돈을 벌고 있는지
어떻게 알 수 있는가? 순이익,
투자수익률, 현금유통만으로는 회사의
경영상태를 제대로 알 수 없다. 비용절감으로
순이익을 끌어올리려다간 모든 장래성 있는
투자를 포기해야 할는지도 모른다.
'돈을 번다는 목표'를 완벽하게 해주고
새로운 운영법칙을 개발할 수 있는
새 평가방법이 필요하다.

5

그것은 꽤 괜찮은 시가였다. 하지만 시가 전문가가 보기에는 좀 말라 있었을지도 모른다. 내 호주머니 속에서 이주일을 지냈으니 말이다. 그러나 조나와의 이상했던 만남을 기억하면서 나는 그 중요한 회의 동안 조나가 준 시가를 달게 피웠다.

과연 그것이 이 회의보다도 더 중요한 만남이었을까? 빌 피치는 기다란 나무 지휘봉으로 그래프를 가리키며 정면에 서 있었다. 슬라이드 영사기에서 나오는 빛 주위로 담배연기가 피어오르고 있었다. 내 맞은편에서는 누군가 열심히 계산기를 두드려대고 있었다. 나를 제외한 나머지는 모두 열심히들 듣고, 필기하고, 뭐라고 제안하기도 했다.

"……일관된 변수들…… 이익에 필수적이고…… 우위의 기반이…… 광범위한 회복이…… 경영지표가…… 부적절한 증거들을 제공하고……."

나는 회의가 어떻게 진행되는지 전혀 모르고 있었다. 그들이 하는 말이 마치 다른 나라 말처럼 들렸다. 정확히 말해서 외국어는 아니고, 내가 한때 알았다가 이제는 어렴풋이 기억하는 정도의 말이었다.

그러나 지금은 그것들이 진짜로 무엇을 의미하는지 자신이 없었다. 그것들은 그저 단어들이었다.

자네는 그저 숫자와 말을 가지고 장난을 하고 있을 뿐이지.

나는 잠시 동안 그 시카고 오헤어 공항에서 조나가 나에게 말한 것에 대해 생각해보려 했다. 그는 내게 어떤 면에선 많은 의미있는 말을 해주었다. 몇 가지 좋은 지적도 해주었다. 그러나 그것은 마치 다른 세계에서 온 사람이 말하는 것 같았다. 나는 그것을 잊어버리려 했다. 휴스턴에 가서 발표할 로봇에 대해서 생각해야 했고 내 비행기를 탈 시간이었기 때문이다.

지금 나는 조나가, 내가 처음 생각했던 것보다 더 사실에 근접해 있지 않나 생각하고 있다. 사람들 얼굴을 차례로 보면서 나는 여기 있는 모두가, 주술사가 주술에 대해 이해하고 있는 정도밖에 우리의 사업에 대해 알고 있지 못하다는 생각이 들었다. 우리 종족이 죽어가고 있고, 우리는 우리를 병들게 하는 그 악마를 쫓아내려는 의식의 연기가 타오르는 가운데 춤을 추고 있는 것이다.

무엇이 진짜 목표인가? 여기에 있는 아무도 그런 기본적인 것에 대해서조차 묻지 않는다. 피치는 기회비용과 '생산성' 목표 등등에 대해 떠들어대고 있었다. 힐튼 스미스는 피치가 무언가 말할 때마다 '옳소'를 연발하고 있었다. 과연 우리가 지금 뭘 하고 있는 건지 정확히 이해하고 있는 사람이 몇이나 될까?

열시에 피치는 휴식시간을 주었다. 나를 빼고는 모두가 화장실로 가거나 커피를 마시러 나갔다. 나는 모두가 나갈 때까지 회의실 안에 앉아 기다렸다.

도대체 내가 여기서 무얼 하고 있는가? 이 방에 앉아 있는 게 도대체 나에게 — 아니면 여기 있는 모두에게 — 무슨 득이 되는지 궁금했다. 이 회의가(회의는 오늘 종일로 예정되어 있었다) 과연 내 공장을 경쟁력 있게 만들고, 내 일자리를 지켜주고, 모든 이들에게 도움이 될 수 있을까?

나는 감당할 수가 없었다.

나는 생산성이 무엇인지조차 모른다.

따라서 이것이 전적인 시간낭비 아니고 무엇이겠는가? 그런 생각을 하면서 나는 서류들을 가방 속에 챙겨넣고 조용히 일어나 방을 나왔다.

처음엔 운이 좋아서, 엘리베이터까지 가는데 아무도 나에게 말을 거는 사람이 없었다. 하지만 엘리베이터를 기다리다 결국 힐튼 스미스를 만났다.

"우리를 버려두고 가려는 건 아니겠지, 알렉스?" 그가 물었다.

순간 나는 그 질문을 무시해버릴까 생각했다. 하지만 곧 스미스가 피치에게 뭔가 말을 왜곡해서 전달할 수도 있다고 느껴졌다.

"어쩔 수가 없네. 공장에서 급한 일이 생겨서."

"뭐? 긴급사태인가?"

"아마 그런 것 같네."

엘리베이터 문이 열리고 나는 그 안으로 들어갔다. 스미스는 이상야릇한 표정으로 나를 쳐다보며 지나갔다. 문이 닫혔다.

만약 피치가, 그가 주재한 회의에서 내가 말도 없이 빠져나온 것을 알면 날 해고시킬지도 모른다는 생각이 머리를 스쳤다. 하지만 주차장을 걸어가면서 그것은 3개월 동안 내가 걱정을 하고 결국 불가피한 상황으로 끝나버릴 것을 단축해준다는 의미밖에는 없다는 걸 깨달았다.

나는 공장으로 바로 돌아가지 않았다. 잠시 주위를 드라이브했다. 길에 접어들어 한 차를 점찍고 계속 좇아다니다 지치면 다른 길로 들어갔다. 두어 시간이 경과했다. 어디에 와 있는지 신경쓰고 싶지도 않았다. 그저 밖에 있고 싶었다. 자유란, 지겹게 느껴지기 전까지는 사람을 들뜨게 하는 힘이 있는 것 같았다.

드라이브하는 동안은 사업을 잊고 싶었다. 머리도 비우려 했다. 바깥은 아주 좋은 날씨였다. 태양이 비치고 구름 한 점 없는 맑은 날씨였다. 대지는 아직 봄의 수수함을 간직하고 있어, 모든 것이 황갈색이지만 하키를 하기엔 좋은 날씨 같았다.

공장문을 들어가기 바로 전에 시계를 보니 한시가 넘어 있었다. 속도를 줄여 문을 통과하는데 기분이 별로 좋지 않았다. 저만치에 있는 공장을 주시하다 다시 액셀러레이터를 밟고 계속 나아갔다. 시장기가 느껴졌다. 뭔가 점심을 먹어야겠다는 생각이 들었다.

하지만 진짜 이유는, 아직 아무도 만나고 싶지 않다는 것이었다. 생각할 시간이 필요했고 지금 사무실로 들어가버리면 결코 그럴 수가 없을 것이다.

걸어서 한 일 마일쯤 가면 작은 피자집이 있다. 문이 열린 것을 보고 그곳에 차를 세우고 들어갔다. 나는 보수적이다. 중간 크기의 피자에 치즈를 잔뜩 넣고 소시지, 페페로니, 버섯, 피망, 매운 고추, 검은 올리브, 양파, 그리고 안초비를 발라달라고 주문했다. 기다리는 동안 금전등록기 옆에 있는 과자들의 유혹을 이겨낼 수 없었다. 나는 가게 주인인 시실리아인에게 맥주 안주용 땅콩 몇 봉지와 타코 스넥, 그리고 나중을 위해 프레즐 약간을 주문했다. 아마도 정신적 충격이 나의 식욕을 자극한 모양이다. 그러나 한 가지 문제가 있었다. 안주용 땅콩을 음료수와 같이 먹을 수는 없지 않은가. 맥주가 필요했다. 냉장고 안에 그것들이 보였다. 물론 나는 대체로 낮술은 안 한다. 하지만 차가운 캔들에 낀 하얀 서리 위로 비치는 햇빛을 보았을 때…….

"이것도 계산하시오."

나는 여섯 개들이 버드와이저를 꺼내고야 말았다.

14달러 62센트를 내고 그곳을 나왔다.

바로 공장 앞 고속도로 반대편엔 작은 언덕으로 자갈길이 나 있었다. 그것은 반 마일쯤 떨어진 곳에 있는 발전소 문쪽으로 가는 것이다. 고속도로를 벗어나 덜컹거리면서 차를 자갈길 위로 몰았다. 피자가 바닥에 떨어지려는 것을 얼른 손으로 잡았다. 먼지가 차 위를 덮었다.

차를 주차한 후 셔츠의 단추와 넥타이를 풀고 코트를 벗었다. 그리고 사온 것들을 펼쳤다.

좀 떨어진 아래쪽 고속도로 건너편으로 공장이 보였다. 공장은 풀밭에 자리잡고 있는데, 유리창이 없는 커다란 회색 철박스처럼 보였다. 그 안에는 주간조로 일하는 약 400명이 있다. 그들의 차가 주차장을 메우고 있었다. 하역 독에 주차되어 있는 두 트럭 사이로 또 하나의 트럭이 뒤로 들어가 주차하고 있는 것이 보였다. 그 트럭들은 사람과 기계 들이 필요로 하는 재료를 가져오는 것이다. 반대쪽엔 더 많은 트럭들이 제품을 싣고 있었다. 간단한 말로 그것들이 매일 일어나는 것들이다. 나는 아래쪽에서 일어나는 일을 경영하도록 되어 있고.

맥주 하나를 따고 피자를 먹기 시작했다.

공장은 경관이 좋다. 그것은 마치 늘 거기에 있었고 앞으로도 늘 거기에 있을 것 같았다. 내가 알기로는 공장은 겨우 15년 정도 되었다. 그리고 아마 몇 년 못 갈지도 모른다.

그렇다면 무엇이 목표인가?

우리는 거기서 무엇을 하도록 되어 있는가?

무엇이 이곳을 계속 돌아가게 하는가?

조나는 목표는 하나뿐이라고 했다. 글쎄, 나는 어떻게 되는지를 알 수가 없었다. 우리는 매일 수없이 많은 일들을 한다. 그것들은 모두 중요하다. 중요하지 않다면 그것들을 하지 않을테니까 말이다. 제기랄. 그 모든 것들이 목표가 될 수 있지 않는가.

예를 들면, 생산조직이 해야 되는 것들 중 하나는 원자재를 사는 것이다. 그 자재들이 있어야 생산을 할 수 있고 그것들을 가장 싼 비용으로 취득해야 하는 것이다. 싼값에 좋은 물건을 구입하는 것은 매우 중요한 일이다.

그나저나 피자는 정말 맛있다. 머리 속에서 어떤 조그만 목소리가 나에게 묻는 것이 느껴질 때 나는 두번째 조각을 먹고 있었다. 과연 이것이 목표인가? 원자재의 효율적 구입이 공장 존립의 이유인가?

나는 웃을 수밖에 없었다. 목이 막혀 죽을뻔했다. 그래. 맞아. 구매부의 몇몇 영리한 바보들은 그것이 목표인 것처럼 행동하겠지. 그들은 창고를 빌려 그들이 그렇게 싸게 사들인 쓰레기들을 저장하려 한다. 그래서 지금 우리가 가지고 있는 것들이 무엇인가? 32개월 동안 쓸 수 있는 구리선? 7개월분의 스테인리스 철판? 모두 그런 종류의 것들이다. 그리고 그것들 때문에 몇 백만 달러가 묶여 있다. 그것도 엄청나게 비싼 값에 말이다.

이렇게 생각하니 경제적 구입은 절대로 이 공장의 목표가 될 수 없다.

그 밖에 무엇이 있을까? 우리는 사람들을 고용한다. 이곳에만도 몇 백 명이 있고 유니코사 전체로는 몇 십만 명이 있다. 그 사람들은 유니코사의 가장 중요한 재산이다. 몇 년 전 연례보고서에 담긴 회사 선전문구에 나와 있듯이 말이다. 약간 미화됐을지는 몰라도, 회사가 다양한 기술과 전문성을 가진 좋은 인재 없이는 제대로 운영될 수 없다는 것은 분명한 사실이다.

물론 회사가 일자리를 공급해주는 것은 좋은 일이다. 지속적인 봉급에 대해선 할말이 많지 않은가. 그러나 사람들에게 일자리를 공급해주는 것은 확실히 공장이 존재하는 이유는 아니다. 그동안 얼마나 많은 사람들을 우리가 해고시켰는가?

어쨌든 우리 회사가 일본의 회사들처럼 종신고용을 제안하더라도 목표가 일자리라고 말할 순 없다. 많은 사람들은 그것이 진짜 목표인 것처럼 생각하고 행동하는 것 같다(두 곳만 예를 들자면 엠파이어 빌딩 백화점 매니저와 정치인들이 그렇다). 그러나 공장이 월급을 주고 사람들에게 뭔가 할 일을 주려고 세워진 것은 아니다.

좋다. 그러면 처음에 공장은 왜 세워졌는가?

그것은 물건을 생산하려고 지어졌다. 왜 그것이 목표가 될 수 없을까? 조나는 그것은 목표가 아니라고 말했다. 그러나 나는 왜 그것이 목표가 아닌지 의문이다. 우리는 생산조직이다. 그것은 우리가 무언가를 생산해야 한다는 것을 의미하지 않는가? 그것이, 즉 물건을 생산한다는 게 모든 것의 핵심이 아닐까? 그 외에 무엇이 더 있을까?

이번엔 최근에 등장한 몇 가지 개념들에 대해 생각해보자.

품질은 어떤가?

아다 그것도 아닐 것이다. 만약 양질의 제품을 생산하지 않는다면 결국에 얻는 것이라고는 값비싼 쓰레기 다발일 것이다. 양질의 제품으로 소비자들의 요구를 맞추어줄 수 없다면 오래 가지 못할 것이다. 유니코사는 이미 그것을 경험했다.

우리 공장도 이미 그 교훈을 배웠다. 그래서 우리는 질을 높이기 위해 큰 노력을 해왔다. 하지만 왜 그것이 공장의 미래를 보장해줄 수 없을까? 그리고 만약 품질이 진정한 목표라면 어떻게 롤스로이스 같은 회사가 거의 부도까지 갔을까?

품질 하나만으론 목표가 될 수 없는 것이다. 중요하기는 하나 목표가 될 수는 없는 것이다. 왜? 비용 때문에?

만약 적은 비용으로 생산하는 것이 필수적이라면 효율성이 그 대답이 될 것 같다. 그렇다. 그 두 가지(품질과 효율성)가 다 대답일지도 모른다. 그것들은 대개 붙어다니지 않는가. 실수가 적을수록 다시 해야 하는 일들이 적어지고, 그러면 비용도 낮아지고 그럴 것이다. 그게 아마 조나가 의미한 것인지도 모른다.

양질의 제품을 효율적으로 생산하는 것, 그것이 목표일 것이다. 그럴듯하게 들린다. '품질과 효율성' 아주 듣기 좋은 말이다. 마치 '모성애와 미국식 방법'처럼 말이다.

다시 맥주 하나를 더 땄다. 피자는 이제 안중에도 없었다. 잠시 동안 나는 아주 만족감을 느꼈다.

하지만 뭔가 이상한 것 같았다. 점심의 소화불량보다 더한 것이다. 양질의 물품을 효율적으로 생산한다는 것은 좋은 목표처럼 들린다. 하지만 과연 그 목표가 공장을 계속 돌아가게 할 수 있는가?

마음속에 떠오르는 몇 가지 예가 나를 귀찮게 했다. 만약 목표가 양질의 물품을 효율적으로 생산하는 것이라면 어떻게 폭스바겐이 더이상 벅스를 만들고 있지 않는가? 그것은 양질의 제품으로 저가에 생산될 수 있는 것이다. 아니면 좀 오래된 얘기로, 어떻게 더글라스사가 DC-3를 만드는 일을 계속하지 않을까? 내가 들은 모든 것을 종합해보면 DC-3는 좋은 비행기다. 그리고 그들이 계속 그것들을 생산해왔다면 오늘날엔 DC-10보다도 더 효율적으로 만들어낼 수 있었을텐데 말이다.

그렇다면 양질의 제품을 효율적으로 만드는 것만으로는 충분치 않는 것 같다. 목표는 뭔가 다른 것이어야 할 것 같다.

그러나 무엇일까?

맥주를 마시면서 나는 손에 쥐고 있는 알루미늄 맥주 깡통의 매끄러운 표면을 직시하고 있었다. 대량생산 기술은 정말 의미있는 것이다. 이 깡통이 최근까지도 운동장의 바위였다고 생각하자. 그렇다면 우리는 어떤 비법과 도구들로 그 바위를 가볍고 변조가 가능하고 계속적으로 쓸 수 있는 금속으로 만들어야 했을 것이다. 꽤 놀라운 일이다.

잠깐만, 나는 생각했다. 그것이다!

기술. 그것이야말로 모든 것이다. 우리는 최첨단의 기술을 가져야 한다. 그것은 회사에 필수적인 것이다. 우리가 만약 기술을 따라잡지 못한다면 끝장이 나버릴 것이다. 그렇다면 그것이 목표다.

그런데 다시 생각하니 그것도 옳은 것 같지 않았다. 만약 기술이 생산조직의 진정한 목표라면, 왜 가장 책임있는 자리들이 R&D쪽에 있지 않는가? 어떻게 내가 본 조직 차트에선 R&D가 늘 옆으로 밀려나 있는가? 그리고 우리가 이용 가능한 모든 최신식 기계를 가지고 있다고 하자. 과연 그것이 우리를 살릴 수 있는가? 아닐 것이다. 그렇다면 기술은, 물론 중요하지만 목표는 아니다.

아마도 목표는 효율성, 품질, 그리고 기술의 어떤 종합체인지도 모른다. 그렇다면 다시금 우리가 많은 중요한 목표를 가졌다고 말하는 셈이 되지 않는가? 그것이 조나가 내게 말해준 것과 일치하지 않는 것은 제쳐두고라도, 그것들은 사실 우리에게 아무것도 알려주지 못하는 것이다.

나는 다시 괴로웠다.

언덕 아래를 응시했다. 공장의 큰 철박스 앞에는 사무실들이 들어있는 작은 유리창 박스와 콘크리트가 있었다. 내 사무실은 정면 왼쪽 구석에 있는 곳이다. 눈을 가늘게 뜨고 보니 프렌이 내 책상 위에 잔뜩 전화 메시지를 가져다 놓는 것을 볼 수 있었다.

어쩔까? 나는 맥주를 들고 길게 한 모금 마셨다. 머리를 뒤로 제치면서 나는 그것들을 볼 수 있었다.

공장 뒤로 두 개의 다른 길고 좁은 빌딩이 있었다. 그것은 우리의 창고다. 그 안은 예비부품들과 우리가 아직 팔지 못하고 있는 제품들로 가득 차 있었다. 2,000만 달러어치의 완제품들. 가장 최근의 기술로 만들어낸 양질의 제품들이고 모두 다 효율적으로 만들어졌다. 모두 제 박스 안에 들어 있고 제품보증서와 함께 테이프로 봉해져 있다. 아직도 공장의 냄새가 물씬 풍겨나오는 완제품들이 누군가가 사가주길 기다리고 있는 것이다.

그렇다. 유니코사는 분명히 창고를 채우려고 공장을 돌리지는 않는다. 목표는 판매인 것이다.

그러나 만약 목표가 판매라면 왜 조나는 시장점유를 목표로 받아주지 않았을까? 시장점유는 판매보다도 더 목표로서 중요하다. 만약 높은 시장점유율을 갖고 있다면, 그 분야에서 최고의 판매를 하는 것을 말한다. 시장을 잡으면 끝나는 것이다. 안 그런가?

아닐지도 모른다. 자주 듣는 말이 떠올랐다. "손해를 보고 있다. 하지만 많이 파는 것으로 보충하겠다." 회사는 가끔 손해를 보거나 비용보다 약간 더 붙여서 판다. 우리 유니코사가 그래왔다. 단지 재고를 없애기 위해서다. 시장점유율이 아무리 높아도 돈을 벌지 못한다면 무슨 소용인가?

돈. 글쎄, 물론 돈은 중요한 것이다. 피치가 우리 공장문을 닫으려는 것도 회사에서 공장에 드는 비용이 너무 많기 때문이다. 결국 나는 회사가 잃고 있는 돈을 줄이는 방법들을 찾아야 한다.

잠깐만. 내가 뭔가 번뜩이는 일을 해서 적자를 막고 수지를 이루었다고 하자. 과연 그것이 우리를 구해줄 수 있는가? 결국은 그럴 수 없을 것이다. 겨우 수지를 맞추려고 공장을 세우지는 않았을 것이다. 회사도 공장도 겨우 수지나 맞추려고 사업을 하는 것은 아니다. 회사는 돈을 벌려고 있는 것이다.

이제 알 수 있을 것 같다.

생산조직의 목표는 돈을 버는 것이다.

왜 바소로멘 그랜비가 1881년에 회사를 설립해서 개량된 석유 스토브를 시장에 내놓았는가? 가전제품 만드는 것을 사랑했기 때문일까? 수백만의 사람들에게 따뜻함과 안락함을 안겨주려는 아량 넓은 공공사업이었을까? 아니다. 그는 돈을 벌려고 한 것이다. 그리고 그는 성공했다. 왜냐하면 스토브는 그 시대 상품 중의 진수였기 때문이다. 따라서 투자가들은 그에게 더 많은 돈을 대주었고 그는 좀더 많은 돈을 벌 수 있었다.

하지만 과연 돈을 버는 것이 유일한 목표인가? 내가 걱정하던 다른 것들은 무엇인가?

가방을 열고 노란 노트판을 꺼내고 코트에서는 펜을 꺼냈다. 그리고 사람들이 목표라고 생각하는 모든 것을 적어보았다 : 비용, 효율적 구입, 좋은 인재의 고용, 최신 기술, 상품 생산, 양질의 상품 생산, 판매, 그리고 시장점유, 선전이나 소비자 만족까지 더했다.

이 모든 것이 사업을 성공으로 이끄는 데 필수적이다. 그러면 그것들은 무엇을 하는가? 그것들은 회사가 돈을 벌 수 있도록 해준다. 그러나 그것들 자체가 목표는 아니다. 단지 목표를 달성하기 위한 수단들이다.

어떻게 확신하지?

글쎄, 확신은 못하겠다. 절대적으로는 말이다.

그러나 '돈벌기'를 생산조직의 목표로 채택한 것은 꽤 좋은 가정인 것 같다. 만약 회사가 돈을 벌지 못한다면 위에 적은 것은 모두 쓸모없는 것이 되어버리기 때문이다.

왜냐하면 회사가 돈을 벌지 못하고 있을 때를 보라. 만약 회사가 물건을 만들어 팔거나, 관리계약을 맺거나, 그들의 자산을 팔거나 등의 방법으로 돈을 벌지 못한다면 그 회사는 끝난 것이다. 아마 더이상 기능을 못할 것이다. 돈이 목표가 되어야 한다. 아무것도 그만한 역할을 못한다. 어쨌든 이러한 가정을 해야만 하는 것이다.

만약 목표가 돈을 버는 것이라면, 그렇다면(조나가 아마도 이용했을 말로 하자면) 돈을 벌도록 해주는 행동이 곧 생산적이다. 그리고 우리를 돈을 버는 것으로부터 멀리 떼어놓는 행동이 비생산적인 것이다. 과거 몇 년간 이 공장은 돈을 벌기보다는 돈을 버는 목표에서 더욱 멀어져왔다. 공장을 살리려면 그것을 생산적으로 만들어야 한다. 유니코사를 위해 돈을 벌어주어야 하는 것이다. 이것은 지금 일어나는 것들을 단순화한 말이지만 정확한 표현인 것이다. 최소한 논리적 출발점인 것이다.

자동차 창 너머로 보이는 세상은 밝고 따가웠다. 태양이 좀더 강렬해진 것 같아 보였다. 나는 마치 방금 혼수상태에서 깨어난 것처럼 주위를 둘러보았다. 모든 것이 예전 그대로였지만 갑자기 새롭게 보였다. 마지막으로 맥주를 들이켰다. 갑자기, 가야 한다는 느낌이 들었다.

6

공장에 차를 주차시키고 시계를 보니 4시 30분이었다. 지금까지 내가 잘해오던 것들 중의 하나가 사무실을 몰래 빠져나오는 것이었다. 가방을 들고 차에서 내렸다. 앞에 서 있는 사무실의 유리박스가 죽은 듯이 조용해 보였다. 마치 매복해 있는 것처럼. 모두들 안에서 나를 기다리다가 갑자기 달려들겠지. 나는 모두를 실망시키기로 결심했다. 공장을 거쳐 우회하기로 했다. 갑자기 모든 것이 다시 보고 싶어졌다.

문쪽으로 걸어내려가 공장으로 들어갔다. 가방 안에서 매일 가지고 다니는 보안경을 꺼냈다. 벽면에 있는 책상엔 안전모들이 쌓여 있었다. 하나를 훔쳐서 쓰고 안으로 들어갔다.

모퉁이를 돌아 한 작업장에 들어갔다. 뒤쪽에 있는 벤치에 앉아 있던 세 남자가 나를 보고 놀랬다. 그들은 신문을 돌려보며 얘기를 하고 있었는데 그들 중 하나가 나를 보고 다른 사람들을 팔꿈치로 쳤다. 마치 뱀이 풀밭으로 사라지는 것처럼 신문이 재빨리 감추어졌다. 그들은 서로 모른 척하고 각자 세 방향으로 뿔뿔이 흩어졌다.

사실 다른 때도 이렇게 갑자기 나타난 적이 있었다. 그러나 오늘은 정말 너무도 화가 났다. 그 일꾼들은 이 공장에 문제가 생긴 것을 알 것이다. 그동안 우리가 단행한 감원을 생각한다면 틀림없이 알 것이다. 그렇다면 이 공장을 구하려고 더 열심히 일을 해야 할 것이다. 하지만 여기 한 시간에 10달러나 12달러씩을 받으면서 그저 앉아서 시간만 때우는 사람이 세 명이나 있다. 그들의 감독관을 만나야겠다고 생각했다.

내가 감독관에게 그 세 명의 사내에 대해 이야기하자 그는 그들은 자신들의 할당량을 거의 다했고 지금은 부품이 오기만을 기다리는 것이라고 변명했다.

나는 그에게 말했다. "그들에게 시킬 일이 없다면 시킬 일이 있는 다른 부서를 찾아보게나. 그들이 할 일을 찾아보라구. 사람들을 계속 이용하지 않으면 손해를 보는 거야. 알았나?"

통로를 내려오면서 뒤를 보았다. 감독관은 이제 그 세 명에게 통로 저쪽에서 그 반대쪽으로 재료를 옮기도록 시키고 있었다. 그저 그들을 시키려고 한 일인지는 알았지만 무슨 상관인가? 최소한 이제 그 세 녀석은 일을 하고 있다. 만약 내가 아무 말도 안 했다면 그들은 얼마나 더 거기에 앉아 있었을까?

갑자기 이런 생각이 들었다. 이제 그 세 사람은 뭔가를 하고 있지만 과연 그것이 우리가 돈을 버는 데 얼마만큼 도움이 될까? 그것이 과연 생산적인 일일까?

잠시 돌아가서 감독관에게 그 세 명에게 진짜로 생산하는 일을 시키도록 말할까 생각했다. 그러나 글쎄…… 사실 지금은 진짜로 그들이 할 일이 없는지도 모른다. 그리고 내가 그들을 어딘가 생산을 할 수 있는 곳으로 옮겨놓을 수 있을지는 몰라도 그들의 일이 우리가 돈을 버는 데 도움이 되는지 어떻게 알겠는가?

정말 이상한 생각이었다.

과연 사람들에게 일을 시키는 것과 돈을 버는 것과는 동일하다고 가정할 수 있을까? 과거에는 그렇게 가정해오곤 했다. 기본적인 법칙은 모두를 바쁘게 만들고 모든 것이 항상 돌아가게 하는 것이었다. 상품들을 계속 만들어내고 말이다. 그리고 만약 할 일이 없다면 일을 만들어서라도 했다. 아니면 사람들을 여기저기 바꿔놓기도 했다. 그리고도 그들이 할 일이 없으면 해고시키면 됐다.

주위를 살펴보니 대부분의 사람들이 일을 하고 있었다. 놀고 있는 사람은 보기 힘들었다. 거의 모든 사람들이 늘상 일을 하고 있었다. 그렇지만 돈을 벌진 못하고 있다.

벽면에 붙어 있는 지그재그 계단은 크레인으로 통하게 되어 있다. 그 계단을 타고 지붕쪽으로 반쯤 올라가 공장 전체를 내려다봤다.

매시간 많은 일들이 저 밑에서 일어나고 있다. 실질적으로 내가 보는 모든 것이 변수다. 만약 주시해서 본다면 이 공장의 복잡성은

—어느 공장이나 마찬가지겠지만— 가슴을 서늘하게 한다. 바닥 위의 상황은 항상 변하고 있다. 어떻게 일어나는 모든 일을 통제할 수 있을까?

대체 어떻게 이 공장에서의 어떤 행동이 돈을 벌기 위한 생산적인 것인지 아닌지를 알 수 있겠는가?

해답은 내 손에 든 무거운 가방 속에 있어야 할 것이다. 그것은 루가 오늘 아침의 회의를 위해 챙겨준 모든 보고서와 프린트 종이들로 가득 차 있다.

우리는 사실 우리가 생산적인가를 말해줄 수 있도록 돼 있는 많은 평가방법들을 가지고 있다. 하지만 그것들이 진짜로 우리에게 알려주는 것은 기껏해야 사람들이 그들이 받는 돈만큼의 시간 동안 일을 했는지 안 했는지 따위의 것들이다. 그것들은 우리가 각 작업에 대해 갖고 있는 기준만큼 시간당 생산이 실제로 되는지를 알려준다. 생산비용, 직접노무비 따위를 알려주는 것이다. 하지만 어떻게 여기서 일어나는 것들이 돈을 벌게 해주는지를 알 수 있는가? 우리는 단지 회계게임을 하고 있는지도 모른다. 뭔가 연관이 있는 것은 분명하지만 어떻게 그것을 규정할 수 있는가?

나는 계단을 내려왔다.

아마 작업중 신문 보는 것에 대한 경고 메모를 써야 할 것 같다. 하지만 그게 과연 우리를 다시 흑자로 돌려줄까?

내가 다시 사무실로 들어간 것은 5시가 지나서였다. 나를 기다리고 있던 사람들은 대부분 가버린 것 같았다. 프렌은 아마도 제일 먼저 나갔을 것이다. 하지만 그녀는 모든 사람들의 메모를 내 책상에 남겨놓았다. 그것들에 묻혀서 전화기가 거의 보이지 않았다. 그 메모의 반은 빌 피치한테 온 것 같아 보였다. 아마 내가 중간에 나온 것을 알아챈 모양이다.

하기는 싫었지만 나는 전화를 들고 그의 번호를 돌렸다. 하지만 신은 자비로웠다. 벨이 2분간이나 울렸는데도 아무도 전화를 받지 않았다. 나는 조용히 숨을 내쉬고 전화를 끊었다.

의자에 앉아 나는 창 밖으로 늦은 오후의 적황색 빛을 바라보고 있었다. 나는 성과평가 방법들에 대해 계속 생각했다. 우리가 성과를 평가하는 데 사용하는 모든 것을. 스케줄과 납기일을 지키는 것, 제품생산, 총매출, 총비용. 우리가 돈을 벌고 있는지 아는 좀더 간단한 방법은 없을까?

문을 가볍게 두드리는 소리가 들렸다.

몸을 돌려 쳐다보았더니 루였다.

앞에서 언급했듯이, 루는 공장의 회계담당자다. 그는 배가 나온 노인네로서, 정년이 2년밖에 안 남았다. 회계사의 전통을 지키려고 그는 플라스틱 테의 이중초점 렌즈 안경을 쓰고 있었다. 비록 비싼 양복을 입었지만 그는 조금 빈곤해 보이는 스타일이다. 그는 한 20년쯤 전에 그룹에서 이 공장으로 옮겨왔다. 머리는 완전히 은발이었다. 그의 삶의 낙이라면 회계사 모임에 나가 술에 취해 떠드는 것이다. 평상시 그는 매우 부드러운 사람이다. 그에게 무언가를 떠맡기려고 하기 전까지는 말이다. 그러면 그는 고릴라로 변해버리는 것이다.

"안녕하세요?" 그가 문에서 말했다.

나는 손을 펴서 들어오라는 신호를 했다.

"빌 피치가 오늘 오후 전화했다는 걸 전해주려구요." 루가 말했다. "오늘 그의 회의에 참석할 예정이 아니었던가요?"

"빌이 뭘 원하던가요?" 나는 그의 질문을 무시하고 물었다.

"몇몇 수치에 대해 최근의 것이 필요하대요. 그리고 당신이 없다니까 조금 화가 난 것 같았어요."

"그가 필요로 하던 것은 구했나요?"

"네, 대부분은요. 그에게 다 보냈어요. 아마 아침에 받았을 거예요. 대부분은 내가 당신께 준 것과 같아요."

"나머지는요?"

"몇 개 조사해봐야 할 것이 있어요. 아마 내일중으로 보낼 수 있을 거예요."

"보내기 전에 내게 보여줘요, 알았죠?" 나는 말했다. "나도 알아야 하니까."

"오, 물론이죠."

"그리고 지금 잠깐 시간 있어요?"

"네. 무슨 일이죠?" 그는 내가 피치와 나 사이에 일어나고 있는 일들에 대해 말해줄 것을 기대하면서 물었다.

"앉아봐요." 나는 그에게 말했다.

루는 의자를 꺼내 앉았다.

나는 정확한 표현을 생각해내기 위해 잠시 생각했다. 루는 기대감으로 기다리고 있었다.

"아주 간단하고 근본적인 질문인데요." 나는 말했다.

루는 웃었다. "내가 좋아하는 것들이군요."

"우리 회사의 목표가 돈을 버는 것이라고 말할 수 있을까요?"

그는 크게 웃기 시작했다.

"농담하세요?" 그가 물었다. "일종의 함정문제인가요?"

"아니예요, 대답만 하세요."

"물론 돈버는 것이 목표죠."

나는 그것을 그에게 반복했다. "회사의 목표는 돈을 버는 거죠, 그렇죠?"

"네. 제품을 만들어내야 하기도 하구요."

"좋아요, 이제 잠깐 기다려봐요." 나는 그에게 말했다. "제품을 생산하는 것은 판매라는 목표를 위한 수단이죠."

나는 그에게 내 생각의 기본적인 개념들에 대해 설명해주었다. 그는 듣고 있었다. 루는 매우 영리한 사람이다. 그에겐 모든 자질구레한 것을 다 이야기해줄 필요가 없다. 이야기가 끝날 무렵 그는 내 의견에 동의했다.

"그래서 무엇을 할 작정이죠?"

"우리가 돈을 버는지 어떻게 알죠?"

"글쎄요, 많은 방법이 있죠."

그후 몇 분간 루는 총판매, 시장점유율, 이익금, 그리고 주식배당금 등등에 대해 말했다. 마침내 나는 손을 들었다.

"이런 식으로 표현을 하죠." 나는 말했다. "당신이 교과서를 다시 쓴다고 가정해보세요. 만약 당신이 모든 용어를 가지고 있지 않다면 써나가면서 그것들을 만들어야 해요. 그렇다면 우리가 돈을 버는지를 알기 위해 필요한 최소의 평가방법은 몇 개가 될까요?"

루는 손가락을 얼굴 밑에 대고는, 눈을 가늘게 뜨고 그의 이중초점 렌즈를 통해 신발을 보고 있었다.

"글쎄요, 일종의 절대적 평가방법을 가지고 있어야 하기는 하거든요." 그는 말했다. "달러든 엔이든 간에 얼마나 많은 돈을 벌었나를 알려줄 수 있는 무언가가 있어야 해요."

"순이익 같은 거죠, 맞죠?" 나는 물었다.

"예, 순이익. 하지만 그것 말고 뭔가 더 필요해요. 왜냐하면 하나의 절대적 평가방법은 많은 것을 말해주지 않을 것이니까요."

"오, 그래요?" 나는 말했다. "만약 내가 얼마나 많이 벌었는지 안다면……."

"왜 다른 것들을 알아야 할 필요가 있죠? 내 말뜻 알겠어요?

내가 번 것을 더하고 거기서 비용을 빼면 순이익이 나오죠. 그 외에 다른 무엇을 알 필요가 있나요? 이를테면 내가 1,000만 달러나 2,000만 달러나 뭐든지를 벌었다면 되는 거 아닌가요?"

작깐 동안 루의 눈에선 내가 마치 멍청이 같다는 표정이 빛났다.

"좋아요," 그는 말했다. "당신이 1,000만 달러의 순이익을 올렸다는 걸 알아냈다고 해봅시다. 그것은 절대적 평가방법이죠. 당장에는 그것은 엄청난 액수로 들리지요. 당신이 그것을 다 긁어모은 것 같구요. 하지만 당신은 처음에 얼마로 시작했죠?"

그는 효과를 위해서 잠시 말을 멈췄다.

"알겠어요? 그 1,000만 달러를 위해 처음에 얼마로 시작했느냐구요? 겨우 100만 달러는 아니었을걸요? 만약 100만 달러였다면 투자보다 열 배를 번 셈이죠. 10:1, 그건 대단한 거예요. 하지만 10억 달러를 투자했었다고 가정해보세요. 그리고 겨우 1,000만 달러만 벌었다면 그건 정말 못한 것이 되죠."

"알았어요, 알았어." 나는 말했다. "단지 확실히 하려고 물어본 거예요."

"그래서 우리는 상대적 평가방법이 필요한 거예요." 루는 계속 말했다. "투자이익이라든가, 투자액수에 대한 상대적 수입에 대한 비교 수치라든가 하는 것들 말이에요."

"알겠어요. 하지만 그 두 개로 우리가 전체적으로 얼마나 잘하고 있는가를 알아야 하잖아요, 안 그래요?"

루는 고개를 끄덕이는 것 같더니 먼곳을 쳐다봤다.

"글쎄요……."

나도 역시 그 건에 대해 생각을 했다.

"있잖아요," 그가 말했다. "회사가 순이익과 투자이익률에서 높은 수치를 기록했다 하더라도 파산할 수 있어요."

"현금이 떨어질 경우를 의미하나요?"

"정확히 그거죠. 현금유통이 나빠지면 모든 기업이 죽게 돼요."

"그래서 현금유통을 제3의 평가방법으로 쳐야 한다는 것이군요."

그는 고개를 끄덕였다.

"하지만 매달 버는 현금이 1년 비용만큼 된다고 가정해보세요." 나는 그에게 말했다. "그렇게 현금이 충분하다면 현금유통은 문제가 안 되잖아요?"

"하지만 그렇지 않다면 그것 외에 다른 것은 문제가 안 되죠." 루가 말했다. "그것은 생사의 평가예요. 그 줄 위에 위치하고 있으면 살 것이고 밑에 위치하고 있으면 죽는 거죠."

우리는 서로의 눈을 쳐다보았다.

"우리에게 그 일이 일어나고 있죠. 그렇죠?" 루가 물었다.

나는 고개를 끄덕였다.

루는 다시 먼곳을 보았다. 조용했다.

그리고 나서 그는 말했다. "난 이 일이 일어날지 알았어요. 단지 시간문제였어요."

그는 잠시 멈추고 다시 나를 쳐다보았다.

"우리는요?" 그가 물었다. "피치가 아무 말도 안 하던가요?"

"그들은 우리 공장문을 닫는 것을 고려중이에요."

"합병 같은 것이 있을 건가요?" 그가 물었다.

그가 진짜로 묻고 있는 것은 그가 일자리를 계속 가질 수 있느냐는 것이다.

"솔직히 말해서 나도 몰라요, 루. 어떤 사람들은 다른 공장이나 다른 계열사로 전보될 것이라고 상상은 하고 있지만 그런 상세한 얘기는 아직 안 나왔어요."

루는 셔츠 주머니에서 담배를 꺼냈다. 그는 의자 손걸이에 담배

끝을 계속해서 찍고 있었다.

"은퇴하려면 2년밖에 안 남았는데." 그는 중얼거렸다.

"이봐요, 루." 나는 그를 절망에서 구해주려고 말했다. "당신에게 최악의 경우는 아마 조기은퇴일 거예요."

"젠장할," 그는 말했다. "난 조기은퇴를 원하지 않는단 말이오!"

우리들은 잠시 조용했다. 루가 담배에 불을 붙였다. 우리는 거기에 그대로 앉아 있었다.

마침내 내가 입을 열었다. "봐요, 난 아직 포기하지 않았어요."

"알렉스. 만약 피치가 우리를 해고한다면……."

"그가 그런 말을 하지는 않았어요. 우린 아직 시간이 있어요."

"얼마나요?"

"3개월요."

그는 웃기만 했다. "잊어버려요, 알렉스. 우리는 결코 해낼 수 없을 거예요."

"난 아직 포기하지 않았다고 말했어요. 알겠어요?"

잠시 동안 그는 아무 말도 하지 않았다. 나는 내가 그에게 진실을 말하고 있는지 확신을 못하면서 거기 그냥 앉아 있었다. 지금 상황에서 내가 알아낼 수 있었던 것은, 공장이 돈을 벌도록 만들어야 한다는 것이다. 좋아, 로고. 이제 어떻게 그것을 하지? 루가 담배연기를 무겁게 내뱉는 것이 들렸다.

체념한 목소리로 그는 말했다. "좋아요, 알렉스. 내가 할 수 있는 한 최대한 당신을 도와줄게요. 하지만……."

그는 말을 끝마치지 못하고 손을 허공에 흔들었다.

"당신의 도움이 필요할 거예요, 루. 그리고 당신에게서 필요한 첫번째 도움은 이 모든 것을 당분간 당신만 알고 있으라는 거예요.

만약 이 일이 새어나가면 모두 사기가 저하될테니까요."

"알았어요. 하지만 이런 일은 오랫동안 비밀이 될 수 없다는 걸 알아야 해요."

그의 말이 옳다는 건 안다.

"그래서 어떻게 이 공장을 구할 계획이죠?" 루가 물었다.

"내가 하려는 첫번째 일은, 우리가 살아남으려면 무엇을 해야 하는가에 대한 확실한 상(像)을 얻는 거예요."

"오, 그래서 그 평가방법에 대해 말을 한 거군요." 그가 말했다. "들어봐요, 알렉스. 그런 것에 시간을 낭비하지 말아요. 시스템은 시스템이에요. 뭐가 잘못됐는지 알고 싶어요? 뭐가 문제인지 말해드리죠."

그리고 그는 약 한 시간 가량을 그것에 대해 말해줬다. 대부분은 내가 전에 들었던 것들이다. 아니 누구나 들었던 얘기들일 것이다. 모든 게 조합의 잘못이다, 만약 모든 사람이 일만 더 열심히 한다면 좀더 나아질 수 있을텐데, 아무도 품질에 신경을 안 쓰는 것이 문제다, 일본을 보라, 그들은 어떻게 일해야 하는지 아는데, 우리는 그것을 잃어버렸다, 이런 등등의 얘기였다. 그는 우리 자신을 단련하기 위해 어떤 종류의 자책을 해야 하는지까지 말했다. 대부분 그는 자신의 울분을 풀고 있는 것이었다. 그것이 내가 그에게 얘기를 계속하도록 한 이유이기도 했다.

하지만 나는 의아해 하면서 거기에 앉아 있었다. 루는 정말 똑똑한 사람이다. 우리 모두는 꽤 똑똑하다. 유니코사는 똑똑하고 잘 교육받은 인재들을 많이 가지고 있다. 그리고 나는 거기 앉아서 루의 의견을 듣고 있는데, 그의 혀에서 나오는 한마디 한마디는 다 좋은 말들이다. 그런데 우리 모두가 다 그렇게 스마트하다면, 왜 우리는 점점 망각 속으로 빠져가고 있는지 정말 의문이었다.

해가 지고 얼마 후, 루는 집으로 갔다. 나는 그대로 사무실에 머물렀다. 루가 가고 나는 연습장 하나를 앞에 두고 책상에 앉아 있었다. 종이 위에 루와 내가 회사가 어떻게 돈을 버는지 아는 데 필수적이라고 동의한 세 가지 평가방법을 적었다. 순이익, 투자수익률, 현금유통.

나는 그 세 가지 평가방법 중, 나머지 두 개를 희생하고라도 그 하나가 우리가 목표를 추구할 수 있도록 해주는 것이 무엇일까를 알아내려고 애썼다. 경험에 비추어 나는 고위간부들이 할 수 있는 술수가 많다는 것을 알고 있다. 그들은 다가올 해의 순이익을 희생하여 당해의 순이익을 늘려서 보고할 수 있다(예를 들면 R&D의 자금을 하나도 안 내려준다거나 하는 종류의 방법으로). 그들은 또 위험이 없는 결정을 많이 만들어서 평가방법 중 어느 것을 좋게 보이게 만들 수도 있을 것이다. 물론 다른 평가방법의 수치는 고약해지고 말이다. 그뿐 아니라 그 세 가지 평가방법 사이의 비율도 필요에 따라 변할 수 있는 것이다.

내가 만약 저기 그룹 빌딩 꼭대기에 앉아 있는 J. 바소로멘 그랜비 3세이고 내가 회사를 확실히 통제하고 있다면, 그런 종류의 술수를 부리지 않기를 원할 것이다. 나는 다른 두 개의 평가방법이 무시되면서 한 평가방법의 결과만 증가되는 것을 보기 원치 않을 것이다. 나는 순이익과 투자수익률 그리고 현금유통 모두의 증가를 보기 원할 것이다. 그리고 그 세 가지가 항시 증가되는 것을 보기 원할 것이다.

그래. 그것이다. 우리는 모든 평가방법의 결과가 동시에 그리고 영원히 올라가고 있는 동안에만 진짜로 돈을 벌고 있는 것이다.

그래서 목표는 이것이다 : 투자수익률과 현금유통을 늘림과 동시에 순이익을 증대시킴으로써 돈을 버는 것.

나는 그것을 앞에다 적어 내려갔다.

이제 뭔가 굴러가고 있는 것처럼 느껴졌다. 그 조각들이 서로 잘 맞추어지는 것 같았다. 아주 분명한 하나의 목표를 발견했다. 또 목표를 향한 진전을 평가하기 위한 세 가지 방법도 찾아냈다. 그리고 나는 그 세 가지 평가방법 모두의 동시증가가 우리가 이루기 위해 노력해야 할 것이라는 결론에 도달했다. 하루 동안에 알아낸 것치고는 나쁘지 않은 편이다. 나는 조나가 나를 자랑스러워할 것이라고 생각했다.

이제부터 어떻게 이 세 가지 평가방법과 내 공장 안에서 벌어지고 있는 것과의 직접적 연결을 만들지? 나는 나 자신에게 물었다. 만약 매일의 공정과 공장의 전체적인 성과 간의 어떤 논리적 관계를 발견할 수 있다면, 어떤 것이 생산적이고 어떤 것이 비생산적인가를, 목표로 가고 있는가 멀어지고 있는가를 알 수 있는 바탕을 갖게 되는 것이다.

나는 창문가로 가서 어둠을 응시했다.

반 시간 후, 창밖처럼 내 마음도 어두어졌다.

머리 속에선 이익마진과 자본투자 그리고 직접노무비 내역 등 진부한 개념들이 계속 왔다갔다하고 있었다. 그것은 모든 사람이 백여 년간 따라온 똑같은 기본적 개념들인 것이다. 내가 만약 그것들을 따른다면 다른 사람과 같은 결론에 도달할 것이고, 그것은 무슨 일이 벌어지고 있는지에 대해 내가 지금 아는 것보다 더 잘 이해할 수 없다는 뜻이 된다.

나는 거기서 막혀버렸다.

창문에서 등을 돌렸다. 내 책상 앞에는 책꽂이가 있었다. 나는 책 한 권을 꺼내 훑어보고 다시 꽂았다. 다른 책을 역시 훑어보고 다시 넣었다. 마침내 그 책을 찾았다. 하지만 시간이 너무 늦은 것 같았다.

나는 시계를 보고 깜짝 놀랐다. 벌써 열시가 넘어 있었다. 갑자기 나는 줄리에게 못 갈 것이라고 전화하지 않은 것을 깨달았다. 그녀는 정말 내게 화를 낼 게다. 내가 전화를 안 하면 대개 그래왔으니까.

나는 전화를 들고 번호를 돌렸다. 줄리가 받았다.

"안녕," 내가 말했다. "누가 불행한 하루를 보냈나 알아맞춰봐."

"오. 그래서 뭐 새로울 것 있어요?" 그녀가 말했다. "우연히도 나도 별로 좋은 날을 보내진 않았어요."

"좋아. 그럼 우리 둘 다 불행한 하루를 보냈군." 나는 그녀에게 말했다. "전화 미리 못한 것 미안해. 뭔가에 파묻혀 있어서 말이지."

오랫동안 아무 말도 없었다.

"글쎄요. 어쨌든 나도 보모를 못 구했어요." 그녀가 말했다.

문득 생각이 났다. 우리가 연기했던 그 밤이 오늘이었던 것이다.

"미안해, 줄리. 정말로. 완전히 까먹고 있었어."

"대신 저녁을 준비했었어요. 당신이 두 시간이 넘게 안 오기에 당신 없이 식사했죠. 원하시면 전자 레인지 안에 있으니까 꺼내 드세요."

"고마워."

"당신의 딸, 기억하세요? 당신과 사랑에 빠져 있는 그 꼬마요." 줄리가 물었다.

"빈정대지 마."

"그애는 당신을 기다리느라 내가 자라고 할 때까지도 저녁 내내 창문에 붙어 있었어요."

나는 눈을 감고 말았다.

"왜?"

"당신을 놀라게 해줄 게 있대요."

"들어봐. 한 시간 안에 집에 갈게."

"서둘지 말아요."

그녀는 내가 안녕이라고 하기도 전에 전화를 끊었다.

사실 이제는 서둘러 집으로 갈 이유가 없다. 나는 안전모와 보안경을 쓰고 공장으로 가 2교대조 관리자인 에디를 만나 모든 것이 어떻게 되어가는지 보러 갔다.

내가 그곳에 도착했을 때 에디는 그의 사무실에 없었다. 작업장에서 뭔가 하고 있었다. 나는 그를 불렀다. 그가 공장 저편에서부터 오고 있는 것이 보였다. 그가 걸어오는 것을 바라보고 있었다. 5분이나 걸렸다.

에디는 뭔가 항상 나를 짜증나게 했다. 그는 능력있는 관리자다. 뛰어나지는 않지만 괜찮다. 그의 일이 나를 괴롭히는 것이 아니다. 다른 무엇이다.

나는 에디의 꾸준한 걸음걸이를 보았다. 걸음걸음이 매우 규칙적이다.

그리고 그때 그 생각이 번뜩 떠올랐다. 그것이 바로 에디가 나를 짜증나게 하는 것이다. 글쎄 그 이상이다. 에디의 걸음걸이는 그가 어떤 타입의 사람인가를 상징하고 있다. 그는 약간 안짱다리다. 그는 마치 곧바로 좁은 길을 걷는 것처럼 보인다. 손은 그의 앞에서 정확히 각각의 발까지 갔다가 돌아온다. 그는 마치 어떤 메뉴얼에서 '이것이 걷는 방법이다'를 읽은 것처럼 걷고 있는 것이다.

그가 다가올수록 나는 에디가 아마도 그의 생애에서 부적절한 짓은 결코 안 했을 것이라는 생각이 들었다. 그를 '미스터 규칙'이라고 불러야겠다.

우리는 현재 작업중인 몇 가지 주문에 대해 얘기를 나눴다. 여느 때와 마찬가지로 모든 것이 통제 밖이었다. 물론 에디는 그것을 깨닫지 못하고 있다. 그에겐 모든 것이 정상인 것이다. 그리고 만약 그것이 정상이면 그것은 틀림없이 옳은 것이고.

그는 나에게 오늘밤 어떤 작업이 진행되고 있는지 아주 상세히 설명해주었다. 갑자기 나는 그가 오늘밤 하고 있는 일을 순이익 같은 개념으로 정의해보라고 묻고 싶어졌다.

나는 그에게 '말해보게, 에디. 전 시간에 우리의 투자이익에 대한 영향은 어떠했나? 그리고 자네 교대조가 현금유통을 증진시키기 위해 무엇을 했지? 우리가 돈을 벌고 있나?'라고 묻고 싶어졌다.

에디가 그런 용어들을 들어보지 못했다는 것은 아니다. 단지 그런 것들은 그의 세계에선 관심사항이 아니라는 것이다. 그의 세계는 시간당 부품, 작업시간, 완성된 주문수 들로 평가되는 것이다. 그는 노동기준을 알고 작동시간도 알고 출고일도 안다. 순이익, 투자이익률, 현금유통—— 그것들은 에디에겐 본부에서나 하는 얘기로 보이는 것이다. 내가 여기서 에디의 세계를 그 세 방법으로 잰다는 것은 터무니없는 일일 것이다. 에디에겐, 그의 대기조에서 일어나는 일들과 회사가 얼마나 돈을 버는가의 사이에는 희미한 연계만이 있을 뿐이다. 내가 에디의 마음을 더 큰 세계로 열어준다 하더라도 공장 바닥 위에 있는 가치와 유니코사 본부 바닥 위에 있는 가치 사이의 확실한 연결을 끌어내는 것은 여전히 매우 어려운 일이다. 그것들은 너무 다른 것이다.

말을 하는 도중, 에디는 내가 그를 재미있게 쳐다보고 있는 것을 눈치챘다.

"뭐가 잘못됐나요?" 에디가 물었다.

7

집에 도착해보니 안은 불 하나만 켜진 채 컴컴했다. 나는 최대한 조용히 들어갔다. 그녀가 말한 그대로 줄리는 전자 레인지 안에 나를 위해 먹을 것을 조금 남겨두었다. 전자 레인지를 열어보는 순간 뒤에서 바스락거리는 소리가 났다. 뒤돌아보니 부엌 가장자리에 샤론이 서 있었다.

"보자, 요정은 아니겠구……. 맞아, 꼬마 공주님이구나. 공주님, 요새 어떻게 지내고 있죠?"

"음, 나쁘진 않아요." 그애는 웃으며 말했다.

"어쩌다가 이렇게 늦게까지 안 자고 있니?"

그애는 마닐라지 봉투를 들고 나한테 다가왔다. 나는 부엌 식탁에 앉아서 그애를 무릎에 앉혔다. 샤론은 나에게 봉투를 건네주며 열어 보라고 했다.

"제 성적표예요."

"정말?"

"아빠가 꼭 보셔야 해요."

나는 그애의 성적표를 열어보았다.

"모두 A를 맞았구나!"

나는 그애를 꼭 껴안고 키스를 해줬다.

"대단하구나. 정말 잘했어, 샤론. 아빠는 네가 정말 자랑스러워. 반에서 이렇게 잘한 사람은 너뿐이지?"

그애는 고개를 끄덕이고 나서 말하기 시작했다. 나는 그애가 말하는 대로 그저 내버려뒀다. 30분이 지나자 샤론의 눈은 거의 감겼고 나는 그애를 침대로 데려다 눕혔다.

나도 상당히 피곤했지만 잠을 잘 수가 없었다. 벌써 자정이 지났지만 나는 부엌에 앉아 곰곰이 생각하며 식사를 했다. 내가 사업에서 낙제하고 있는 동안, 내 딸은 2학년에서 일등을 하고 있다.

아마도 이 일을 포기하고 남은 3개월 동안 다른 일자리를 찾아보는 것이 나을 것 같았다. 셀윈의 말에 따르면, 본부에서는 모두가 그러고 있다고 하지 않는가. 나라고 다를 필요가 있는가 생각됐다.

잠시 동안 나는 간부 사원 스카우터한테 전화를 하는 것이 가장 현명한 일이라고 나 자신에게 다짐하고 있었다. 그러나 결국 그렇게 할 수 없었다. 다른 회사의 일자리를 갖는다면 줄리와 나는 이 도시를 떠나야 할 것이며, 아마도 운이 좋으면 지금보다도 더 좋은 자리를 가질지도 모른다(나의 공장장으로서의 경력은 그리 화려한 편이 못 되기 때문에 그럴 가능성은 별로 없지만). 하지만, 다른 직장을 찾는 생각에 대해 반감을 갖는 이유는, 흡사 내가 도망을 치는 것같이 느끼기 때문이다. 나는 도저히 그렇게 할 수 없었다.

내가 이 공장이나 도시에, 아니면 회사에 은혜를 입고 있다고 느끼는 것은 아니다. 다만 어떤 책임감을 느끼는 것이다. 그것을 제쳐두고라도 나는 유니코사에 내 인생의 많은 부분을 투자해왔다. 나는 그 투자에 대한 대가를 원하는 것이다. 3개월이라는 기간은 마지막 기회로서, 아무것도 없는 것보다는 낫지 않는가.

나는 그 3개월 동안 내가 할 수 있는 모든 것을 하기로 결심했다.

그러나 그렇게 결정하고 나니 한 가지 큰 의문이 생겼다. 대체 우리가 무엇을 할 수 있단 말인가? 우리는 이미 지금까지 우리가 아는 모든 것들을 가지고 최선을 다해왔다. 똑같은 일들을 더 한다고 해서 뭐가 나아질 것 같지는 않다.

불행하게도 다시 학교에 가서 이론공부를 더 할 시간이 없었다.

사실 사무실에 가득 차 있는 잡지, 서류, 그리고 보고서 들조차 읽을 시간이 없다. 경영상담가들을 만나거나 공부를 한다거나 할 시간과 예산도 없다. 그리고 어쨌든 돈과 시간이 있더라도 나는 그것들이 우리가 지금 갖고 있는 것보다 더 나은 통찰력을 우리에게 줄 수 있을 것이라고 확신할 수 없는 것이다.

무언가 내가 고려하지 않은 것들이 있다는 생각이 들었다. 이 구렁에서 벗어나려면 어떠한 것들도 당연스럽게 생각해선 안 된다. 기본적으로 진행중인 것들에 대해 한 번에 하나씩 가까이에서 주의 깊게 생각해봐야 할 것이다.

나는 서서히 내가 가지고 있는 유일한 도구들은—비록 제한되어 있지만—내 눈과 귀, 손, 목소리, 그리고 마음뿐이라는 것을 깨닫게 되었다. 그것이다. 내가 가진 모든 것은 나뿐인 것이다. 그러나 한 가지 생각이 계속 머리를 맴돌았다. 과연 그것으로 충분하겠느냐는 것이었다.

이런저런 생각을 하다 침대로 들어갔다. 줄리는 이불 아래 푹 퍼져 있었다. 내가 21시간 전에 본 바로 그 자세였다. 나는 그녀 옆에 누웠지만 잠을 이룰 수가 없었다. 단지 어두운 지붕만을 뚫어지게 쳐다보았다.

그리고 그때 조나를 다시 찾아야겠다는 결심을 하게 되었다.

8

침대에서 빠져나와 두어 걸음 걷고 나니 전혀 움직이기가 싫어졌다. 하지만 샤워를 하는 동안 내가 처한 궁지의 기억이 다시 떠올랐다. 겨우 3개월간의 시간이 주어졌는데 피곤한 느낌 따위로 낭비할 여유가 없는 것이다. 나는 줄리와— 그녀는 내게 별로 할말도 없었지만— 벌써 뭔가 잘못되었다는 것을 알아챈 것 같은 아이들 앞을 바삐 지나 공장으로 향했다.

공장으로 가는 내내 어떻게 조나에게 연락할 수 있을까를 궁리했다. 그것이 문제였다. 그에게 도움을 청하기 전에 먼저 그가 어디 있는지부터 찾아야 했다.

사무실에 도착하자 맨 먼저 나는 프렌에게, 나를 만나려고 밖에 모여 있는 사람들을 들여보내지 말도록 지시했다. 내가 책상에 앉자마자 프렌은 인터폰으로 빌 피치의 전화가 왔음을 알려줬다.

"대단하군." 나는 중얼거렸다.

수화기를 들었다.

"저예요, 빌."

"다시는 내 회의중에 나가지 말게. 알았나?" 그는 으르렁댔다.

"알았어요."

"어제 자네가 없는 바람에 짚고 넘어가야 할 것이 아직 몇 개 더 남았네."

잠시 후 나는 루를 불러서, 나를 도와 빌의 질문에 대답하게 했다. 그리고 잠시 후 피치가 에탄 프로스트를 끌어들여 우리는 4자 통화를 하게 되었다. 그것이 그날 내가 조나에 대해 생각할 수 있었던 마지막 기회였다. 피치와 통화를 하고 나자 대여섯 명의 사람들이 내 사무실 안으로 들어와, 지난 주 이후로 계속 연기되어왔던 회의를 시작했다.

겨우 밖을 쳐다볼 기회를 가졌을 때 창밖은 이미 어두워져 있었다. 해는 벌써 졌고, 나는 아직도 그날의 여섯번째 회의를 하는 중이었다. 모든 사람이 가고 난 후로도 나는 서류들을 더 살펴봐야 했다. 집에 가려고 차에 탔을 땐 이미 7시가 넘어 있었다.

신호등이 파란색으로 바뀌기를 한참 기다리는 동안 간신히 오늘 하루가 어떻게 시작됐는가를 기억할 시간을 가질 수 있었다. 그리고 그때 다시 조나 생각이 났다. 두 블럭쯤 지나자 내 오래된 주소록이 떠올랐다.

나는 주유소에 차를 세우고 줄리에게 전화를 했다.

"여보세요." 줄리였다.

"나야, 줄리. 저기, 무슨 일 때문에 어머니한테 가봐야겠어. 얼마나 오래 걸릴진 모르겠는데 당신 먼저 식사해요."

"앞으로는 식사를 못할 것 같으면 미리——."

"이봐, 아무 불평하지 말아. 중요한 문제 때문이니까 말이야."

잠시 침묵이 흐른 후 전화가 끊겼다.

옛날에 살았던 곳을 다시 찾아갈 때면 언제나 약간 야릇한 기분이 든다. 눈에 보이는 모든 것들이 내 마음의 눈으로 보이는 일종의 추억들 같기 때문이다. 브루노 크렙스키와 싸우던 골목 모퉁이를 지나고, 여름 내내 공을 갖고 놀던 거리도 지났다. 처음으로 안제리나와 키스를 하던 골목길이 보였다. 아버지의 쉐비차 흙받이를 슬쩍 박았던 전신주도 지나갔다(그 때문에 수리비를 물려고 몇 달간 가게에서 무보수로 일해야 했다). 그런 모든 기억들이 집이 가까워옴에 따라 더욱 생생했다. 그리고 그런 느낌이 더 들수록 왠지 열이 나고 불편한 긴장감이 들었다.

줄리는 여기 오는 것을 싫어한다. 처음 우리가 이곳으로 이사왔을 때 우리는 어머니와 데니형, 그리고 그의 부인 니콜을 보려고 매주 일요일마다 이곳에 오곤 했다. 하지만 그 때문에 수도 없이 싸우고 난 후론 더이상 같이 오지 않고 있다.

집 계단 앞 커브에다 차를 세웠다. 그것은 길가의 다른 집들처럼 폭이 좁은 벽돌집이다. 아래쪽 모퉁이엔 아버지의 가게가 있다. 지금은 형이 그것을 맡고 있는데, 가게엔 벌써 불이 꺼져 있었다. 데니형은 6시면 문을 닫는다. 차에서 나오면서 나는 내 옷과 타이가 좀 유난스러운 것처럼 느껴졌다.

어머니가 문을 열었다.

"맙소사," 그녀는 가슴에 손을 갖다대고 물었다. "누가 죽었니?"

"아무도 안 죽었어요, 어머니."

"줄리지? 맞지? 그애가 널 버리고 떠났구나?"

"아직은 아니예요."

"오, 글쎄. 그럼…… 오늘이 어머니날도 아닌데……."

"어머니, 그저 뭘 좀 찾으러 왔을 뿐이에요."

"뭘 찾으러? 뭔데?" 그녀는 내가 들어오도록 비켜서며 물었다. "자 들어오렴. 찬 바람이 다 들어오겠다. 이 녀석아, 왜 이렇게 사람을 놀라게 하니? 같은 도시에 살면서도 도통 나를 보러 오지 않더니 무슨 일이냐? 너무 유명해져서 이 에미를 볼 수도 없니?"

"물론 아니예요, 어머니. 공장일이 너무 바빠서 그래요."

"허구헌날 바쁘다 타령이니." 그녀는 부엌으로 가며 말했다. "배 안 고프니?"

"아뇨. 저기요, 어머니를 번거롭게 해드리고 싶지 않아요."

"번거롭긴. 남은 음식이 좀 있는데, 샐러드랑 같이 줄까?"

"아니예요. 커피나 한 잔 주세요. 제 옛날 주소록만 찾으면 되거든요. 대학 다닐 때 쓰던 건데요, 혹시 어디 있는지 아세요?"

그녀는 부엌으로 들어갔다.

"네 옛날 주소록이라……." 그녀는 커피를 따르며 기억을 더듬었다. "케이크 좀 먹겠니? 데니가 어젯밤에 가게에서 팔다 남은 걸 갖다줬거든."

"아뇨. 괜찮아요, 어머니. 아마 학교 다닐 때 쓰던 노트들이나 물건들과 같이 있을텐데요."

그녀는 내게 커피를 주며 중얼거렸다. "노트들이라……."

"네. 어디 있는지 기억나세요?"

그녀는 눈을 깜빡이며 생각하고 있었다.

"글쎄, 모르겠다. 하지만 그것들은 다 다락방에 갖다놨다."

"좋아요. 제가 가볼게요."

커피를 손에 든 채 나는 2층을 지나 다락으로 향했다.

"아니면 지하실인지도 모르겠구나." 어머니의 목소리가 들렸다.

내가 1학년 때 만들었던 조그만 장농 속은 모형 비행기, 한때 록스타가 되려고 했던 형이 쓰던 악기들, 내 연보들, 그리고 가게 영수증들과 옛날 연애편지, 사진들, 신문 등으로 가득 차 있었다. 그것들을 세 시간이나 헤집어봤지만 주소록은 찾을 수가 없었다. 다락은 포기하기로 했다. 어머니는 뭔가 먹으라고 재촉했지만, 나는 지하실로 향했다.

"이런, 이것 좀 보렴." 그녀가 말했다.

"찾았어요?"

"아니. 하지만 여기 네 폴 삼촌이 횡령죄로 체포되기 전에 찍은 사진이 있구나. 내가 그 얘기를 해줬었니?"

또 한 시간 동안을 우리는 모든 곳을 샅샅이 뒤졌다. 그리고 나는 폴 삼촌에 대한 모든 얘기를 다시 들어야 했다.

"도대체 어디에 있는 거죠?"

"글쎄, 나도 잘 모르겠구나. 혹시 네 옛날 방에라면 몰라도."

우리는 나와 형이 함께 쓰던 방으로 올라갔다. 구석에 내가 어렸을 때 쓰던 책상이 있었다. 책상 서랍을 열었다. 그것은 바로 거기에 있었다.

"어머니, 전화 좀 쓸게요."

어머니 집 전화는 계단이 시작되는 1층 계단 벽에 있었다. 아버지가 전화기를 살 만큼 돈을 벌기 시작한 1936년에 설치했던 것 그대로였다. 계단에 앉아 다리 위에 메모지를 올려놓고 가방은 다리 밑에 놓았다. 도둑놈을 때려잡을 수 있을 만큼 무거운 수화기를 들고 1자가 많이 들어 있는 전화번호를 돌렸다.

벌써 새벽 한시였다. 하지만 이쪽과 반대편에 있는 이스라엘에 전화를 하는 것이니 그곳 시간은 반대일 것이다. 그들이 낮이면 우리가 밤이고, 우리가 밤이면 그곳은 아침일테니까. 낮에 전화를 하는 것은 그렇게 무례한 일은 아닐 것이다.

얼마 안 걸려서 조나를 알고 있는 대학교 때 친구와 연락이 되었다. 그는 내게 다른 친구들의 전화번호를 알려줬다. 두시쯤 나의 메모판에는 내가 마구 적은 여러 개의 전화번호가 가득 적혀 있었고 나는 조나와 같이 일하는 몇몇 사람과 통화를 할 수 있었다. 그 중 한 명에게서 조나의 연락처를 알아낼 수 있었고, 거의 세 시가 되어서 마침내 그를 찾을 수 있었다. 그는 런던에 있었다. 그쪽으로 전화를 하니까 몇몇 회사의 사무실들로 전화를 계속 연결해주더니 결국 그가 오는 대로 내게 전화하도록 해주겠다고 했다. 진심으로 그 말을 믿진 않았지만, 어쨌든 전화기 옆에서 꾸벅꾸벅 졸며 기다렸다. 45분 후 드디어 전화가 왔다.

"알렉스?"

그의 목소리였다.

"네, 저예요, 조나 선생님."

"자네가 전화했다는 메모를 받았네."

"맞아요. 지난번 오헤어 공항에서 만났던 것 기억하시죠?"

"물론이지. 기억하고 말고. 이제 나한테 말할 뭔가가 있는 게군."

나는 잠시 동안 가만히 있었다. 그리고 그가 그의 질문 '무엇이 목표인가?'에 대해 말하고 있다는 걸 깨달았다.

"그래요."

"그래?"

나는 잠시 망설였다. 내 대답이 너무 바보같이 단순해 보여 뭔가 잘못된 것 같다고 느껴졌기 때문에 그가 비웃을까봐 갑자기 두려웠다. 하지만 용기를 내어 대답을 했다.

"생산조직의 목표는 돈을 버는 거죠. 그리고 우리가 하는 다른 것들은 그 목표를 달성하기 위한 수단이구요."

조나는 비웃지 않았다.

"아주 좋아. 알렉스, 정말 좋네." 그는 조용히 말했다.

"고마워요. 하지만 보세요. 제가 전화를 한 이유는 그때 오헤어 공항에서 한 얘기와 관련된 질문을 하나 하려고 한 거예요."

"뭔데?"

"글쎄요. 제 공장이 돈을 벌고 있는지를 알려면 어떤 종류의 평가 방법이 있어야 하지 않겠어요? 안 그래요?"

"맞는 얘길세."

"그리고 회사 본부 같은 데선 순이익, 투자이익률, 그리로 현금 유통 등의 평가방법들을 가지고 회사 전체가 목표를 향해 잘 나가고 있는지를 측정하고 있잖아요."

"그렇지. 계속해보게."

"하지만 제가 있는 공장 수준에서는 말이죠, 그런 평가방법들이 별의미가 없어요. 그리고 제가 공장 안에서 이용하는 평가방법들은, 글쎄요, 확신하지는 못하겠지만 진짜로 우리의 운영상태를 보여주고 있다고 생각되지 않아요."

"그래. 무슨 말인지 알겠네."

"그래서 말인데요, 어떻게 공장에서 일어나는 일들이 진짜로 생산적인지 아니면 비생산적인지를 알 수 있죠?"

잠시 동안 조나는 잠잠했다. 그리고 나서 나는 그가 그의 옆의 누군가에게 얘기하는 것을 들었다. "전화 끝나는 대로 곧 가겠다고 말해주게."

그리고 그는 다시 내게 말했다.

"알렉스, 방금 자네는 아주 중요한 문제를 언급했네. 난 지금 몇 분밖에 자네와 얘기할 시간이 없지만, 아마 자네를 도와줄 수 있는 몇 가지 제안은 해줄 수 있을 걸세. 목표를 말하는 데는 여러 가지 방법이 있네. 이해하겠나? 목표는 같지만 우리는 다른 방법으로 말할 수가 있다는 얘기지. 그 방법들도 똑같이 '돈을 번다'는 두 낱말을 뜻하는 거지."

"알았어요. 그래서 투자수익률을 증가시킴과 동시에 순이익을 증가시키는 것이 목표라고 할 수 있다는 거죠? 그리고 그것은 돈을 번다는 것이 목표라고 말하는 것과 같은 뜻이구요."

"정확히 그걸세. 같은 것을 다르게 표현한 것뿐이지. 하지만 자네가 발견했듯이 그런 재래식 평가방법들은 생산조직의 경영에는 별로 잘 맞지 않네. 사실 그것 때문에 내가 다른 평가방법들을 개발해냈지."

"어떤 것들인데요?"

"돈을 번다는 목표를 완벽하게 표현해주고 또 자네 공장의 운영법칙을 개발해줄 수 있도록 도와줄 수 있는 평가방법들이네. 세 가지가 있는데, 생산율(throughput), 재고(inventory), 그리고 영업비용(operational expense)이 그것들일세.”

“많이 듣던 말들인데요.”

“그럴 걸세. 하지만 내 정의는 좀 다르네. 아마 받아적는 게 좋을 걸세.”

나는 펜을 들고 메모지를 넘겨 아무것도 안 씌어진 종이를 펼친 후 그에게 계속하라고 말했다.

“생산율은 시스템이 판매를 통해 돈을 벌어들이는 그 비율일세.”

나는 한 자 한 자 받아적다가 물었다.

“하지만 생산은 어때요? 그게 더 정확한 말—.”

“아닐세. 판매를 통해서일세. 생산을 통해서가 아니라. 무언가를 생산하더라도 팔지 못한다면 그것은 생산적이 아니지. 알겠나?”

“네. 제가 공장장이기 때문에 아마 그렇게 생각했던 것 같—.”

조나는 내 말을 가로막고 말했다.

“알렉스, 한 가지 얘기해두겠네. 이 개념들은 말일세, 단순하게 들릴지는 모르지만 아주 정확하게 정의된 걸세. 그리고 그래야 하고. 평가방법이 명확히 정의되어 있지 않다면 없는 것보다 못하지. 그래서 말인데, 그것들을 주의깊게 하나의 그룹으로 고려하게. 기억할 것은, 만약 그것들 중 하나를 바꾸려 한다면 최소한 다른 것 하나도 바꿔야 한다는 것이네.”

“알았어요.” 나는 진지하게 대답했다.

“다른 평가방법은 재고라네. 재고는 시스템이 팔기 위해서 구입한 것들에 투자한 모든 돈일세.” 나는 그것을 받아적으면서 의아해 했다. 일반적인 재고의 정의와는 너무 다르기 때문이다.

“마지막 평가방법은 뭐죠?”

"영업비용일세. 영업비용은 시스템이 제품을 생산적으로 바꾸기 위해 쓰는 모든 비용을 말하네."

"알았어요. 하지만 제품을 만드는 데 들어간 노동비는 어쩌죠? 선생님은 마치 노동비가 영업비용인 것처럼 말하는데요."

"정의에 따라 판단하게."

"하지만 직접노동에 의해 제품에 부가된 가치는 그 물품의 일부분이 되어야 하지 않을까요?"

"그럴 수도 있겠지만 그래야 된다는 것은 아니지."

"왜죠?"

"아주 간단하네. 부가가치는 고려에 넣지 않는 게 낫다고 믿기 때문에 그런 식으로 정의를 하기로 한 걸세. 그럼으로써 쓰인 돈이 투자인가 비용인가 혼동되는 것을 막을 수 있지. 그게 내가 재고와 영업비용을 자네에게 말한 것처럼 정의하는 이유일세."

"아, 좋아요. 하지만 어떻게 이 평가방법들을 내 공장에다 연계시키죠?"

"자네가 경영하는 모든 것이 이 평가방법으로 커버될 수 있네."

"모든 것이요?" 도무지 그를 확실히 믿을 수가 없었다.

"하지만, 우리가 했던 원래 대화로 돌아가서, 어떻게 이것들을, 생산성을 평가하는 데 이용할 수 있죠?"

"글쎄, 확실히 자네는 목표를 그 평가방법으로 표현해야 하네." 그는 덧붙였다. "잠깐 알렉스," 그가 누군가에게 말하는 것이 들렸다. "잠시 후 가겠네."

"어떻게 목표를 표현하죠?"

나는 대화를 계속하려고 그에게 물었다.

"알렉스. 정말 가봐야 하네. 그리고 나는 자네가 그것을 혼자 알아낼 수 있을 만큼 똑똑하다는 것을 알고 있네. 자네가 해야 할 일은 그것에 대해 생각해보는 것뿐이야. 명심할 것은 우리가 전체로서의 조직을 얘기하고 있다는 것일세. 생산부나 공장, 아니면 공장 안에서의 한 부서들을 얘기하는 게 아니고 말이지. 우리는 지엽적 극대화에 관심이 있는 게 아닐세."

"지엽적 극대화." 나는 따라 말했다.

조나는 한숨을 쉬었다. "그것에 대해서는 다음 기회에 설명해줘야겠네."

"하지만 조나 선생님, 이것으론 충분치 않아요. 제가 목표를 이 평가방법으로 정의한다 하더라도 제 공장을 경영하는 데 필요한 경영 법칙은 어떻게 뽑아내죠?"

"자네 전화번호를 알려주게나."

나는 그에게 사무실 번호를 알려주었다.

"오케이. 알렉스 이젠 정말 가봐야겠네."

"좋아요. 고마워—."

전화 끊는 소리가 멀리서 들렸다.

"—요. 얘기해줘서요."

나는 그 세 가지 평가방법을 생각하며 한참을 계단 위에 앉아 있었다. 눈을 감았다. 다시 눈을 떴을 땐, 거실 융단 위로 비치는 햇살을 볼 수 있었다. 나는 이층의 옛날 내 방으로 올라가 어렸을 때 쓰던 침대로 갔다. 남은 아침 내내 나는 침대 위에서 온몸을 힘들게 뒤척이며 잤다.

다섯 시간 후에 깨었을 땐 마치 온몸이 풀빵 같은 느낌이 들었다.

9

일어나보니 11시였다. 깜짝 놀라 침대에서 뛰쳐나와 프렌에게 전화를 하러 갔다. 모두에게 내가 무단결근하는 것이 아니라는 것을 알릴 수 있게 말이다.

"로고 씨 사무실입니다." 프렌이었다.

"안녕? 나요."

"글쎄요. 누구시죠? 이제 막 병원들을 뒤져보려고 했어요. 오늘 나오실 수 있나요?"

"그럼. 단지 어머니한테 급한 일이 생겨서 그랬소."

"아, 그래요. 잘되길 바래요."

"응, 이제 다 끝났소. 별것 아니지. 내가 알아야 할 일이 뭐 있나?"

"글쎄요, 잠깐만요," 그녀는, 아마도 내게로 온 메시지들을 살피며, 말했다.

"G줄에 있는 두 개의 검사기계가 고장났는데 봅 도노반이 검사 없이 제품을 출고할 수 있는지 알고 싶다구요."

"절대로 안 돼지."

"알았어요. 그리고 마케팅부의 누군가가 전화해서 출고가 늦어진 것에 대해 얘기하더군요."

눈이 번쩍 띄었다.

"그리고 두번째 교대조에서 어젯밤 처음으로 싸움이 있었고…… 루가 빌 피치한테 보고할 일로 당신과 얘기해야겠다고 했고…… 기자가 오늘 아침 전화해서 공장이 언제 문을 닫느냐고 물어보기에 당신과 얘기하라고 했어요. 그리고 그룹 홍보실에 있는 여자가 전화를 해서 생산성과 로봇에 관한 비디오를 그랜비 씨와 같이 여기서 찍을 수 있겠냐고 묻더군요."

"그랜비와?"

"네. 그랬어요."

"그 여자의 이름과 전화번호를 말해줘요."

프렌은 그것들을 읽어주었다.

"오케이. 고마워요. 이따가 봐요."

나는 곧바로 그룹 홍보실의 그 여자에게 전화를 했다. 나는 회장이 내 공장으로 온다는 사실을 거의 믿을 수가 없었다. 뭔가 잘못된 것임에 틀림없다. 내 말은 그의 리무진이 공장문에 도달할 때쯤이면 공장은 문을 닫았을 것이라는 얘기다.

하지만 그 여자는 그랜비가 온다는 사실을 재확인해주었다. 그들은 내달 중순쯤에 그랜비의 비디오를 여기서 찍겠다는 것이다.

"그랜비 씨가 연설을 하는데 로봇이 가장 적합한 배경이라고 생각해요." 그 여자는 말했다.

"그렇다면 왜 하필 베링턴이죠?"

"감독님이 당신의 슬라이드 사진을 보고 색깔이 마음에 든다고 하셨어요. 그랜비 씨가 그 로봇 앞에 서면 아주 좋은 화면이 될 거라더군요."

"아, 예, 그랬군요." 내가 말했다. "빌 피치한테는 이 건에 대해 얘기하셨나요?"

"아뇨. 그럴 필요가 없다고 생각하는데요." 그녀가 말했다. "왜죠? 무슨 문제가 있나요?"

"빌이 무슨 다른 생각이 있을지 모르니까 그에게 가보는 게 좋을지 모르죠. 하지만 맘대로 하세요. 시간이 정확히 잡혀지는 대로 연락이나 해줘요. 그래야 조합에 연락도 하고 청소도 깨끗이 해 놓을 수 있으니까요."

"좋아요. 연락 드리죠."

전화를 끊고 계단에 앉아 나는 중얼거렸다. "그래…… 그가 그 색깔을 좋아한다구?"

"도대체 지금 전화로 한 얘기들이 다 뭐니?" 어머니가 물었다. 우리는 식탁에 앉아 있었고 그녀는 나에게 떠나기 전에 뭔가 먹을 것을 채근하고 있었다. 나는 그녀에게 그랜비가 온다고 말해줬다.

"글쎄, 네 모자에 붙어 있는 스티커의 사람같이 들리는구나. 회장, 그 사람 이름이 뭐라고?"

"그랜비요."

"그래. 널 보려고 네 공장으로 온단 말이지. 정말 영광이구나."

"네. 그런 셈이죠. 하지만 사실은 단지 내 로봇과 같이 사진을 찍으러 오는 거예요."

어머니는 눈을 깜박였다.

"로봇? 우주에서 온 그런 것 말이냐?"

"아뇨. 우주에서 온 것이 아니예요. 산업 로봇들이죠. 텔레비전에서 보는 그런 것이 아니예요."

"응," 그녀는 다시 눈을 깜빡였다. "얼굴도 있니?"

"아니예요. 아직은요. 대부분 손들만 가지고 있는데요, 그것들을 가지고 용접도 하고, 재료도 쌓고, 페인트도 뿌리고, 뭐 그런 일들을 하죠. 컴퓨터로 작동시키는데요, 프로그램만 바꾸면 다른 일들도 할 수 있어요."

나의 설명에 그녀는 고개를 끄덕이면서 그 로봇을 그려보려고 애쓰고 있었다.

"그래. 그런데 왜 그랜빈가 하는 이가 얼굴조차 없는 로봇과 사진을 찍으려 한다니?"

"아마 그것들이 최신형이니까 그럴 거예요. 그리고 그룹 안의 사람들에게 우리가 좀더 많은 로봇을 사용해야 된다고 말하고 싶은 거겠죠. 그래서—."

나는 말을 멈추고 잠시 먼곳을 쳐다봤다. 조나가 시가를 피우며 앉아 있는 모습이 보였다.

"그래서 뭐?" 어머니가 물었다.

"음. 그래서 생산성을 증대시키자는 거죠." 나는 손을 공중에서 흔들면서 머뭇거렸다.

조나가 말하는 것이었다. "그래서 그것들이 진짜로 자네 공장의 생산성을 증대시켰나?" 나는 "그럼요. 물론이죠"라고 대답을 했다. "우리는 한 곳에서 36퍼센트의 생산율 향상을 이루었어요." 조나는 시가 재를 털었다.

"무슨 일이 있니?" 다시 어머니가 물었다.

"아니예요. 뭔가 좀 생각이 나서 그래요."

"뭔데, 나쁜 일이니?"

"아니예요. 어젯밤 통화한 사람하고 전에 했던 얘기들이에요."

어머니는 손을 내 어깨에 얹고 물었다.

"알렉스. 무슨 일이 있니? 자, 내게 말해보렴. 난 너에게 뭔가 나쁜 일이 있다는 걸 알 수 있어. 갑자기 여기에 나타나서는 야밤에 이곳 저곳에 전화를 해댔잖니? 대체 무슨 일이냐?"

"어머니. 공장이 잘 안 돼요. 그리고 음, 그래요. 돈을 못 벌고 있어요."

그녀의 표정이 어두워졌다.

"너의 그 큰 공장이 돈을 못 벌어? 하지만 너는 방금 그 뭐냐 그랜비라는 대단한 사람이 오고 로봇인가 뭔가가 잘하고 있다고 하지 않았니? 그런데도 돈을 못 벌다니?"

"네. 그래요."

"로봇들이 일을 안 하니?"

"어머니—."

"그들이 일을 안 한다면 가게에 도로 갖다주려므나."

"어머니, 로봇 얘기는 그만하세요."

그녀는 움찔하며 얘기를 멈췄다. "널 도와주려고 그러는 건데."

나는 그녀의 손을 다독거리며 말했다.

"알아요. 알고 말고요. 고마워요. 정말로. 다 고마워요. 알겠죠? 지금 가봐야겠어요. 할 일이 정말 많거든요."

나는 일어서서 가방을 가지러 갔다. 어머니가 내 뒤를 따라왔다.

"많이 먹었니? 나중에 먹을 것 좀 싸줄까?" 마지막으로 그녀는 내 소맷자락을 잡아서 나를 세웠다.

"들어보렴, 알렉스. 아마 너한테 무슨 문제가 있는 모양이구나. 난 다 알 수가 있어. 하지만 여기저기 쫓아다니고 밤을 지새우는 건 몸에 안 좋아. 걱정도 그만 해라. 걱정해봤자 도움이 안 될 거다. 네 아버지가 걱정하다가 어떻게 됐나 봐라. 걱정이 네 아버지를 죽이지 않았니?"

"하지만 어머니, 아버진 버스에 치어 돌아가셨잖아요?"

"네 아버지가 그렇게 매일 걱정만 하고 다니지 않았다면 길을 건너기 전에 버스를 봤을 게다."

나는 한숨을 쉬고 말았다. "네. 알았어요. 어머니 말씀이 맞아요. 하지만 제 문제는 어머니가 생각하는 것보다 더 복잡해요."

"진심이다. 걱정하지 말아라. 그리고 그 그랜빈가 하는 친구가 너를 괴롭힌다면 나에게 알려주렴. 내가 그 사람에게 전화해서 네가 얼마나 열심히 일하는 사람인가 말해주마. 누가 너에 대해 나보다 더 잘 알겠니? 그 사람은 나에게 맡겨라. 정신 똑바로 차리게 해 줄테니까."

나는 웃으면서 그녀의 어깨에 팔을 얹었다.

"어머니라면 그러고도 남죠."

"너도 내가 한다면 하는 걸 알 게다."

나는 그녀에게 전화세가 나오는 대로 전화를 주면 내가 와서 내겠다고 말했다. 그녀를 힘껏 껴안아 작별 키스를 해주고 그곳을 나왔다. 해가 중천에 떠 있었다. 차에 탄 후 나는 잠시 동안 사무실로 그냥 바로 갈 것인가를 생각했다. 하지만 옷의 구김살을 보고 거친 수염을 만지고 나니 먼저 집에 가서 씻어야겠다고 생각을 바꿨다.

일단 길에 접어들자 조나의 목소리가 계속 들렸다.

"그래. 자네의 공장이 그 로봇들을 설치해서 36퍼센트나 더 돈을 벌고 있나? 못 믿겠군." 그리고 나는 웃고 있는 사람이 나였다는 것을 기억했다. 나는 그가 생산의 실태를 이해 못한다고 생각했다. 이제 나는 마치 내가 바보천치처럼 느껴졌다.

그래. 목표는 돈을 버는 것이다. 이제 그것을 알겠다. 그리고 조나 당신이 맞아요. 단지 로봇 몇 개를 설치했다고 해서 생산량이 36퍼센트 늘지는 않았어요. 그것이 과연 오르기는 올랐을까? 우리가 정말로 그 로봇들 때문에 조금이라도 더 돈을 벌고는 있는가? 사실을 말한다면 나도 모른다. 나는 고개를 흔들고 말았다.

하지만 조나가 어떻게 알았는지 궁금했다. 그는 생산성이 향상되지 않았다는 것을 금방 안 것처럼 보였다. 그가 물어봤던 질문들이 생각났다.

운전을 하면서 기억해낸 것 중의 하나는, 로봇을 가짐으로 해서 더 많은 물건을 팔 수 있었는가 하는 것이다. 두번째는 사람들을 줄일 수 있었는가 하는 것이었다. 마지막으로 그는 재고가 줄었는지 물어봤다. 그 세 가지 기본적 질문들.

집에 도착해보니 줄리의 차가 없었다. 언제나 그래왔듯이 어딘가 갔나보다. 아마 나 때문에 화가 나 있을 거다. 하지만 나는 지금 해명할 시간조차 없다.

안에 들어가서 나는 가방을 열고 그 문제들에 대해 적었다. 그리고 어젯밤 조나가 준 그 평가방법들을 훑어봤다. 그것들의 정의를 다시 본 순간 그 질문들과 평가방법들이 일치함이 분명해졌다.

그래서 조나가 알 수 있었던 것이다. 그는 그의 로봇들에 대한 예감이 맞는지를 알아보려고 그 평가방법들을 좀 유치한 질문 형태로 이용한 것이다. 우리가 더 많은 물건을 팔았는가(우리의 생산율이 올랐는가?), 사람들을 해고했는가(영업비용이 줄어들었나?), 그리고 마지막으로 정확히 그가 말한 대로 우리의 재고가 줄었는가?

그런 생각을 하고 나니 조나의 평가방법들을 통해 목표를 표현하는 데는 별로 오랜 시간이 걸리지 않았다. 다만 그가 그 정의들에 이용한 단어들이 조금 혼란스러웠다. 하지만 그것을 제의하고는 모든 게 쉽게 납득이 갔다. 모든 회사가 그들의 생산율을 향상시키기를 원한다는 사실은 분명하다. 또한 모든 회사가, 가능하다면 재고와 영업비용을 줄이기를 원하고 있다. 그리고 확실히 그것들이 동시에 성취될 수 있다면 최고인 것이다. 루와 내가 알아낸 그 세 가지와 더불어 말이다.

그래서 그 목표를 이렇게 표현할 수 있을 것이다 : 재고와 영업비용을 줄임과 동시에 생산율을 높인다.

이것은 만약 로봇들이 생산율을 높이고 다른 두 개를 줄였다면 그들이 돈을 벌게 해주었다는 것을 의미한다. 하지만 그들이 일하기 시작한 후로 무엇이 진짜로 일어났는가?

만약 있다고 해도 나는 그들이 생산율에 영향을 끼쳤는지 모르겠다. 머리에 언뜻 떠오르기론, 지난 6, 7개월간 재고가 서서히 늘어났다는 것이다. 그것에 대해 확실히 로봇이 책임이 있다는 것은 아니지만 말이다. 로봇들은 우리의 감가상각비를 증가시켰다. 왜냐하면 그것들은 새 기계들이기 때문이다. 하지만 그것들이 공장의 어떤 작업을 직접 빼앗아간 것은 없다. 우리는 단지 사람들을 재배치했을 뿐이다. 그것은 곧 로봇이 영업비용을 증가시켰다는 말이 된다.

그렇지만 로봇 때문에 능률이 오르지 않았는가. 아마도 그것이 우리의 위로가 되었던 것 같다. 능률이 오르면 부품당 비용은 내려가기 마련이니까.

하지만 비용이 진짜로 줄었을까? 영업비용이 올라갔는데 어떻게 부품당 비용이 내려갈 수 있을까?

공장에 도착해보니 한시였다. 나는 그때까지 만족스러운 대답을 생각해낼 수 없었다. 사무실로 걸어가면서도 줄곧 그 생각만 했다. 맨 먼저 할 일은 루의 사무실에 들르는 일이었다.

"잠깐 시간 있나요?"

"장난하는 거예요? 아침 종일 당신을 기다리고 있었어요."

그는 책상 구석에 있는 종이더미에 손을 뻗쳤다. 그가 계열사에 보내야 하는 보고서들이란 것을 알 수 있었다.

"아니, 그것에 대해선 지금 얘기하고 싶지 않아요. 좀더 중요한 게 있어요."

나는 그의 눈썹이 치켜올라가는 것을 볼 수 있었다.

"피치한테 보낼 이 리포트보다 더 중요하다구요?"

"그것보다 훨씬 더 중요해요."

루는 회전의자에서 등을 뒤로 젖히며 고개를 흔들었다. 그리고는 나에게 앉으라는 시늉을 했다.

"무엇을 도와드릴까요?"

"저기에 있는 로봇들이 배치된 이후 우리는 제품의 결함은 거의 없앨 수 있었지만, 판매는 어떻게 되었죠?"

루의 눈썹이 다시 제자리로 돌아왔다. 그는 몸을 앞으로 숙이고 안경 너머로 나를 힐끗 봤다.

"무슨 질문이죠, 이게?"

"바라건대 아주 좋은 걸 거예요. 그 로봇들이 우리의 판매에 어떤 영향을 끼쳤는가 알고 싶어요. 그리고 구체적으로 그것들을 배치한 후 조금이라도 판매 증가가 있었는지도 알고 싶어요."

"증가요? 작년 이후론 판매는 거의 같은 수준이거나 하강추세에 있어요."

나는 약간 초조해졌다.

"좀 확인해줄 수 있어요?"

루는 항복이란 시늉으로 손을 들었다.

"그럼요. 시간이 남아도는데요, 뭐."

그는 책상 서랍을 열어서 몇 개의 파일을 뒤적거렸다. 그러더니 보고서, 차트 그리고 그래프 들을 한 무더기 끄집어내기 시작했다. 우리는 그것들을 한 장 한 장 넘겨보았지만, 로봇이 설치된 모든 경우에, 그것들이 만드는 부품을 쓰는 제품의 판매에 조금의 증가도 없고 커브의 조그만 상승세조차 없음을 발견했다. 우리는 공장의 출고 상황에 대해서도 살펴봤지만 거기도 증가는 없었다. 사실 증가된 것이라고는 납기일이 지난 주문들뿐이었다. 그것들은 지난 9개월 동안 빠르게 증가되고 있었다.

루는 그래프로부터 나를 올려다봤다.

"알렉스, 뭘 증명하려는지 모르겠군요. 하지만 당신이, 로봇이 어떻게 판매를 늘리고 이 공장을 구해냈는가에 대한 성공 이야기를 광고하고 싶다면 그 증거는 없어요. 그동안의 자료들은 사실 그 반대를 보여주고 있거든요."

"그게 바로 내가 우려하던 것이에요."

"무슨 말이죠?"

"조금 이따 설명해줄게요. 자, 재고를 한 번 보죠. 로봇이 생산해낸 재공품은 어떤가 보고 싶어요."

루는 항복했다.

"그건 도와줄 수 없군요. 부품번호대로 구분된 재고는 알 수 없거든요."

"알았어요. 그럼 스테시를 불러 알아봐야겠군요."

스테시 포타제닉은 공장의 재고관리를 맡고 있다. 루는 전화를 해서 그녀를 다른 회의에서 불러냈다.

그녀는 40대 초반으로, 크고, 마르고 그리고 활달한 여자다. 검은 머리엔 회색 머리카락이 몇 가락 보이고 아주 큰 동그란 안경을 쓰고 있다. 그녀는 늘 자켓과 스커트를 입는다. 그녀가 레이스나 리본 아니면 주름잡힌 블라우스를 입은 것을 본 적이 없다. 그녀의 사생활에 대해선 거의 아는 것이 없다. 반지를 끼고 있지만 남편에 대해선 한 마디도 하는 적이 없다. 공장 밖에서의 생활에 대해선 거의 말을 않는 것이다. 하지만 일은 정말 열심히 한다는 것은 알고 있다.

그녀가 우리 방으로 들어왔을 때 나는 로봇을 거쳐가는 부품들의 재공품 상황에 대해 물어봤다.

"정확한 수치를 원하시나요?" 그녀가 물었다.

"아니오. 단지 경향을 알고 싶을 뿐이오."

"그렇다면 볼 필요도 없이 그 부품들의 재고가 늘어났다고 말할 수 있어요."

"최근엔가?"

"아니요. 지난 여름 이후로요. 아마 3/4분기가 끝날 때쯤부터죠. 그리고 내 탓은 하지 마세요— 모든 사람이 내 탓을 하지만— 왜냐하면 그것 때문에 매순간 싸우니까요."

"무슨 뜻이지?"

"기억하세요? 아니면 그때 여기 없었는지 모르죠. 보고서가 올라왔을 때 우리는 그 용접 로봇이 겨우 30퍼센트 정도 효율성으로 가동되고 있다는 걸 발견했어요. 그리고 다른 로봇들도 별로 나을 바 없구요."

나는 루를 쳐다봤다.

"뭔가 해야 돼요," 그가 말했다. "말 안 하고 있으면 머리에 서리가 낄 것 같아선데요, 그것들이 새 것이고 비싸다는 것을 항상 생각해야 해요. 만약 그것들을 30퍼센트 정도의 효율성으로 계속 이용하게 되면 그들의 수명 내에 본전도 못 건질 거예요."

"알았어요. 잠깐 기다려봐요." 나는 다시 스테시에게로 말을 돌렸다. "그래서 어떻게 했소?"

"내가 뭘 어쩔 수 있었겠어요? 그 로봇들이 계속 일하도록 더 많은 재료를 공장에 갖다주었죠. 로봇들이 생산할 것들을 더 많이 주는 것이 그들의 효율성을 높이는 것이니까요. 하지만 그 이후로 항상 월말마다 그 부품들의 초과분이 남아돌고 있어요."

"하지만 중요한 것은 효율성이 올랐다는 것 아니겠어요?" 루가 뭔가 날카로운 지적이라도 하듯 덧붙였다. "아무도 그것에 대해서 잘못했다고 할 수 없을 거예요."

"하지만 난 더이상 그렇게 확신하지 못하겠어요. 스테시, 왜 우리가 그런 초과분을 가져야 하지? 왜 그것들을 쓰지 않느냐 말이오."

"글쎄요. 많은 경우 그 부품을 필요로 하는 주문이 현재로선 없어요. 그리고 그런 주문이 있다 해도 그 주문에 필요한 다른 부품이 충분치 않거든요."

"어째서?"

"그 점에 대해선 봅 도노반에게 물어보셔야 해요."

"루, 봅을 불러줘요."

봅은 그 맥주살로 통통한 배 위에 기름이 배어 있는 하얀 셔츠를 입고 사무실로 들어왔다. 그는 자동 검사기가 고장난 것에 대해 계속 떠들어댔다.

"봅," 그에게 말했다. "지금은 그것을 잊어버리게."

"뭔가 또 다른 게 잘못됐나요?"

"그래. 맞아. 우리는 지금 이곳의 유명인사인 로봇에 대해 말하고 있네." 봅은 이곳 저곳을 살피며 우리가 무슨 얘기를 하고 있었는지 궁금해 했다.

"그것들에 대해 뭘 걱정하는 거죠? 아주 잘하고 있잖아요."

"그 점에 대해 확신을 할 수가 없는 거네. 스테시가 말하길, 우리가 그 로봇이 만들어내는 부품을 필요량보다 훨씬 많이 갖고 있지만, 어떤 주문을 위해선 그것과 같이 조립될 다른 부품이 충분하지 않다는 거야."

봅은 말했다. "다른 부품이 충분치 않다는 건 맞아요. 하지만 그보다는 그것들을 우리가 필요로 할 때 못 얻는다는 거예요. 로봇이 만들어내는 부품들도 마찬가지예요. 이를테면 CD-50 같은 것들요. 우리가 그것들을 잔뜩 가지고 있다 해도 통제박스를 기다리느라 몇 개월 동안 그냥 방치하게 되죠. 그리고 그 통제박스를 구한다 해도 이번엔 다른 무엇이 없는 거예요. 결국 그것을 구해서 그 주문을 완성해서 내보내게 돼죠. 하지만 다음에 CD-50을 아무리 찾아봐도 더이상 없는 거예요. CD-45나 CD-80은 많아도 CD-50은 없는 거죠. 그래서 또 기다리게 되는 거고. 우리가 CD-50을 다시 가질 때쯤이면 이번엔 통제박스가 다시 없는 거죠."

"그래서 계속 똑같은 일이 반복되는 거예요." 스테시가 거들었다.

"하지만 스테시, 당신은 로봇이 우리가 주문하지 않은 것의 부품까지도 만든다고 하지 않았소? 그것은 곧 우리가 필요하지 않은 부품을 만들고 있다는 것이잖소?"

"모두가 언젠가는 그것들을 쓸 거라고 말하는 걸요." 그리고 그녀는 덧붙였다. "봐요, 모든 사람이 하고 있는 같은 게임이에요. 효율성이 떨어졌을 때마다 사람들은 그것을 올리려고 미래를 예측해서 미리 만들어내는 거예요. 그러니까 재고가 쌓이는 거죠. 만약 그 예측이 틀렸다면 손해가 막심하겠죠. 하지만 그것이 지금 벌어지고 있는 일들이에요. 우리는 좀더 상황이 좋을 때를 위해서 재고를 쌓아놓지만 시장이 우리를 조금도 도와주지 않는 거죠."

"알아요, 스테시. 알고 있다구. 그리고 당신이나 누구를 문책하자는 것이 아니예요. 나는 단지 이 점을 밝혀내고 싶었던 거야."

나는 안절부절못하며 일어나 걷기 시작했다.

나는 말했다. "그래서 결론은 이런 것이군. 로봇에게 좀더 많은 일거리를 줄려고 더 많은 재료를 풀었다."

"그럼으로써 차례로 재고가 늘고요." 스테시가 말했다.

"그것은 우리의 비용을 증가시켰구." 내가 덧붙였다.

"하지만 그 부품들의 비용은 줄었어요." 루가 말했다.

"그래요? 재고를 유지하느라 더해진 비용은 뭐죠? 그것도 영업비용이잖아요. 그리고 그것이 오르는데 어떻게 부품비용이 떨어질 수 있죠?"

"봐요, 그것은 규모에 따라 달라요." 루가 말했다.

"정확히 그거예요. 판매규모……. 그것이 문제죠. 그리고 우리가 다른 부품들이 없어서 조립, 생산, 판매하지 못하거나 그것을 필요로 하는 주문이 없는 부품들을 갖고 있을 때 우리의 비용은 올라가는 것이구요."

"알렉스," 봅이 말했다. "우리가 로봇 때문에 망했다는 얘기를 하려는 건가요?"

나는 다시 앉았다.

"우리는 지금까지 목표에 따라 경영을 해오지 않았어."

루가 눈을 가늘게 뜨고 말했다. "목표요? 이달의 과제를 말하는 건가요?"

나는 그들을 둘러보았다.

"몇 가지 설명할 필요가 있다는 생각이 드는군."

10

한 시간 반 동안 나는 그들에게 설명을 해주었다. 우리는 회의실에 있었는데, 그곳에 칠판이 있어서 내가 택한 곳이었다. 칠판 위에 나는 목표에 대한 도식을 그렸다. 그리고 그 세 가지 평가방법에 대한 정의를 써내려갔다.

모두가 조용했다. 마침내 루가 입을 열고 말했다. "도대체 어디서 이런 정의들을 구한 거죠?"

"내 옛날 물리학 선생이 준 거죠."

"누구요?" 봅이 물었다.

"옛날 물리학 선생이요?" 루가 물었다.

"네," 나는 방어적으로 말하면서 물었다. "어때요?"

"그 남자 이름이 뭐죠?" 봅이 물었다.

"아니면, 그 여자 이름이 뭐죠?" 스테시가 말했다.

"그의 이름은 조나일세. 이스라엘 태생이지."

봅이 말했다. "글쎄요. 내가 알고 싶은 것은 어떻게 생산율에 판매 개념을 포함시키냐는 것이죠. 여긴 생산하는 곳이에요. 판매와는 관계가 없잖아요? 그건 마케팅 일이지."

나는 잠시 움츠러들었다. 결국 나도 똑같은 질문을 하지 않았던가. 조나는 그 정의들이 정확한 것이라고 했지만, 나는 어떻게 봅의 질문에 대답해야 할지를 몰랐다. 창문을 향해 돌아섰다. 그리고 뭔가를 기억해내려고 애썼다.

"이리 와보게." 봅에게 말했다.

그가 쿵쿵거리며 오자 나는 그의 어깨에 팔을 얹고 창문밖을 가리켰다.

"저것이 뭔가?"

"창고죠."

"무엇 때문에 있지?"

"완제품 때문이죠."

"만약 우리가 저 창고를 가득 채울 것들을 만들어내는 일만 한다면 지탱해나갈 수 있겠나?"

"알았어요. 알았어." 봅은 이제나 그 의미를 깨달은 듯 수줍게 말했다.

루는 아직도 칠판을 보고 있었다.

"재미있군요. 보세요. 저 세 정의 모두가 돈이라는 말을 포함하고 있어요." 그가 말했다. "생산율은 들어오는 돈이고, 재고는 현재 시스템 안에 있는 돈이고, 영업비용은 생산율이 실현되도록 하기 위해 쓰는 돈이구요. 그러니까 하나는 들어오는 돈, 하나는 아직 내재되어 있는 돈, 그리고 하나는 나가는 돈이 되는 셈이죠."

"글쎄, 저기 마루에 쌓여 있는 것들이 우리의 모든 투자를 나타내고 있다고 생각한다면 재고가 곧 돈이라는 게 확실해지는군요." 스테시가 말했다. "하지만 아직도 궁금한 건, 노동력에 의해 그 재고들에 더해진 가치를 그가 어떻게 취급할지 모르겠다는 거예요."

"나도 같은 걸 궁금해 했었지. 그리고 그가 나에게 해준 말을 그대로 해주겠소."

"뭔데요?"

"그는, 부가가치는 그저 생각 않는 게 좋겠다고 하더군. 그럼으로써 무엇이 투자고 무엇이 비용인지에 대한 혼란을 제거할 수 있다는 거지."

스테시와 우리 모두는 그것에 대해 잠시 생각했다. 다시 방안은 조용해졌다.

그리고 다시 스테시가 말했다. "아마도 조나는, 직접노무비는 재고의 부분이 되어서는 안 된다고 느낀 것 같아요. 왜냐하면 종업원들의 시간은 우리가 진짜로 팔고 있는 것이 아니니까요. 우리는 그들로부터 시간을 사죠, 이를테면 말예요. 하지만 그것을 소비자에게 팔지는 않잖아요. 서비스를 빼곤 말이에요."

"잠깐만," 봅이 말했다. "이것 봐요. 만약 우리가 물건을 판다면 그것에 투자된 시간도 같이 파는 것 아닌가요?"

"맞아. 하지만 노는 시간은 어떻게 하나?" 내가 물었다.

루가 그 문제를 해결하려고 끼어들었다. "내가 바르게 이해했다면, 모든 것이 다 회계를 하는 다른 방법인 것 같아요. 모든 종업원들의 시간이 — 직접이건 간접이건, 노는 시간이건 작업시간이건 간에 — 영업비용인 거죠, 조나 말에 따르면 말이에요. 하지만 이것도 회계예요. 단지 그의 방법이 더 간단하고 게임을 많이 안 한다뿐이지요."

봅이 숨을 헐떡거리며 말했다.

"게임이라구요? 우리는 다 솔직하고 일을 열심히 하느라 게임할 시간이 없는 사람들이라구요."

"이봐, 자네는 사람들을 쉬는 시간도 제대로 안 주고 너무 많이 부려먹는다구." 루가 말했다.

"아니면 일하는 시간에 조금이라도 더 많은 제품을 생산하려 하든가요." 스테시가 말했다.

그들은 이 문제를 가지고 잠시 농담을 주고받았다. 그동안 나는 이것이 이렇게 단순한 것이 아니라 뭔가 다른 어떤 것이 있지 않을까 생각하고 있었다. 조나는 투자와 비용 간의 혼란에 대해 언급을 했다. 과연 우리가 지금 하지 말아야 될 것을 할 정도로 혼란상태에 와 있는가? 그때 스테시가 말을 했다.

"하지만 어떻게 완제품들의 가치를 알 수 있죠?"

"무엇보다 시장이 그 생산품의 가치를 정하는 거요." 루가 말했다.

"그리고 회사가 돈을 벌기 위해선 그 물건의 가치가 — 그리고 우리가 정한 가격도 마찬가지로 — 우리의 재고에 대한 투자와 파는 것들에 대한 총영업비용을 합한 것보다 커야 한다는 거죠."

봅의 얼굴을 보니 매우 회의적인 것 같았다. 무엇 때문에 그런지 물어봤다.

"이봐요, 이것은 미친 짓이에요." 봅은 투덜댔다.

"왜?" 루가 물었다.

"이건 써먹을 수가 없다구요. 어떻게 저 빌어먹을 시스템에서 일어나는 모든 것을 저 변변찮은 세 가지 평가방법으로 다 커버할 수 있단 말이에요?"

"글쎄," 루는 칠판을 응시하며 말했다. "저 세 가지에 들어맞지 않는 것을 한번 말해보게."

"도구들, 기계들——." 봅은 손가락으로 그것들을 세어갔다. "이 건물, 공장 전체!"

"모두 다 저기에 있지 않은가?" 루가 말했다.

"어디에요?"

루는 그를 돌아보며 말했다. "보게, 그것들은 첫번째와 세번째에 속해 있지 않은가. 만약 기계를 갖고 있다면 그 기계의 감가상각은 영업비용일세. 그리고 그 기계에 남아 있는 얼마만큼의 투자라도 그 기계가 아직도 팔릴 수 있다면 재고가 되는 것일세."

"재고가? 나는 재고가 생산품이나 부속이나 그런 것이라고 생각하는데. 이를테면 우리가 팔 것 말이에요."

루는 미소지으며 말했다. "봅, 공장 전체가 팔릴 수 있는 일종의 투자일세. 가격이 적당하고 상황이 그러면 말일세."

나는 아마 우리가 싫어할 만큼 그 시간이 빨리 올 것이라고 생각했다.

스테시가 말했다. "그래서 투자는 재고와 같은 것이군요."

"기계에 기름을 칠하는 것은 뭐죠?" 봅이 물었다.

"영업비용이지." 내가 대답해줬다. "우리는 그 기름을 소비자에게 팔진 않으니까."

"쇠부스러기는 어떡하죠?" 그가 다시 물었다.

"그것도 역시 영업비용이네."

"네? 그 쇠부스러기를 딜러한테 팔면 어떻게 되죠?"

"알았네. 그렇다면 기계와 똑같지." 루가 말했다. "우리가 잃는 모든 돈이 영업비용이고, 우리가 팔 수 있는 모든 투자가 재고야."

"재고관리비는 영업비용이 되지 않나요?" 스테시가 물었다.

루와 나는 고개를 끄덕였다.

그리고 나서 나는 사업에 있어 '소프트한' 것들을 생각해봤다. 지식 같은 것 말이다. 상담가로부터의 지식이라든가 우리 자신의 연구나 개발로부터 얻은 지식들. 나는 이것들을 어떻게 구분해야 되는지 자문해보았다.

지식을 위해 쓰는 돈 문제는 우리를 잠시 애먹였다. 결국 우리는, 그것은 어떻게 그 지식이 이동되는가에 따라 다르다고 결정했다. 이를테면 우리에게 새 생산과정을 가르쳐주거나 재고를 생산율로 바꾸어주는 뭔가에 대한 지식이라면 그것은 영업비용이다. 만약 우리가 그 지식을 팔 생각이라면, 즉 특허나 기술 라이선스 같은 경우 그것들은 재고인 것이다. 하지만 그 지식이 우리 유니코사 자신이 만드는 상품에 속하는 것이라면 그것은 기계와 같은 것이다. 시간이 가면서 가치가 감가상각되겠지만 돈을 벌기 위한 투자인 것이다. 그리고 팔 수 있는 투자는 다시 재고인 것이다. 감가상각은 영업비용이고.

"한 가지 아무 데도 안 맞는 것이 있어요." 봅이 말했다. "그랜비의 운전기사요."

"뭐라구?"

"아시잖아요. 그랜비의 리무진을 모는 그 검은 옷을 입는 늙은이 말이에요."

"그는 영업비용이지." 루가 말했다.

"그랜비의 운전사가 재고를 생산율로 바꾼다는 말인가요?" 봅이 물었다. 그는 마치 우리가 이 문제를 어떻게 풀 수 있겠느냐는 식으로 주위를 둘러보았다.

"그 운전사는 재고나 생산율이 존재한다는 것조차 모를 거라 확신해요."

"불행히도 우리의 비서들 중 몇 명도 그런 걸요." 스테시의 말이었다.

이제 내가 말할 차례였다. "재고를 생산율로 바꾸기 위해서 제품에 직접 손을 댈 필요는 없네. 자네도 매일 여기서 재고가 생산율이 되는 것을 돕고 있지 않은가. 그러나 저기 아주 윗사람들에겐 자네가 하는 일이란 돌아다니면서 모든 사람들의 생활을 복잡하게 하는 것 정도로나 보일 걸세."

"알았어요. 아무한테도 아무런 인정도 받고 싶지도 않아요." 봅은 입을 삐죽거리고 말했다. "하지만 아직 그 운전사가 어디에 해당되는지 말 안 하셨어요."

"글쎄, 아마 그 운전사는 그랜비가 이곳저곳을 다니는 동안 좀더 생각하고 고객을 상대할 시간을 갖도록 도와주니까."

"봅, 다음번에 그와 점심을 같이 할 때 그랜비에게 직접 물어봐요." 스테시가 말했다.

"그렇게 웃을 이야기가 아니야." 내가 다시 말했다. "오늘 아침에 들었는데 그랜비가 로봇과 같이 비디오 테이프를 찍으러 여기로 온다는군."

"그랜비가 여기에 와요?" 봅이 물었다.

"그리고 만약 그랜비가 온다면 빌 피치와 다른 이들도 같이 오는 게 당연하겠죠." 스테시가 말했다.

"재맞춰 돌아가는군." 루가 중얼거렸다.

스테시는 봅을 보고 말했다. "이제 왜 알렉스가 로봇들에 대해 질문하는지 알겠죠? 그랜비에게 좋게 보여야 해요."

"우리는 잘하고 있는 것처럼 보이잖소." 루가 말했다. "효율성도 꽤 받아줄 만한 선이고, 그랜비가 그 로봇들과 같이 비디오에 나타났다고 해서 망신살 뻗칠 건 없을걸요."

내가 말했다. "제기랄, 난 그랜비나 그의 테이프에는 관심이 없네. 사실 난 그 테이프는 여기선 결코 찍을 수 없을 거라고 확신하지만, 지금 그것이 중요한 게 아니야. 문제는 모두가 —— 지금까진 나도 포함해서 —— 그 로봇들이 생산성을 크게 향상시켰다고 생각해왔다는 거야. 그리고 방금 우리는, 그것들이 목표의 관점에서 볼 때 생산적이 아님을 발견했네. 우리가 그것들을 이용한 걸 보면 사실 그들은 반(反)생산적이었어."

모두가 조용해졌다.

스테시가 결국 용기있게 나섰다. "좋아요, 그렇다면 어쨌든 그 로봇들을 목표의 관점에서 생산적이 되도록 만들어야겠군요."

"그보다 더 해야지." 나는 봅과 스테시를 보고 말했다. "들어봐요. 루에겐 이미 말했고 지금이 당신 둘한테 말할 좋은 시간이라고 생각하는데. 어쨌든 결국은 들을테니까."

"뭐를 듣는단 말이죠?" 봅이 물었다.

"피치에게서 최후통첩을 받았네. 3개월 이내에 공장을 현 상태에서 바꾸어놓지 못하면 공장문을 닫아버릴 거라는."

봅과 스테시는 잠시 동안 멍해 있었다. 그리고 나서 나한테 질문을 퍼부어대기 시작했다. 나는 몇 분 동안 그들에게 내가 아는 모든 것을 말해주었다. 그러나 계열사 전체를 파는 것에 대해서는 얘기하지 않았다. 그들을 공포에 떨게 하고 싶지 않았기 때문이다.

마지막으로 나는 덧붙였다. "시간이 충분하지 않다는 것은 알아. 사실이네. 하지만 그들이 우리를 내쫓기 전까지 나는 포기하지 않을 걸세. 자네들이 무슨 결정을 하든 그것은 자네들 자유일세. 하지만 여기서 나가길 원한다면 지금 나가라고 권하고 싶네. 왜냐하면 다음 3개월 동안 나는 자네들이 내게 줄 수 있는 모든 것을 필요로 하니까. 만약 우리가 어떤 진전을 보여줄 수 있다면 피치에게 가서 무슨 수를 써서라도 시간을 좀더 벌어오겠네."

"우리가 정말 해낼 수 있다고 생각하나요?" 루가 물었다.

"솔직히 말해서 나도 모르겠어요. 하지만 최소한 이제 우리는 우리가 무엇을 잘못해왔는지 알 수 있잖아요."

"우리가 무엇을 할 것인가는 별개의 문제잖아요?" 봅이 말했다.

"로봇에게 가는 재료를 그만 보내고 재고를 줄이는 게 어때요?" 스테시가 제안했다.

"재고를 줄이는 것에는 나도 찬성이에요." 봅이 말했다. "하지만 우리가 생산을 안 한다면 효율성이 떨어질 것이고, 그러면 다시 원점으로 돌아가는 셈이잖아요."

"만약 낮아진 효율성을 보인다면 피치는 우리한테 두 번 다시 기회를 주지 않을걸." 루가 말했다. "그는 언제나 높은 효율성을 원해요. 낮은 게 아닌……." 나는 머리카락 사이로 손가락을 밀어넣었다.

스테시가 말했다. "아마 그 조나인가 하는 사람에게 다시 전화를 해보셔야 할 것 같아요. 그는 사물의 이치에 대해 잘 알고 있는 것 같아 보여요."

"맞아요. 최소한 그가 무슨 말을 하는지는 알아낼 수 있겠죠." 루가 말했다.

"글쎄, 사실 어젯밤 그와 통화를 했어요. 내가 방금 전 말한 모든 것을 그때 그가 얘기해준 거죠." 나는 칠판 위의 정의들을 가리키며 말했다. "나한테 전화해주기로 돼 있는데……."

나는 그들의 얼굴을 보았다.

"글쎄, 좋아. 다시 전화해보지." 나는 그렇게 말하고 가방으로 손을 뻗쳐 전화번호를 꺼냈다.

회의실 안의 전화를 통해 통화를 했다. 세 사람은 테이블 주위에서 잔뜩 기대를 하며 듣고 있었다. 하지만 그는 거기에 없었다. 대신 어떤 비서하고 통화를 했다.

"아, 네. 로고 씨군요. 조나가 당신에게 전화를 했었는데 당신 비서가 회의중이라고 하더군요. 그는 오늘 런던으로 떠나기 전에 당신과 얘기를 하고 싶어했는데 안타깝게도 시간을 놓친 것 같아요."

"그의 다음번 행선지가 어디죠?"

"콩코드기로 뉴욕으로 날아가고 있어요. 아마 그의 호텔로 연락하면 될 거예요."

나는 호텔 이름을 받아적고 그녀에게 고맙다고 말했다. 그리고 나서 전화번호 안내를 통해 뉴욕의 전화번호를 알아냈다. 그에게 메모를 남길 수 있기를 기대하며 전화를 했는데 교환수가 바로 그에게 연결해주었다.

"여보세요." 졸린 목소리였다.

"조나 선생님? 알렉스예요. 제가 당신을 깨웠군요?"

"사실 그렇네."

"오, 미안해요. 오래 끌진 않을게요. 하지만 어젯밤 우리가 토의했던 것에 대해 더 얘기해야 하겠어요."

"어젯밤에?"

"네, 선생님 시간대로는 어젯밤이 될텐데요. 선생님이 여기 우리 공장에 와서 저와 저의 참모들을 만나는 약속을 하면 어떨까요?"

내가 제안했다.

"글쎄, 문제는 앞으로 3주 동안 약속이 꽉 차 있다는 걸세. 그리고 그후엔 다시 이스라엘로 가야 하네."

"하지만요, 전 그렇게 오래 기다릴 수 없어요. 아주 큰 문제가 생겼는데 해결할 시간이 많지 않아요. 이제야 당신이 로봇과 생산성에 관해 말한 것들을 이해할 수 있겠어요. 하지만 저나 제 참모들이나 다음에 해야 할 일이 뭔지를 몰라요. 음, 글쎄요. 제가 선생님께 몇 가지를 더 설명한다면——."

"알렉스, 자네를 도와주고는 싶네. 하지만 지금은 잠이 필요하네. 너무 지쳐 있거든. 하지만 내가 한 가지 제안을 하지. 만약 자네 스케줄이 가능하다면 내일 아침 일곱시에 이 호텔에서 아침을 하면서 얘기하는 건 어떤가?"

"내일이요?"

"그래. 한 시간 정도 얘기할 시간이 있을 걸세. 아니면——."

다른 사람들을 쳐다보았다. 모두 나를 걱정스럽게 쳐다보고 있었다. 나는 조나에게 잠시 기다려달라고 했다.

"그는 내가 내일 뉴욕으로 와주기를 원하는군. 내가 못 갈 이유가 있나?"

"농담하시는 거예요?" 스테시가 말했다.

"가요." 봅이 말했다.

"손해볼 건 없잖아요?" 루가 말했다.

나는 수화기에서 손을 떼고 말했다. "좋아요. 그리로 가죠."

"잘됐네," 조나는 안심했다는 듯 말했다. "그럼 그때 보세."

사무실로 돌아와보니 프렌이 일을 하다 말고 놀라서 쳐다봤다.

"여기 계셨군요?" 그녀는 말하고선 메시지철로 손을 가져갔다. "이 사람이 런던에서 두 번이나 전화를 했어요. 중요한 일인가는 말하지 않더군요."

"알았어요. 당신이 할 일이 있어요. 오늘밤 뉴욕으로 갈 수 있는 방법을 찾아봐요."

11

줄리는 이해하지 못했다.

"일찍 말해줘서 고맙군요." 그녀는 빈정대는 투로 말했다.

"만약 일찍 알았다면 당신한테 얘기했을 거야."

"요새 와서 당신은 모든 게 다 예상 못한 일뿐이에요."

"어디 가야 할 것을 알게 되면 언제나 당신한테 말하지 않았어?"

그녀는 침실 문 옆에서 안절부절못하고 있었다. 나는 침대 위에 가방을 벌려놓고 짐을 챙기고 있었다. 샤론은 저 아래 친구 집에 가 있었고, 데이브는 밴드부 연습에 가 있어 집에는 우리뿐이었다.

"언제쯤 이런 일이 없어지죠?" 그녀가 물었다.

나는 서랍에서 속옷들을 꺼내다 멈췄다. 모든 것에 대해 5분 전에 다 얘기를 끝냈기 때문에 나는 그 질문에 짜증이 나기 시작했다. 왜 그녀는 그렇게도 이해하기가 어려울까?

"줄리, 나도 모르겠어. 다만 풀어야 할 문제들이 너무 많다구."

그녀는 더욱 안절부절못했다. 그녀는 그것을 좋아하지 않는다. 아마도 나나 무언가를 신뢰하지 못한다는 생각이 언뜻 들었다.

"이봐, 뉴욕에 도착하는 대로 전화해줄게. 됐지?"

그녀는 방을 나갈 것처럼 돌아섰다.

"좋아요. 전화하세요. 하지만 난 아마 여기 없을 거예요."

나는 다시 하던 일을 멈췄다.

"무슨 말이야?"

"아마 밖에 나가 있을 거예요."

"아, 그래. 그렇다면 나도 재미를 봐야 할 것 같군."

"그러셔야죠." 그녀는 이제 화가 나서 밖으로 나가면서 말했다.

나는 셔츠를 하나 더 꺼낸 후 서랍문을 쾅 닫았다. 짐을 다 챙기고 그녀를 찾으러 나왔다. 그녀는 거실에 있었다. 창가에 서서 엄지손가락 끝을 깨물고 있었다. 나는 그녀의 손을 잡고 엄지손가락에 키스를 해줬다. 그리고 그녀를 안아주려 했다.

"들어봐. 근래에 와서 내게 예측할 수 없는 일들이 자꾸 생긴다는 것은 알아. 하지만 이건 중요한 문제라고. 공장을 위해서……."

그녀는 머리를 흔들며 내게서 빠져나갔다. 나는 그녀를 따라 부엌으로 들어갔고 그녀는 내게 등을 돌린 채 서 있었다.

"모든 게 당신 일을 위해서예요. 그것만이 당신이 생각하는 거구요. 난 당신 저녁까지도 차릴 수 없어요. 그리고 애들은 아빠가 왜 이러는지 자꾸 물어오구요."

그녀의 눈에 눈물이 고였다. 내가 그것을 닦아주려 했으나 그녀는 내 손을 뿌리쳤다.

"놔둬요. 가서 비행기나 빨리 타요."

"줄리……."

그녀는 내 앞으로 걸어나갔다.

"줄리. 이건 공평하지 않아." 나는 그녀에게 소리쳤다.

그녀는 나를 돌아보고 말했다.

"공평하지 않은 건 당신이에요. 당신이 공평하지 않아왔어요. 내게나 애들에게나."

그녀는 뒤도 안 돌아보고 2층으로 올라가버렸다. 나는 이 문제를 해결할 시간조차 없었다. 벌써 비행기 시간에 늦었다. 거실에서 가방을 주워들어 어깨에 멘 후 손에는 서류가방을 들고 문으로 향했다.

다음날 아침 7시 10분에 나는 호텔 로비에서 조나를 기다리고 있었다. 그는 몇 분 늦었는데, 카펫이 깔린 바닥을 보면서 나는 다른 생각을 하고 있었다. 줄리 생각이었다. 나는 그녀가, 그리고 우리가 걱정됐다. 어젯밤 체크인을 하고 집에 전화를 했지만 아무도 받지 않았다. 애들조차도 전화를 안 받았다. 나는 방안을 30분 가량 서성이며 물건들을 차기도 하면서 계속 전화를 했지만 역시 아무도 없었다. 그때부터 새벽 두시까지. 나는 15분마다 계속 전화를 해댔다. 아무도 집에 없었다. 한순간엔 항공사에 전화를 해서 집으로 가는 비행기가 있는가 알아봤지만, 그 시간에 그 방향으로 가는 것은 아무것도 없었다. 결국 나는 잠이 들었고 여섯시에 기상전화를 받고 일어났던 것이다. 방에서 나오기 전까지도 두 번이나 전화를 더 했다. 두번째 전화는 5분이나 들고 있었지만 아직도 아무도 받지 않았다.

"알렉스!"

돌아다보니 조나가 걸어오고 있었다. 그는 흰 셔츠에 단색 바지 차림이었다.

"안녕하세요." 나는 악수를 하며 말했다. 그의 눈이 잠을 충분히 못 잔 사람처럼 부어 있음을 볼 수 있었다. 아마 나도 똑같이 보일 거라고 생각했다.

"미안하네, 늦어서. 어젯밤 늦게 회원들하고 같이 저녁을 했는데 말일세. 그만 토론을 하느라 새벽 세시까지 못 잤네. 자, 앉아서 아침이나 하세."

그를 따라 레스토랑에 들어가자 웨이트리스가 우리를 흰색 린네르 천이 덮인 테이블로 안내했다.

"그래, 내가 전화로 말해준 그 평가방법들로 어떻게 했나?" 자리에 앉자 그가 물었다.

나는 사업쪽으로 마음을 바꾸고는 내가 어떻게 그 평가방법으로 목표들을 표현했는가를 말해줬다. 조나는 만족해 하는 것 같았다.

"훌륭하네. 아주 잘했어."

"글쎄요. 어쨌든 고마워요. 하지만 공장을 구해내려면 목표와 그 세 가지 평가방법 말고도 뭔가가 더 필요한 것 같아 걱정이에요."

"공장을 구한다구?"

"네……. 저, 사실 그것 때문에 여기 온 거죠. 그러니까 단지 철학을 논하려고 선생님께 전화한 게 아니죠."

그는 웃었다. "아네. 나도 자네가 단지 진실에 대한 사랑만으로 순수하게 나를 뒤쫓았다곤 생각지 않네. 그래, 알렉스. 무슨 일인가 말해보게."

"이건 우리만의 비밀이에요."

나는 그에게 현재 공장의 상황과 그것이 문을 닫기까지 3개월간의 데드라인에 대해 설명해줬다. 그는 내 얘기를 주의깊게 듣다가 얘기가 끝나자 의자에 등을 기대고 앉았다.

"그래 나에게 뭘 바라나?"

"뭘 바라는지는 모르겠어요. 하지만 선생님이 공장을 살리고 사람들이 계속 일할 수 있도록 하는 방법을 찾는 걸 도와줄 수 있을 거라고 생각해요."

조나는 잠시 먼곳을 봤다.

"내 문제를 말하지. 나는 나도 못 믿을 정도의 스케줄을 가지고 있네. 그게 왜 우리가 이렇게 이상한 시간에 만나야 하는가 하는 이유일세. 선약들 때문에 도저히 자네가 상담자로서의 나에게 바라는 모든 것을 해줄 시간이 없네."

나는 한숨을 쉬었다. 너무 실망스러웠다. "알았어요. 만약 너무 바빠서 ─."

"잠깐만. 아직 안 끝났네. 그렇다고 자네 공장을 구할 수 없다는 얘기는 아닐세. 단지 자네를 위해 문제를 풀어줄 시간이 없다는 거지. 하지만 그게 자네한테 최선의 길은 아닐 걸세. 어쨌든 ─."

"무슨 말이죠?" 나는 그의 말을 막았다.

조나는 손을 들고 말했다. "내 말 먼저 함세. 내가 자네한테 들은 것으로 추측건대, 나는 자네가 자네 문제를 혼자 풀 수 있다고 생각하네. 내가 할 일은 자네가 적용할 수 있는 몇 가지 기본법칙을 가르쳐주는 걸세. 만약 자네와 자네 사람들이 그것들을 잘 따른다면 자네 공장을 구할 수 있을 걸세. 됐는가?"

"하지만 조나 선생님, 우리는 겨우 3개월밖에 시간이 없어요."

그는 참을성 없이 고개를 끄덕였다. "알아, 알아. 하지만 3개월이면 나아진 것을 보여주고도 남네. 만약 자네가 부지런하다면 말일세. 만약 그렇지 못하다면 내가 말한 것들 어느 것으로도 공장을 구할 수 없을 걸세."

"아, 선생님은 내 근면성에 성패를 거는군요."

"그렇다네. 자, 그럼 시작해볼까?"

"솔직히 말해서 이것 말고는 뭘 해야 될지도 모르겠어요." 나는 그렇게 말하고 웃었다. "그리고 비용에 대해 물어봐야 할 것 같은데요. 어떤 식으로 상담비를 받는지 몰라서인데요, 무슨 기준 같은 걸 갖고 계시나요?"

"아니, 하지만 이렇게 하세. 자네가 나한테 배운 것의 가치만큼 지불하게."

"그게 무엇인지 어떻게 알죠?"

"우리가 얘기를 끝마치면 자네는 아마 나름대로의 생각을 갖게 될 거야. 만약 공장이 문을 닫는다면 자네가 배운 것의 가치는 아무것도 아닌 게 되고, 반대로 자네가 수억 달러를 벌 정도로 나에게 충분히 배웠다면, 그렇다면 그것에 따라 지불해주면 되지."

나는 웃고 말했다. 내가 잃을 건 하나도 없지 않은가.

"알았어요. 정말 공정하군요."

우리는 테이블 위로 악수를 나눴다.

웨이터가 주문 준비가 됐는지를 물어왔다. 우리는 메뉴도 보지 않고 둘 다 커피를 시켰다. 웨이터는 우리에게 식당에 앉아 있으려면 최소한 5달러의 주문이 필요하다고 말했다. 그래서 조나는 그에게 커피 한 포트와 밀크 한 쿼트를 가져오도록 했다. 그는 우리를 깔보듯이 보고는 사라졌다.

"자, 이제 어디서부터 시작하지?" 조나가 말했다.

"먼저 로봇 얘기를 해야 될 것 같아요."

조나는 머리를 흔들었다.

"알렉스, 지금은 로봇에 대해 잊어버리게. 그것들은 말이야, 우리가 발견한 새로운 산업 장난감 같은 걸세. 신경써야 될 더 근본적인 것들이 많아."

"하지만 그것들이 우리에게 얼마나 중요한가를 전혀 고려하지 않는군요. 그것들은 우리가 가진 가장 비싼 기계들이고 우리는 절대적으로 그것들을 생산적으로 이용해야 돼요."

"어떤 점에서 생산적이란 말을 하는 건가?" 그는 날카로운 목소리로 질문했다.

"그러니까…… 그것들을 목표의 관점에서 계속 생산적으로 만든다는 거죠. 그것들이 제 값을 하게 하려면 높은 효율성이 필요해요.

그리고 그것들이 부품을 만들 때만이 효율성을 얻을 수 있잖아요."
조나는 머리를 흔들었다.
"알렉스. 자네는 나와 처음 만났을 때 자네 공장이 전체적으로 굉장히 높은 효율성을 가지고 있다고 말했지. 만약 그렇게 좋다면 왜 자네 공장에 문제가 생겼겠나?"
그는 셔츠 주머니에서 시가를 꺼내 물었다.
"알았어요. 자, 보세요. 제가 효율성면에 신경을 쓰는 이유는 단지 위에서 그것에 신경을 쓰기 때문이죠."
"자네 윗사람들에게 더 중요한 게 무엇인가, 알렉스? 효율성인가? 돈인가?"
"물론 돈이죠. 하지만 돈을 벌려면 높은 효율성이 필요불가결한 것 아닌가요?"
"대부분 효율성과의 싸움은 자네를 목표의 반대방향으로 몰고갈 걸세."
"잘 이해가 안 가요. 그리고 내가 이해한다 해도 위에선 이해 못할 거예요."
조나는 시가에 불을 붙이고 담배를 한 모금 깊이 빨아들이며 말했다. "좋네. 몇 가지 기본적 질문과 대답으로 자네가 이해하도록 도와주지. 먼저 이것에 대해 말해보게. 자네 공장의 일꾼들이 아무것도 안 하고 그저 서 있는 걸 봤다면 그것이 회사를 위해 좋은가, 나쁜가?"
"물론 나쁘죠."
"항상 그럴까?"
함정이 있는 질문이란 생각이 들었다.
"글쎄요. 우리는 그렇게 해야──."
"아니, 아니네. 나는 생산라인에서 일하는 사람을 얘기하는 것일세. 할 일이 없어서 그냥 서 있는 일꾼 말이야."

"그래요. 항상 나쁘다고 생각해요."

"왜 그렇지?"

나는 낄낄 웃었다. "뻔하지 않아요. 돈 낭비니까요. 아무것도 안 하는 사람한테 돈을 줘야겠어요? 그렇게 노는 사람에게까지 대줄 돈이 없다구요. 이미 비용이 그냥 넘길 수 없을 정도로 올라가 있는데 말이죠. 그것은 비효율적이고 낮은 생산성을 초래하죠. 당신이 그것을 어떻게 보건 말이에요."

그는 나에게 큰 비밀이라도 말해줄 듯이 몸을 앞으로 굽혔다.

"한 가지 말해주지. 모든 사람이 항상 일하는 공장은 매우 비효율적이라네."

"뭐라구요?"

"들었잖나."

"하지만 어떻게 증명할 수 있죠?"

"자네 공장에서 이미 증명됐네. 바로 자네 눈앞에 있는데 자네가 그것을 못 본 거지."

이번엔 내가 고개를 흔들었다. "선생님, 서로 말이 안 통하는 것 같은데요. 저희 공장에선 남아도는 인력이 없어요. 문 밖으로 상품을 실어내는 유일한 길은 모든 사람을 계속 일 시키는 거예요."

"말해보게. 알렉스. 자네 공장에 초과재고가 있지 않나?"

"네, 있어요."

"많지 않나?"

"글쎄요…… 많아요."

"굉장히 많지?"

"그래요, 많아요. 굉장히 많아요. 하지만 그게 뭐 어쨌단 거죠?"

"초과재고를 갖는 유일한 이유는 초과인력을 가지고 있기 때문이란 걸 모르겠나?"

생각을 해봐야 했다. 잠시 후 나는 그가 옳다고 결론을 내려야 했다. 기계들은 스스로 준비되고 작동되지 못한다. 사람들이 그 잉여 재고를 만들어내는 것이다.

"그럼 어떻게 해야 된다는 거죠? 사람들을 다 해고시키나요? 나는 지금 실질적으로 최소한의 인원만 가지고 있어요."

"아니야. 사람들을 더 해고시키라는 게 아니네. 단지 자네 공장의 용량을 어떻게 관리하고 있는가에 대해 의문을 가져보라는 거지. 그리고 말해주겠는데, 자네는 그것을 목표의 관점에서 관리하고 있지 않을 걸세."

웨이터가 두 개의 우아한 은색용기를 우리 사이에 갖다놓았다. 주둥이에선 김이 나오고 있었다. 그가 커피에다 크림을 붓는 동안 나는 창문 너머를 주시했다. 잠시 후 조나가 내 소매를 잡아끄는 것을 느꼈다.

"이게 지금 일어나고 있는 것들이네. 저기 밖에는 지금 자네가 생산하는 뭐든지를 원하는 시장이 있네. 그리고 자네 회사 안엔 그 요구를 충족시키기 위해 많은 자원이 있고 그것들의 용량도 크네. 자, 내가 계속하기 전에 먼저 '균형잡힌 공장'이 무엇을 의미한다고 생각하나?"

"생산라인을 균형화하는 것 말인가요?" 내가 물었다.

"균형잡힌 공장이란 본질적으로 서구의 모든 제조업 매니저들이 이루려고 애써온 것이지. 그것은 모든 자원의 용량이 시장의 요구와 일치하는 공장을 말하네. 왜 매니저들이 이것을 이루려고 하는지 아나?"

"글쎄요. 만약 우리가 충분한 용량을 갖고 있지 못하다면 잠재적인 생산율을 빼앗기는 거겠죠. 그리고 만약 너무 큰 용량을 가지고 있다면 돈 낭비일 거구요. 영업비용을 감소시킬 수 있는 기회를 잃는 셈이죠."

"그렇지. 그게 누구나 다 생각하는 거지. 그리고 대부분의 매니저의 경우, 할 수 있는 곳이면 다 용량을 줄이려고 하는 경향이 있지. 그래서 자원들이 놀지 않고 모두가 다 뭔가 일을 하고 있게 하려는 거지."

"맞아요. 당신이 무슨 말을 하는지 알겠어요. 우리 공장에서도 그렇게 하려고 하거든요. 사실 내가 본 모든 공장이 다 그렇죠."

"자네는 균형잡힌 공장을 운영하고 있나?"

"글쎄요. 우리가 할 수 있는 한 균형잡혀 있어요. 물론 몇몇 기계들이 그냥 놀고 있지만 대개 오래된 기계들이죠. 사람들로 말한다면 우리가 자를 수 있을 만큼은 다 잘랐어요. 하지만 아무도 지금까지 완벽하게 균형잡힌 공장을 운영하진 못했을걸요."

"우습군. 나도 아직 발견 못했거든. 왜 그런 시간과 노력에도 불구하고 아무도 균형잡힌 공장을 만드는 데에 성공하지 못했다고 보나?"

"많은 이유가 있겠죠. 첫번째는 우리 주위의 상황이 항상 변한다는 거죠."

"아닐세. 그것은 첫번째 이유가 아니네."

"아니 맞아요. 제가 이를테면 벤더들과 겨뤄야 하는 것들을 보세요. 한참 중요한 주문을 만들어내는데 그 벤더가 우리에게 불량부품들을 무더기로 보낸 걸 발견했다고 생각해보세요. 아니면 인력에 관련된 변수들을 보세요. 결근, 품질에 신경 안 쓰는 사람, 이직, 수없이 많잖아요. 그리고, 시장도 그래요. 항상 변하잖아요. 그러니 한쪽에선 너무 용량이 많고 다른 쪽에선 부족한 게 이상할 이유가 없죠."

"알렉스. 자네가 자네 공장을 균형잡히게 하지 못하는 진짜 이유는 자네가 언급한 모든 것보다 더 기본적인 것일세. 그것들은 모두 상대적으로 하찮은 것들이야."

"하찮다구요?"

"진짜 이유는 자네가 균형잡힌 공장으로 더욱 가까이 갈수록 더욱 파산으로 가까이 가고 있다는 거지."

"뭐라구요? 지금 농담하세요?"

"용량을 맞추는 것에 대한 강박관념을 목표의 관점에서 한번 생각해보게. 사람들을 해고하니까 판매가 늘던가?"

"아뇨. 천만에요."

"재고가 줄던가?"

"아뇨. 사람을 줄인다고 해서 재고가 주는 건 아니죠. 사람을 줄임으로써 비용을 줄이는 거죠."

"그래. 정확히 그걸세. 자네는 단지 하나의 평가방법만을 나아지게 하는 걸세. 영업비용 말일세."

"그것만으로 충분하지 않나요?"

"알렉스, 목표는 영업비용 그 자체를 줄이는 것이 아닐세. 한 가지의 평가방법만을 따로 떼어내서 개선시키는 것이 아니야. 목표는 생산율을 증가시킴과 동시에 영업비용과 재고를 같이 감소시키는 거지."

"좋아요, 동의해요. 하지만 만약 비용이 줄고 재고와 생산율은 그대로라면 그래도 낫지 않아요? "

"그렇지. 만약 재고를 감소시키고 생산율을 떨어뜨리지 않는다거나 둘 중의 하나면 말일세."

"맞아요. 하지만 균형잡힌 용량은 아무것에도 영향을 끼칠 수 없잖아요?"

"오, 없다구? 어떻게 아나?"

"우리가 얘기하길……."

"그런 얘기는 하지도 않았네. 자네에게 물어봤지. 그리고 자네는 만약 자네의 용량을 시장수요와 균형잡히게 만들 수 있다면 생산율이나 재고에 영향을 안 끼칠 것이라고 가정한 것이구. 하지만 사실이 서구 사업계에선 일반적인 그 가정이 전적으로 필요한 걸세."

"어떻게 그게 잘못된 건지 아세요?"

"용량이 시장수요와 정확히 맞춰졌을 때, 즉 조금도 남거나 모자라지도 않을 때 생산율이 떨어지고 재고가 천장까지 쌓임을 명확히 보여줄 수 있는 수학적 증거가 있지. 그리고 재고가 쌓이기 때문에 재고비용에 속하는 재고관리비도 따라 올라가지. 결과적으로 자네가 개선시킬 수 있다고 기대하던 총영업비용에서마저 의도한 대로 절약할 수 없게 되는 걸세."

"어떻게 그렇게 되죠?"

"왜냐하면 모든 공장에서 발견할 수 있는 두 가지 현상이 합해져서 그렇네. 하나는 종속이란 거지. 무슨 말인지 아나? 내 말은 한 사건이나 아니면 일련의 사건들에 있어서 뒤따르는 사건은 그 전 사건에 종속된다는 것이지. 알겠나?"

"네. 물론요. 하지만 그게 뭐 대단한 건가요?"

"중요한 것은 종속 사건이 '통계적 변동'이라는 다른 현상과 결합해서 나타날 때지. 그게 뭔지는 아는가?"

나는 움츠러들었다. "통계학에서의 변동요?"

"이렇게 생각해보게. 어떤 종류의 정보는 정확히 결정될 수 있네. 예를 들면 레스토랑의 좌석 수를 알려면 각 테이블에 있는 의자 수만 세면 되지 않은가?"

그는 식당 안을 가리키며 말했다.

"하지만 우리가 정확히 예측할 수 없는 다른 종류의 정보들이 있지. 예를 들면 웨이터가 영수증을 가져오는 데 얼마나 걸릴 것이라든가, 주방장이 오믈렛을 만드는 데 얼마나 걸린다든가, 오늘 부엌에서 달걀이 몇 개나 필요할 것인가라든지 말일세. 이러한 종류의 정보는 보기에 따라 변한단 말일세. 그것들은 통계적 변동에 영향을 받는 거지."

"하지만 경험에 비추어 일반적인 예측은 할 수 있잖아요."

"어떤 범위 안에서만이지. 지난번엔 웨이터가 영수증을 5분 42초 안에 가져왔다고 하세. 그리고 그 전엔 2분만 걸렸고. 오늘은 어떤가? 누가 알 수 있겠는가? 세 시간이 될지 네 시간이 될지."

그는 주위를 둘러보고 말했다. "도대체 지금 어디 있는 거지?"

"알았어요. 하지만 주방장이 요리를 준비할 때 얼마나 많은 사람들이 오고 또 그들이 모두 오믈렛을 먹을 것이란 걸 안다면 얼마나 많은 달걀이 필요한지 미리 알 수 있잖아요."

"정확히 말인가?" 조나가 물었다. "만약 한 개를 바닥에 떨어뜨렸다고 가정해보면 어떤가?"

"좋아요. 한두 개 여분을 가지면 되죠."

"자네의 공장을 성공적으로 운영하는 데 중요한 요소들의 대부분은 미리 정확히 정해질 수 없네."

웨이터가 와서 테이블 가운데에 영수증을 놓았다. 나는 그것을 내쪽으로 끌어놓았다.

"좋아요. 공감해요. 하지만 매일 같은 일을 하는 일꾼의 경우 그런 변동이 일정 기간 동안에 평균되어서 나올 수 있잖아요. 나는 솔직히 말해 그 두 현상이 어떻게 서로 연관이 되는지 모르겠어요."

조나는 일어나서 떠날 준비를 했다.

"나는 그것들을 따로 얘기하고 있는 게 아니네. 그 둘의 영향을 같이 말하는 거지. 그것이 내가 자네 스스로가 생각해보기를 원하는 것이야. 왜냐하면 난 지금 가야 하거든."

"지금 떠나시나요?"

"그래야 하네."

"조나 선생님, 이렇게 가버리시면 안 돼요."

"나를 기다리는 손님이 있네."

"조나 선생님, 그런 수수께끼 같은 걸 풀 시간이 없어요. 나는 해답이 필요해요."

그는 내 팔에 손을 얹었다.

"알렉스. 내가 자네에게 단순히 뭘 하라고 말해준다면 궁극적으로 자넨 실패할 걸세. 그 법칙들이 먹혀들도록 하려면 자네 스스로 이해를 해야 하네."

그는 내 손을 흔들었다.

"알렉스, 다음에 볼 때까지 잘 있게. 그리고 그 두 현상의 결합이 자네 공장에 무엇을 의미하는지를 말할 수 있을 때 전화해주게."

그는 서둘러 떠났다. 나는 카운터에서 계산을 끝내고 급히 조나가 나간 로비 쪽으로 쫓아갔다.

데스크에서 내 가방을 찾아 어깨에 걸쳤다. 돌아다보니 조나가 아직도 자켓이나 타이 없는 차림으로 하늘색 줄무늬 옷을 입은 어떤 잘생긴 남자와 정문 옆에서 얘기를 하고 있었다. 그들은 문을 함께 나갔고 나는 그 뒤를 몇 걸음 처져서 뚜벅뚜벅 따라 걸었다. 그 사람은 조나를 기다리고 있던 검정색 리무진으로 안내했다. 그들이 가까이 가자 운전수가 뒷문을 열어주려고 황급히 뛰어나왔다.

나는 그 하늘색 줄무늬 옷을 입은 남자가 조나 뒤에 따라 리무진에 타면서 하는 얘기를 들을 수 있었다.

"그 장비견학 후에 사장님과 이사들이 참석하는 모임을 잡아놨어요…….”

차 안에는 은발의 남자가 기다리고 있다가 조나와 악수를 했다. 운전수가 문을 닫고 운전석으로 돌아갔다. 나는 조용히 도로로 접어드는 그 큰 차 뒤의 검은 유리창으로 비치는 희미한 그들의 윤곽을 볼 수 있었다.

택시를 잡았다.

운전수가 물었다. “어디로 모실까요, 손님?”

12

우리 유니코사의 한 직원에 대한 얘기를 들은 적이 있다. 그가 밤일을 끝내고 집에 돌아가 “여보! 나 왔어” 하며 집문을 열고 들어가보니 텅 빈 집의 메아리만이 그를 맞이하고 있더란다. 그의 부인이 모든 것을 다 가지고 떠나버린 것이다. 아이들, 개, 금붕어, 가구, 카펫, 전자제품, 커튼, 벽에 걸린 그림, 치약 등등의 모든 것들을. 글쎄. 거의 모든 것들을 가져간 것이다. 사실 그 여자는 그에게 두 가지를 남기고 갔다. 그의 옷가지와(그것들은 침실 옷장 옆에 쌓여 있었는데 그녀는 옷걸이마저 가져간 것이다) 목욕탕 거울에 립스틱으로 써놓은 말 한마디. “안녕, 이 망할 자식아!”

집으로 차를 몰면서 그런 상상이 계속 머리 속에 그려졌다. 어젯밤부터 주기적으로 나타나고 있었다. 차를 주차하기 전에 혹시 이사용 트럭의 바퀴자국이 남아 있나 보려고 잔디를 살펴보았다. 다행히 잔디는 멀쩡했다.

나는 차를 창고 앞에 주차시켰다. 창고 안으로 들어가면서 유리창 너머로 살펴보니 줄리의 어코드가 세워져 있었다. 나는 하늘을 보고 조용히 말했다. "감사합니다."

줄리는 부엌 테이블에 앉아 있었다. 나는 등뒤로 다가가서 그녀를 깜짝 놀라게 했다. 그녀는 바로 일어나서 내게로 돌아섰고 우리는 잠시 서로를 쳐다봤다. 그녀의 눈 가장자리가 충혈되어 있는 것이 보였다.

"안녕?"

"이 집에서 뭘 하는 거예요?"

나는 웃었다. 좋아서가 아니라 화가 나서 웃었다.

"내가 이 집에서 뭘 하냐고? 보다시피 당신을 찾고 있잖아!"

"그래요? 난 여기 있어요. 잘 보세요." 그녀는 내게 눈살을 찌푸리며 말했다.

"그래, 맞았어. 여기 있어. 하지만 어젯밤엔 어디 있었는지 알고 싶군."

"나갔었어요."

"밤 내내?"

그녀는 그 질문에 미리 준비를 한 것 같다.

"세상에, 내가 나간 것까지 아시다니 놀랐는데요?"

"이봐, 줄리. 그만두라구. 어젯밤 백 번도 넘게 전화를 해댔단 말이야. 당신이 너무 걱정됐다구. 오늘 아침에도 했는데 아무도 안 받고, 그래서 당신이 내내 나가 있었다는 걸 안 거라구. 그런데 애들은 어디 있는 거야?"

"친구집에 있어요."

"오늘 등교해야 하는데 말이야? 그리고 당신은? 당신도 친구와 같이 있었나?"

그녀는 엉덩이에 손을 얹고 말했다.

"네. 사실은 진짜로 친구와 같이 있었어요."

"남자야, 여자야?"

그녀는 나를 노려봤다. 한 걸음 나오면서 말했다.

"내가 애들과 매일 집에만 있으면 관심도 없지요? 그런데 내가 하룻밤 없어졌다고 갑자기 내가 어딜 갔었고 무엇을 했는지 알아야 한단 말이죠?"

"당신이 내게 설명해줄 필요가 있다고 생각해."

"당신이 얼마나 자주 늦고 자주 출장가고 했는지 알아요? 누가 알아요, 어디에 있었는지?"

"그렇지만 일 때문에 그런 거잖아. 그리고 당신이 물어보면 언제나 어디 있었는지 말해줬어. 자, 이제 내가 물어볼 차례라구."

"아무것도 말할 게 없어요. 제인하고 나간 것뿐이에요."

"제인?" 나는 잠시 동안 그녀가 누군가 생각했다.

"우리가 지난번 살던 곳의 친구 말인가? 거기까지 운전하고 갔단 말이야?"

"누군가 얘기를 할 사람이 필요했어요. 얘기를 끝마칠 즈음에는 너무 취해서 운전을 할 수가 없었어요. 어쨌든 애들은 아침까진 괜찮다는 걸 알고 있었으니까 제인네에 계속 있었던 거죠."

"알았어. 하지만 왜 갑자기 이런 일이 당신한테 생기는 거지?"

"나한테 생겨요? 갑자기요? 알렉스, 밖에 나가서 매일밤 나를 혼자 남겨둔 건 당신이에요. 내가 외롭다는 건 당연한 것 아니예요? 아무것도 갑자기 생긴 건 없어요. 당신이 경영진의 일원이 된 이후로 당신은 언제나 일만 제일이었고 다른 사람은 안중에도 없었어요."

"줄리. 나는 당신과 애들과 잘살자고 이러는 거야."

"그게 전부예요? 그렇다면 왜 계속 승진을 하죠?"

"그럼 어쩌란 말이야. 승진을 거절하란 말이야?"

그녀는 대답을 안 했다.

"이봐, 나는 그래야 하기 때문에 그렇게 시간을 쏟아붓는 거지, 일이 좋아서 그러는 게 아니라구."

그녀는 여전히 아무 말도 없었다.

"좋아. 내가 약속하지. 당신과 애들을 위해 좀더 많은 시간을 할애하겠다고. 집에서 보내는 시간을 더 늘일게."

"알렉스, 소용없어요. 당신이 집에 있을 때도 사실 당신은 사무실에 있는 거나 마찬가지예요. 애들이 두세 번 얘기를 하고 나서야 당신이 비로소 듣는 걸 자주 봤어요."

"지금 내가 처한 이 곤경만 벗어난다면 달라질 거야."

"뭐라고 했어요?"

"지금 내가 처한 이 곤경만 벗어나면."

"그러면 바뀔 거라고 생각해요? 그런 말은 전에도 했어요, 알렉스. 우리가 이 문제를 가지고 얼마나 많이 얘기했는지 모르겠어요?"

"알았어. 당신이 맞아. 여러 번 얘기했지. 하지만 지금 당장은 아무것도 할 수 없어."

그녀는 하늘을 보고 말했다. "당신의 일은 언제나 바빠요. 언제나. 만약 당신이 그렇게 별볼일 없는 일꾼이라면 왜 계속 승진을 시켜주고 월급도 많이 주죠?"

나는 콧등을 꾹꾹 누르며 말했다.

"어떻게 이해를 시키지. 난 아직 승진이나 월급인상의 시점에 있지 않아. 이번엔 다르다구. 줄리, 당신은 지금 내가 어떤 문제에 봉착해 있는지 모를 거야."

"그리고 당신은 집에 어떤 문제가 있는지 모르구요."

"알았어. 이봐, 나도 집에서 더 많은 시간을 보내고 싶어. 하지만 문제는 시간을 내는 거야."

"나는 당신 시간의 전부를 원하지 않아요. 단지 조금을 원하는 거예요. 애들도 마찬가지구요."

"알고 있어. 하지만 공장을 살리기 위해선 앞으로 두 달까지는 내가 가지고 있는 모든 것을 다 쏟아부어야 한다구."

"최소한 저녁 먹으러 집으로 올 수도 없나요? 저녁이면 특히 당신이 그리워져요. 우리 모두가요. 당신이 없으면 애들하고 있어도 텅 빈 것 같아요."

"내가 그렇게 필요하다니 기분 좋군. 하지만 가끔 그 저녁 시간까지도 필요할 거야. 낮엔 서류 같은 걸 볼 시간이 충분치 않거든."

"그 서류를 집으로 가져오면 되잖아요." 그녀가 제안했다. "여기서 해요. 그러면 최소한 당신을 볼 수는 있잖아요. 그리고 아마 내가 도와줄 수 있을지도 모르구요."

나는 뒤로 기대앉았다. "집중할 수 있을지 모르겠지만, 좋아. 어쨌든 한번 그래보지."

그녀가 웃었다. "정말이죠?"

"물론. 잘 안 되면 다시 얘기할 수 있잖아. 자, 이제 협상 완료지?"

"협상 끝."

나는 그녀에게 몸을 숙이며 물었다.

"악수나 키스로 협상서명을 대신할까?"

그녀는 테이블을 돌아와 내 무릎에 앉아 내게 키스를 했다.

"여보, 어저껜 정말 당신이 보고 싶었어."

"그래요? 나도 그랬어요. 독신자 술집이 그렇게 음울한 곳인지 몰랐어요."

"독신자 술집?"

"제인의 아이디어였어요. 정말이에요."

나는 머리를 흔들었다. "듣고 싶지 않아."

"하지만 제인이 새 춤 스텝을 가르쳐주었어요. 이번 주말에는 한번——."

나는 그녀를 꽉 껴안았다. "이번 주말에 뭔가 하고 싶다면 나는 당신의 충실한 종이니까 마음대로 해요."

"너무 좋아요," 그녀는 내 귀에 대고 속삭였다. "오늘이 금요일이잖아요. 어때요. 지금부터 시작하는 게."

그녀는 다시 키스를 했다.

"줄리, 정말 그러고 싶지만……."

"싶지만요?"

"공장에 꼭 가봐야 해."

그녀는 일어섰다. "좋아요. 하지만 오늘밤 일찍 들어오겠다고 약속해요."

"약속하지." 나는 그녀에게 말했다.

"이번 주말은 정말 근사한 주말이 될 거야."

4

등잔 밑을 밝혀 해답을 찾다

아이들과의 하이킹 — 모두
힘을 내 걷고 있는데 왜 대열은 계속
늘어나는 걸까? 이것이 진짜 공장이었다면
어찌 됐을까? 몇 개나 제때 출고할 수 있었을까?
생산율이 처음 기대치의 절반이라면 주문의 반,
아니 그 이상이 늦어졌을텐데. 이런 상태라면
우리의 고객신용도는 완전히
바닥까지 떨어질 것이다.

13

토요일 아침 눈을 떠보니 뭔가 녹색의 침침한 것이 보였다. 내 아들 데이브가 보이스카웃 옷을 입고 내 팔을 흔들어대고 있었다.

"데이브, 뭐하는 거지?"

"아빠, 7시예요." 데이브가 말했다.

"7시? 난 잠을 더 자야겠는데. 왜 텔레비전을 보든지 딴 일을 하지 그러니?"

"우리 늦는단 말이에요."

"우리가 늦어? 무엇에?"

"야영 하이킹에요. 생각 안 나요? 아빠가 나하고 약속하셨잖아요. 우리랑 같이 가서 단장님을 도와주기로 지원해도 된다구요."

나는 뭔가 보이스카웃이 들어서는 절대 안 될 말을 중얼거렸다. 하지만 데이브는 전혀 당황하지 않았다.

"빨리 샤워하세요." 그는 나를 침대 밖으로 끌어내리며 말했다. "어젯밤에 아빠 짐은 내가 다 싸놨어요. 차에다 가져다놨으니까 8시까지 거기 가기만 하면 돼요."

데이브가 나를 문쪽으로 끌어가는 동안 나는 아직도 자고 있는 줄리를 한 번 보았다. 매트리스엔 아직도 따뜻한 촉감이 있었다.

한 시간 십 분 후 나와 데이브는 어느 숲의 입구에 도착해 있었다. 대원들이 우리를 기다리고 있었다. 모자를 쓰고 항건을 매고 기능장 등으로 치장한 15명의 소년들이었다.

단장이 어디 있느냐고 물어보려는데, 아이들과 같이 와 있던 몇몇 부모들이 차를 타고 떠나는 것이 보였다. 주위를 살펴보니 주변에 어른은 나뿐이었다.

"단장님은 아마 못 오실 건가봐." 한 소년이 말했다.

"어떻게 알아?"

"아프시거든." 그 옆의 소년이 대답했다.

"치질이 다시 도지셨대." 첫번째 소년이 말했다.

"그래서 이제 아저씨가 책임자가 된 것 같아요." 한 소년이 나를 보고 말했다.

"로고 아저씨, 이제 뭐를 해야죠?" 다른 소년이 물었다.

나는 먼저 모든 게 나한테 떠맡겨진 것에 대해 약간 화가 났다. 하지만 아이들 무리를 통솔한다는 생각이 나를 위압하지는 않았다. 어차피 공장에서 내가 매일 하는 일이니까. 그래서 나는 모두를 내 주위로 모아 우리 앞에 펼쳐진 위험한 야생으로의 원정에 대한 목적을 토의하고 지도를 살폈다.

소년단의 계획은 숲속의 길을 따라서 '악마의 협곡'이라는 장소까지 하이킹하는 것이었다. 그리고 거기서 하룻밤을 야영하는 것이다. 아침에 캠프에서 철수해서 출발점으로 다시 돌아오는 것이다. 거기서는 부모들이 아이들을 숲 밖으로 데리고 나가려고 미리 와서 대기하도록 되어 있다.

먼저 우리는 약 10마일 밖에 있는 '악마의 협곡'으로 가야 했다. 나는 대원들을 일렬로 세웠다. 그들은 모두 등에다 룩색을 메고 있었다. 나는 손에 지도를 들고 길을 인도하기 위해 맨 앞에 섰다. 그리고 우리는 출발했다.

기가 막히게 좋은 날씨였다. 태양이 나무들 사이사이로 비추었다. 하늘은 파랗고 바람은 솔솔 불어왔다. 기온은 약간 낮은 편이었으나 숲으로 들어가자 걷기에 아주 좋은 정도였다.

길은 매 10야드마다 나무줄기에 노란색 페인트로 통행로 표시를 해놨기 때문에 따라가기가 쉬웠다. 양쪽으로 굵은 덤불이 나 있어 한 줄로 걸어가야만 했다.

나는 정상인이 걷는 속도인 시간당 2마일 정도로 걷고 있었다. 그 정도면 다섯 시간 안에 10마일을 갈 수 있으리라고 생각했다. 시계를 보니 약 8시 30분이었다. 휴식시간과 점심을 위해 한 시간 반을 써야 할 걸 고려하면, 악마의 협곡에는 3시경에 도착할 수 있을 것이다. 별로 힘들 것 같진 않았다.

몇 분 후 뒤를 돌아보았다. 스카웃 대열이 우리가 출발했던 곳 가까운 데까지 쭉 퍼져 있었다. 이제 소년들간에 1야드나 그 정도의 간격 대신 큰 간격이 벌어져 있었다. 어떤 것은 다른 것보다도 간격이 더 컸다. 나는 계속해서 걸었다.

몇 백 야드를 더 가다 뒤를 돌아보니 줄이 더 길게 뻗어 있었다. 두어 개의 꽤 큰 간격이 눈에 띄었다. 나는 맨 끝에 있는 소년을 거의 볼 수 없었다.

나는 앞에 서는 것보다 맨 뒤에서 따라가는 것이 더 낫겠다고 판단했다. 그러면 대열 전체를 볼 수 있고 아무도 뒤에 처지지 않게 할 수 있다고 생각했다. 그래서 첫번째 아이가 내가 있는 곳까지 올 때까지 기다렸다가 이름을 물어보았다.

"론이에요."

"론, 네가 대열을 이끌어라." 그에게 지도를 건네주며 말했다.

"그냥 이 길만 따라 보통걸음으로 가면 돼. 알겠지?"

"알았어요, 아저씨."

그리고선 그는 적당한 정도의 보폭으로 걷기 시작했다.

"모두 론 뒤를 따라라!" 나는 다른 소년들에게 소리쳤다. "론이 지도를 가지고 있으니까 아무도 그를 앞지르면 안 돼. 알겠지?"

모두 고개를 끄덕거렸다. 다 알아들은 것이다.

나는 길 옆에서 대열이 지나가는 것을 기다렸다. 내 아들 데이브는 자기 뒤에 가까이 걷고 있는 친구와 얘기를 하며 지나갔다. 지금 그는 친구들하고 같이 있어서 나를 아는 체하고 싶지 않은 것 같았다. 그애는 그런 점에 너무 신경을 쓴다. 대여섯 명이 더 지나갔는데 모두 별문제 없이 걷고 있었다. 그리고 좀 간격을 두고 두어 명이 더 왔다. 그들 뒤론 더 큰 간격이 생겨 있었다. 나는 아래쪽 길을 쳐다보았다. 그리고 뚱뚱한 꼬마를 봤다. 그는 이미 숨을 헐떡이고 있었다. 그 뒤로 나머지 소년들이 있었다.

"네 이름이 뭐니?"

나는 그 뚱뚱한 녀석이 가까이 다가오자 물었다.

"허비요."

"괜찮니, 허비?"

"물론이죠, 로고 아저씨. 날씨가 너무 덥지 않아요?"

허비는 길을 따라 올라가기 시작했고 다른 소년들이 그 뒤를 따랐다. 몇몇은 더 빨리 걷고 싶은 것처럼 보였다. 하지만 허비 근처에 가까이 가질 못했다. 나는 마지막 소년 뒤로 섰다. 줄이 내 앞에 뻗어 있었고, 언덕을 넘거나 급커브가 있는 곳을 지날 때를 빼고는 대부분 모두를 볼 수 있었다. 대열은 편안한 리듬으로 가고 있는 것처럼 보였다.

단조로운 풍경이 지겨워진 건 아니지만 잠시 후 나는 다른 것들을 생각하기 시작했다. 이를테면 줄리 생각 같은 것이다. 나는 정말 이번 주말을 그녀와 보내고 싶었다. 하지만 데이브와의 이 하이킹 건에 대해 까맣게 잊고 있었던 것이다. “당신답네요.” 그녀가 그렇게 말하는 것이 들려왔다.

어떻게 그녀와 보내는 데 필요한 시간을 만들어야 할지 모르겠다. 한 가지 이 하이킹이 나를 도와줄 수 있다면 그것은 내가 데이브와 같이 있어야 한다는 것을 그녀가 이해해야 한다는 점이다.

그리고 조나와 뉴욕에서 나누었던 대화를 생각했다. 그동안 그것에 대해 생각할 시간을 갖지 못했었다. 물리선생이 기업간부와 리무진을 타고 다니면서 무엇을 하는지 궁금했다. 또 그가 설명한 두 가지로 무엇을 유출해야 하는지 이해할 수 없었다. 종속과 통계적 변동, 이것들이 과연 무엇을 의미하는가? 둘 다 꽤 익숙한 개념들인데 말이다.

물론 우리는 생산하는 데 종속사건들을 가지고 있다. 그것들이 의미하는 것은, 두번째 공정이 수행되려면 첫번째 것이 먼저 끝나야 한다는 것이다. 부품들은 일련의 순서대로 만들어지는 것이다. B라는 작업자가 두번째 단계로 진행하기 위해서는 A기계가 첫단계를 끝마쳐야 한다. 제품을 조립하기 위해선 모든 부품들이 준비되어야 한다. 그리고 제품은 그것이 출고되기 전에 조립되어야 하고, 이런 식이다.

하지만 그러한 종속사건들은 공장뿐만 아니라 어느 공정에서나 다 발견할 수 있다. 차를 모는 것도 일련의 종속사건을 요구한다. 우리가 지금 하는 하이킹도 그렇다. 악마의 협곡에 도달하기 위해선 길을 따라 걸어야 한다.

저 앞에서 론이 먼저 걷고 데이브가 뒤따라가고 있다. 데이브는 허비에 앞서 그 길을 걷고 있다. 내가 길을 지나기 위해선 내 앞의 꼬마가 먼저 걸어가야 하는 것이다. 단순한 형태의 종속사건들인 것이다.

그렇다면 통계적 변동은?

위를 쳐다보니 내 앞의 꼬마가 내가 걸던 것보다 약간 빨리 걷고 있는 것이 보였다. 일분 전보다 몇 피트 더 내 앞에 가고 있었다. 그를 따라잡으려고 몇 걸음 큰 걸음을 걸었다. 그랬더니 금세 너무 가까워져서 이번엔 속도를 늦춰야 했다.

그래, 내가 만약 내 보폭을 재왔다면 그 통계적 변동을 기록할 수 있었을 것이다. 하지만 그것이 뭐 중요한가?

만약 내가 시간당 2마일의 속도로 걷는다고 하자. 하지만 그것은 내가 항시 정확히 시간당 2마일의 지속적 속도로 걷고 있다는 것을 의미하는 것은 아니다. 가끔은 시간당 겨우 1.2마일로 걸을 수도 있을 것이다. 그 속도는 각 발걸음의 길이와 속도에 따라 변할 것이다. 하지만 일정 시간과 거리 동안 한 시간에 2마일 정도의 평균을 유지하게 되는 것이다.

공장에서도 똑같은 일들이 벌어지고 있다. 변압기 위에 납선을 땜질하는 데 얼마나 걸릴까? 글쎄, 만약 초시계를 가지고 그 과정을 계속해서 잰다면 아마 가령 4.3분이라든지의 평균을 찾아낼 수 있을 것이다. 하지만 어떤 주어진 상황에서의 진짜 시간은 2.1분에서 6.4분까지 달라질 수 있을 것이다. 그리고 아무도 미리 '이번엔 2.1분이 걸릴 것이다…… 이번엔 5.8분이 걸릴 것이다'라고 말할 수 없을 것이다. 아무도 그 정보를 미리 예측할 수 없는 것이다.

그렇다면 무엇이 잘못인가? 내가 알기론 아무것도 없다. 어쨌든 우리는 선택의 여지가 없는 것이다. '평균'이나 '견적' 대신 쓸 수 있는 것이 무엇이 있겠는가?

이런저런 생각을 하다 앞에 가는 꼬마의 발꿈치를 거의 밟을뻔했다. 이제 우리는 좀 천천히 걷고 있었다. 길고 꽤 가파른 언덕을 올라가고 있었기 때문이다. 그리고 모두가 허비 뒤에 모여 있었다.

"빨리 가, 이 허수아비야." 한 소년이 말했다.

허수아비? 허비의 별명인 듯했다.

"그래, 허수아비야. 빨리 좀 가자." 다른 소년이 말했다.

"됐어, 그만해라." 내가 그 불평꾼들에게 말했다.

마침내 허비는 정상에 도달했다. 뒤로 돌아선 그의 얼굴을 보니 머리 꼭대기까지 벌겋게 달아 있었다.

"잘했다, 허비!" 나는 그를 격려하기 위해 말했다.

"자, 계속해서 가자!"

허비는 정상 너머로 사라졌다. 다른 아이들도 올라가기 시작했고 나도 터덜터덜 그들을 따라 정상에 올랐다. 거기서 잠시 멈춰서 대열을 내려다보았다.

이런! 론이 안 보였다. 그는 반 마일 정도 우리를 앞서 있음이 틀림없다. 허비 앞에 두어 명의 소년이 보였고 나머지는 모두 멀어서 안 보였다. 나는 입에다 손을 모으고 소리쳤다.

"어이! 저기까지 가자. 간격을 좁히고! 지금보다 두 배 속도로 걷자. 두 배로!"

허비는 빠르게 움직였고 그 뒤의 소년들도 뛰기 시작했다. 나도 그들을 따라 뛰었다. 룩색과 깡통 그리고 침낭이 뛸 때마다 이리저리 흔들리고 있었다. 그리고 허비는 도대체 무엇을 담고 있는지 그가 뛸 때마다 덜컹거리고 철커덕거리는 소리가 나서, 마치 가방 안에 고물상을 담고 있는 것처럼 들렸다. 200야드를 달렸지만 우리는 아직도 따라잡지 못하고 있었다. 허비는 속도를 늦추고 있었고 아이들이 그에게 빨리 달리라고 소리 지르고 있었다. 나도 따라서 고함치며 헐떡이고 있었다. 마침내 나는 론을 저만치서 볼 수 있었다.

"론!" 나는 소리쳤다. "잠깐 멈춰라!"

내가 부르는 소리가 앞의 소년들에 의해서 전달되고 론이 뒤돌아보았다. 허비는 그것을 보고 안심해선지 종종걸음으로 속도를 늦추었다. 그리고 나머지도 그랬다. 우리가 가까이 가자 모두가 쳐다봤다.

"론! 보통걸음으로 가라고 그러지 않았니." 내가 말했다.

"그랬어요!" 그가 대꾸했다.

"글쎄. 다음번엔 모두 붙어가도록 하자꾸나."

"로고 아저씨, 5분 동안 쉬어가는 게 어때요?" 허비가 물었다.

"좋아. 좀 쉬었다 가자."

허비는 혀를 내밀고 길 옆으로 나가 떨어졌다. 모두가 마실 것을 찾았다. 나는 주위에서 가장 편안해 보이는 통나무를 찾아서 걸터앉았다. 몇 분 후 데이브가 내게 와서 옆에 앉았다.

"아주 잘하고 계세요, 아빠."

"고맙구나. 우리가 얼마나 많이 온 것 같니?"

"한 2마일요."

"겨우? 지금쯤이면 저기까지 가 있어야 될 것 같은데 말이다. 2마일보다는 더 온 것 같다."

"론이 가지고 있는 지도에 의하면 그렇지 않아요."

"오, 그래? 그렇다면 이제 슬슬 출발하는 게 좋을 것 같구나."

소년들은 벌써 줄을 서 있었다.

"좋다. 출발이다."

우리는 다시 출발했다. 길이 곧바랐기 때문에 모두를 볼 수 있었다. 하지만 30야드를 못 가 다시 똑같은 일이 벌어졌다. 줄이 길어지고 소년들 사이의 간격이 넓어졌다. 제기랄. 만약 붙어서 가지 못한다면 대원 중 반은 잃어버릴 염려가 있다.

어떻게든 이걸 막아야 하는데.

내가 제일 먼저 주시해본 것은 론이다. 하지만 론은 진짜로 일정한 평균 속도로 대열을 이끌고 있었다. 아무도 무리가 없는 페이스였다. 이번엔 그의 뒤를 쭉 봤지만 모든 소년들이 론 정도의 속도로 걷고 있었다. 허비는 더이상 문제가 아니었다. 아마도 그는 좀전에 지체된 것이 자기 책임이라고 느낀 것 같았다. 이제는 계속 따라가려고 무척 애를 쓰는 것 같았다. 그는 바로 앞 소년의 뒤꽁무니에 바짝 붙어가고 있었다.

우리 모두가 거의 같은 페이스로 걷고 있다면 왜 맨 앞에 있는 론과 맨 끝에 있는 나의 간격이 점점 더 벌어지는 것일까?

통계적 변동?

아니, 그렇진 않겠지. 그 변동은 평균되어야 한다. 우리는 모두 거의 같은 속도로 움직였고 그것은 우리 사이의 거리가 어느 정도 다를지 모르지만, 일정 시간 안에선 동일해져야 한다는 것을 의미한다. 론과 나 사이도 어떤 범위 안에서 늘거나 줄거나 하겠지만 하이킹을 하는 동안 평균적으로는 같아야 할 것이다.

하지만 실제로는 그렇지가 않은 것이다. 각자가 론처럼 보통속도를 유지하고 있는데도 줄은 계속 길어지고 우리 사이의 간격도 넓어지고 있는 것이다.

허비와 그 앞의 소년과의 간격만 제외하고 말이다.

그렇다면 허비는 어떻게 하고 있는가? 나는 그를 주시해보았다. 허비는 한 걸음 처질 때마다 한 걸음 더 뛰어갔다. 그것은 그가 상대적으로 같은 속도를 유지하기 위해 론이나 그의 앞에 있는 다른 소년보다 더 많은 에너지를 소비하고 있다는 것을 의미한다. 나는 그가 얼마나 더 오랫동안 그 뛰고 걷고 하는 일을 계속할 것인지 궁금했다.

왜 우리가 론과 같은 속도로 걷는데 같이 갈 수 없는 것일까?

갑자기 뭔가 눈에 띄는 것이 있어 줄을 주시했다. 데이브가 몇 초간 속도를 줄이는 것이 보였다. 그는 가방줄을 조절하고 있었다. 그의 앞엔 론이 그것도 모르고 계속 걷고 있었다. 10…… 15…… 20 피트의 간격이 생겼다. 그것은 전체 줄이 20피트 더 길어진 것을 의미한다.

바로 그때 나는 그 현상들을 이해하기 시작했다.

론은 대열의 페이스를 정한다. 그리고 누군가 론보다 천천히 움직일 때마다 줄은 길어지는 것이다. 데이브가 속도를 늦춘 것처럼 뚜렷한 것이 아니어도 좋다. 만약 한 소년이 론보다 반 인치가 적은 보폭을 내디뎌도 줄 전체의 길이가 영향을 받는 것이다.

하지만 만약 누군가 론보다 빨리 움직인다면 어떻게 되겠는가? 길거나 빠른 보폭이 그 길어진 줄을 보충하지 않을까? 그리고 그 차이가 평균되어지고.

만약 내가 빨리 걷는다고 가정해보자. 그렇다고 줄의 길이를 줄일 수 있을까? 글쎄. 나와 내 앞의 꼬마와의 간격은 약 5피트이다. 만약 그가 같은 속도로 걷고 내가 속도를 낸다면 그 간격을 줄일 수 있고, 아마도 앞에서 일어나는 상황에 따라 전체 줄 길이도 줄일 수 있을 것이다. 하지만 그것도 앞 꼬마의 룩색에 부딪치기 전까지만 가능한 것이다(그리고 만약 내가 그런다면 이 꼬마는 틀림없이 자기 엄마에게 일러바치겠지). 그래서 나는 이 꼬마의 속도로 늦춰야 하는 것이다.

일단 우리 사이의 간격을 좁히고 나면 나는 내 앞의 꼬마가 가는 속도보다 더 빨리 갈 수 없다. 그리고 그 꼬마도 그의 앞 소년보다 더 빨리 갈 수 없고 그 앞에도 그렇고 그런 식으로 맨 앞의 론까지 가는 것이다. 그것은, 론을 빼고는 우리 각자의 속도는 자기 앞사람의 속도에 달려 있다는 것이다.

이제 무언가 말이 되는 것 같았다. 우리의 하이킹은 하나의 종속 사건 세트다. 통계적 변동과 합쳐진. 우리 각자는 빠르거나 늦은 속도의 변동을 갖고 있다. 하지만 평균보다 빨리 가는 것은 제한되어 있다. 그것은 나보다 줄 앞에 있는 모든 사람들의 속도에 달려 있다. 그래서 내가 시간당 5마일을 걸을 수 있다 하더라도 내 앞의 꼬마가 시간당 2마일밖에 걸을 수 없다면 어쩔 수 없는 것이다. 그리고 만약 내 앞의 꼬마가 나만큼 빨리 걸을 수 있다 하더라도 우리들 앞의 사람이 같은 시간에 시간당 5마일로 움직이고 있지 않다면 우리 둘 다 어쩔 수 없는 것이다.

그래서 나는 내가 걸을 수 있는 속도의 한계들을 가지고 있는 것이다. 나 자신과(자빠져서 숨차 죽기 전까지만 그렇게 빨리 달릴 수 있으니까) 하이킹을 가는 다른 사람들 모두에 의한 한계다. 하지만 속도를 줄이는 것에 관해선 능력의 한계가 없다. 다른 사람도 마찬가지다. 멈추는 것도 그렇다. 만약 누군가가 그런다면 줄은 끝없이 늘어날 것이다.

진짜로 일어나고 있는 것은 각자의 다른 속도의 변동이 평균되는 것이 아니라 그 변동들이 *축적*되는 것이다 — *왜냐하면 종속이 큰 변동의 기회를 제한하기 때문이다*. 그리고 그것이 왜 줄이 길어지는가의 원인이다. 우리는 론 뒤의 모든 사람이 어느 정도 거리 동안 평균보다 더 빨리 움직이게 함으로써만 줄의 길이를 줄일 수 있는 것이다.

앞을 보면서 나는, 우리 각자가 얼마나 많은 거리를 좁혀야 되는가는 우리가 줄 중의 어디에 위치하고 있는가의 문제가 되는 경향이 있음을 발견했다. 데이브는 론과 비교해 자신의 평균변동보다 늦춰진 것만큼만 보충하면 된다. 그것은 그와 앞과의 간격인 20피트가 될 것이다. 하지만 허비는 줄이 길어지는 것을 막기 위해선 그의 변동에

다가 그의 앞에 있는 친구들 모두의 것들을 다 보충해야 하는 것이다. 그리고 맨 끝에 있는 나의 경우는 줄 전체의 길이를 줄이려면 앞의 모든 사람들 사이의 초과 간격을 더한 만큼의 거리를 평균보다 더 빨리 움직여야 하는 것이다. 즉, 그들이 늦어진 것의 축적분 모두를 보충해야 하는 것이다.

나는 이것이 내 일에 무엇을 의미하는가를 생각하기 시작했다. 공장에서 우리는 분명히 종속사건들과 통계적 변동 모두를 가지고 있다. 그리고 여기 이 길에서도 우리는 두 가지를 다 가지고 있다. 만약 이 보이스카웃 대열이 우리 공장의 시스템과 같다고 가정한다면 ……. 사실 이 무리들도 생산을 하고 있다. 우리는 '등산로'를 만들고 있는 것이다. 론은 그의 앞에 사람들이 지나가지 않은 길들을 걸어감으로써 생산을 시작하는 것이다. 그래서 론이 걸어감으로써 그 길을 처음 처리하고 그리고 데이브가 다음으로 처리하고 그 뒤의 아이가 다음 처리를 하고 그런 식으로 허비와 다른 아이들 그리고 내가 처리를 하는 것이다.

우리들 각자는 마치 공장에서 물건을 만들기 위해 행해지는 하나의 작업과 같은 것이다. 우리들 각자는 종속사건 세트의 하나들인 것이다. 우리가 어떤 순서대로 있는가도 문제되지 않을까? 글쎄 누군가가 맨 앞에 있어야 하고 또 누군가는 맨 뒤에 있어야 한다. 따라서 서로 순서를 바꾼다 하더라도 우리는 여전히 종속사건들을 가지고 있는 것이다.

나는 마지막 작업이다. 내가 길을 걷고 나야만 그 제품이 말하자면 팔리는 것이다. 그리고 그것이 우리의 생산율이 되는 것이다. 론이 길을 걷는 속도가 아니라 내가 걷는 속도가 생산율이 되는 것이다.

나와 론 사이의 간격의 넓이는 어떤가? 그것은 재고다. 론은 원자재를 소비하고, 나머지 우리가 걷고 있는 길은 내가 지나가기 전까지는 재고가 되는 것이다.

그렇다면 영업비용은 무엇인가? 그것은 재고를 생산율로 바꿔주는 모든 것이다. 우리의 경우 그것은 소년들이 걷는 데 필요한 에너지일 것이다. 나는 내가 피곤해지면 알 수 있다는 것을 빼고는 그것을 어떻게 수량화할 수 없었다.

만약 론과 나 사이의 거리가 늘어난다면, 그것은 재고가 늘어난다는 것을 의미할 수 있다. 생산율은 내 걸음속도이고, 그것은 다른 사람들의 속도의 변동에 영향을 받는 것이다. 흠. 그래서 평균보다 늦은 변동이 축적되면 그것들은 나한테로 다 오는 것이다. 그것은 바로 내가 속도를 늦출 수밖에 없음을 의미한다. 다시 그것은, 재고의 증가에 비해 전체 시스템의 생산율은 줄어든다는 것을 의미한다.

그리고 영업비용은? 그것은 확실치가 않다. 우리 유니코사의 경우 재고가 쌓일 때마다 재고에 대한 관리비가 따라 올라간다. 그 재고관리비는 영업비용의 일부분이고 따라서 그 평가방법의 결과도 역시 올라가야 한다. 이 하이킹의 경우 영업비용은 우리가 앞을 따라잡으러 서둘 때마다 올라간다. 왜냐하면 그렇지 않을 때보다 더 많은 에너지를 소비하니까.

이것이 우리 공장에서 일어나는 일인가?

그래, 맞는 것 같다.

바로 그때 나는 내가 앞 꼬마한테 거의 부딪힐뻔한 걸 발견했다.

맞아. 그렇지! 이것이 내가 이 하이킹과 내 공장과의 비교에서 빼먹었던 어떤 것이다. 내 앞에 줄은 늘어난다기보다는 줄어들고 있다. 결국 모든 것이 평균되어진 것이다. 나는 몸을 바깥으로 기울여 론이 시간당 2마일의 평균 속도로 걷고 있는지를 보려고 했다.

하지만 그는 그 평균 속도로 걷고 있지 않았다.

그는 길 가장자리에 꼼짝 않고 서 있었다.
"왜 멈춰 서는 거지?"
"점심시간이에요. 로고 아저씨." 그가 대답했다.

14

"하지만 여기서 점심을 먹기로 되어 있지 않잖아?" 한 소년이 말했다. "길을 더 내려가서 렘피지 강에 도착해서 점심 먹기로 했잖아."

"단장님이 주신 계획에 따르면 12시에 점심을 먹도록 돼 있어." 론이 말했다.

"그리고 지금이 12시야," 허비가 그의 시계를 가리키며 말했다. "그러니까 점심을 먹어야 한다구."

"하지만 지금쯤은 렘피지 강에 와 있어야 하는데 그렇지 않잖아."

"무슨 상관이니?" 론이 말했다. "여기가 점심 먹기에 좋은 장소인 것 같아. 주위를 봐."

론의 말이 맞았다. 이 길은 공원을 지나치도록 되어 있는데 우연히도 우리는 피크닉 지역을 지나고 있었다. 테이블과 수돗물, 쓰레기통, 그리고 바베큐를 해먹을 수 있는 그릴 등 모든 것이 있었다.

"좋았어," 내가 말했다. "누가 지금 식사를 하길 원하나 투표를 하자. 배고픈 사람은 손 들어봐."

모두가 손을 들었다. 만장일치였다. 우리는 거기서 점심을 먹기로 했다.

나는 테이블 하나에 앉아 샌드위치를 먹으면서 몇 가지 생각에 몰두했다. 나를 애먹이는 일은 무엇보다도 제조공장을 종속사건들과 통계적 변동 없이 운영할 수 없다는 것이었다. 그 둘의 결합으로부터 벗어날 수가 없는 것이다. 하지만 그 영향을 이겨낼 방법은 틀림없이 있을 것이다. 항상 재고가 늘어나고 생산율이 줄어든다면 우리 모두가 사업을 그만둬야 할 것이 분명하다.

만약 조나가 말한 대로 매니저들이 그렇게 끈질기게 이루려고 한 시장의 수요와 모든 자원의 용량이 정확히 같은 그 균형잡힌 공장을 갖고 있다면 어떨까? 사실 그것 자체가 문제의 해답이 될 수 없을까? 만약 수요와 완벽하게 일치되는 공장을 가질 수 있다면 초과 재고는 없어질 것 아닌가? 어떤 부품의 부족도 없어지지 않을까? 그리고 어떻게 조나만 옳고 나머지는 다 틀리다고 할 수 있는가? 매니저들은 비용을 줄이고 이익을 증가시키려고 늘 용량을 줄여오지 않았는가? 그것이 우리가 하는 게임인 것이다.

나는 이 하이킹 모델이 아마도 나를 구해줄지도 모른다고 생각하기 시작했다. 그것은 내게 통계적 변동과 종속사건들의 결합을 분명히 보여주었다. 하지만 그것이 과연 균형잡힌 시스템일까? 시간당 2마일씩 걷는 것이 우리에 대한 수요라고 치자. 그 이상도 그 이하도 아니고. 내가 소년들의 능력을 조절해서 시간당 2마일로만 걷게 할 수 있을까? 만약 그럴 수 있다면 모두를 규정된 속도로 가게 하고 ―소리를 지르거나 채찍질하거나 돈을 주든 어쩌든지 해서― 그러면 모든 것이 완벽하게 균형잡힐 것이다.

문제는 실질적으로 어떻게 내가 15명 모두의 능력을 다 조절할 수 있느냐는 것이다. 아마 모든 사람의 발목을 로프로 묶어서 같은 사이즈의 보폭만을 내디딜 수 있게 할 수 있을 것이다. 하지만 그 방법은 약간 조잡한 것 같다. 아니면 나의 복제판 15개를 만들어서 걷는 능력이 똑같은 알렉스 로고 군단을 만들 수 있을 것이다. 하지만 우리가 복제기술의 획기적인 진전을 보기 전까진 실질적인 방법이 못 된다. 아니면 다른 종류의 모델을 만들 수 있을지 모른다. 좀더 통제가 용이하고 아무런 의문도 없이 무엇이 진행되어가는지를 알 수 있게 하는 것으로 말이다.

내가 이것들을 어떻게 할까 머리를 짜내는 동안, 다른 테이블에 앉아 있던 한 소년이 주사위 두 개를 굴리며 놀고 있었다. 라스베가스나 어디를 가려고 미리 연습을 하나 보다. 비록 그가 주사위 놀이를 잘한다고 해서 무슨 기능장을 받는 건 아니겠지만, 내가 신경쓸 일이 아니었다. 하지만 그 주사위 놀이가 내게 어떤 아이디어를 주었다. 나는 일어나서 그에게 갔다.

"얘, 잠깐 그것들 좀 빌려줄 수 있겠니?"

소년은 약간 주저하다가 그것들을 내게 건네주었다.

나는 다시 자리로 돌아와 주사위를 두어 번 굴렸다. 그렇다. 통계적 변동. 매번 내가 주사위를 던질 때마다 나는 일정한 범위, 구체적으로는 1에서 6까지의 범위 안에서 예측할 수 있는 임의의 수를 얻게 된다. 이제 그 모델을 위해 필요한 다음 것은 일련의 종속사건들이다.

1~2분간 주위를 뒤져서 성냥갑 한 개와 알루미늄 쓰레기 중에서 몇 개의 그릇을 찾았다. 나는 그 그릇들을 테이블에 길게 한 줄로 놓고 성냥을 한쪽 끝에 올려놨다. 완벽하게 균형잡힌 모델이 되었다.

내가 이것들을 준비해놓고 어떻게 이 모델을 작동시킬까를 생각하고 있는 동안 데이브와 그의 친구들이 다가왔다. 그들은 테이블 옆에 서서 내가 주사위를 던지고 성냥을 이리저리 옮기는 것을 보고 있었다.

"뭐 하는 거예요?" 데이브가 물었다.

"응, 게임을 개발해내는 중이다."

"게임요? 정말요?" 데이브 친구가 말했다. "우리도 같이 할 수 있나요, 로고 아저씨?"

왜 안 되겠는가?

"물론 할 수 있지."

갑자기 데이브도 흥미가 생긴 모양이었다.

"저도 할 수 있어요?" 데이브가 물었다.

"그럼 너도 끼어라. 사실 애들을 두어 명 더 모아서 하는 게 낫겠다."

그들이 애들을 더 모으러 간 사이에 나는 세부적 사항들을 생각해 보았다. 내가 준비해놓은 시스템은 성냥들을 가공 처리하기 위해 고안된 것이다. 이것은 성냥들을 그 갑에서 얼마만큼씩 꺼내서 각각의 그릇을 차례대로 지나게 하는 것이다. 주사위는 얼마나 많은 성냥이 한 그릇에서 다른 그릇으로 옮겨질 수 있는지를 결정하는 것이다. 따라서 주사위는 각 자원, 즉 각각의 그릇의 용량을 결정하는 것이다. 그 그릇 세트들은 종속사건들이고 작업장인 것이다. 각각은 정확히 같은 용량을 갖고 있지만, 실제 산출에 있어서는 어느 정도의 변동이 있을 것이다.

그런 변동을 최소화하기 위해서 나는 주사위를 한 개만 이용하기로 결정했다. 그럼으로써 그 변동을 1에서 6까지의 범위 안으로 제한할 수 있다. 결국 첫번째 그릇으로부터 다음 그릇으로 최소 1에서 최대 6까지의 범위 안에선 어떤 양의 성냥도 옮길 수 있는 것이다.

이 시스템의 생산율은 성냥들이 마지막 그릇을 빠져나오는 속도다. 재고들은 어떤 한 시간에 모든 그릇들에 담겨 있는 성냥들인 것이다. 그리고 시장수요는 시스템이 처리할 수 있는 평균 성냥개비

수와 똑같다고 가정하기로 했다. 각 자원들의 생산용량과 시장수요는 완벽히 균형잡혀 있는 것이다. 그것은 내가 완벽하게 균형잡힌 생산 공장 모델을 가지고 있다는 것을 의미한다.

다섯 명의 소년들이 게임을 하기로 했다. 데이브와 앤디, 벤, 척, 그리고 에반이 있었다. 그들은 각각의 그릇 뒤에 한 명씩 앉았다. 나는 종이를 찾아서 연필로 진행사항을 기록하기로 했다. 그리고 나서 그들이 해야 할 일을 일러주었다.

"이 게임의 목표는 너희들이 각자의 그릇에서 왼쪽에 있는 그릇으로 얼마나 많은 성냥들을 옮길 수 있는가 하는 것이다. 자기 차례가 되면 주사위를 던지고, 거기서 나오는 숫자만큼만 성냥을 옮길 수 있는 거야. 알았지?"

그들은 모두 고개를 끄덕였다. "하지만 자기 그릇 안에 있는 성냥 만큼만 옮길 수 있는 것이야. 만약 주사위를 던져 5가 나왔더라도 자기 그릇 안에 성냥이 두 개밖에 없다면, 그 두 개밖에 못 옮기는 거지. 그리고 자기 차례지만 성냥이 하나도 없으면 자연적으로 아무것도 못 옮기게 되는 거지."

그들은 다시 고개를 끄덕였다.

"한 번 돌 때마다 성냥을 얼마나 많이 옮길 수 있다고 생각하니?"

그들에게 물었다.

그들의 얼굴에 당혹함이 떠올랐다.

"글쎄, 만약 너희들이 최대 여섯 개 최소 한 개의 성냥을 각자의 차례 때 옮길 수 있다면 너희들이 옮길 수 있는 평균이 몇 개가 되지?"

"세 개요." 앤디가 말했다.

"아니, 세 개는 아니지. 1과 6 사이의 중간점은 3이 아니거든."

나는 종이 위에다 숫자들을 쓰고 말했다.

"자, 이걸 보렴," 나는 그들에게 종이에 적은 것을 보여줬다.

1 2 3 4 5 6

그리고 3.5가 이 여섯 숫자의 진짜 평균임을 설명해줬다.

"그렇다면 이제 우리가 몇 번을 돌고 나면 각각 평균적으로 몇 개의 성냥을 옮겨놓을 거라고 생각하니?"

"각각의 차례당 세 개 반이요." 앤디가 말했다.

"열 번을 돌고 나면?"

"서른다섯 개요." 척이 말했다.

"스무 번을 돌고 나면?"

"70개요." 이번엔 벤이 대답했다.

"좋아. 과연 그럴 수 있나 한번 해보자꾸나."

그리고 나서 나는 테이블 끝에서 나는 긴 한숨소리를 들었다.

"로고 아저씨, 혹시 그만둬도 될까요?"

"왜 그러니?"

"좀 지겨울 것 같아서요."

"그렇다면 이러자. 이 게임을 좀더 재미있게 하기 위해서 상을 만드는 거야. 모두가 각 차례마다 3.5개의 성냥 쿼터를 가지고 있으니까 말이지, 그것보다 잘한 사람, 그러니까 평균 3.5개 이상인 사람은 오늘밤 설거지를 안 하는 거야. 하지만 자기 순서당 평균이 3.5개보다 작은 사람은 저녁 먹고 다른 사람 것까지 설거지를 해주는 거지."

"좋아요." 에반이 말했다.

"나두요." 데이브가 거들었다.

그들은 이제 다 흥분되어서 주사위 던지는 것을 연습하고 있었다.

그동안 나는 종이에다 줄을 그었다. 내가 계획하는 것은 각각의 평균으로부터의 편차를 기록하는 것이다. 모두 0부터 시작한다. 만약 주사위가 4, 5, 6이 나오면 나는 각각 0.5, 1.5, 2.5의 이득을 기록한다. 만약 주사위가 1, 2, 3이 나오면 그때는 −2.5, −1.5, −0.5의 손해를 기록하는 것이다. 물론 그 편차들은 축적이 돼야 한다. 어떤 사람이 평균보다 2.5가 높았다면 다음번 차례의 시작점은 0이 아니라 2.5가 되는 것이다.

"자, 모두 준비됐니?"

"네."

나는 앤디에게 주사위를 주었다.

2가 나왔다. 그래서 그는 두 개의 성냥을 그의 그릇에서 꺼내 벤의 그릇에 옮겼다. 2가 나왔기 때문에 앤디는 쿼터인 3.5보다 1.5가 밑돈 것이고 나는 그 편차를 차트에 기록했다.

벤이 다음 차례였고 이번엔 4가 나왔다.

"이봐, 앤디!" 그가 말했다. "성냥이 두 개 더 필요하잖아."

"아니야, 아니야." 내가 말했다. "이 게임은 그런 식으로 하는 게 아니야. 너는 네 그릇에 있는 성냥들만 옮길 수 있어."

"하지만 두 개밖에 없는걸요."

"그러면 두 개만 옮길 수 있는 거지."

"칫." 벤이 투덜거렸다.

그리고 벤은 두 개의 성냥을 척에게 넘겨줬다. 나는 −1.5의 편차를 벤의 칸에 기록했다.

척이 다음으로 주사위를 던졌다. 5가 나왔지만 역시 그가 옮길 수 있는 것은 두 개뿐이었다.

"공평하지 않아요." 척이 말했다.

"물론 그렇지. 하지만 이 게임은 성냥을 옮기는 것이야. 만약 앤디와 벤이 둘 다 5를 굴렸다면 네가 다섯 개를 옮길 수 있는 거지만 재들이 그러지 못했잖니. 그래서 네가 다섯 개를 옮길 수 없는 거고."

척은 앤디를 못마땅하게 쳐다봤다.

"다음번엔 좀 큰 숫자를 던져."

"야, 어떻게 내 맘대로 하니?" 앤디가 말했다.

"걱정 마." 벤이 자신있게 말했다. "곧 따라잡을테니까."

척은 그 빈약한 두 개의 성냥을 데이브에게 옮겨놨고 나는 그에게 역시 −1.5의 편차를 기록했다. 우리는 데이브가 주사위를 굴리는 것을 봤고 그는 겨우 1을 기록했다. 그래서 그는 에반에게 성냥 한 개만을 옮길 수 있었다. 에반도 역시 1이 나왔고 그는 그의 그릇 안에 있는 성냥 한 개를 꺼내서 테이블 끝에 놨다. 데이브와 에반에게 나는 −2.5의 편차를 기록했다.

"좋아. 이번엔 좀더 잘해보자구!"

앤디가 주사위를 손에다 쥐고 한참 흔들었다. 모두 빨리 던지라고 소리쳤다. 주사위가 테이블 위에 구르고 모두 그것을 주시했다. 6이었다.

"됐어!"

"잘했어, 앤디."

앤디는 성냥갑에서 여섯 개의 성냥을 꺼내 벤에게 전해줬다. 나는 +2.5를 기록했고 이제 차트상의 그의 점수는 1이 되었다.

벤이 주사위를 던졌고 그도 역시 6을 기록했다. 환호성이 터졌다. 그는 성냥 여섯 개 모두를 척에게 옮겼다. 벤과 앤디에게 모두 같은 점수를 기록했다.

척은 3을 기록했다. 그래서 그는 데이브에게 세 개밖에 건네줄 수 없었고 아직도 그의 그릇 안에 세 개가 남아 있었다. 나는 차트에

– 0.5를 기록했다.

이제 데이브가 주사위를 던졌다. 그도 역시 6을 기록했다. 하지만 그는 네 개밖에 건네줄 게 없었다. 척이 방금 준 세 개와 첫번째 회전에서 받았던 한 개를 합한 것이다.

그래서 그는 에반에게 네 개를 건네줬고 나는 +0.5를 기록했다.

에반은 세 개를 기록했고 결과적으로 테이블 끝에 세 개의 성냥개비가 그 외로운 하나에 더해졌다. 에반은 아직도 한 개의 성냥을 그의 그릇 안에 두고 있었다. 나는 – 0.5를 그에게 기록했다.

두번째 회전이 끝나자 차트는 아래와 같이 나타났다.

우리는 게임을 계속했다. 주사위가 계속 테이블 위로 던져졌고

	앤디	벤	척	데이브	에반
던진횟수	1234567890	1234567890	1234567890	1234567890	1234567890
나온숫자	26	46	43	16	13
옮긴성냥량	26	26	23	14	13
재고		00	03	10	01

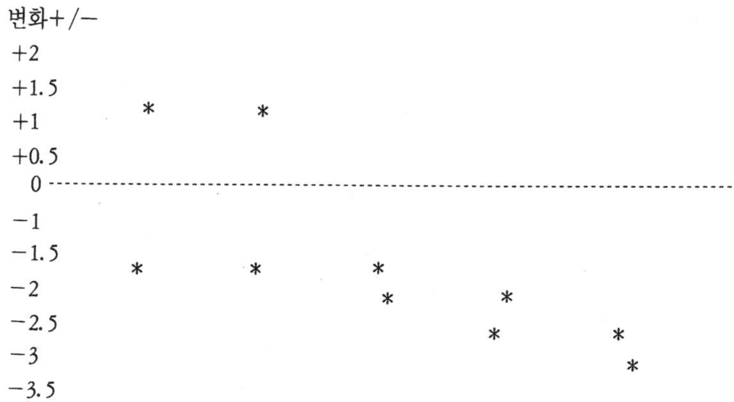

이 손에서 저 손으로 옮겨졌다. 성냥이 박스에서 나와 이 그릇에서 저 그릇으로 옮겨졌다. 앤디는 평균적으로 던지고 있었다. 계속 높거나 낮거나 한 적이 없었다. 그는 할당량을 맞출 수 있었다. 하지만 테이블 반대쪽 끝에서는 다른 상황이 벌어지고 있었다.

"야, 그 성냥들 좀 이쪽으로 오게 해."

"이쪽엔 더 많은 성냥이 필요하다구."

"앤디, 계속 6이 나오게 굴려라."

"앤디가 아니라 척이 문제야. 보라구, 다섯 개나 갖고 있잖아."

네번째 회전이 끝나고 나는 더 많은 마이너스 숫자들을 차트 아래쪽에 더해 넣어야 했다. 앤디나 벤이나 척이 아니라 데이브와 에반의 결과들이었다. 그들에게는 바닥의 끝이 없어 보였다.

다섯번째 회전이 끝나자 차트는 다음 페이지와 같이 나타났다.

"로고 아저씨, 제가 잘하고 있나요?" 에반이 물었다.

"글쎄. 에반, 너 혹시 타이타닉호 얘기를 들어봤니?"

그는 풀이 죽어 보였다.

"아직 던질 기회가 다섯 번이나 더 남아 있으니까 다 끄집어낼 수 있을 거야."

"맞아. 평균의 법칙을 기억하라구." 척이 말했다.

"만약 너희들이 나한테 성냥을 충분히 안 줘서 내가 설거지를 해야 한다면……." 에반은 은근히 협박조의 암시를 했다.

"나는 내가 해야 할 만큼 하고 있다구." 앤디가 말했다.

"그래. 나두. 너희들 거기 밑에서 뭣들 하고 있는 거냐?" 벤이 말했다.

"야, 나는 이제서야 옆으로 보내줄 수 있을 만큼의 성냥을 받았다구." 데이브가 변명하듯이 말했다. "지금까진 거의 없었단 말이야."

사실 앞의 세 개의 그릇에 담겨져 있던 재고 중의 몇 개가 마침내

	앤디	벤	척	데이브	에반
던진횟수	1234567890	1234567890	1234567890	1234567890	1234567890
나온숫자 ----	26425	46152	43225	16351	13641
옮긴성냥량 --	26452	26152	23225	14221	13321
재고		00303	03252	10004	01000

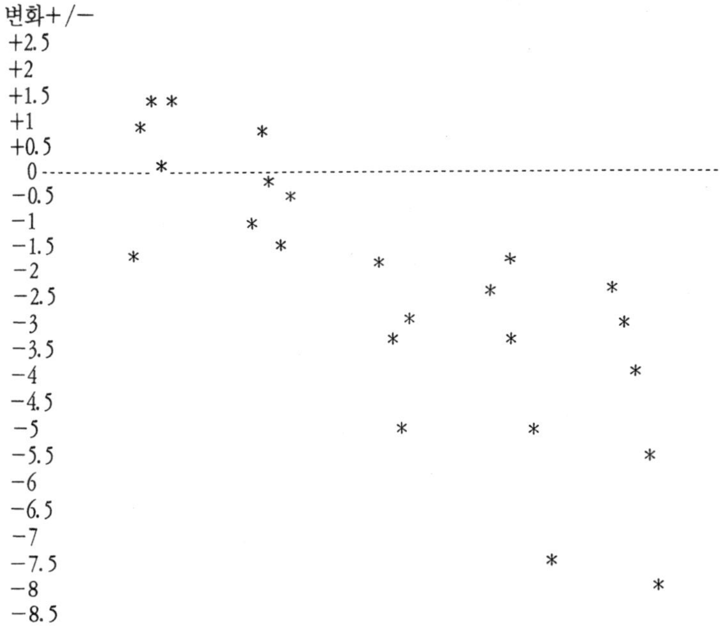

데이브한테 와 있었지만 이제는 그것이 데이브의 그릇에서 자고 있었다. 다섯 번 중에서 두세 번 나왔던 높은 숫자들이 평균이 되어갔다. 이제 옆으로 옮겨줄 수 있는 만큼의 성냥을 갖게 되자 낮은 숫자가 나오는 것이었다.

"야, 데이브, 성냥 좀 더 줘." 에반이 말했다.

데이브는 이번엔 1을 굴렸다.

"맙소사. 데이브, 하나야!"

"앤디, 저녁밥이 뭔지 아니?" 벤이 물었다.

"스파게티일걸." 앤디가 대답했다.

"저런, 설거짓감이 많겠구나."

"그럼, 내가 안 하게 돼서 다행이야." 앤디가 말했다.

"기다려. 데이브가 높은 숫자를 계속 굴려서 상황이 바뀔 수도 있잖아." 에반이 말했다. 하지만 상황은 바뀌지 않았다.

"로고 아저씨, 우리가 어떻게 하고 있죠?" 에반이 물었다.

"글쎄다, 내 생각엔 네 이름이 설거지 당번 명단에 올라갈 것 같구나."

"와! 난 설거지 안 하게 됐다." 앤디가 소리쳤다.

열번째 회전이 끝나자 차트는 다음 페이지와 같이 보였다.

나는 그 차트를 들여다봤다. 도저히 믿을 수가 없었다. 분명히 그것은 균형잡힌 시스템이었다. 하지만 생산율이 떨어지고 재고가 올라가지 않았는가. 그러면 영업비용은? 만약 그 성냥들을 관리하는 비용이 있었다면 영업비용도 역시 늘었을 것이다.

이것이 진짜 공장이었다면 어떻겠는가? 진짜 고객들이 있고? 몇 개나 우리가 출고할 수 있었을까? 처음에 우리는 서른다섯 개를 예상했었다. 하지만 진짜 생산율은 얼마인가? 겨우 스무 개였다. 우리가 필요한 것의 절반 정도다. 그리고 각 자원의 잠재적 최대치에도 전혀 미치지 못하는 것이다. 만약 이것이 진짜 공장이었다면 우리 주문들의 반이나 그 이상이 늦어졌을 것이다. 우리는 언제 배달을 할 수 있는지 구체적 약속도 할 수 없다. 그리고 만약 했다면 우리의 고객신용도는 완전히 바닥까지 떨어졌을 것이다.

모든 게 다 낯익게 들리지 않는가?

"이봐, 여기서 그만두면 안 돼." 에반이 소리쳤다.

	앤디	벤	척	데이브	에반
던진횟수	1234567890	1234567890	1234567890	1234567890	1234567890
나온숫자----	2642536452	4615254633	4322561565	1635122132	1364145342
옮긴성냥량--	2642536452	2615254633	2422561565	1422122132	1332122132
재고		0030313132	0325214510	1000487###	0100000000

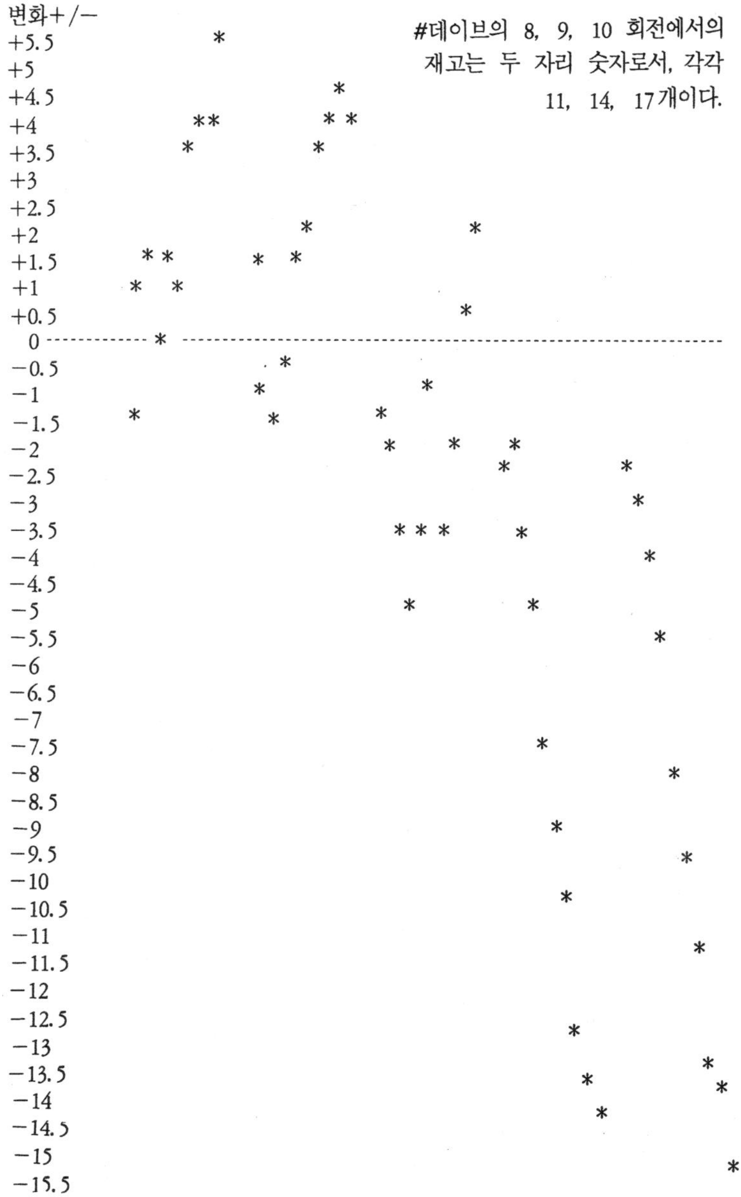

#데이브의 8, 9, 10 회전에서의 재고는 두 자리 숫자로서, 각각 11, 14, 17개이다.

"그래, 계속하자." 데이브도 거들었다.

"좋아, 이번엔 무슨 내기를 할까. 너희 둘이 하자는 대로 할게." 앤디가 말했다.

"누가 저녁을 만들까로 정하자." 벤이 말했다.

"좋아." 데이브가 말했다.

"나도." 에반도 거들었다.

그들은 다시 20회를 더 했다. 데이브와 에반 것을 기록하다가 종이가 모자랐다. 내가 기대했던 것이 무엇이었나? 나의 처음 차트는 +6에서 −6까지의 범위를 잡고 있었다. 나는 꽤 규칙적인 높낮이의 사인 곡선을 기대했었다. 하지만 결과는 그것이 아니었다. 대신에 차트는 마치 그랜드 캐년의 횡단면을 따라가는 것 같아 보였다. 재고들은 시스템을 통해서 물결처럼 흐르는 것이 아니라 도저히 통제할 수 없이 흘러갔다. 데이브의 그릇에 가득 차 있던 성냥이 에반에게 건네지고 결국 테이블 위로 나오지만 그것은 단지 또 다른 축적파에 의해 대치되어버리는 것이다. 그리고 시스템은 계속해서 예정보다 늦어지는 것이다.

"다시 할래?" 앤디가 물었다.

"알았어. 하지만 이번엔 내가 네 자리에 앉을래." 에반이 말했다.

"안 돼." 앤디가 말했다.

가운데 있는 척은 머리를 흔들고 이미 패배를 시인했다. 어쨌든 다시 걸어야 할 시간이었다.

"정말 대단한 게임이군요." 에반이 말했다.

"그래. 정말로 대단한 게임이었다." 나는 중얼거렸다.

15

잠시 동안 나는 내 앞의 줄을 지켜봤다. 아까처럼 다시 간격이 벌어지고 있었다. 만약 이런 단순한 하이킹에서조차 문제를 해결하지 못한다면 하물며 공장에선 어찌하겠는가?

도대체 무엇이 잘못된 걸까? 왜 그 균형잡힌 모델이 제대로 작동되지 않는 것일까? 나는 한 시간 가량 그것들에 대해 생각했다. 두 번이나 대열을 세워서 앞을 따라잡게 해야 했다. 두번째로 대열을 세우고 나서야 나는 무엇이 문제인가를 어느 정도 가려낼 수 있었다.

문제는 비축분이 없다는 것이다. 이 균형잡힌 모델에서는 아래쪽의 소년들은 일단 뒤에 처지면 그 손실을 메꿀 여분의 용량이 없는 것이다. 그리고 그 마이너스 편차가 축적이 되면 그들은 점점 더 깊은 수렁에 빠지는 것이다.

갑자기 아주 오래 전 수학 수업시간의 기억이 떠올랐다. 그것은 상관변수(coveriance)인가 하는 것과 관련된 것이었다. 하나의 변수의 그것과 같은 그룹에 있는 다른 변수들에 대한 영향에 관한 것이었다. 그것을 설명하는 수학원칙은 두 개 이상의 변수들의 선형종속(linear dependency)에서 뒷 변수의 변동은 그 전 변수들의 최고편차 근처에서 위아래로 왔다갔다한다는 것이다. 그 원칙이 이 균형잡힌 모델의 설명에 딱 들어맞는 것이다.

좋다. 하지만 이제 무엇을 어떻게 해야 하나?

이 등산길에서는 우리가 너무 뒤져 있다는 걸 발견하면 소리를 질러서 서두르라고 할 수 있다. 아니면 론한테 속도를 줄이거나 멈추라고 말할 수도 있다. 그러면 간격이 좁혀진다. 공장에서는 어떤 부서들이 뒤처져서 재공품 재고가 쌓이기 시작하면 사람들을 이리저리 옮겨서 배치하거나, 그들에게 연장근무를 시키고 또 매니저들이 재촉해대서 간신히 제품을 문 밖으로 실어내 재고를 줄이는 것이다. 그래. 바로 이거다. 우리는 달려가서 따라잡는 것이다(우리는 늘 달린다. 결코 서는 적이 없다. 다른 옵션인 일부 종업원들을 그저 놀게 내버려두는 것은 금기시되어 있다). 그렇다면 왜 내 공장에서는 따라잡을 수가 없는 것일까? 우리는 항상 뛰는 것처럼 느껴지는데도 말이다. 아마 너무 열심히 뛰어서 숨이 찬 모양이다.

나는 다시 길 위를 올려다보았다. 간격이 아직도 생길 뿐 아니라 전보다 더 커지고 있었다.

그때 뭔가 이상한 것을 발견했다. 나 빼고는 대열 중의 누구도 앞선 사람에 바짝 붙어 있지 않았다. 나만이 내 앞의 허비 뒤에 바싹 붙어 있었다.

허비. 대체 그는 무엇을 하고 있는 건가?

나는 줄을 좀더 잘 보려고 옆으로 몸을 빼봤다. 론은 더이상 줄을 이끌고 있지 않았다. 그는 세번째에 있었다. 그리고 데이브가 그 앞에 있었다. 나는 누가 줄을 이끌고 있는지 몰랐다. 그렇게 멀리까지 볼 수 없었던 것이다. 저런. 저 어린 놈들이 내 허락도 없이 마음대로 순서를 바꾼 것이다.

"허비야, 네가 어떻게 여기까지 와 있니?"

"아, 아저씨." 허비가 뒤를 돌아보며 말했다. "그냥 아저씨와 같이 있는 게 좋겠다고 생각했어요. 그리고 여기 있으면 아무도 나 때문에 빨리 못 가진 않을테니까요."

그는 나를 보고 거꾸로 걸어가며 말했다.

"음, 그래? 참 생각이 깊구나. 조심해라!"

허비는 나무뿌리에 발을 헛디뎌 뒤로 자빠졌다. 그를 일으켜 세우며 물었다.

"괜찮니?"

"네. 하지만 앞으로 걷는 게 더 낫겠죠? 휴. 그런 식으로 걸으면서 얘기하기가 이렇게 어려울 줄이야……."

"괜찮아, 허비." 우리는 다시 걷기 시작했다.

"그저 하이킹을 즐겨라. 나는 생각할 게 많단다."

그것은 거짓말이 아니었다. 왜냐하면 허비가 나에게 뭔가를 생각하게 했기 때문이다. 점심 전처럼 열심히 걷지 않는다면 확실히 그는 대열 중에서 가장 늦은 사람이다. 내가 보기에 그는 좋은 아이 같다. 확실히 매우 양심적이다. 하지만 다른 사람보다 늦은 것이다(누군가는 그래야 하니까, 안 그런가?). 그래서 허비가 그의 소위 '최적'의 속도로—그에게 편안한 속도로—걸을 때 그는 자기 뒤에 있는 누구보다도 더 천천히 걷는 것이다.

그 순간에 허비는 나 말고는 누구의 진로도 제한하고 있지 않았다. 사실 모든 소년들이 (일부러인지 우연인지 모르겠지만) 아무도 걷는 데 제약을 받지 않는 그런 순서로 정렬되어 있다. 줄 위를 보니 아무도 서로를 막고 있지 않았다. 그들이 정한 순서는 가장 빠른 아이를 줄 맨 앞에 세우고 가장 늦은 아이를 맨 뒤에 세우는 것이었다. 사실상 각자 모두가 허비처럼 그들의 최적 속도를 찾아 걷고 있었다. 이것이 만약 공장이라면 마치 노는 시간 없이 끊임없이 일을 하는 것 같을 것이다.

하지만 무슨 일이 일어나는가 보라. 줄이 전보다 더 빨리 더 길어지고 있었다. 소년들 사이의 간격도 더 커지고 있었다. 앞으로 갈수록 간격은 더욱 커지고 더 빨리 벌어졌다.

이런 식으로도 볼 수 있을 것이다. 허비는 자기 속도대로 나아가고 있고 그것이 내 잠재적 속도보다 느린 것이다. 하지만 그 종속 때문에 내 최고속도는 허비의 걷는 속도가 되는 것이다. 내 속도는 곧 생산율이다. 허비의 속도가 내 것을 지배한다. 그러므로 허비가 실질적으로 최고생산율을 결정짓는 것이다.

머리가 마치 붕 뜨는 것처럼 느껴졌다.

사실은 우리 중에 어느 누가 빨리 갈 수 있거나 빨리 가도 별 상관이 없는 것이다. 누가 지금 선두에 서 있건 그가 평균보다 빨리, 이를테면 시간당 3마일을 걷는다고 하자. 그래서 어쨌단 말인가? 그의 속도가 대열 전체를 빨리 움직이고 더 많은 생산율을 얻도록 도와주는가? 천만의 말씀이다. 줄 뒤쪽의 소년들은 그들의 바로 뒤의 소년보다 약간 더 빨리 걷고 있다. 그들이 과연 전체 대열이 빨리 움직이도록 돕고 있을까? 절대로 아니다. 허비는 그의 느린 속도대로 걷고 있다. 그가 바로 대열 전체의 생산율을 지배하는 사람인 것이다.

사실 누구든지 대열에서 가장 천천히 움직이는 자가 바로 생산율을 결정하는 사람이다. 그리고 그 사람이 늘 허비만은 아닐 것이다. 점심 전에 허비는 빨리 걸었다. 그때는 누가 가장 느린지가 분명하지 않았다. 그래서 허비의 역할—생산율의 가장 큰 제한—은 대열 속으로 떠돌고 다녔던 것이다. 즉 특정한 시간에 가장 느리게 걷고 있던 사람에게 갔던 것이다. 하지만 전체적으로 허비가 걷는 용량이 가장 적고 그래서 그의 속도가 궁극적으로 대열의 속도를 결정하는 것이다. 그것은 즉—.

"로고 아저씨, 이것 좀 보세요." 허비가 말했다.

그는 길 옆에 콘크리트로 만들어진 표지판을 가리키고 있었다. 그것은 이정표였다. 진짜 이정표였다. 얼마나 이것들에 대해 언급한 연설을 많이 들었던가? 하지만 내가 지나쳐본 것은 이것이 처음이었다. 그것엔 이렇게 씌어 있었다.

← 5마일 →

흠. 양쪽으로 5마일씩 더 걷는다는 말이 틀림없겠지. 그렇다면 이곳이 이 하이킹의 중간점임에 틀림없고 우리는 5마일을 더 가야 하는 것이다.

몇 시일까?

시계를 봤다. 벌써 2시 30분이었다. 8시 30분에 출발했으니까 점심시간을 빼고도 다섯 시간에 5마일을 왔다는 얘기다.

우리는 시간당 2마일의 속도로 움직이고 있지 않았다. 우리는 시간당 1마일의 속도로 움직이고 있었다. 그러니 다섯 시간을 더 가야 한다는 계산이 나온다.

우리가 거기에 도착할 즈음이면 어두워질 것이다.

그리고 허비는 내 옆에 서서 대열 전체의 생산율을 늦추고 있는 것이다.

"오케이. 가자. 가자!" 나는 그에게 말했다.

"알았어요, 알았어요." 허비는 껑충 뛰면서 말했다.

어떻게 해야 할까?

로고(나는 나 자신에게 속으로 말했다), 너는 패자야! 보이스카웃 대열조차 잘 관리하지 못하다니. 이 숲속에서 가장 느린 뚱보 허비 뒤에 붙어서 말이야. 한 시간 후에는 맨 앞의 소년은—만약 그가 진짜로 시간당 3마일로 움직이고 있다면—2마일 앞에 있을 것이다. 그를 따라잡기 위해선 2마일을 뛰어야 된다는 뜻이다.

만약 이것이 내 공장이라면 피치는 3개월조차도 주지 않을 것이다. 나는 아마 지금쯤 길거리에 나와 있을 것이다. 우리는 다섯 시간에 10마일을 걷도록 돼 있는데 겨우 반밖에 못 온 것이다. 재고가 시야를 가릴 정도가 되고 그것의 관리비가 올라가고 있다. 회사를 망치고 있는 것이다.

하지만 내가 허비에 대해 할 수 있는 건 정말 많지 않다. 그를 줄 다른 곳에 세울 수도 있을 것이다. 하지만 그렇다고 그가 빨리 걷지도 않을 것이다. 그렇다면 그것은 별차이가 없어질 것이다.

아니면 정말로 차이가 날까?

"얘들아," 나는 앞에다 소리쳤다. "맨 앞의 애한테 지금 있는 데서 멈추라고 전해라."

소년들이 내 말을 맨 앞까지 전달해주었다.

"우리가 따라잡을 때까지 모두 자기 자리에 있어라. 자기 자리를 잊어버리면 안 돼!"

15분 후 우리는 좁혀진 형태로 서 있었다. 나는 앤디가 지도자의 역할을 빼앗아간 사람이었다는 것을 발견했다. 나는 그들에게 걸어왔던 데로 바로 그 자리에 그대로 머물도록 상기시켰다.

"자, 이제 모두 손을 잡아라."

그들은 서로를 쳐다보았다.

"빨리 하라는 대로 해봐. 그리고 아무도 움직이지 말아라."

그리고 나서 난 허비의 손을 잡았다. 그리고 마치 체인을 끌고 가는 것처럼 나는 줄 전체를 휙 지나 맨 앞으로 갔다. 손에 손을 잡고 나머지 대원들이 따라왔다. 나는 앤디를 지나 계속 걸었다. 그리고 줄의 두 배 정도의 거리가 나는 곳에서 멈춰 섰다. 내가 한 것은 줄 전체를 한 바퀴 돌아서 소년들이 전과 완전히 반대의 순서로 서게 한 것이다.

"자, 들어봐라. 이 순서가 우리가 거기 도착할 때까지 너희들이 지켜야 할 순서야. 모두 자기 앞의 사람만 쫓아가도록 노력해라. 허비가 대열을 이끌 거야."

허비는 놀라서 내게 물었다. "제가요?"

다른 아이들도 어안이 벙벙해졌다.

"허비가 줄을 이끌게 하겠다는 건가요?" 앤디가 물었다.

"하지만 걔는 가장 느리단 말이에요." 다른 소년이 말했다.

내가 말했다. "이 하이킹의 정신은 누가 거기에 빨리 도착하는가를 보자는 게 아니야. 거기에 같이 도착하자는 것이지. 우리는 그저 개인이 모여 있는 게 아니고 한 팀이란 말이야. 그리고 우리 모두가 캠프에 도착하기 전까지는 우리 팀은 도착한 것이 아닌 셈이 된다."

우리는 다시 출발했다. 그리고 새로 바꾼 대열은 장난이 아니라 정말 잘 나아갔다. 모두가 허비 뒤를 따라갔다. 나는 맨 뒤로 가서 계속 줄을 보면서 행여 간격이 또 생기나 살폈지만 간격은 생기지 않았다. 줄 중간에 누군가 가방끈을 매려고 잠시 쉬는 것이 보였다. 하지만 다시 그가 출발하자 우리는 걸음을 빨리해서 따라잡을 수 있었다.

아무도 숨이 차 있는 것 같지 않았다. 이전과는 확실히 달랐다.

물론 얼마 안 가서 뒤쪽의 빠른 아이들이 불평을 하기 시작했다.

"야, 허비!" 그 중의 한 명이 소리쳤다. "이러다 잠들겠다. 좀 빨리 걸을 수 없냐?"

"허비도 최선을 다하고 있다구." 허비 뒤의 아이가 말했다. "그러면 쉬게 하지 그래?"

"로고 아저씨, 좀더 빠른 사람을 앞에 세우는 게 어때요?" 내 앞의 소년이 물었다.

"얘들아! 너희들이 빨리 가길 원한다면 너희 스스로 빨리 가는 방법을 찾아내야 해."

잠시 잠잠해졌다.

줄 뒤에 있던 소년이 말했다. "여봐, 허비. 너 그 가방 속에 뭐가 들어 있니?"

"상관할 바 아니잖아." 허비가 말했다.

내가 끼어들었다. "그래. 잠깐 멈추자."

허비는 멈춰 서서 뒤를 돌아봤다. 나는 그에게 줄 뒤로 와서 가방을 내려보라고 했다. 그가 가방을 내리자 내가 그것을 받다 거의 떨어뜨릴뻔했다.

"허비. 일 톤 정도는 나가겠다. 도대체 여기에 뭐가 들어 있는 거냐?"

"별것 없어요."

나는 가방을 열고 안의 것을 꺼냈다. 여섯 개들이 콜라 캔이 나왔다. 다음엔 스파게티 캔이 몇 개 나왔다. 그리고 한 박스의 초콜릿 바, 피클 한 병, 그리고 참치 통조림 두 개가 나왔다. 우비, 고무장화와 텐트, 책 한 세트가 들어 있었고 가방 아래에서는 커다란 쇠 후라이팬이 나왔다.

가방 양 옆주머니에는 군용 야전삽이 들어 있었다.

"허비. 어떻게 이런 것들을 다 가져올 생각을 했니?"

그는 얼굴을 붉혔다. "준비를 잘해야 되는 것 아니예요?"

"알았다. 이것들을 나눠서 들고 가자."

"내가 다 들고 갈 수 있어요." 허비가 우겼다.

"봐라, 허비. 지금까지 이것들을 다 들고 온 것만도 아주 잘한 거야. 하지만 우리는 네가 좀더 빨리 움직이도록 해야 한다구. 만약 너의 짐을 좀 덜어준다면 네가 앞에서 좀더 빨리 갈 수 있을 거다."

허비는 결국 이해한 듯했다. 앤디가 그의 후라이팬을 들었고 몇몇이서 내가 끄집어낸 것 중 한두 개씩을 집어들었다. 나는 남은 것 대부분을 내 가방에 넣었다. 내가 여기서 가장 크지 않은가. 허비는 다시 줄 맨 앞으로 갔다.

우리는 다시 걷기 시작했다. 하지만 이번에는 허비가 정말 움직이기 시작했다. 가방의 짐을 대부분 제거하고 나니까 그는 마치 공기처럼 걷는 것 같았다. 이제 우리는 이전보다 두 배 정도 빠르게 나아가고 있었다. 그리고 모두가 붙어서 걷고 있었다. 재고는 떨어지고 생산율은 높아졌다.

악마의 협곡은 석양에 정말 사랑스러워 보였다. 협곡 밑으로는 렘피즈 강이 동그란 돌들과 튀어나온 바위 앞을 소용돌이치고 있었고 새들이 지저귀고 있었다. 멀리에서는 고속으로 달리는 자동차 소리가 들렸다.

"봐요!" 앤디가 봉우리 위에 서서 소리쳤다.

"저쪽에 쇼핑센터가 보여요."

"버거킹이 있니?" 허비가 물었다.

"쳇, 이건 야생지가 아니잖아." 데이브가 투덜거렸다.

"더이상 옛날 같은 야생지는 없단다." 나는 그에게 말했다. "그냥 우리가 가진 것으로 만족하고 캠프나 치자."

5시였다. 허비의 짐을 들어준 후 우리가 약 4마일을 두 시간에 왔다는 것을 의미한다. 역시 허비가 전체 대열을 조절하는 열쇠였던 것이다.

텐트가 세워졌다. 데이브와 에반이 스파게티로 저녁을 준비했다. 내가 세운 규칙 때문에 그들이 식사당번을 하는 거라고 생각하니 조금 미안한 느낌이 들어서 식사 후에 설거지를 도와주었다.

데이브와 나는 그날 밤 한 텐트에서 잤다. 텐트 안에 누우니 피곤이 몰려왔다. 데이브는 얼마 동안 잠잠하다가 입을 열었다.

"아빠. 오늘 아빠가 정말 자랑스러웠어요."

"그래? 어떻게?"

"아빠가 무슨 일이 일어나는지 알아내고 우리를 붙어서 움직이게 한 것, 그리고 허비를 앞에 세운 것, 만약 아빠가 없었다면 우리는 끝도 없이 길에서 시간을 보냈을 거예요. 다른 애들 부모 중엔 어느 것 하나 책임진 사람이 없는데 아빠는 그랬잖아요."

"고맙구나. 사실 나도 오늘 많은 걸 배웠단다."

"그래요?"

"응. 공장을 정상적으로 만드는 데 도움이 될 것들을 말이야."

"정말요? 어떤 것들이죠?"

"듣고 싶니?"

"물론이죠." 데이브는 졸라댔다.

우리는 모든 것에 대해 얘기를 하느라 한참을 깨어 있었다. 데이브는 그 얘기에 열중해서 질문까지 해댔다. 얘기를 끝마칠 무렵엔 다른 텐트에서 나는 코고는 소리와 귀뚜라미 소리만이 들렸다……. 그리고 어떤 멍청이가 고속도로 위에서 급회전을 하는지 타이어 끌리는 소리가 들렸다.

16

데이브와 나는 일요일 오후 4시 30분경에 집에 돌아왔다. 피곤했지만 기분은 매우 좋았다. 집으로 차가 진입하자 데이브가 차고 문을 열려고 뛰어내렸다. 나는 차를 주차시키고 트렁크에서 짐들을 꺼냈다.

"엄마가 어디 가셨죠?"

살펴보니 그녀의 차가 없었다.

"쇼핑이나, 뭐 하러 나갔겠지."

안에 들어가서 데이브가 캠프 짐들을 푸는 동안 나는 침실에 들어가 옷을 갈아입었다. 뜨거운 샤워를 하고 나면 기분이 좀 좋아질 것 같았다. 위대한 자연의 향기를 씻어낸 다음에는 모두 나가서 아버지와 아들의 개선을 축하하는 의미로 저녁을 근사하게 해야겠다고 생각했다.

침실의 옷장은 열려 있었다. 문을 닫으려고 손을 뻗다 나는 줄리의 옷들이 없어진 것을 발견했다. 나는 잠시 그 텅 빈 공간을 쳐다보고 서 있었다. 데이브가 내 뒤로 왔다.

"아빠," 뒤돌아봤다.

"부엌 테이블에 이게 있었어요. 엄마가 남겨놨나봐요."

그는 봉해진 봉투를 내게 건네줬다.

"고맙다, 데이브."

나는 그가 나가길 기다렸다가 봉투를 열었다. 손으로 쓴 짧은 메모가 들어 있었다.

알렉스

항상 당신에겐 내가 마지막에 서 있다는 것을 감당할 수 없어요. 당신이 더 많이 필요한데, 당신은 변하지 않을 거라는 것이 이제 확실해졌어요. 다시 생각해볼 필요가 없는 것 같아요. 미안해요. 당신이 바쁘다는 건 알고 있어요.

당신의 줄리

추신 : 샤론은 어머니댁에 데려다놨어요.

간신히 몸을 움직일 수 있게 되었을 때 나는 메모를 주머니에 넣고 데이브를 찾았다. 그에게, 샤론을 데리러 가야 하니 집을 지키라고 했다. 만약 엄마가 전화하거든 어디서 전화하는지 물어보고 연락처를 받아놓으라고 했다. 데이브는 뭐가 잘못됐는지 알고 싶어했다. 나는 그에게 걱정하지 말라고 하고 나중에 모든 것을 설명해주겠다고 약속했다.

나는 어머니 집으로 날아갔다.

문이 열리고 내가 인사도 하기 전에 어머니는 줄리에 대해 얘기하기 시작했다.

"알렉스. 네 아내가 너무 이상한 일을 하고 간 것 아니? 어저께 점심을 준비하는데 벨 소리가 나더구나. 그래서 문을 열었더니 샤론이 계단 위에 조그만 가방을 들고 서 있지 않겠니. 그리고 네 아낸 바깥에서 차 안에 그대로 있더라. 내가 말을 하려고 내려가니까 그냥 떠나가버렸어."

그때까지도 나는 문에 서 있었다. 샤론이 거실에서 텔레비전을 보고 있다가 달려와서 나를 맞았다.

나는 그애를 들어올려 안아주었다. 어머니는 아직도 말을 하고 있었다.

"도대체 네 아내에게 뭐가 잘못된 거니?"

"나중에 얘기해요. 어머니."

"도대체 이해를 못—."

"나중에요. 네?"

샤론을 봤다. 그애의 얼굴은 굳어 있었고 눈을 동그랗게 뜨고 있었다. 겁을 먹고 있었던 것이다.

"그래. 할머니집에 오니까 좋지?"

그애는 고개만 끄덕이고 아무 말도 안 했다.

"지금 집에 간다면 어떻겠니?"

그애는 바닥만 쳐다보았다.

"집에 가고 싶지 않아?"

나는 그애의 어깨를 껴안았다.

"할머니랑 있는 게 좋니?"

어머니가 웃으면서 그녀에게 물었다.

샤론은 울기 시작했다.

나는 샤론과 그애의 가방을 차에 가져다 싣고 집으로 출발했다. 한두 블럭쯤 지나가다 그애를 보았다. 그애는 계기판의 꼭대기를 충혈된 눈으로 뚫어지게 쳐다보고 앉아 있어서 마치 작은 조각처럼 보였다.

다음번 신호등에서 차를 세우고 그애를 내 옆에 앉혔다.

그애는 잠시 동안 조용하다가 나를 올려다보고 속삭였다.

"엄마가 아직도 나한테 화나 있어요?"

"너한테 화가 나? 엄마는 너 때문에 그런 게 아니야, 샤론."

"아니예요. 나한테 말도 안 하는 걸요."

"아니래도, 샤론. 너의 엄마는 너 때문에 화난 게 아니야. 네가 잘못한 건 하나도 없어."

"그러면 왜 그래요?"

"집에 갈 때까지 기다리려무나. 가서 너하고 오빠한테 다 설명해 줄게."

나는 두 꼬마들에게 동시에 상황을 설명해주는 게 나을 거라고 생각했다. 나는 항상 혼란 속에서도 비교적 침착한 편이다. 나는 그들에게 줄리가 잠시 동안 떠났으며 하루나 이틀 후에 돌아올 거라고 말해주었다. 그녀는 돌아올 것이다, 그녀는 화가 나고 혼란스러운 것이 몇 가지 있어 그것들을 처리하고 있는 중이고, 아직도 너희들을 사랑한단다, 그리고 나도 너희들을 사랑하고, 너희들이 잘못한 것은 하나도 없고 모든 일이 잘될 거라고 말했다. 그들은 줄곧 작은 바위처럼 앉아 내 얘길 들었다. 아마도 내가 그들에게 한 대로 나한테 하고 있는 것 같았다.

우리는 나가서 저녁으로 피자를 먹었다. 나가서 피자를 먹는 것은 신나는 일이지만 오늘밤은 아주 조용했다. 아무도 말을 하지 않았다. 우리는 기계적으로 먹고 자리에서 일어섰다.

돌아왔을 때 나는 아이들에게 숙제를 하도록 시켰다. 그들이 하는지 안 하는지는 모르겠다. 한참을 나 자신과 싸우다 두 곳에 전화를 하기로 했다.

베링턴에는 줄리 친구가 하나도 없다. 내가 아는 한. 그래서 이곳에 전화를 하는 것은 쓸모없는 일일 것이다. 그들은 아무것도 모를 뿐 아니라 괜히 우리에게 문제가 생겼다는 소문만 곧 퍼질 것이다.

대신 나는 우리가 지난번 살던 곳에 사는 줄리의 친구 제인에게 전화를 했다. 줄리는 지난 목요일 밤을 그녀와 보냈다고 했다. 제인네 집에선 아무도 전화를 받지 않았다.

다음엔 줄리의 부모님께 전화를 했다. 그녀의 아버지가 전화를 받았다. 날씨와 애들에 대해 몇 마디 얘기를 하다 보니 그는 아무것도 모르는 것이 확실해졌다. 그녀의 부모는 우리 사이의 문제에 대해 모르고 있다고 결론지었다. 하지만 내가 그저 일상적으로 전화를 끊고 설명 같은 것을 안 하는 방법을 생각해내기 전에 그녀의 아버지가 물었다.

"그래 줄리가 우리하고 통화할 건가?"

"아, 글쎄요. 사실 그 때문에 전화드렸어요."

"그래? 무슨 일이 없길 바라네."

"무슨 일이 일어날 것 같아 염려돼요. 그녀가 어저께, 제가 데이브를 따라 캠핑여행을 간 사이에 떠나버렸어요. 혹시 줄리가 연락을 안 했나 모르겠군요."

줄리의 아버지는 이 소식을 즉각 그녀의 어머니한테 전했다. 그녀의 어머니가 전화를 받았다.

"왜 그애가 떠났나?"

"모르겠어요."

"글쎄, 나는 우리가 키운 딸에 대해 잘 알고 있네. 그리고 그애는 절대 무슨 정당한 이유가 없이 떠날 애가 아닐세."

"그냥 잠시 떠나 있어야겠다는 쪽지만 남기고 떠났어요."

"그애에게 무슨 짓을 했나?" 그녀가 소리쳤다.

"아무 일도 안 했어요." 나는 그녀의 공세에 마치 거짓말쟁이처럼 변명했다.

그리고선 다시 그녀의 아버지가 전화를 바꿔서 경찰에 전화를 했는가를 물어봤다. 그는 줄리가 납치당했을지도 모른다고 했고, 나는 그런 것 같지는 않다고 대답했다. 왜냐하면 내 어머니는 그녀가 차를 몰고 떠나는 것을 지켜봤고, 아무도 그녀의 머리에 총을 겨누고 있지 않았으니까.

마지막으로 나는 말했다.

"만약 그녀가 연락하면 저한테 전화 좀 하라고 그래주세요. 그녀가 너무 걱정돼요."

한 시간 후 나는 정말로 경찰에 전화를 했다. 하지만 예상했던 대로 그들은 뭔가 범죄의 증거가 없으면 나를 도와줄 수 없다고 했다. 나는 가서 애들을 재웠다.

자정이 지나 나는 어두운 침실 천장을 쳐다보고 있다가 안으로 들어오는 차 소리를 들었다. 나는 침대에서 튀어나와 창문으로 뛰어갔다. 내가 창문에 도달했을 때 헤드라이트가 거리를 향해 방향을 돌리고 있었다. 어떤 사람이 우리 집에서 방향을 돌린 것이었다. 차는 멀리 가버렸다.

5

병목도 뒤집으면 병목이 아니다

병목이 나쁜 게 아니다.
아직 병목이 무언지 모르고 있다면 빨리
찾아내야 한다. 병목이 우리를 도울 것이다.
시스템을 통해 시장으로 가는 생산흐름을
통제하는 데 병목을 이용하는 것만큼
확실하고 빠른 길은 없다!

17

월요일 아침은 재앙이었다.

데이브가, 샤론과 나 그리고 자기가 먹을 아침을 만들면서 일은 시작됐다. 그것은 책임감있고 좋은 일이었지만 그는 완전히 망쳐버렸다. 내가 샤워를 하고 있는 동안에 그는 팬케이크를 만들고 있었다. 면도를 하고 있자니 부엌에서 싸우는 소리가 들렸다. 달려가보니 데이브와 샤론이 서로를 밀어제치고 있었다. 부엌바닥에는 후라이팬이 하나 뒹굴고 있었는데, 그 안엔 반죽덩어리가 한쪽은 새까맣고 한쪽은 안 익은 반죽 그대로인 채 있었다.

"얘들아, 도대체 무슨 일이냐?"

"샤론 잘못이에요." 데이브가 자기 여동생을 가리키며 악을 썼다.

"오빠가 태우고 있었잖아." 샤론이 말했다.

"그러지 않았어!"

무엇을 엎질렀는지 연기가 스토브에서 올라오고 있었다. 나는 다가가서 스토브를 껐다.

샤론이 나에게 호소했다. "나는 단지 도와주려고 했는데 오빠가 못하게 했어요." 그리고선 데이브 쪽으로 돌아서서 말했다. "내가 팬케이크 만드는 법을 아는데도 말이야!"

"알았다. 너희 둘 다 도와주려고 한 것이니까 이것들을 청소하는 것도 도와주렴."

모든 것이 웬만큼 정리되자 나는 그들에게 차가운 시리얼을 먹였다. 우리는 또 한 끼를 아무 말도 않고 먹었다.

모든 것이 늦고 끊기고 하더니 결국 샤론은 스쿨버스를 놓쳤다. 나는 데이브를 문 밖에 세워놓고는 딸아이가 학교에 갈 수 있도록 챙겨서 학교로 데려다주려고 들어갔다. 그애는 침대에 누워 있었다.

"로고 양, 언제라도 준비가 되면 떠납시다."

"난 오늘 학교에 갈 수 없어요."

"왜?"

"아파요."

"샤론, 넌 학교에 가야 해."

"하지만 아픈걸요."

나는 침대 모퉁이에 걸터앉았다.

"샤론, 네가 화나 있는 건 알아. 나도 그런걸. 하지만 엄연한 사실들이 있잖니? 아빠가 일하러 가야 하고 너와 같이 집에 있을 수 없고, 그리고 여기 너 혼자 남겨둘 수 없다는 것 말야. 할머니 집에 하루 종일 가 있든지 아니면 학교에 가든지 하렴."

결국 샤론은 일어났고 나는 그애를 힘껏 껴안았다.

잠시 후 그애는 "학교에 가야 할 것 같아요" 하고 말했다.

나는 다시 그애를 꼭 껴안고 말했다. "그럼. 난 네가 올바른 판단을 할 줄 알고 있었어."

두 아이를 학교로 데려다주고 회사에 도착할 쯤엔 9시가 넘어 있었다. 사무실로 들어가니 프렌이 메모 하나를 내게 흔들었다. 받아

읽어보니 힐튼 스미스로부터의 메모였다. '급함' 이라는 글자가 씌어 있고 그 밑에 줄이 두 개나 그어져 있었다.

그에게 전화를 했다.

"저런. 시간을 잘 지키는군." 힐튼이 빈정댔다. "한 시간 전에 연락을 했는데."

나는 눈을 크게 뜨고 말했다. "무슨 문제지, 힐튼?"

"자네 사람들이 내가 필요한 수백 개의 부품들에 앉아 있네."

"이봐, 힐튼, 우리는 어느 것 위에도 앉아 있지 않네."

그는 목소리를 높였다. "그렇다면 그 부품들이 왜 여기 없나? 여기 자네들이 부품을 안 보내주기 때문에 출고할 수 없는 고객 주문이 있단 말이야."

"자세히 말해보게. 내가 사람을 시켜 알아볼테니."

그는 몇 개의 참고번호를 말해줬고 나는 그것을 받아적었다.

"알았네. 곧바로 누군가를 시켜 알아보고 연락하겠네."

"아마 그 이상을 하는 게 좋을걸. 오늘까지 그 부품을 우리가 확실히 받을 수 있도록 하는 게 좋을 걸세. 내 말은 87개나 99개가 아니라 100개 전부를 말이야. 왜냐하면 자네가 늦은 것 때문에 우리 쪽 사람들이 두 번이나 그 부품조립 준비를 할 수는 없으니까."

"이봐. 최선을 다할테지만 약속은 할 수 없어."

"오, 그래? 그럼 이렇게 하지. 만약 우리가 오늘 자네로부터 100개의 부품을 못 받는다면 피치에게 말할 걸세. 그리고 내가 듣기론 자네는 이미 그하고 사이에 문제가 많던데."

"들어봐, 이 친구야. 빌 피치와 나의 관계는 자네가 상관할 바 아니야. 어떻게 그런 식으로 나를 협박할 생각을 했나?"

오랫동안 침묵이 계속되어서 나는 그가 전화를 끊으려고 하는지 알았다.

그러더니 그가 말했다. "아마 자네한테 온 편지를 읽어봐야 할 걸세."

"무슨 말인가?"

나는 그가 웃음짓는 것을 느낄 수 있었다.

"나한테 오늘까지 그 부품만 보내주게." 그는 부드럽게 말했다. "잘 있게."

전화를 끊었다.

"이상하군." 나는 혼자 중얼거렸다.

나는 프렌을 시켜 봅 도노반에게 열시에 참모회의가 있다고 전하하도록 했다. 도노반이 왔고 나는 그에게 스미스 공장에 보낼 일이 무엇 때문에 늦어지는지 알아보도록 했다. 거의 이를 갈면서 나는 어떤 일이 있어도 그 부품들이 오늘 안으로 출고될 수 있도록 하라고 했다. 그가 가고 나서 나는 그 전화를 잊으려 했으나 그럴 수가 없었다. 결국 프렌에게 가서 힐튼 스미스가 언급했던 편지 같은 것이 최근에 와 있는가 물어봤다. 그녀는 잠시 생각하더니 파일 하나를 집어들었다.

"금요일에 이 메모가 오긴 했어요. 스미스 씨가 승진된 것 같던데요."

나는 그녀가 건네주는 메모를 받았다. 그것은 빌 피치가 보낸 것이었고, 스미스가 우리 계열사의 신설된 생산성 매니저로 임명되었다는 발표였다. 그 임명은 이번 주말부터 유효했고 모든 공장장들이 이제 스미스에게 보고를 해야 한다고 되어 있었다. 그는 비용절감에 강조를 두고 제조-생산성 향상에 특별한 관심을 보일 것이라고 덧붙여졌다.

나는 노래를 흥얼거리기 시작했다. "아, 얼마나 아름다운 아침인가……!"

주말에 있었던 나의 산 교육에 대해 참모들이 얼마나 열광하기를 내가 바랐는지는 몰라도 어쨌든 나는 그것을 얻지 못했다. 아마도 나는 내가 해야 할 일이란 단지 회의실로 들어가서 그들에게 나의 발견들을 말하고 그러면 그들이 그 분명한 논리에 바로 매료될 것이라고 생각했을지 모른다. 하지만 그것은 그렇게 쉽게 되지 않았다. 우리—루, 봅, 스테시, 그리고 공장 전산실의 랄프 나카무라—는 회의실에 모여 있었다. 나는 큰 괘도판 받침대 옆에 서 있었다. 괘도판 위의 종이들은 내가 설명하는 동안 그린 작은 그림들로 덮여 있었다. 그 설명들을 하느라 두 시간 가량 투자했지만 거의 점심시간이 다 된 지금도 그들은 아무런 감명도 못 받고 거기 앉아 있었다.

나를 보는 그들의 얼굴을 살폈으나 그들은 내 얘기로부터 도대체 무엇을 끌어내야 하는지 모르겠다는 듯이 보였다. 나는 스테시의 눈에서 희미한 이해의 빛이 보인다고 생각했다. 봅 도노반은 경계선상에 있었다. 뭔가를 직감적으로 감지한 것 같아 보였다. 랄프는 내가 무슨 말을 하는지 진짜로 확신을 못하는 것 같았다. 그리고 루는 찡그리고 있는 나를 쳐다보고 있었다. 한 명은 동정하고 한 명은 아직 결정을 못하고 한 명은 어리둥절하고 또 한 명은 회의적인 것이다.

"좋아. 무엇이 문제인가?"

모두 서로를 쳐다봤다.

"이봐, 마치 내가 2 더하기 2는 4라는 것을 증명했는데 자네들은 나를 못 믿고 있는 것 같구만." 나는 루를 똑바로 쳐다봤다. "무엇이 문제죠?"

루는 뒤로 앉아 고개를 흔들었다. "없어요. 단지 말이죠, 이것을 숲속에서 애들 무리를 관찰하여 알아냈다고 했나요?"

"그래요. 뭐가 잘못됐나요?"

"아무것도요. 하지만 이것들이 진짜로 공장에서도 일어나고 있다는 것을 어떻게 알죠?"

나는 쾌도걸이 위의 종이들을 척척 넘겨서 조나가 말한 두 가지 현상이 씌어진 종이를 찾았다.

"이걸 봐요. 우리의 공정에 통계적 변동이 있나요?" 나는 그 말을 가리키며 물었다.

"네. 있어요."

"그리고 우리 공장에 종속사건들이 있나요?"

"네."

"그러면 내가 말한 것들이 맞는 셈이잖아요?"

"잠깐만요." 봅이 말했다. "로봇에겐 그 통계적 변동이 없어요. 그것들은 언제나 같은 페이스로 일하고 있거든요. 그게 우리가 그 빌어먹을 것들을 산 이유 중의 하나잖아요. 일관성 말이에요. 그리고 나는 당신이 그 조나라는 사람을 찾아간 주요 이유는 그 로봇들을 어떻게 쓸까를 알아보려고 한 것이라고 생각해요."

"로봇이 일을 하고 있는 동안엔 그 변동이 거의 없다고 봐도 괜찮아. 하지만 우리는 그 로봇 공정만을 얘기하는 게 아닐세. 다른 공정들은 다 그 두 개의 현상들을 가지고 있단 말일세. 그리고 기억하나? 목표는 로봇을 생산적으로 만드는 게 아니잖아. 전체 시스템을 생산적으로 만드는 거지. 아닌가요, 루?"

"글쎄요. 봅 말도 일리가 있어요. 우리는 여기에 많은 자동장비들을 가지고 있어요. 그리고 공정시간들도 꽤 일관적이구요." 루가 말했다.

스테시가 그를 보고 말했다. "하지만 그가 말하는 것은—."

그때 회의실 문이 열렸다. 독촉계원 중의 한 사람인 프레드가 방 안으로 머리를 들이밀고 봅 도노반을 보았다.

"잠깐만 볼 수 있을까요?" 그가 봅에게 물었다. "힐튼 스미스 씨 일에 관한 얘긴데요."

봅이 일어나서 나가려 했지만 나는 프레드에게 들어오라고 했다. 좋건 말건 나는 이 힐튼 스미스 때문에 생긴 위기가 어떻게 돼가는지 관심을 가져야 한다. 프레드는 그 일이 완료되고 출고되려면 두 개의 부서를 더 거쳐가야 한다고 설명했다.

"오늘 안으로 해낼 수 있나?" 그에게 물었다. "곧 문을 닫을 시간인데 노력해보겠어요." 프레드가 말했다. "셔틀트럭이 5시에 떠나거든요."

그 셔틀트럭은 개인 트럭서비스 회사의 것인데 이 계열사의 모든 공장은 부품을 받고 보낼 때 그것을 사용하는 것이다.

"5시가 우리가 스미스 씨 공장으로 가는 데 이용할 수 있는 마지막 출발시간이거든요. 만약 그 트럭을 놓치면 내일 오후까지는 셔틀트럭이 없어요."

"무슨 일을 더 해야 하지?"

"피터 시넬의 부서가 조립을 좀 해야 해요. 그리고 조각들을 용접해야 되구요. 로봇 하나는 그 용접을 하도록 준비할 거예요."

"오, 그래. 로봇!" 나는 말했다.

"계획에 따르면 피터의 사람들이 매 시간마다 우리에게 25개 제품에 필요한 부품들을 공급해주도록 되어 있어요. 그리고 로봇은 시간당 그 25개의 제품을 용접할 수 있다는 걸 알아요."

봅이 부품들을 로봇에게로 옮기는 것에 대해 물어봤다. 정상적인 상황에서는 피터의 사람들이 끝마친 부품들은 하루에 한 번씩 로봇으로 옮겨진다. 아니면 그 전체 일괄 작업량이 끝난 후에거나.

하지만 우리는 그렇게 오래 기다릴 수 없다. 로봇은 가능한 한 빨리 일하기 시작해야 하는 것이다.

"부품을 취급하는 사람들이 한 시간마다 피터의 부서에 들러 그 부품들을 운반하도록 하겠습니다." 프레드가 말했다.

"좋네. 그래, 얼마나 빨리 피터가 일을 시작할 수 있지?" 봅이 물었다.

"피터는 정오에 일을 시작할 수 있대요. 그러니까 다섯 시간이 있는 셈이죠."

"피터의 사람들이 네시에 일을 끝내는 것으로 알고 있나?" 봅이 물었다.

"네. 제가 곧 문을 닫는다 그랬잖아요. 하지만 우리가 할 수 있는 것은 노력하는 것뿐이에요. 그것이 당신이 원하는 것 아닌가요?"

이 말이 내게 어떤 아이디어를 주었다. 나는 참모들에게 말했다.

"자네들은 내가 오늘 아침 말한 것에서 무엇을 배워야 할지 정말 모르는군. 하지만 내가 만약 자네들에게 얘기한 것이 맞다면 저기 공장에서 일어나고 있는 일들의 결과를 볼 수 있을 걸세. 내 말이 틀리나?"

모두 고개를 끄덕였다.

"그리고 만약 조나의 말이 맞는다는 것을 안다면 공장을 예전과 똑같이 운영한다는 것은 아주 바보짓이 되겠지. 안 그런가? 그래서 내가 자네들에게 스스로 무슨 일이 일어나고 있는가를 보여주려 하네. 자네는 피터가 오늘 정오에 이 일을 시작한다고 그랬지?"

"네," 프레드가 말했다. "그 부서의 모든 사람들은 지금 점심을 먹고 있어요. 11시 30분에 나갔죠. 그들이 12시에 일을 시작하고 로봇은 한시까지 준비될 거예요. 그 부품을 취급하는 사람이 첫번째 운반을 시작할 시간에 말이죠."

나는 종이를 꺼내 간단한 스케줄을 짜기 시작했다.

"우리는 다섯시까지 100개를 생산해야 하네. 그보다 적어서는 안 돼. 힐튼은 부분 선적은 받지 않겠다고 했네. 그래서 만약 우리가 그 일 전체를 다 끝낼 수 없다면 하나도 출고하지 않을 걸세. 이제 피터 부서의 사람들이 시간당 25개씩을 생산하도록 되어 있네. 하지만 그것이 매 시간이 끝날 때마다 25개씩을 가지고 있다는 것을 의미하지는 않아. 어떤 땐 몇 개 적게, 어떤 땐 몇 개 많이 갖고 있을 걸세."

주위를 살펴보니 모두 이해하고 있는 것 같았다.

"그래서 우리는 통계적 변동을 가지고 있는 걸세. 하지만 우리는 정오부터 네시까지 피터의 부서가 100개를 평균적으로 생산하기를 계획하고 있네. 반면에 로봇은 좀더 정확한 생산을 하도록 되어 있지. 그것은 더도 덜도 아닌 시간당 25개에 대한 작업을 하도록 되어 있지. 우리는 또 종속사건들을 가지고 있네. 왜냐하면 부품취급자가 그 부품들을 피터의 부서에서 가져오기 전까지는 로봇이 용접을 시작할 수 없으니까 말일세. 로봇은 한시까진 일을 할 수 없어. 하지만 우린 트럭이 떠날 다섯시까진 마지막 제품을 다 실을 수 있기를 바라는 거지. 그래서 도표로 표시한다면, 이것이 일어날 일들일세……."

나는 그들에게 완성된 스케줄을 보여주었다.

"자, 난 피터가 그의 부서에서 시간마다 실제로 완결된 부품이 정확히 몇 개인가 기록하기 바라네. 그리고 프레드는 같은 종류의 기록을 로봇에 대해서 해주게. 기억할 것은 거짓말하지 말라는 거야. 우리는 진짜 숫자들이 필요하네. 알겠나?"

"물론요. 걱정 마세요." 프레드가 대답했다.

"그런데 자네는 우리가 오늘 진짜로 100개를 실어낼 수 있다고 생각하나?"

"피터한테 달린 것 같아요." 봅이 말했다. "만약 그가 할 수 있다

수요=100개 할당량=시간당 25개

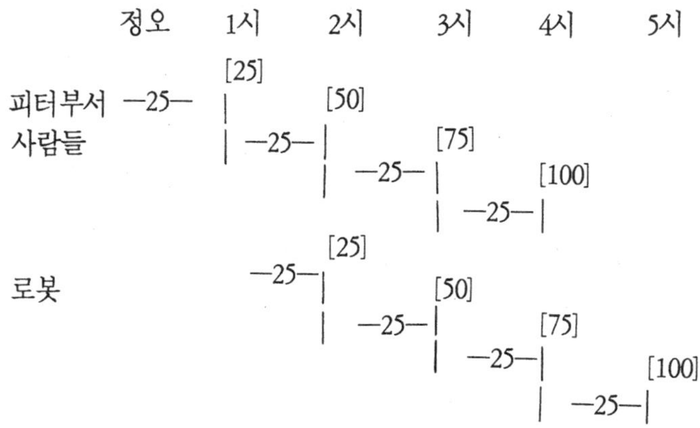

고 말한다면 못할 이유가 없죠."

"내가 한 가지 말하지," 나는 봅에게 말했다. "나는 오늘 안으로 출고 못한다는 데에 10달러를 걸겠네."

"진담이세요?" 봅이 물었다.

"물론이지."

"좋아요, 해요. 10달러."

모두가 점심을 먹고 있는 동안 나는 힐튼 스미스에게 전화를 했다. 그도 역시 점심식사중이어서 나는 메모를 남겼다. 그의 비서에게 그 제품들이 내일까진 틀림없이 그의 공장에 도착할 것이고, 그것이 우리가 할 수 있는 최선이라고 말했다. 힐튼이 오늘밤 트럭을 빌리는 것에 대해 돈을 대신 내주지 않는 한 말이다(그의 비용절감에 대한 관심을 생각해볼 때 그가 그런 추가비용을 지불하지 않을 것은 확실했다).

전화를 걸고 나서 나는 뒤로 앉아 나의 결혼에 대해, 그리고 무엇을 해야 될지에 대해 생각했다. 분명히 줄리에게는 소식이 없다. 나는 그녀가 떠난 것에 대해 화가 나 미칠 지경이었다. 한편으로는 너무 걱정도 되었다. 하지만 내가 무엇을 할 수 있겠는가? 그녀를 찾으러 거리를 누빌 수도 없다. 그녀는 어딘가에 있을 것이고 나는 그저 인내심을 가지고 기다리고 있어야 하는 것이다. 결국은 그녀에게 연락이 올 것이다. 아니면 그녀 변호사든지. 그동안에 내가 돌봐야 할 두 아이가 있다. 글쎄, 실제로는 세 명이라고 하는 것이 맞을 것이다.

프렌이 다른 메모용지를 가지고 내 사무실에 들어섰다. "점심을 먹고 돌아오는데 다른 비서가 이걸 줬어요. 당신이 전화하는 동안 데이브 로고라는 사람에게서 전화가 왔었대요. 아들인가요?"

"맞아요. 무슨 일이지?"

"그는 학교가 끝나고 집에 들어갈 수 있을까 걱정하고 있다는군요. 부인이 안 계신가 보죠?"

"응. 며칠 다른 데 가 있어요." 그리고 나는 그녀에게 물었다. "프렌, 당신도 애들이 둘이나 있지? 어떻게 일과 애들을 돌보는 것을 동시에 해나가지?"

그녀는 웃었다. "글쎄요. 쉽진 않아요. 반면에 당신처럼 오랫동안 일하진 않잖아요. 내가 당신이라면 그녀가 돌아올 때까지 사람을 두겠어요."

그녀가 나가고 나서 나는 다시 전화기를 들었다.

"여보세요. 어머니세요? 알렉스예요."

"줄리한테 소식이 왔니?" 그녀가 물었다.

"아뇨. 아직요. 그런데 어머니, 줄리가 돌아올 때까지 애들과 같이 있어주실 수 없을까요?"

두시에 나는 애들이 학교에서 돌아오기 전에 어머니를 집으로 모셔갔다. 그녀의 집에 도착했을 때 그녀는 두 개의 가방과 부엌에 있던 것들의 반 정도는 담은 것 같은 네 개의 종이박스를 갖고 문밖에 서 있었다.

"어머니! 집에도 냄비와 후라이팬이 있어요."

"내 것과 같진 않잖니?"

결국 우리는 그것을 트렁크에 실었다. 나는 그녀와 냄비, 후라이팬을 집에다 들여놨다. 어머니는 아이들이 학교에서 오길 기다리고 나는 다시 공장으로 달려왔다.

네시경 첫번째 근무조가 끝날 때 나는 도노반의 사무실로 내려가 스미스 건이 어떻게 되고 있는지 물어보았다. 그는 나를 기다리고 있었다.

"안녕하세요?" 봅은 내가 문을 열고 들어가니 인사를 했다. "들러주시다니 자상도 하시군요."

"뭐가 그렇게 좋은가?"

"나한테 빚진 사람이 들러줄 때마다 전 늘 행복하거든요."

"오. 그런가? 어떻게 누군가 자네에게 빚졌다고 생각하게 되었지?"

봅은 팔을 뻗쳐서 손가락을 흔들었다. "이봐요. 설마 우리가 한 얘기를 잊어버린 건 아니겠죠? 10달러. 기억나요? 방금 피터한테 말했는데 그의 사람들이 진짜로 100개를 끝마칠 수 있을 거랍니다. 그러니까 아마 로봇도 스미스 공장으로 보낼 것을 끝마치는 데 문제가 없을 거예요."

"좋네."

"그럼 패배를 시인한 건가요?"

"아니지. 그것들이 다섯시에 트럭에 실리기 전까진 아니네."

"마음대로 하세요."

"진짜로 거기서 무슨 일이 벌어지는지 보러 가세."

우리는 복도를 지나 피터의 사무실로 갔다. 거기에 도착하기 전에 우리는 로봇을 지나쳤는데, 용접 불꽃이 그 둘레를 환하게 하고 있었다. 저쪽에서 두 명이 오고 있었다. 그들은 용접 지역을 지나다 멈춰 서서 로봇을 잠시 쳐다보았다.

"우리가 로봇을 이겼다. 이겼다구!" 그들이 소리쳤다.

"피터부서 사람들이 틀림없어요." 봅이 말했다.

우리는 그들을 지나치면서 미소를 지었다. 물론 그들은 진짜로 어느 것도 이기진 않았지만, 무슨 상관인가. 그들은 행복해 보였다. 봅과 나는 계속해서 피터의 사무실로 갔다. 기계들 사이에 있는 쇠로 만든 작은 통나무 같은 사무실이다.

"안녕하세요?" 우리가 걸어 들어가자 피터가 말했다. "오늘 그 급한 일이라는 것을 다했어요."

"좋네, 피터. 하지만 자네가 쓰도록 되어 있던 그 기록도 가지고 있나?"

"그럼요. 어디다 놨더라?"

그는 책상 위의 종이들을 뒤지기 시작했다. 그러면서 말했다.

"오늘 오후 우리 사람들을 보셨어야 했어요. 정말 열심히 했다구요. 내가 돌아다니면서 그들에게 이게 얼마나 중요한 작업인가를 말해줬고, 그들은 그들의 모든 것을 쏟아넣었다구요. 교대시간에는 대개 작업이 느슨해지는 것 아시죠? 하지만 오늘은 그때에도 열심히 했다구요. 그들이 오늘 나가면서 얼마나 자랑스러워했다구요."

"그래. 우리도 봤네." 봅이 말했다.

그는 우리 앞 책상 위에다 그 기록들을 펼쳐 보였다.

"여기 있어요."

수요=100개　할당량=시간당 25개

정오　1시　2시　3시　4시　5시

19 [−6]

피터부서 사람들　—19—|　—21—|　40[−10]　—28—|　68[−7]　—32—|　100 [0]

생산량=100개

"그래. 처음 한 시간 동안은 19개밖에 못했구만." 내가 말했다.

"네. 조직적으로 하는데 시간이 좀 걸렸어요. 그리고 한 명이 점심식사에서 늦게 왔거든요." 피터가 말했다. "하지만 한시에 부품 취급하는 사람이 로봇이 한시부터 일을 시작할 수 있도록 19개를 가져가도록 했어요."

"한시에서 두시까진 할당량보다 아직도 네 개를 못 만들었군." 봅이 말했다.

"네. 하지만 그래서요?" 피터가 말했다. "두시에서 세시를 보세요. 우리는 할당량보다 세 개를 더 만들었어요. 그리고 아직 우리가 목표량보다 적은 것을 봤을 때 돌아다니면서 사람들에게 오늘 교대를 할 때까지 100개를 만들어내는 게 얼마나 중요한지 말해주었죠."

"그래서 모두가 더 빨리 움직였구." 내가 말했다.

"맞아요," 피터가 말했다. "그래서 우리는 초반의 부진을 만회할 수 있었죠."

"음, 마지막 한 시간에 32개라." 봅이 감탄하듯 말했다. "자, 알렉스, 뭐라고 할말 있어요?"

"로봇에게 무슨 일이 일어나고 있는지 보러 가세." 내가 말했다.

5시 5분에 로봇은 아직도 부품들을 용접하고 있었다. 봅은 천천히 걷고 있었다. 프레드가 걸어 올라왔다.

"트럭이 기다린다던가?" 봅이 물었다.

"운전사에게 물어봤더니 그럴 수 없대요. 다른 곳에도 들러야 하는데 우리를 기다리면 오늘밤 내내 늦어진다는 거죠." 프레드가 말했다.

봅은 기계쪽으로 몸을 돌렸다. "이 바보 같은 로봇이 뭐가 잘못된 거야? 필요한 부품을 다 갖고 있잖아?"

나는 그의 어깨를 두드렸다.

"여기 이것을 보게."

나는 그에게 프레드가 기계의 작업결과를 기록한 종이를 보여줬다. 주머니로부터 피터의 기록표도 꺼내서 밑을 접었다. 그리고 그 두 종이를 같이 놓았다.

나는 그에게 말했다. "보게. 처음 한 시간 동안 피터의 사람들이 19개를 만들었지. 로봇은 25개를 처리할 수 있지만 피터가 그보다 적게 갖다준 거지. 그래서 19개가 그 시간에 로봇의 진정한 용량이 되는 거지."

"두 시간째도 같아요," 프레드가 말했다. "피터가 21개를 배달했으니 로봇도 21개밖에 못한 거요."

"매 시간 피터의 작업장이 늦어질 때마다 그것이 로봇에게서 옮겨진 것이지. 하지만 피터가 28개를 배달했는데도 로봇은 25개밖에 못하는 거지. 그것은 네시에 마지막으로 32개가 배달되었을 때 로봇은 아직도 그 전번에 온 것 중에 남은 세 개를 작업중이었음을 의미하는 거지. 그래서 로봇은 마지막으로 배달된 부품에 대해 바로 작업에 들어갈 수 없었던 거야."

수요=100개 할당량=시간당 25개

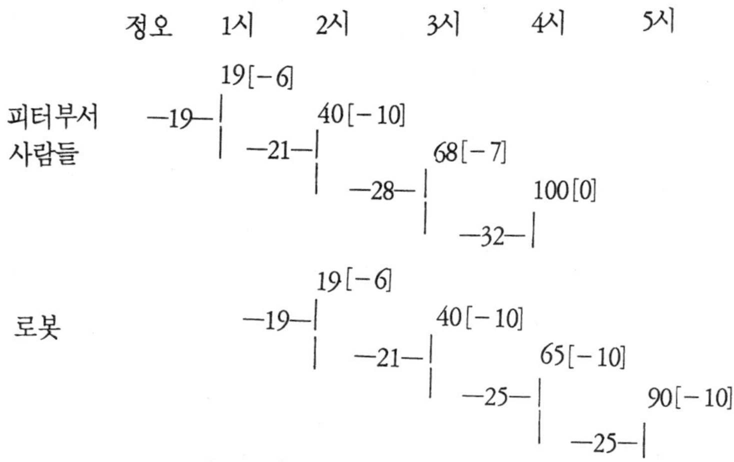

생산량=90개

"이제 알겠군요." 봅이 말했다.

프레드가 말했다. "피터가 가장 많이 뒤처져 있었던 때는 열 개나 모자랐어요. 우습게도 지금 모자란 숫자와 똑같아요."

"그것이 바로 내가 설명하려던 수학원칙의 영향이지. 한 공정의 최대편차가 다른 공정의 시작점이 되는 거지."

봅이 그의 지갑으로 손을 뻗쳤다.

"당신한테 10달러를 빚졌죠?" 그는 내게 말했다.

"이렇게 하지," 내가 말했다. "나한테 돈을 주는 대신 그 돈을 피터한테 주지 그래. 그래서 피터가 그 돈으로 그의 부서 사람들에게 커피나 다른 것을 한잔 돌릴 수 있게 말일세. 오늘 오후에 덤으로 노력한 것에 감사하는 작은 표시로 말일세."

"좋아요. 좋은 생각이에요." 봅이 말했다. "오늘 그걸 실어내지 못해 미안해요. 그것 때문에 문제가 생기지 않았으면 좋겠어요."

"지금 걱정해봤자지. 오늘 얻은 것은 우리가 뭔가를 배웠다는 거야. 하지만 한 가지 말해주겠네. 우리는 여기서 우리의 동기를 자세히 살펴봐야 하네."

"무슨 말이죠?"

"모르겠나? 피터가 100개의 부품을 만들었느냐 못 만들었냐는 문제가 아니야. 왜냐하면 우리는 아직도 그것들을 못 실어내고 있으니까. 하지만 피터와 그의 사람들은 그들이 영웅이나 된 것처럼 생각하고 있네. 우리도 대부분 같은 생각을 했을 거구. 하지만 그것은 옳지 않네."

18

그날 저녁 집에 돌아오니 두 꼬마가 나를 문 밖에서부터 맞았다. 어머니는 뒷마당에 있었다. 부엌에선 모락모락 김이 나는 것이 저녁인 것 같았다. 그녀가 모든 걸 잘 통제하고 있다는 생각이 들었다. 샤론이 환한 얼굴로 내게 다가와 말했다.

"알아맞춰 보세요."

"음. 모르겠는데."

"엄마가 전화했어요."

"정말이냐?"

어머니를 힐끗 쳐다봤다. 그녀는 머리를 끄덕였다.

"데이브가 전화를 받았다. 나는 통화를 못했고."

나는 다시 샤론을 내려다봤다. "그래, 엄마가 뭐라 하던?"

"엄마가 오빠와 나를 사랑한다고 했어요. 그리고 잠시 떨어져 있을 거라고 했어요."

데이브가 덧붙였다. "하지만 엄마 걱정은 하지 말래요."

"언제 돌아온다고 하지는 않던?"

"제가 물어봤는데요, 지금은 말할 수 없대요." 데이브는 그 말을 하고 나서 마룻바닥을 쳐다봤다.

"데이브. 엄마가 전화를 하면 전화번호를 물어보라고 했을텐데."

그는 우물거렸다. "물어봤어요. 하지만 엄마가 알려주려 하지 않았어요."

"아."

"미안해요, 아빠."

"괜찮다. 물어본 것만도 고맙다."

"자, 모두 앉아서 저녁을 먹자." 어머니가 즐겁게 말했다.

이번엔 조용한 식탁이 아니었다. 어머니는 떠들면서 우리의 기분을 돋구어주려고 최선을 다했다. 그녀는 공황 때의 얘길 해주고 우리가 먹을 음식이 있다는 것이 얼마나 축복이냐고 말했다.

화요일 아침은 평상시와 비슷했다. 어머니와 나는 힘을 합쳐서 애들을 학교에 보냈고 나는 직장에 제시간에 갈 수 있었다. 8시 30분까지 봅, 스테시, 루, 그리고 랄프가 내 방에 모두 모였다. 그리고 우리는 어저께 있었던 일들에 대해 얘기했다. 오늘은 그들이 훨씬 더 관심이 있음을 발견했다. 아마도 그들의 마당에서 그 아이디어의 증거를 보게 되어서 그런가보다.

"종속과 변동의 결합은 우리가 매일 부딪히는 것들이네." 나는 그들에게 말했다. "그것이 왜 우리가 그동안 납기일이 지난 출고가 많았는가를 설명해준다고 생각하네."

루와 랄프는 우리가 어제 만들었던 두 차트를 검토하고 있었다.

"만약 두번째 공정이 로봇에 의해 행해지지만 않았다면 어땠을까요? 만약 사람들이 하는 것이었다면요." 루가 말했다.

"다른 통계적 변동을 갖게 되어서 더 복잡해졌을 거예요." 내가 대답했다. "여기선 공정이 두 개뿐이었다는 사실을 잊지 말아야 해요. 만약 그 종속이 열이나 열다섯 개의 공정을 통해서 일어난다면 무슨 일이 벌어질까 상상해봐요. 각각의 공정엔 자체의 변동이 또 있고 말이에요. 그리고 어떤 제품들은 수백 개의 부품을 가지고 있다는 것을 생각해봐요."

스테시는 이해가 안 가는 것 같았다.

"그러면 어떻게 우리가 거기서 벌어지는 일들을 통제할 수 있죠?"

"굉장히 중요한 질문이야. 우리가 과연 어떻게 이 공장에 있는 5만여 개 아니, 5,000만 개일 수도 있는 변수들을 통제할 수 있을까?"

"그것들 모두를 추적할 수 있는 새 메인 프레임 컴퓨터를 사는 수밖에 없어요." 랄프가 대답했다.

"새 컴퓨터만으론 우리를 구제할 수 없네. 전산실 하나만으론 통제를 더 잘할 수가 없지."

"리드타임을 길게 잡으면 어때요?" 봅이 물었다.

"오, 정말로 리드타임이 길면 우리가 힐튼 스미스 공장에 보낼 주문을 제때에 보낼 수 있었다고 생각하나?" 나는 그에게 물었다. "봅, 우리가 그 주문에 대해 얼마 전부터 알고 있었나?"

봅은 몸을 앞뒤로 흔들어댔다. "제가 말하려는 건 단지 우리가 진흙탕에 빠져서 그 늦어진 것들을 메꾸는 데 힘이 들었다는 거죠."

스테시가 말했다. “리드타임이 길어지면 재고가 늘어요, 봅. 그리고 그것은 목표가 아니잖아요.”

“나도 알아요.” 봅이 말했다. “당신과 싸우자는 게 아니예요. 내가 그 리드타임에 대해 언급한 이유는 단지 우리가 이 모든 것에 대해 무엇을 해야 될지 알고 싶기 때문이에요.”

모두가 나를 쳐다보았다.

“이만큼이 나한테는 확실하네. 우리는 생산능력에 대한 우리의 생각을 바꿔야 하네. 우리는 자원들의 용량을 따로따로 떼내서 측정할 수 없어. 그것들의 진정한 생산능력은 그것들이 공장 어디에 있는가에 달려 있네. 그리고 비용들을 최소화하기 위해 용량을 수요와 맞추는 것이 지금까지 우리를 진짜로 망쳐온 거야. 다시는 그것을 하려고 해선 안 돼.”

“하지만 다른 사람 모두도 하는 것이잖아요.” 봅이 말했다.

“맞아. 모두가 다 하지. 아니면 하려고 하거나. 하지만 이제 우리가 볼 수 있듯이 그것은 정말 어리석은 짓일세.”

“그러면 어떻게 다른 제조업체들은 살아남은 거죠?” 루가 물었다.

나는 그에게 그 점은 나도 궁금해 하고 있다고 말했다. 내가 의심하는 것은 공장이, 기술자와 매니저 들이 노력해서 잘못된 일들을 하는 덕에 균형잡힌 상태로 갈수록 위기가 생기고 그러면 공장은 재빨리 사람들을 다시 불러들임으로써 비균형상태로 된다는 것이며, 살고자 하는 동기가 잘못된 믿음을 압도한다는 얘기를 했다.

“좋아요. 그러면 우리가 어떻게 해야 되는 거죠?” 봅이 물었다.

“계열사의 승인 없이는 고용을 할 수도 없고, 더군다나 연장근무를 금하는 정책까지 있잖아요?”

“아마도 조나에게 다시 전화해야 할 시간인 것 같아요.” 스테시가 말했다.

"당신 말이 옳은 것 같아."

30분이나 걸려서야 프렌은 오늘 조나가 지구상 어디에 있는지 알아낼 수 있었다. 그리고 다시 한 시간이 지나서야 조나는 우리에게 전화를 했다. 그가 전화에 연결되자마자 나는 참모들을 다시 모이게 하고 내 방에 들어와 그의 얘기를 스피커 폰으로 같이 듣게 했다. 그들이 들어오는 동안 나는 조나에게 지난번의 하이킹에 대해 얘기하고, 내가 거기서 그가 내게 말했던 것들의 의미와 그 두 현상이 우리 공장에 미치는 영향에 대해 알게 됐다고 말했다.

"이제 우리가 아는 것은 우리가 각각의 사소한 구석들을 보고 그것들을 수정하려고 노력해선 안 되겠다는 것이죠. 우리는 전체 시스템을 극대화하도록 노력해야 하는 거죠. 어떤 자원들은 다른 것보다 더 큰 용량을 가져야 하는 것이구요. 그리고 줄의 맨 끝은 시작보다 더 큰 용량을 가져야 되구요. 어떤 때는 훨씬 더 커야 되죠. 맞나요?"

"자네 돈 벌겠구만." 조나가 말했다.

"고마워요. 우리가 이제 좀 알아듣는다니 기쁘군요. 제가 전화한 이유는 이제 어떻게 해야 되는지를 알아야겠기 때문이에요."

"자네가 다음에 해야 할 일은 말일세, 자네 공장에서 두 종류의 자원들을 구분해내는 걸세. 하나는 병목자원이라고 부르는 것이고 다른 하나는 간단히 말하면 비병목자원이라는 것일세."

나는 모두에게 메모를 시작하라고 속삭였다.

"병목은 그것의 용량이 그것에 요구되는 수요와 같거나 혹은 그보다 작은 자원을 말하는 걸세. 그리고 비병목자원은 그것의 용량이 수요보다 큰 자원을 말하는 것이고. 알겠나?"

"네."

"일단 자네가 이 두 종류의 자원을 가려내고 나면 그것들에 아주 많은 것이 함축되어 있음을 알기 시작할 걸세."

"하지만 조나, 어디서 시장수요가 오는 거죠?" 스테시가 물어봤다. "수요와 용량 간에는 어떤 관계가 있어야 하잖아요."

"맞소. 하지만 벌써 당신들이 알듯이 용량을 수요와 일치시켜서는 안 돼요. 대신 당신들이 할 필요가 있는 것은 이 공장 전체를 통한 생산흐름을 시장수요와 균형맞추는 거요. 이것은 사실 병목들과 비병목 사이의 관계와, 어떻게 당신들 공장을 경영해야 하는가를 나타내는 9개 법칙 중의 첫번째요. 다시 반복해주겠소. 수요와 흐름을 균형맞춰요. 용량이 아니라."

스테시는 아직도 이해가 안 되는 것 같았다. "아직 이해가 안 가요. 어떻게 그 병목들과 비병목들이 가시화되죠?"

조나가 말했다. "당신한테 묻겠소. 그 두 종류의 자원들 중 어느 것이 공장의 실질적 용량을 결정하는 것 같소?"

"병목이어야겠죠."

내가 말했다. "맞아요, 그것은 지난 주말 하이킹에서의 그 꼬마와 같죠. 허비 말이에요. 그는 용량이 제일 작았고 실질적으로 그 대열이 전체적으로 얼마나 빨리 움직이는가를 결정했어요."

"그렇다면 어디서 공장의 균형을 맞춰야 되겠나?"

"아, 알겠어요." 스테시가 말했다. "그러니까 병목점을 통한 흐름을 시장수요와 같게 하라는 얘기군요."

"근본적으로는 맞소. 실제로는 그 흐름은 수요보다 약간 작아야 되지."

"어째서요?" 루가 물었다.

"만약 당신들이 그것을 수요와 같게 맞춘다면 시장수요가 줄었을 땐 돈을 잃게 되지. 하지만 좋은 지적이오. 근본적으로 말한다면 병목의 흐름은 수요와 같아야 되는 거요."

봅 도노반은 그 대화에 끼어들려고 갖가지 소리를 내고 있었다.

"실례합니다. 저는 병목들은 나쁘다고 생각해요." 봅이 말했다. "그것들은 가능하다면 다 제거돼야 하지 않을까요?"

"아니오. 병목들이 꼭 나쁘지는 않소. 좋지도 않지만." 조나가 말했다. "그들은 단지 있는 거지. 내가 제안하는 것은 그것들이 존재할 때 당신들은 시스템을 통해 시장으로 가는 흐름을 통제하는 데 그것들을 반드시 이용해야 한다는 것이오."

하이킹 동안에 내가 어떻게 허비를 이용해서 대열을 통제했는가를 기억하니까 그의 말이 이해가 되었다.

"나는 이제 가봐야겠소." 조나가 말했다. "지금 논문 발표중인데 10분 휴식 동안에 이렇게 전화를 하고 있는 거요."

나는 깜짝 놀라 말했다. "조나, 가기 전에——!"

"뭔가?"

"이제 우리가 할 일이 뭐죠?"

"글쎄, 무엇보다도 자네 공장에 병목들이 있나?"

"모르죠."

"그렇다면 그게 자네가 다음에 할 일이네. 그걸 찾아내야 하네. 왜냐하면 그것이 자네가 자네의 자원을 관리하는 데 어마어마한 차이점을 만들테니까."

"어떻게 병목들을 찾아내죠?" 스테시가 물었다.

"간단하지만 설명을 하려면 시간이 좀 걸리지. 당신들이 알아보도록 하시오. 생각을 먼저 한다면 아주 쉬울테니까."

"알았어요. 하지만……."

"자, 이젠 정말 잘 있게. 자네가 병목을 찾거든 전화하게."

스피커 폰에서 삐 하는 소리가 나고 이어서 잡음이 났다.

"자…… 이제 뭐죠?" 루가 물었다.

"우리의 자원들 모두를 살펴봐야 할 것 같아요. 그리고 그것들을 시장수요와 비교하는 거죠. 만약 수요가 용량보다 큰 것을 발견한다면 그것이 곧 병목일 거예요."

"만약에 병목을 찾는다면요?" 스테시가 말했다.

"아마 최선의 일은 내가 보이스카웃 하이킹에서 한 것이 될걸." 나는 말했다. "용량을 조절해서 병목이 생산라인의 맨 앞에 오게 하는 거요."

"제 질문은요," 루가 말했다. "만약 우리의 자원 중에서 용량이 가장 작은 것이 사실은 시장수요보다도 큰 것이라면 어쩌겠냐 하는 거예요."

"그렇다면 우리가 목이 없는 병을 가진 거나 마찬가지겠죠."

"하지만 여전히 한계는 있을 거예요." 스테시가 말했다. "병은 벽이 있잖아요. 하지만 그것들은 시장수요보다 크겠죠?"

"만약 그 경우라면?" 루가 말했다.

"모르겠어요," 그에게 말했다. "하지만 내 생각으로는 제일 먼저 해야 할 일은 우리 공장에 병목이 있는가를 알아보는 것 같아요."

"그럼 빨리 허비를 찾으러 가야겠네요," 랄프가 말했다. "만약 저기에 있다면요."

"맞아. 빨리, 말만 하다가 죽기 전에." 봅이 말했다.

며칠 후 나는 회의실에 다시 들어갔고 거기에는 종이들이 여기저기 널려 있었다. 주 테이블은 컴퓨터 종이들과 바인더로 뒤덮여 있었고 구석에는 터미널이 설치돼 있었다. 옆에선 프린터가 계속 더 많은 종이를 뽑아내고 있었다. 쓰레기통들은 꽉 차 있었다. 재떨이들도 마찬가지였다. 하얀색 커피필터, 빈 설탕봉지와 크림그릇, 냅킨, 초콜릿바와 크래커 봉지, 그런 것들이 여기저기 널려 있었다.

그곳은 허비를 찾기 위한 우리의 작전본부로 변해버린 것이다. 아직 그를 찾지 못했고 모두가 지쳐가고 있었다.

테이블 맨 끝엔 랄프 나카무라가 앉아 있었다. 그와 그의 전산실 사람들과 그들이 관리하는 시스템은 이 작업에서 가장 필수적이다.

랄프는 내가 들어갔을 때 별로 좋아 보이지 않았다. 그는 가는 손가락으로 검은 머리를 문지르고 있었다.

"이렇게 해선 안 될 것 같아요." 그는 스테시와 봅에게 말했다.

"아. 아주 잘 맞춰 오셨군요!" 랄프는 나를 보더니 말했다. "우리가 방금 무엇을 했는지 아세요?"

"허비를 찾았나?"

"아뇨. 우리는 있지도 않는 기계들에 대한 수요를 계산하느라 두 시간 반을 소모했어요."

"왜 그런가?"

랄프는 침을 튀기며 말하기 시작했는데 봅이 그를 막았다.

"기다려. 잠깐만 내가 설명하겠네." 봅이 말했다. "무슨 일인가 하면요, 그들이 어떤 공정 과정을 검사하게 됐는데 몇 개의 구식 밀링기계가 그 과정의 일부로 적혀 있더라는 거예요. 우리는 그 기계들을 더이상 사용하지 않는데도요."

"사용 안 한다뿐이 아니라 우리가 그것을 1년 전에 팔아치웠다는 것을 방금 발견했어요." 랄프가 말했다.

"저기 그 부서에 있는 사람들은 다 그 기계들이 더이상 없다는 걸 알고 있었어요. 그래서 전혀 문제가 안 되어온 거구요." 봅이 말했다.

그래서 그랬던 것이다. 우리는 공장 안의 모든 자원들, 모든 기구들의 수요를 계산하는 중이었다. 조나는 병목을 그것에 대한 시장수요와 같거나 작은 용량을 가진 자원이라고 말했다. 우리가 그것을 가지고 있는지 알기 위해선 먼저 이 공장에서 나오는 생산품들의 총시장수요를 알아야 한다고 결론지었다. 그리고 두번째로는 각 자원들이 그 수요를 충족시키기 위해서 얼마나 많은 시간을 기여하는가를 발견해야 한다. 만약 그 자원들의 생산에 가능한 시간들(기계의 정비시간, 사람들의 점심 · 휴식시간 들을 빼고)이 요구되는 시간보다 작거나 같으면 허비를 발견한 것이 되는 것이다.

총시간수요를 알아내기 위해서는 우리가 갖고 있는 자료들을 끌어내기만 하면 된다(현재 있는 주문잔고들, 그리고 새 생산품과 예비부품에 대한 예상들). 그것은 전체 공장의 완벽한 생산믹스다. 우리가 회사 안의 다른 공장이나 계열사에 '파는' 것을 포함해서 말이다.

그것을 마치고 이제 우리는 각 작업장들이 기여해야 하는 시간들을 계산하는 중이었다. 우리는 작업장을 같은 자원군으로 규정지었다. 같은 기술의 열 명의 용접공들은 한 작업장이다. 네 개의 동일 기계들도 하나의 작업장이다. 그 기계들을 작동시키는 네 명의 기계공들도 다른 하나의 작업장이다. 필요한 작업장 시간을 그것의 자원수대로 나누면 자원당 상대적 수고가 나온다. 그것을 비교의 기준으로 쓸 수 있는 것이다.

이를테면 어제 우리는, 사출기계는 그들이 처리해야 하는 모든 사출성형 부품을 위해 대략 260시간이 요구된다는 것을 발견했다. 그들 기계의 가용시간은 각 기계마다 1개월에 약 280시간이다. 그렇다면 이것은 우리가 아직 그 기계들에선 여유용량을 가지고 있다는 것을 의미한다.

하지만 더 파고들어가 보면 우리는 우리가 갖고 있는 자료들의 정확도가 완벽하지 않다는 것을 발견하게 된다. 공정과 일치하지 않는 재료 청구서나 현재 작동시간이 없는 공정, 아니면 우리가 방금 발견한 것 같은 문제들이 나오고 있다.

"문제는요, 우리가 하도 일 때문에 협박을 받다보니까 그런 것들을 계속 새로 기록하는 걸 등한시해왔던 거예요." 스테시가 말했다.

"기술이 바뀌고 사람들도 여기저기 옮겨지고 그런 것들이 매일마다 일어나는데 그것들을 다 파악하기란 정말 힘든 일이죠." 봅이 말했다.

랄프가 머리를 흔들었다. "다시 기록을 확인하고 이 공장에 관련된 모든 자료들을 최근 것으로 바꾸려면 몇 개월이 걸려요!"

"아니면 몇 년이 될지도 모르지." 봅이 중얼거렸다.

나는 자리에 앉아 잠시 눈을 감았다. 눈을 떠보니 모두 나를 쳐다보고 있었다.

"분명히 그럴 시간은 없어. 피치가 호각을 불기 전에 뭔가 일어나게 하는 데 이제 겨우 10주밖에 안 남아 있단 말일세. 우리가 제대로 하고 있는 건 알겠는데 아직도 여기에 너무 모든 걸 걸고 있다고. 이제 우리가 이용하는 자료들이 완벽하지는 않다는 것을 받아들여야 하네."

랄프가 말했다. "오래된 전산실 금언을 하나 알려드리죠 : 쓰레기가 들어오면 쓰레기가 나간다."

"잠깐만. 아마 우리가 너무 방법론에 매달린 것이 아닐까? 데이타베이스를 찾는 게 해답을 발견하는 유일한 길만은 아닐세. 병목 아니면 병목 후보들이라도 가려낼 수 있는 다른 방법이 없을까? 꼬마들의 하이킹 모델을 생각하면 누가 그 대열에서 가장 느린가는 쉽게 분명해졌는데, 허비가 이 공장 어디 있는지 혹시 육감 같은 것이라도 가진 사람 없나?"

"하지만 그것이 여기에 진짜 있는지조차도 모르잖아요." 스테시가 말했다.

봅은 엉덩이에 손을 얹고 있었다. 뭔가를 말하려는 듯 입을 반쯤 열고 있었다. 마침내 그는 말했다.

"제기랄. 나는 이 공장에 20년 이상 있었어요. 그렇게 오래 있고 나니 어디서 문제들이 발생하는지 대개 알고 있죠. 내 생각엔 내가 용량이 모자랄지도 모르는 것들의 리스트를 뽑아낼 수 있을 것 같아요. 그러면 최소한 우리의 초점을 좁힐 수는 있잖아요. 시간도 절약되고."

스테시가 그에게 몸을 돌렸다. "봅, 방금 당신이 나한테 한 가지 아이디어를 줬어요. 독촉계원들에게 물어보는 거예요. 그들은 아마 언제나 어떤 부품들이 모자라고 또 그것 때문에 어떤 부서에 가봐야 하는지 얘기해줄 수 있을 거예요."

"그게 무슨 도움이 되지요?" 랄프가 물었다.

"가장 자주 부족한 부품들이 아마도 그 병목을 통과하는 부품들일 거 아니예요? 그리고 독촉계원들이 찾아가는 부서가 아마 우리의 허비를 찾아낼 수 있는 곳이구요."

나는 의자에서 일어섰다. "맞아요. 좋은 생각이오. 덧붙여서 내가 방금 생각한 것을 말해주겠네. 그 대열에서 우리는 소년들 사이의 간격으로 어떤 꼬마가 가장 느린가 알아낼 수 있었지. 그 꼬마가 느릴수록 그와 그 앞 꼬마와의 간격이 커지지. 비유를 한다면 그 간격이 재고지."

봅, 랄프, 그리고 스테시는 나를 뚫어지게 쳐다봤다.

"모르겠나?" 나는 그들에게 물었다. "우리가 만약 허비를 가지고 있다면 그 앞에는 아마도 재고품이 산처럼 쌓여서 기다리고 있을 걸세."

"하지만 우리 공장에는 모든 곳에 그런 재고품 더미들이 널려 있잖아요." 봅이 말했다.

"그렇다면 가장 큰 것을 찾아야지."

"맞아요. 그게 가장 확실한 방법인 것 같아요." 스테시가 말했다. 이번에는 랄프에게 물었다. "랄프, 자네 생각은 어떤가?"

"글쎄요. 한번 시도해볼 가치는 있는 것 같아요. 일단 세 개나 네 개의 작업장으로 범위를 좁힌다면 우리가 방금 말한 것들을 과거의 자료들과 비교해보는 데 얼마 안 걸릴 거예요."

봅은 랄프를 보고 장난기 어린 목소리로 말했다. "글쎄, 우리 모두 자네가 얼마나 잘하는지 보지 않았나?"

하지만 랄프는 그것을 농담으로 받아들이지 않았다. 그는 당황한 것처럼 보였다.

"이봐요, 나는 수중에 있는 자료만 갖고 일할 수밖에 없어요. 내게 더이상 뭘 바라는 거예요?"

"알았네. 중요한 것은 이제 우리가 새로운 방법을 찾았다는 것이네." 내가 말했다. "그 틀린 자료 탓을 하느라고 시간을 낭비하지 말자구. 자, 모두 일하러 가세."

우리는 새로운 아이디어로 에너지를 충당하고 각자의 작업장으로 갔다. 그 조사는 신속히 진행되었다. 사실 너무 빨리 진행되어서 마치 우리가 벽을 향해 곧장 뛰어가는 것처럼 느끼게 만들었다.

"이거다! 허비다!" 봅이 소리쳤다.

우리는 NCX-10 앞에 서 있었다.

"어떻게 이것이 병목이라고 확신하나?" 내가 물었다.

"몇 가지 증거가 있어요." 그는 근처에 쌓여 있는 재공품 더미들을 가리키면서 말했다. 한 시간 전에 읽은, 랄프와 스테시가 같이 준비한 보고서에 따르면 그것은 몇 주일 분의 작업량이었다.

"독촉계원들과도 말해봤어요." 봅이 말했다. "그들은 항상 이 기계로부터 나오는 부품들을 기다리고 있대요. 관리관들도 같은 말들을 했어요. 그리고 이 구역을 책임 맡은 사람은 모든 사람들로부터 듣는 온갖 잔소리 때문에 아예 귀마개까지 준비했다는 거예요."

"하지만 이것은 이 공장에서 가장 효율적인 장비일텐데." 내가 말했다.

"맞아요. 우리가 가진 것 가운데서 이 특정 부품을 만드는 데 가장 비용이 적게 들고 효율성이 높은 기계죠."

"그러면 왜 이것이 병목이 되었지?"

"이것이 우리가 가진 것 중에서 유일한 기종이거든요."

"알아. 그 점은 알고 있네." 나는 말을 끝내고 그가 설명할 때까지 쳐다보고 있었다.

"보세요, 이 기계는 2년밖에 안 됐어요. 이것을 설치하기 전까지는 다른 기계를 쓰고 있었죠. 하지만 이 기계는 세 개의 다른 기계들이 해야 하던 일들을 혼자 다할 수 있거든요."

그는 내게, 이전에는 그 부품들을 처리하는 데 어떻게 세 개의 다른 종류의 기계들을 이용했는지 설명했다. 한 예로 부품당 처리 시간은 첫번째 기계에서는 2분 정도였고 두번째 기계에서는 8분 그리고 세번째 기계에서는 4분이었다. 그래서 부품당 총 14분이 소요됐던 것이다. 하지만 새 NCX-10 기계는 그 세 개의 공정 모두를 부품당 10분 안에 해낼 수 있다는 것이다.

"우리가 부품당 4분씩을 아끼고 있다는 얘긴가? 그것은 곧, 우리가 이전보다 시간당 더 많은 부품을 생산한다는 의미 아닌가? 그렇다면 어째서 이 기계 앞에 저렇게 많은 재고들이 쌓여 있는 거지?"

"옛날엔 기계가 더 많았거든요. 첫번째 기계는 두 개, 두번째 기계는 다섯 개, 그리고 세번째 기계는 세 개가 있었죠."

나는 그제야 이해를 하고 고개를 끄덕거렸다. "그래서 비록 부품당 시간은 더 걸렸어도 더 많은 부품을 만들어낼 수 있었구만. 그렇다면 왜 NCX-10을 더 사지 않나?"

"기계마다 그걸 작동하는 기술자가 따로 필요하기 때문이에요." 봅이 말했다. "물론 NCX-10을 준비하는 데는 두 명만 필요해요. 그러니까 내가 말했던 것처럼 이것이 그 부품을 생산하는 데 가장 비용이 적게 먹히는 거죠."

나는 기계 주위를 천천히 돌았다.

"이 기계를 작동시키는 데 3교대를 하나?"

"글쎄요. 이제 다시 그러기 시작했어요. 3교대조에서 그만둔 토니 대신 사람을 찾는 데 시간이 좀 걸렸거든요."

"아, 그……." 제기랄. 피치가 그날 그를 나가게 만들지 않았던가. "봅, 이 기계를 돌릴 수 있는 새 사람을 훈련시키는 데 얼마나 걸리나?"

"한 6개월요."

나는 머리를 흔들었다.

"그게 큰 문제예요, 알렉스. 우리가 2년여 동안 어떤 사람을 훈련시켜놓으면 그들은 돈을 조금이라도 더 받으려고 다른 데로 가거든요." 봅이 한숨을 쉬며 말했다. "그리고 지금 우리 월급으로는 아무도 여기 안 올 거예요."

"그렇다면 이 기계를 다루는 사람들에겐 월급을 더 주지 그러나?"

"조합 때문에요," 봅이 말했다. "다른 사람들의 불만이 많아질 거고, 그러면 조합에서 모든 기계공의 월급을 올려달라고 요구할 거예요."

나는 마지막으로 그 기계를 쳐다봤다.

"됐네. 충분하네."

하지만 그렇지가 않았다. 우리들은 공장 다른 쪽으로 걷고 있었고 봅은 내게 두번째 허비를 소개했다.

"자, 허비II를 만나보세요. 열처리기죠."

그 기계는 우리가 생각하는 산업계 허비와 흡사해 보였다. 더럽고 뜨겁고 못생겼다. 둔하다. 하지만 필수적인 기계다.

열처리기는 기본적으로 두 개의 용광로다. 두 개의 견고해 보이는 쇠상자들, 그 안에는 세라믹 벽돌들이 쌓여 있었고 가스버너가 내부 온도를 화씨 1500도까지 올린다.

일부 부품들은 일단 기계처리되고 나면, 냉각되었건 아니면 보통 온도에 있었건 일정시간 더 열처리되기 전에는 더이상 작업할 수 없는 것들이 있다. 그것들은 처리되는 동안 딱딱하고 부서지기 쉽게 돼 있기 때문에 우리는 기계 작업을 더 하기 위해 쇠를 부드럽게 할 필요가 있는 것이다.

그래서 용광로 조작자는 부품을 적게는 12개나 그 이하에서 많게는 몇 백 개까지 넣고 불을 발사해서 오랜 시간— 6시간에서 16시간까지 — 을 달구는 것이다. 그후 그 부품들은 냉각온도를 거쳐 용광로 밖으로 나오는 것이다. 이 전체 과정에서 우리는 많은 시간을 허비한다.

"여기의 문제는 뭐지? 더 큰 용광로가 필요한가?"

"이 용광로들은 반쯤밖에 안 차서 돌거든요."

"어째서?"

"독촉계원들이 문제예요." 봅이 대답했다. "그들은 늘 여기 와서 5개나 12개 정도의 부품을 빨리 처리해주길 요구하거든요. 출고를 해야 하는 어떤 제품 조립에 필요한 양만큼이죠. 그래서 우리가 그 몇 개를 열처리를 하는 동안 50여 개가 밖에서 기다리고 있는 거죠. 내 말은 이 공정은 마치 이발소 같다는 거예요. 번호를 받아서 줄을 서서 기다리는 거죠."

"그래서 자네는 한 번에 저것의 만당량을 처리하지 않는 거구만."

"네. 가끔은 그러지만요. 하지만 가끔 숫자상 만당량을 처리한다 해도 그 용광로들을 채우기에는 충분하지 않아요."

"왜? 일괄작업량이 너무 작은가?"

"아니면 크기가 너무 크거나요. 첫번째 돌릴 때 맞지 않는 것들을 처리하느라 두 번을 돌려야 되죠. 결코 제대로 된 적이 없는 것 같아요." 봅이 푸념하듯 말했다. "아세요? 한 2년 전 그 문제들 때문에 제3의 용광로를 사자는 제안이 있었어요."

"그래서 어떻게 됐지?"

"계열사에서 그 제안을 반대했죠. 아니, 무시했어요. 그들은 낮은 효율성을 이유로 자금을 인가하지 않았어요. 우리가 가지고 있는 용량이나 다 쓰라고 하더군요. 그리고 어떻게 에너지를 절약해야 한다든지 아니면 다른 용광로가 생기면 연료가 두 배나 많이 들 거라는 등 말이 많았어요."

"알았네. 하지만 그 용광로들을 매번 채운다면 수요를 맞출 충분한 용량을 갖게 되지 않는가?"

봅은 웃었다.

"모르겠어요. 그렇게 해본 적이 없거든요."

얼마 전에 나는 내가 아이들과 하이킹에서 했던 것을 공장에서도 시도해봐야겠다는 생각을 했었다. 최선의 방법은 모든 것을 재조직하여 가장 적은 용량의 자원을 공정의 첫번째에 놓는 거라고 생각했다. 다른 자원들은 종속을 통해 전해져온 통계적 변동을 보충하기 위해 그들의 용량을 서서히 늘릴 것이다.

봅과 같이 사무실로 돌아온 직후 나는 참모들과 다시 만났다. 나는 허비를 앞에 세워서 공장을 완벽하게 불균형되게 만들려는 내 광대한 계획이 날아가지 않게 숨쉴 틈도 없이 회의를 진행했다.

"생산의 관점에서 볼 때 그렇게 할 수 없어요." 스테시가 말했다.

"하나의 허비도—두 개는 말할 것도 없고—생산의 전면에 옮겨놓을 수가 없어요." 봅이 말했다. "공정의 순서는 그대로 남아 있어야 해요. 그것에 대해선 어쩔 도리가 없어요."

"알았어. 그 점은 이미 알고 있네."

"우리는 당신이 말한 그 일련의 종속사건들에 얽매여 있는 거예요." 루가 말했다.

그들의 얘기를 들으며 나는 어마어마한 힘이 타이어 튜브 아래로 막 가해지려 할 때 느끼는 그런 익숙한 느낌을 받았다. 마치 타이어가 펑크나는 것을 구경하는 느낌이었다.

나는 말했다. "좋아. 만약 자네들이 공정 순서에서 그것들의 자리를 바꿀 수가 없다면 그것들의 용량을 늘릴 수는 있을 걸세. 그것들을 비병목으로 만드는 걸세."

스테시가 물었다. "하지만 공정의 시작부터 끝까지 각 자원의 용량은 어떻게 하죠?"

"재조직해야지. 생산의 시작에 있는 자원의 용량은 줄이고 각 단계마다 늘리는 거요." 나의 제안이었다.

"알렉스. 우리는 사람들을 옮기는 것에 대해 얘기하는 게 아니예요. 어떻게 장비를 더하지 않고 용량을 늘릴 수 있죠?" 봅이 물었다. "그리고 우리가 장비에 대해 얘기하고 있는 거라면 큰돈이 필요해요. 열처리에 쓰이는 용광로를 하나 더 산다거나 N/C기계를 하나 더 산다거나 둘 다 엄청난 돈이 드는 거라구요."

"중요한 건 말이죠," 루가 말했다. "우리가 돈이 없다는 거예요. 만약 우리가 피치에게 가서 돈도 못 벌고 있는 이 공장을 위해 여분의 기계를 살 돈을 달라고 한다면—그것도 회사 역사상 최악의 해에 말이에요—그들은 우리가 미쳤다고 생각할걸요?"

19

그날 저녁 다 함께 식사를 하는데 어머니가 내게 말했다.

"완두콩도 좀 먹으렴. 알렉스."

"어머니. 전 이제 어른이에요. 콩을 먹든지 안 먹든지는 제 마음이에요."

그녀는 내 말에 마음이 상한 것 같았다.

"미안해요. 오늘 기분이 안 좋아서 그래요."

"무슨 일이에요, 아빠?" 데이브가 물었다.

"글쎄, 좀 복잡하단다. 밥이나 먹자꾸나. 아빠는 조금 있다가 공항에 가봐야 하거든."

"멀리 가세요?" 샤론이 물었다.

"아니. 누굴 데리러 가는 거야."

"엄마예요?" 샤론이 다시 물었다.

"아니, 엄마는 아니란다. 나도 그랬으면 좋겠지만."

"알렉스, 애들한테 무엇 때문에 고민하는지 말해주렴." 어머니가 말했다. "그 일이 애들한테도 영향을 끼치고 있으니까."

나는 아이들을 쳐다보았다. 어머니가 옳다고 느껴졌다.

"우리는 말이다, 아마도 우리가 풀 수 없을 것 같은 문제들이 공장에 있다는 걸 발견했단다."

"네가 전화했던 사람은 뭐니?" 어머니가 물었다. "그에게 얘기하면 안 되니?"

"조나 선생님요? 바로 그 사람이 내가 지금 공항에서 데려오려는 사람이에요. 하지만 조나가 우리를 정말 도울 수 있을지도 확신하지 못하겠어요."

내 말을 듣고 데이브는 제법 놀란 것 같았다. 그는 말했다. "그러니까 우리가 하이킹에서 배웠던 모든 것들, 이를테면 허비가 대열 전체의 속도를 정하도록 한 것 같은 것들이 모두 틀리단 말인가요?"

"물론 그것들은 다 맞는 것들이야. 문제는 아빠 공장에는 두 개의 허비가 있음이 발견됐고 둘 다 우리가 원하지 않는 곳의 것이라는 점이야. 우리가 대열 중의 아이들 위치를 조정할 수 없고, 허비 같은 애가 둘이고, 그들이 줄 한가운데 붙어 있다는 것과 같은 거란다. 그들이 모든 걸 다 막고 있는 거야. 우리는 그들을 움직일 수 없고 그들 앞에는 산더미 같은 재고가 쌓여가고 있단다. 우리가 무엇을 어떻게 해야 할지를 모르겠어."

어머니가 말했다. "그들이 일할 수 없다면 내쫓으면 되잖니?"

"사람들이 아니라 기계들이에요." 나는 설명했다. "기계를 해고시킬 수는 없어요. 그리고 어쨌든 그것들이 하는 일은 우리 공장에서 필수적인 것이에요. 그 두 기계가 하는 공정 없이는 우리 제품들의 대부분을 만들어낼 수 없어요."

"그렇다면 그것들이 빨리 일하게 하면 되잖아요?" 샤론이 물었다.

"그래요, 아빠." 데이브였다. "기억하세요? 아빠가 허비의 가방 짐을 덜어줬을 때 일어난 것들요. 아빠도 공장에서 그런 종류의 일을 할 수 있을 거예요."

"그래. 하지만 그렇게 단순한 게 아니란다."

어머니 차례였다. "알렉스. 나는 네가 최선을 다할 것이라는 것을 안다. 만약 그 두 개가 모든 것을 막고 있다면 그것들을 계속 감시하고 시간을 낭비하지 못하도록 해야 한다."

"네. 알았어요. 이제 가봐야 해요. 기다리지 마세요. 내일 아침에나 올 거예요."

문에서 기다리다가 나는 조나가 탄 비행기가 터미널에 도착하는 것을 보았다. 나는 오후에 그가 보스턴에서 로스앤젤레스로 떠나기 바로 직전에 통화를 할 수 있었다. 나는 그의 조언에 감사하다고 말하고, 하지만 공장의 지금 상황은 이제까지는 구제불능으로 보인다고 말했다.

"알렉스, 어째서 그렇게 생각하나?" 그가 물었다.

"우리 사장이 이사회에 건의안을 내기로 된 날까지 딱 두 달이 남았어요. 시간만 좀더 있다면 무슨 일인가 해보겠는데 겨우 두 달 가지고는……."

"두 달은 향상을 보여주기에 충분하네." 그가 말했다. "하지만 자네는 어떻게 조직적으로 공장을 운영하는가를 배워야 하네."

"선생님, 우리는 이미 상황을 철저히 분석했어요."

"알렉스, 내가 자네에게 준 아이디어가 제대로 안 되는 데에는 두 가지 이유가 있어. 첫째는 자네 공장에서 만드는 제품들에 대한 수요가 전혀 없는 경우네."

"아니예요. 수요는 있어요. 비록 우리의 가격이 오르고 서비스가 나빠지면서 줄고는 있지만……." 나는 말했다. "하지만 아직 꽤 많은 주문들이 쌓여 있어요."

"또 다른 경우는 자네가 뭔가 변화시키는 것을 안 하기로 마음을 굳히고 있는 경우네. 자네가 바꾸지 않을 결심을 했다면 나도 도와줄 수 없는 걸세. 아무것도 안 하고 공장이 문닫도록 그냥 놔두기로 결심한 적 있나?"

"우리가 포기하려 한다는 것은 아니예요. 단지 어떤 가능성도 안 보인다는 거죠."

"그렇다면 좋네. 자네 병목이 해야 할 일들을 다른 자원들을 이용해 덜어주려고 한 적 있나?"

"일을 덜어줘요? 그럴 수는 없어요. 그것들은 공장에서 유일한 기종이거든요."

그는 잠시 멈추었다가 말했다. "좋네. 한 가지 더 물어보겠네. 베링턴에 공항이 있나?"

그렇게 해서 그가 오늘밤 여기 와 있는 것이다. 2번 출입문을 걸어나와서 말이다. 그는 로스앤젤레스로 가는 그의 비행기를, 저녁에 여기 들르기 위해 다른 것으로 바꿨다. 나는 그에게 다가가 악수를 했다.

"여행은 어떠셨어요?"

"정어리 통조림 속에 있어 봤나?" 그가 물었다. 그리고는 덧붙였다. "불평 말아야지. 아직 숨을 쉬고 있으니까."

"여하튼 와줘서 고마워요. 비행기까지 바꾼 건 정말 감사해요. 비록 선생님이 우리를 도울 수 있을지 확신은 못하겠지만요."

"알렉스, 병목 하나가 있다는 건—."

"두 개예요." 그에게 상기시켜줬다.

"좋아, 두 개의 병목을 가지고 있다고 해서 돈을 벌 수 없다는 것을 의미하진 않네." 그는 말했다. "사실 그 반대지. 대부분의 공장들은 병목들이 없어. 대신 그들은 엄청난 초과용량을 가지고 있지. 하지만 그들도 그것들을 가져야 하네. 그들이 만드는 모든 부품 하나하나마다."

그는 내 얼굴에 씌어 있는 아리송함을 읽었다.

"이해 못하는군. 하지만 곧 이해하게 될 걸세. 자, 이제 나에게 자네 공장의 배경에 대해서 가능한 한 많이 얘기해주게나."

공항에서 오는 길 내내 나는 우리의 곤경에 대해 쉬지 않고 얘기해주었다. 공장에 도착했을 때 나는 내 뷔익을 사무실 앞에 주차시켰다. 봅, 루, 스테시, 그리고 랄프가 우리를 기다리고 있었다. 그들은 안내 데스크 주위에 서 있었다. 모두가 진지했다. 하지만 조나를 소개하면서 나는 과연 그들이 이 조나라는 사람—그들이 지금까지 본 상담가들과는 전혀 닮은 것이 없어 보이는—이 과연 그가 하는 일에 대해 얼마나 알고 있는지 의아해 하고 있다는 것을 알 수 있었다. 조나는 그들 앞에서 말을 하면서 걷기 시작했다.

"여러분이 공장에서 발견한 병목에 대한 문제를 인식했기 때문에 알렉스가 오늘 내게 전화를 했소. 사실 당신들은 여러 가지 문제들의 결합을 경험하고 있는 것이오. 하지만 중요한 것부터 먼저 풉시다. 알렉스가 내게 얘기한 바에 의하면, 당신들의 가장 급선무는 생산율을 높이고 현금유통을 개선시키는 것이오. 맞소?"

"그럴 수 있다면 큰 도움이 되겠지요." 루가 말했다. "어떻게 우리가 그렇게 할 수 있다고 생각하시죠?"

"당신들의 병목들은 수요를 충족시키고 돈을 벌기에 충분한 유출량을 유지하지 못하고 있소. 그래서 먼저 한 가지 해야 할 일이 있소. 더 많은 용량을 찾는 거요."

"하지만 더 많은 용량을 사기 위한 돈이 없어요." 루가 말했다.

"그걸 설치할 시간도요." 봅이 말했다.

"나는 공장 끝에서 끝까지의 용량에 대해 말하는 것이 아니오." 조나가 말했다. "공장의 용량을 늘리는 것은 단지 병목들의 용량을 늘리는 것이오."

"그것들을 비병목으로 만들자는 것인가요?" 스테시가 물었다.

"아니오. 절대 아니오. 병목은 병목 그대로 있는 거요. 우리가 해야 할 일은 그 병목이 수요와 좀더 같아질 수 있도록 할 수 있는 충분한 용량을 찾는 것이오."

"어디서 그걸 찾죠?" 봅이 물었다. "우리 주위 어디에 그게 놓여 있나요?"

"실질적으론 그렇소. 만약 당신들이 대부분의 생산업자들과 같다면 당신들의 생각이 잘못됐기 때문에 숨겨져 있는 여분의 용량을 갖고 있을 거요. 먼저 우리 모두 공장으로 들어가서 당신들이 두 개의 병목을 어떻게 관리하고 있는지를 직접 살펴봅시다."

"왜 아니겠어요." 내가 말했다. "사실 이곳을 방문한 사람이면 공장 견학 없이는 나갈 수 없거든요."

우리 6명은 안전모와 보안경을 쓰고 공장 안으로 들어갔다. 조나와 내가 줄을 이끌고 이중문을 지나 오렌지 빛깔의 공장 안으로 들어갔다. 두번째 교대조가 일을 반쯤 했을 때였는데, 낮보다는 좀더 조용했다. 서로 얘기할 때 들을 수 있어서 좋았다. 나는 걸어가면서 조나에게 생산의 갖가지 단계를 가르쳐주었다. 조나의 눈이 여기저기에 쌓여 있는 재고더미를 눈여겨보고 있음을 알 수 있었다. 나는 서둘렀다.

"이것이 NCX-10 N/C 기계예요." 나는 그 큰 기계 앞에 도착하자 조나에게 말했다.

"그리고 자네의 병목이지, 맞나?"

"그 중 하나죠."

"왜 지금 작동하지 않는지 말해주겠나?"

사실 그 시간에 NCX-10은 멈춰 있었다. "글쎄요. 좋은 질문이에요. 봅, 왜 NCX-10이 작동하지 않고 있지?"

봅은 그의 시계를 언뜻 봤다.

"아마 설비하는 사람들이 10분 전에 휴식하러 가서 그럴걸요." 봅이 말했다. "20분 정도 후에 돌아올 거예요."

"단체협약에 매 네 시간 작업 후 30분 휴식을 준수해야 한다는 조항이 있거든요." 나는 조나에게 설명했다.

그가 물었다. "왜 지금 휴식을 해야 하지? 기계가 작동할 때 쉬면 되잖은가?" 봅이 말했다. "8시이기 때문이죠. 그리고——."

조나가 그의 손을 들고 말했다. "잠깐만. 이것이 당신들 공장의 다른 비병목 기계라면 문제가 없소. 왜냐하면 결국은 비병목들 시간의 일정한 퍼센트는 놀고 있어야 하니까. 그러니 사람들이 언제 휴식을 하든지 알 바 아니지. 별상관이 없어. 하지만 병목은 그 정반대일세."

그는 NCX-10을 가리키며 말했다. "자네는 생산에 가용한 시간들만큼만 이 기계에 갖고 있는 거지. 얼만가…… 600, 700시간?"

"한 달에 약 585시간이에요." 랄프가 말했다.

"얼마가 가용하던 수요는 그보다 크지." 조나가 말했다. "만약 그 시간 중 하나라도, 아니 그 반을 잃더라도 자네는 그것을 영원히 잃는 거야. 그리고 그것은 시스템의 다른 어디에서도 회복할 수 없지. 전체 시스템의 생산율은 그 잃어버린 시간에 병목이 생산할 수 있었던 양만큼 낮아질 걸세. 그리고 그것이 바로 점심시간을 어마어마하게 비싸게 만드는 거지."

"하지만 조합 때문에요." 봅이 말했다.

"그렇다면 그들에게 말하시오. 그들도 이 공장에 목을 매고 있잖아. 바보가 아닌 이상 이해를 할 거요."

아. 나는 생각하고 있었다. 말처럼 그리 쉽진 않을텐데…….

조나는 이제 NCX-10 주위를 걷고 있었다. 하지만 그것만을 보고 있지는 않았다. 공장의 다른 장비들도 보고 있었다. 그는 다시 내게 돌아와 물었다.

"이 공장에 있는 것 중에는 이것이 유일 기종이라고 말했지? 하지만 이것은 꽤 새 기계군. 전에 쓰던 기계들은 어디 있나? 아직도 가지고 있나?"

봅이 모호하게 대답했다. "글쎄요. 몇 개는 있어요. 몇 개는 없앴구요. 사실 골동품이나 마찬가지였거든요."

"그럼 이 X 뭔가 하는 기계가 하는 일들을 전에 했던 그 옛날 기계들을 최소한 한 가지씩은 갖고 있소?" 조나가 물었다.

루가 끼어들었다. "죄송하지만 그 옛날 장비들을 사용하라고 제안하는 건 아니시겠죠?"

"만약 아직도 작동 가능하다면 예스요. 사용하기를 제안하겠소."

루는 눈을 껌벅였다.

그는 말했다. "글쎄요, 그것이 우리 비용구조에 어떤 영향을 끼칠지 모르겠어요. 하지만 그 낡은 기계들을 작동시키려면 더 많은 비용이 들 거란 것을 아셔야 해요."

조나가 말했다. "그것은 직접 부딪혀보면 되고, 먼저 그 기계들이 있는지 없는지나 알고 싶소."

그것에 대한 대답을 들으려고 우리는 모두 봅을 봤다. 그는 벙글대고 있었다.

"모두를 실망시킬 것 같아 미안해요." 봅이 말했다. "하지만 우리는 NCX-10 대신 전에 쓰던 기계들을 모두 없애버렸어요."

"왜 그런 바보 같은 짓을 했나?" 내가 물었다.

"그 새 기계 앞에 쌓인 재고들 때문에 공간이 필요했다구요." 봅은 변명하듯이 말했다.

"저런."

"그때는 그것이 좋은 생각처럼 보였어요." 스테시가 말했다.

바로 열처리기로 옮겨서 우리는 용광로 앞에 모였다.

조나는 먼저 그 앞에 쌓인 부품더미를 보았다. "이 부품 전부가 열처리가 필요한가?"

"물론이죠." 봅이 말했다.

"이 앞의 공정중에 최소한 이 부품 중 약간이라도 열처리할 필요가 없게끔 할 수 있게 하는 방법이 없을까?" 그가 물었다.

우리는 모두 서로를 쳐다봤다.

"기계부 사람들과 얘기해봐야 알아요." 내가 대답했다. 봅이 눈을 크게 떴다.

"무슨 일인가?"

"간단히 말해서 우리의 기술부 친구들은 반응이 늦어요." 봅이 말했다. "그들은 요구사항을 바꾸는 것을 좋아하지 않아요. 그들의 자세는 대개 '이대로 해요. 왜냐하면 우리가 그렇게 말했으니까!' 이런 식이죠."

나는 조나에게 말했다. "미안하지만 그의 말에 일리가 있어요. 우리가 그들이 협조하도록 설득하더라도 그들이 그것을 승인하는 데 서너 달은 족히 걸릴 거예요."

"좋네. 그렇다면 이 지역에서 부품의 열처리를 할 수 있는 벤더들이 있나?"

"네, 있어요." 스테시가 대답했다. "하지만 외부 용역을 이용하면 우리의 부품당 비용이 늘어날 거예요."

조나의 얼굴에는 이 바위벽과의 대화에 약간 싫증이 난다는 표정이 어렸다. 그는 산더미같이 쌓인 부품들을 가리켰다.

"얼마나 많은 돈이 저 부품더미에 묻혀 있다고 생각하시오?"

루가 대답했다. "잘은 모르지만…… 아마 1만이나 1만 5,000달러 정도 되겠지요."

"아니요. 몇 천 달러가 아니요. 이것이 병목이 아니라면 몰라도. 다시 생각해봐요. 훨씬 많을테니까."

스테시가 말했다. "만약 원하신다면 기록들을 살펴볼 수 있어요.

하지만 루가 말한 것보다 훨씬 많을 것 같진 않아요. 제 추측으론 한 2,000달러 정도의 재료비가──."

"아니오, 아니야. 나는 재료비를 말하는 말하는 것이 아니오. 당신들이 여기 있는 재고들을 처리하자마자 고객들에게 팔 수 있는 제품의 양이 얼마냐는 거요?"

참모들과 나는 잠시 서로 얘기했다.

"말하기가 좀 어려워요." 봅이 말했다.

"저 모든 부품들이 바로 팔 수 있는 것으로 바뀔 수 있는지 확신할 수 없어요." 스테시가 말했다.

"오, 정말이오? 그렇다면 당신들은 저 병목을 생산율에 기여할 수도 없는 부품을 만드는 데 이용한단 말이오?"

"글쎄요, 그것들 중 일부는 예비 부품이 되거나 아니면 바로 완제품이 되는 거죠. 결국은 그것들도 생산율이 되는 거잖아요?" 루가 말했다.

"결국은," 조나가 말했다. "그러는 동안 당신들의 납기일을 넘긴 주문들은 얼마나 많아지겠소?"

나는 그에게 우리가 때때로 효율성을 높이기 위해 일괄작업량을 늘리기도 한다고 말했다.

"어떻게 효율성을 높인다고? 다시 한번 말해보게."

나는 예전의 대화를 생각해내고 얼굴이 붉어짐을 느꼈다.

"알았네. 지금은 그것에 개의치 말게." 조나가 말했다.

"생산율에만 신경을 써보게. 다른 식으로 물어보겠네. 얼마나 많은 제품들이 그것에 필요한 부품들이 저 속에 있기 때문에 조립, 출고되지 못하고 있나?"

우리가 현재 갖고 있는 주문이 얼마만큼인가는 이미 알고 있기 때문에 그 질문은 좀더 대답하기 쉬웠다. 나는 우리가 몇 백 달러나 되는 주문들을 현재 가지고 있고 그 중 몇 퍼센트가 저 병목의 부품 때문에 못 만들어지고 있는지를 말해주었다.

"그렇다면 만약 저 더미 속의 부품들을 완성한다면 그 제품들을 조립, 출고할 수 있는가?" 그가 물었다.

"그럼요, 문제 없죠." 봅이 말했다.

"그러면 그 제품은 각각 얼마에 팔리고 있소?"

"평균적으로 1,000달러 정도에 팔리죠." 루가 대답했다. "물론 변동이 있긴 하지만요."

"그렇다면 우리는 1만이나 1만 5,000 또는 2만 달러를 말하고 있는 게 아니오." 조나는 말했다. "저 무더기 속에 얼마나 많은 부품이 있죠?"

"아마 1,000개 정도요." 스테시가 말했다.

"그리고 각 부품은 그것들이 처리되면 곧 당신들이 제품 한 개를 더 출고할 수 있다는 것을 의미하고?"

"일반적으로 그렇죠."

"그리고 각 제품은 1,000달러를 의미하고. 1,000개 곱하기 1,000달러는 얼마가 되지요?"

우리들의 얼굴은 동시에 놀라움으로 변했다.

"100만 달러요!" 나는 탄성조로 말했다.

"한 조건하에서만!" 조나가 말했다.

"당신들의 고객이 기다리는 데 지쳐서 다른 데로 가기 전에 이 부품들을 열처리에 넣었다 빼서 완제품으로 실어낼 때만을 말하는 거지."

그는 우리들 한 명 한 명의 얼굴을 보았다.

"어떠한 가능성도 배제할 수 있겠소?" 그가 물었다. "특히 정책의 변화처럼 실시하기 쉬운 것 말이오."

모두가 조용했다.

"잠시 후에 당신들에게 어떻게 비용을 봐야 하는지에 대해 더 얘기해주겠소. 하지만 한 가지 더. 당신들이 그 병목 통과 부품들에 대한 품질검사를 어디서 하는지 알고 싶소."

나는 대부분의 검사가 마지막 조립 전에 행해진다고 말했다.

"보여주게." 조나가 말했다.

우리는 품질 검사를 하는 곳으로 갔다. 조나는 우리가 불량판정을 내리는 병목 통과 부품들에 대해 물어왔다. 봅이 반짝이는 쇠 부품이 쌓여져 있는 곳을 가리켰다. 그 위에는 분홍색 종이가 놓여 있었는데 품질검사에서 거부된 것을 의미하는 것이다. 봅이 작업 내용을 담은 봉지를 집어들고 그 안의 것을 읽었다.

"무엇이 잘못된 건지는 확실하지 않지만, 결함이 있는 것은 분명해요."

조나가 물었다. "이 부품들이 병목을 통과하게 되어 있소?"

"네. 그렇죠."

"품질검사에서의 불합격이 당신들에게 무엇을 의미하는지 알고 있소?"

"한 100여 개의 부품들이 쓰레기로 버려져야 한다는 것을 의미하겠죠."

"아니오. 다시 생각해보시오." 조나가 말했다. "이것들은 병목을 통과한 부품들이오."

순간 나는 그가 무엇을 원하는지 알았다.

"우리가 병목의 시간을 손해봤음을 의미하죠."

조나는 돌아서서 나를 봤다.

"바로 그걸세! 그리고 병목시간을 손해봤다는 것은 무엇을 의미하나? 그것은 자네가 생산율을 손해봤다는 걸 의미하네."

"하지만 우리가 품질을 무시해야 한다고 얘기하는 건 아니겠죠. 그렇죠?" 봅이 물었다.

"절대 아니오. 양질의 제품이 없이는 계속 돈을 벌 수가 없지." 조나가 말했다. "하지만 품질검사를 다른 방법으로 하라고 제안하는 거요."

내가 물었다. "그러면 품질검사를 병목들 앞에 놓아야 한다는 의미인가요?"

조나는 손가락을 들고 말했다. "내 말을 잘 이해하고 있구만. 바로 그것일세. 결함이 있는 것들을 미리 가려냄으로써 병목이 좋은 부품에 대한 작업만 하도록 하는 거지. 만약 병목에 닿기 전에 한 부품을 버린다면 자네가 잃는 것은 그 버려지는 부품뿐이야. 하지만 그 부품이 병목을 지난 다음에 버려진다면 자네는 회복할 수 없는 시간을 손해보는 거지."

"우리가 병목으로부터 불량품들을 계속 얻는다고 한다면요?" 스테시가 말했다.

"그것은 같은 아이디어의 다른 측면이오." 조나가 말했다. "병목통과 부품들에 대한 공정관리를 아주 엄하게 해야 하오. 그래서 그 부품들이 나중 공정에서 결함이 생기지 않도록. 알아듣겠소?"

봅이 말했다. "한 가지 질문만 더요. 어디서 검사관을 구하죠?"

"당신들이 이미 데리고 있던 사람을 그 병목에다 옮기는 데 문제가 있소?" 조나가 물었다.

"생각해볼 수 있는 것이죠." 내가 그에게 말했다.

"좋네. 다시 사무실로 돌아가세." 조나가 말했다.

우리는 사무실 건물로 돌아와 회의실로 들어갔다.

"진심으로 당신들이 그 병목들의 중요성을 확실히 이해했기 바라오." 조나가 말했다. "병목이 하나의 부품을 끝낼 때마다 당신들은 하나의 완제품을 실어낼 수 있는 것이오. 그리고 그것이 당신들의 판매에 얼마나 많은 것을 의미하겠소?"

"개당 약 1,000달러 정도죠." 루가 말했다.

"그리고 당신들은 그것들을 좀더 생산적으로 만드는 데 1,000~2,000 달러를 더 쓰는 것에 대해 걱정하고 있고." 그가 물었다. "무엇보다도 당신들은 그 X 기계의 시간당 비용이 얼마라고 생각하고 있소?"

루가 말했다. "그건 잘 알려져 있어요. 시간당 32.5달러의 비용이 들죠."

"열처리기는?"

"시간당 21달러죠."

"둘 다 틀렸소." 조나는 단호히 말했다.

"하지만 우리들의 자료에 의하면——."

"그 숫자들은 다 잘못된 거요. 이 작업장들이 독립적으로 존재하는 것처럼 생각하고 비용을 계산했기 때문이지."

"내가 설명하겠소. 내가 물리학자였을 때 사람들이 수시로 그들이 풀 수 없는 수학문제를 들고 나에게 왔소. 그들은 내게 그들을 위해서 숫자들을 검토해주기를 바랬지. 하지만 얼마 후 나는 그 숫자들을 검토하는 데 시간을 낭비하지 않아야 한다는 걸 배웠소. 왜냐하면 그 숫자들은 거의 맞았으니까. 하지만 내가 그 해답들의 가정을 검토했을 때 그것들은 늘 거의 틀려 있다는 것을 발견할 수 있었소."

조나는 주머니에서 시가를 꺼내더니 성냥불을 붙였다.

"그것이 이곳에서 일어나고 있는 것들이오."

그는 연기를 뿜는 사이사이에 말했다. "당신들은 그 두 작업장의 영업비용을 표준 회계절차들에 따라 계산해왔소……. 그것들이 병목이라는 사실을 고려하지 않고 말이오."

"어떻게 그게 그들의 비용을 변화시키죠?" 루가 물었다.

"당신들도 이제 알듯이 공장의 용량은 그것의 병목의 용량과 같다는 거요. 그래서 병목에서의 한 시간 손실은 전체 시스템의 한 시간 손실이오."

"맞아요. 아, 알겠어요." 루가 말했다.

"그러면 전체 공장이 한 시간 동안 쉬고 있다면 그 비용은 얼마가 되죠?" 조나가 물었다.

"말할 수 없지만 매우 비싸겠죠." 루가 인정했다.

"말해봐요. 매달 공장을 운영하는 데 얼마가 드는가."

루가 대답했다. "우리의 총영업비용은 매달 약 160만 달러예요."

"그리고 X 기계를 보기로 듭시다. 한 달에 몇 시간을 그것이 생산을 위해 가동되죠?"

"약 585시간요." 랄프가 말했다.

"병목의 실제 비용은 시스템의 전체 비용을 병목이 생산하는 시간으로 나눈 것이오." 조나가 말했다. "그러면 얼마가 되나?"

루는 호주머니에서 계산기를 꺼내 숫자들을 두드렸다.

"2,735달러예요." 루가 말했다. "잠깐만요. 맞나요?"

"맞소. 만약 병목들이 일하지 않고 있다면 당신은 32달러나 21달러를 잃는 것이 아니오. 실제 비용은 전체 시스템의 시간당 비용이지. 그리고 그것은 2,700달러요."

루는 어안이 벙벙해졌다.

"그것에 대해 다른 시각을 갖게 하는군요." 스테시가 말했다.

"물론 그렇소." 조나가 말했다. "그것을 명심하고 어떻게 우리가 병목들을 최대로 활용할 수 있겠소? 그러려면 당신들이 집중해야 할 두 가지 주요한 원칙이 있는데…….

첫째는 그 병목 시간이 방해되지 않도록 하는 거요." 그는 말했다. "병목 시간이 낭비되는 경우를 봅시다. 점심시간 동안 그냥 놀리는 것도 그 한 가지 예일 것이고, 다른 것은 이미 결함이 있는 부품을 그것이 처리하는 것이오. 아니면 부주의한 일꾼들이나 어설픈 공정 관리 때문에 결함이 생기게 된다든가. 세번째로 병목의 시간을 낭비하는 것은 그것을 필요하지 않은 부품들에 작업하도록 내버려두는 것이오."

"예비부품 같은 것을 말하는 건가요?" 봅이 물었다.

"최근 수요에 있지 않는 것을 의미하는 것이기도 하오. 왜냐하면 몇 달 안에 팔 수도 없는 물건을 지금 만든다면 무슨 일이 생기겠소? 미래의 수입을 위해 현재의 돈을 희생하는 것이오. 문제는 당신들의 현금유통량이 그것을 감당할 수 있느냐는 것인데 당신들의 경우는 절대 불가능하지."

"조나 선생 말이 맞아요." 루가 말했다.

"그러니까 병목들이 현재의 생산율에 공헌할 수 있는 작업만 하도록 하는 거지. 지금으로부터 9개월 후의 것들이 아니라." 조나가 말했다. "그것이 병목의 용량을 증가시키는 한 가지 길이오. 병목의 용량을 증가시키는 다른 길은 병목의 부담을 조금이라도 덜어내서 비병목에 주는 거요."

"네? 하지만 어떻게 그러죠?" 내가 물었다.

"그게 바로 내가 아까 공장에 있을 때 많은 질문들을 한 이유지. 모든 부품들이 그 병목에 의해 처리돼야 하나? 만약 아니라면 그런 부품들은 비병목으로 옮겨서 처리될 수 있네. 그러면 결과적으로 병목의 용량을 더 얻는 거지. 두번째 질문은 같은 처리를 하는 다른 기계들을 가지고 있는가 하는 것이었지. 만약 그런 기계들이 있다면, 혹은 그런 장비를 가진 벤더가 있다면 병목의 짐을 덜 수 있을 걸세.

그럼으로써 역시 용량을 더 얻어 생산율을 늘일 수 있는 거지.”

다음날 아침 나는 아침을 먹으러 부엌에 갔다. 식탁에 앉으니 어머니가 오트밀이 담긴 뜨거운 접시를 내 앞에 갖다놓았다. 나는 어려서부터 그것을 싫어했다. 한참을 그 오트밀을 노려보았다(오트밀도 나를 노려보는 것 같았다). 그때 어머니가 물었다.

“그래, 어젯밤 일은 잘했니?”

“글쎄요. 사실은 어제 저녁때 아이들의 말이 맞았어요.”

“우리가요?” 데이브가 물었다.

“그래. 조나 선생님이 그러는데, 우리는 허비가 더 빨리 가도록 만들어야 한다는구나. 그리고 그가 어젯밤 그렇게 하는 몇 가지 방법을 가르쳐줬어. 우리는 많이 배웠단다.”

“자, 얼마나 좋은 소식이니!” 어머니가 말했다.

그녀는 커피를 따라주고 식탁에 앉았다. 잠시 조용했다. 그리고 나는 어머니와 아이들이 서로 눈을 맞추고 있는 것을 발견했다.

“뭐가 잘못됐나요?” 어머니한테 물었다.

“네가 없는 동안 재들 엄마가 다시 전화를 했단다.”

줄리는 그녀가 떠난 이후 정기적으로 애들에게 전화를 하고 있었다. 하지만 무슨 이유인지, 그녀는 아직도 그들에게 그녀가 있는 곳을 말하지 않고 있었다. 나는 사립탐정을 고용해서 그녀가 숨은 곳을 찾을까 고민하기도 했다.

“샤론이 제 엄마가 전화할 때 무슨 소리를 들었다는구나.” 어머니가 말했다.

“늘 듣던 바넷 할머니라는 노래 아시죠?” 샤론이 말했다.

“바넷 할아버지 말이니?”

“아, 맞아요. 할아버지, 바넷 할아버지요. 엄마가 말을 안 하고 있을 때 그 음악을 전화에서 들었어요."

"나도 들었어요." 데이브가 말했다.

"정말이니? 재밌구나. 둘 다 그걸 알아내줘서 고맙구나. 오늘밤 할아버지와 할머니한테 전화를 한번 해야겠구나."

나는 커피를 다 마시고 일어섰다.

"알렉스. 오트밀엔 손도 안 댔구나."

어머니가 화가 난 듯이 말했다.

나는 몸을 숙여 그녀의 뺨에 키스를 했다.

"미안해요. 학교 늦었어요."

나는 아이들에게 손을 흔들고 가방을 주워들었다.

"그렇다면 네가 내일 먹도록 보관해놔야겠다."

뒤에서 어머니가 말했다.

6

시스템 혁신

새로운 제도들이 제대로
맞물려 돌아가자 사태는 하루아침에
역전됐다. 납기일이 지난 주문들이 무서운
속도로 실려 나갔다. 우리는 다른 회사보다
두 배, 세 배 빨리 물건을 보내기로 약속한다.
작년의 최고 실적도 이만큼 엄청나진
않았다. 우리는 경쟁사를 모두 시장
밖으로 쫓아내고 있다. 우리는
다시 시장을 제패하고 있다.

20

공장으로 차를 몰고가다 나는 조나가 어젯밤 머물었던 모텔을 지나갔다. 그는 벌써 떠났다. 아침 6시 30분 비행기를 탄 것이다. 내가 공항까지 데려다주겠다고 했지만 (내게는 다행히도) 그는 택시를 타고 가겠다며 거절했다.

사무실에 도착하자마자 나는 프렌에게 참모회의를 준비하라고 했다. 그동안 나는 조나가 어젯밤 제안했던 행동들을 적어나가기 시작했다. 하지만 줄리 생각이 머리에서 떠나지 않았다. 나는 사무실 문을 닫고 책상에 앉았다. 줄리 부모의 전화번호를 찾아 번호를 돌렸다.

줄리가 떠난 다음날 그들은 내게 전화해서 그녀에게서 무슨 소식을 들었는지 물어봤다. 한 하루 이틀 전에는 혹시 그들이 무슨 소식을 들었는지 알아보려고 내가 전화를 했었다. 오후에 전화를 했는데 줄리의 어머니 아다와 통화를 했었다. 그녀는 줄리가 어디 있는지 모른다고 말했다. 하지만 그녀의 말을 믿을 수가 없었다.

다시 아다가 전화를 받았다.

"안녕하세요, 알렉스예요." 나는 그녀에게 말했다. "줄리하고 얘기 좀 하게 해주세요."

그녀는 당황했다. "글쎄…… 음…… 그앤 여기 없네."

그녀의 한숨 소리가 들렸다.

"줄리가 거기 있잖아요. 안 그래요?"

"하지만 걘 자네와 얘기하기를 원하지 않네."

"언제부터, 언제부터 줄리가 거기 있었죠? 지난번 일요일 밤에 전화했을 때 나한테 거짓말하신 건가요?"

"아닐세. 거짓말하지 않았네." 그녀는 화를 내며 말했다. "그때는 그애가 어디 있는지 정말 몰랐네. 얼마 동안 친구 제인하고 같이 있었다더군."

"알았어요. 그러면 그 다음에 내가 걸었을 때는요?"

"줄리가 어디 있는지 말하지 말라고 그랬네."

"그리고 지금도 말을 해선 안 되는 건데……. 걔가 당분간 혼자 있기를 원하거든."

"장모님, 그녀하고 얘기를 해야겠어요."

"아마 전화를 안 받을 걸세."

"물어보지도 않고 어떻게 아세요?"

수화기를 테이블 위에 내려놓는 소리가 들렸다. 발짝 소리가 멀어지더니 잠시 후 다시 들렸다.

"그애가 자기가 준비됐을 때 전화를 하겠다는구만."

"무슨 뜻이죠?"

"자네가 지금까지 그애를 그렇게 내버려두지 않았다면 이런 일도 없었을 걸세."

"장모님—."

"잘 있게나."

그녀는 전화를 끊었다. 나는 바로 다시 전화를 했지만 아무도 받지 않았다. 잠시 후 나는 마음을 가다듬고 참모들과 회의할 준비를 했다.

열시에 내 사무실에서 회의가 시작되었다.

"어젯밤 자네들이 들은 것들에 대해 어떻게 생각하는지 알고 싶네. 루, 당신은 어때요?"

"글쎄요, 그가 한 시간 동안 병목에 대해 말한 것을 도대체 믿을 수가 없어요. 어젯밤 집에 가서 그것들이 일리가 있는지 생각해 봤어요. 그리고 실제로 병목의 한 시간을 잃으면 2,700달러가 든다는 우리의 생각은 잘못된 것 같아요."

"그래요?"

"우리 제품들의 80퍼센트가 그 병목을 통과하거든요." 루가 셔츠 호주머니에서 노트종이 하나를 꺼내면서 말했다. "그래서 실제 비용은 우리의 운용비용의 80퍼센트가 되어야 하는 거죠. 그리고 그것은 시간당 2,735달러가 아니라 2,188달러가 되는 거죠."

"오, 당신이 맞는 것 같아요."

루는 미소지었다.

"그렇더라도," 그가 계속 말했다. "그 상황을 그런 시각에서 볼 수 있다는 것은 정말 뭔가에 눈 뜬 느낌이었어요."

"나도 그랬어요. 다른 사람들은 어떻게 생각하나?"

나는 사무실 안의 한 사람 한 사람에게 반응을 물어보았고 우리는 거의 일치된 반응을 갖고 있었다. 그렇지만 봅은 조나가 어제 말한 몇 가지 변화들을 실행하는 것을 망설이는 것 같았다. 그리고 랄프도 아직 확신이 서 있는 것 같지 않았다. 하지만 스테시는 조나의 생각을 강력히 옹호하고 있었다.

그녀는 요약해서 말했다. "나는 그것들이 변화의 위험을 감수할 만큼 충분한 가치가 있다고 생각해요."

"비록 이 시점에서 조금이라도 영업비용을 늘리는 것엔 신경이 쓰이지만." 루가 말했다. "나도 스테시와 동감이에요. 조나가 말했듯이 우리가 그동안 따라왔던 길 위에 계속 머물러 있으면 더 큰 위험을 만날지도 몰라요."

봅이 무슨 말을 하려고 큰 손을 들었다.

"좋아요. 하지만 조나가 말한 것 중 어느 것들은 다른 것보다 더 쉽고 빠르게 실행할 수 있어요. 그러니까 그런 쉬운 것들을 바로 실행하고 우리가 다른 것들을 준비하는 동안 그것들의 결과를 볼 수 있잖아요."

나는 그에게 말했다. "일리가 있는 것 같군. 하지만 무얼 먼저 하지?"

"내 생각엔 품질검사를 하는 지점을 먼저 옮겨야 될 것 같아요. 병목으로 들어가는 부품을 검사하는 곳으로요. 다른 품질검사들은 시간이 좀 걸릴 거예요. 하지만 검사관을 시켜서 병목 앞의 부품들을 빨리 검사하라고 할 수 있어요. 원한다면 오늘 안으로도요."

나는 고개를 끄덕였다. "좋네. 점심시간에 대한 새로운 규칙들은 어떻게 됐나?"

"아마 조합에서 불평들을 해댈 겁니다."

나는 고개를 흔들었다. "내 생각엔 그들이 우리를 따라올 것 같아. 세부규칙을 마련하면 내가 오도넬한테 얘기하겠네."

봅은 그의 무릎 위에 놓여 있는 메모판에 뭔가 썼다. 나는 내가 말하려고 하는 것을 강조하기 위해 일어서서 책상으로 갔다.

"어젯밤 조나가 한 질문 중의 하나가 계속 생각이 나더라구." 나는 그들을 바라보며 말했다. "왜 생산율을 증대시키지도 않는 부품들 작업에 병목을 쓰느냐는."

봅은 스테시를 쳐다봤고 그녀는 봅을 쳐다봤다.

"좋은 질문이에요." 그녀가 말했다.

봅이 말했다. "우리는 결론을 내렸는데—."

"무슨 결론인지 아네. 효율성을 유지하기 위해서 재고를 쌓아놓게 되는 거지. 하지만 우리의 문제는 효율성이 아니야. 우리의 문제는 납기일을 넘긴 주문들이 산처럼 쌓여 있다는 거지. 그리고 그것은 우리 고객과 계열사 간부들에게도 명확할 걸세. 우리는 뭔가 우리의 기한 내 출고 능력을 개선시킬 수 있는 것을 해야 하네. 그리고 조나가 어떤 것을 해야 될지에 대한 통찰을 우리에게 준 것 같네."

나는 계속 말했다. "지금까지 우리는 누구 목소리가 제일 큰가에 따라 주문들을 독촉해왔어. 지금부터는 늦어진 주문들이 다른 것보다 더 우선권을 가져야 하네. 2주일이 늦어진 주문이 1주일 늦어진 주문보다 더 우선권을 갖고 그런 식이지."

"그건 과거에도 몇 차례 시도해본 거예요." 스테시가 말했다.

"맞아, 하지만 이번엔 병목들이 부품들을 처리하는 데도 똑같은 우선순위를 갖도록 하는 거지."

"좋은 방법이에요, 알렉스." 봅이 말했다. "그럼 이제 어떻게 그걸 시행하죠?"

"우선 병목을 통과하는 부품 중에 늦어진 주문에 필요한 것들과, 그냥 단순히 창고로 가는 것들을 가려내는 거지. 우리들이 앞으로 할 일들은 말이지," 나는 랄프에게 말했다. "랄프, 자네는 납기일을 넘긴 모든 주문들의 목록을 뽑아주게. 그리고 가장 많이 늦어진 것부터 적게 늦어진 것까지의 순으로 우선순위를 매기게. 얼마나 빨리 할 수 있나?"

"글쎄요, 그 자체는 별로 안 걸릴 거예요," 그가 말했다. "문제는 우리가 올려야 할 월말보고서들이 있다는 거죠."

나는 머리를 흔들었다. "병목을 더 생산적으로 만드는 것보다 지금 우리에게 중요한 것은 없네. 그 목록이 가능한 한 빨리 필요하네. 일단 자네가 그것을 뽑으면, 스테시와 그녀의 재고관리부 사람들이 늦어진 주문들을 끝마치기 위해 어떤 부품들이 병목들에서 처리되어야 하는지를 알아내야 하니까."

나는 스테시에게 말을 돌렸다.

"어떤 부품들이 빠졌는지 발견하고 나면, 봅과 같이 가장 늦어진 주문에 쓰일 부품에 대해 먼저 작업을 하고 그 다음 늦어진 것에 대해 작업하고 이런 식으로 스케줄을 계획하시오."

"병목들을 통과하지 않는 부품들은 어쩌죠?" 봅이 물었다.

"지금은 그것들에 대해 신경쓰지 말게. 병목을 통과하지 않는 부품들은 이미 조립대 앞에서 기다리거나 병목 통과 부품이 그곳에 도착할 때까진 거기에 와 있을 거라고 가정하자구."

봅은 고개를 끄덕였다.

"모두 이해했나? 다른 어떤 것도 이것보다 중요하진 않네. 한 걸음 물러서서 저기 본부처럼 6개월간이나 걸려 그것에 대해 생각하고 있을 시간이 없네. 우리가 해야 할 일을 알고 있으니까 하면 되는 거야."

그날 저녁 나는 고속도로를 달리고 있었다. 해가 질 무렵 고속도로 양 옆에 있는 교외 집들의 지붕을 둘러보았다. 포리스트 그로브로 나가는 출구까지 2마일이 남았다는 표지판이 보였다. 줄리의 부모는 포리스트 그로브에 살고 있다. 나는 그 출구로 빠져나왔다.

줄리나 그녀의 부모 모두 내가 가고 있다는 사실을 몰랐다. 나는 어머니에게 애들한테는 말하지 말라고 했다. 퇴근 후 그냥 차를 집어타고 거기로 향했다. 그녀가 하고 있는 이 숨박꼭질에 이력이 났다.

4차선 간선도로에서 조용한 마을을 통과하는 아스팔트 길로 접어들었다. 아주 좋은 동네였다. 집들은 비싸고 잔디도 예외없이 깨끗했다. 이제 막 새 잎이 피어나는 나무들이 길 옆에 일렬로 서 있었다. 그것들이 황금빛 석양에 비쳐서 맑은 초록색으로 빛나고 있었다.

길 중간쯤에 그녀의 집이 보였다. 그것은 하얀색의 2층 벽돌집이었다. 집에는 알루미늄으로 만들어진 덧문들이 있었다. 기능적이 아니라 그저 전통인 것이다. 줄리는 이곳에서 자랐다.

나는 집앞 어귀에 내 뷔익을 주차시켰다. 마당을 보니 차고 앞에 당연히 줄리의 어코드가 세워져 있었다. 내가 문에 도착하기 전에 문이 열렸다. 그녀의 어머니가 망 뒤에 서 있었다. 내가 다가가니까 손을 내려 안쪽 문을 잠그는 것이 보였다.

"안녕하세요." 나는 그녀에게 인사를 했다.

"걔가 자네하고 말하고 싶지 않다고 했을텐데."

"그녀에게 한 번 물어봐주세요. 제 아내예요."

"줄리하고 말하고 싶다면 변호사를 통해 하게나." 그녀는 문을 닫으려 했다.

"장모님, 줄리하고 말하기 전엔 여길 안 떠날 거예요."

"안 떠난다면 경찰을 불러서 자네를 우리의 사유지에서 내쫓게 하겠네."

"그러면 차에서 기다리겠어요. 길은 당신 것이 아니니까요."

문이 닫히고 나는 잔디밭을 걸어 길가에 세워둔 뷔익으로 들어갔다. 차 안에서 집을 뚫어지게 쳐다봤다. 창문의 커튼이 자주 움직이는 게 보였다. 45분쯤 후에 해는 완전히 지고 나는 얼마나 더 앉아 있어야 할지 진지하게 생각하고 있는데 그때 문이 다시 열렸다.

줄리가 나왔다. 그녀는 진과 운동화 그리고 스웨터 차림이었다.

마치 부모가 싫어하는 남자 친구를 만나는 십대 같다는 생각이 들었다. 그녀는 잔디를 건너왔고 나는 차에서 내렸다. 한 10피트 앞에서 그녀는 섰다. 내가 그녀를 나꿔채서 차에 밀어넣고 사막이나 어디에 있는 나의 텐트로 바람같이 달아날까봐 가까이 오는 걸 꺼려하는 것 같았다. 우리는 서로를 쳐다봤다. 나는 손을 호주머니에 넣었다.

내가 먼저 입을 열었다. "그래, 어떻게 지냈어?"

"사실을 알고 싶다면," 그녀가 말했다. "썩어 지냈어요. 당신은 어때요?"

"당신 걱정을 했어."

그녀는 먼곳을 쳐다봤다. 나는 차 지붕을 탁 쳤다.

"드라이브나 하지."

"아뇨, 싫어요."

"그럼 걸을까?"

"알렉스, 뭘 원하는지만 말해요. 알겠어요?"

"당신이 왜 이러는지 알고 싶어."

"왜냐하면 내가 당신과 더 살고 싶은지 모르기 때문이에요." 그녀는 말했다. "분명하지 않아요?"

"좋아. 그럼 그것에 대해 말할 수 있을까?"

그녀는 아무 말도 안 했다.

"이봐, 한 블럭만 걷자구. 이웃들에게 수닷거리를 주고 싶지 않다면 말이야."

줄리는 집들을 둘러보고 우리가 잘 보이는 곳에 있다는 것을 깨닫더니 어색하게 내 쪽으로 왔다. 손을 내밀었지만 그녀는 잡지 않았다. 우리는 같이 걷기 시작했다. 줄리의 부모 집을 향해 손을 흔들어 주었다. 커튼이 크게 흔들리는 게 보였다. 줄리와 나는 황혼이 비치는 거리를 아무 말 없이 100피트 정도 걸었다. 내가 침묵을 깨고 말했다.

"이봐, 그 주말에 일어난 일은 미안하게 생각해. 하지만 달리 내가 어쩔 수 있었겠어? 데이브가 원하는—."

"당신이 데이브와 같이 하이킹을 간 것 때문이 아니예요." 그녀가 말했다. "그것은 마지막 지푸라기였어요. 갑자기 나는 더이상 참을 수 없어졌어요. 그곳을 빠져나와야 했다구요."

"줄리, 왜 어디 있는지만이라도 얘기해주지 않았어?"

"들어봐요," 그녀가 말했다. "나는 혼자 되려고 당신으로부터 멀리 나온 거예요."

망설이면서 나는 물었다. "그래서, 이혼을 원해?"

"아직 모르겠어요."

"그럼 언제 알 것 같지?"

"알렉스, 나한테는 너무 복잡한 시간이었어요. 뭐를 해야 할지 모르겠어요. 아무것도 결정할 수 없어요. 엄마는 이것을 말하고 아빠는 다른 것을 말하고 친구들은 또 다른 것을 말해요. 모두가 내가 스스로 무엇을 할지 알기를 바라죠."

"당신은 혼자서 우리뿐 아니라 애들한테까지 영향을 끼칠 결정을 하기 위해 나갔어. 그리고 이젠 당신이 집에 안 돌아오면 생활이 엉망이 될 그 세 명만 빼곤 다른 모든 사람들의 얘기를 듣고 있군."

"이것은 내가 알아서 할 일이에요. 당신들 세 사람의 부담을 떠나서."

"내가 제안할 수 있는 것은, 무엇이 당신을 괴롭히고 있는지에 대해 얘기하자는 것이야."

그녀는 절망의 한숨을 쉬고 말했다. "알렉스, 우리는 그것에 대해 이미 수백 번도 더 짚고 넘어갔어요."

"좋아, 보라구. 이것만 말해줘. 다른 남자가 생겼나?"

줄리는 멈춰 섰다. 우리는 구석에 도달해 있었다.

그녀는 차갑게 말했다. "당신하곤 이제 끝까지 간 것 같아요."

나는 그녀가 돌아서서 집으로 들어갈 동안 잠시 거기 서 있다가 그녀를 따라갔다.

"사실이야, 아니야?"

"물론 아니예요." 그녀는 악을 썼다. "다른 사람과 놀아난다면 내가 우리 부모님 집에 머물 것 같아요?"

개를 데리고 가던 사람이 우리를 쳐다봤다. 줄리와 나는 입을 꼭 다물고 그 앞을 빨리 지나쳤다.

나는 그녀에게 속삭였다. "그것을 알아야 했어, 그뿐이야."

"만약 당신이, 내가 누군가와 놀아나려고 애들을 버렸다고 생각한다면, 내가 누군지를 이해하지 못하고 있는 거예요."

나는 마치 한 대 맞은 느낌이 들었다.

"줄리, 미안해. 하지만, 그런 일이 종종 일어나거든. 그리고 난 단지 무슨 일이 일어나는지 확인할 필요가 있었을 뿐이야."

그녀는 천천히 걸었다. 그녀의 어깨에 손을 얹자 그녀는 그것을 세차게 뿌리쳤다.

"알렉스, 나는 오랫동안 불행하게 지냈어요. 그리고 그것에 대해 회의감을 갖고 있어요. 나는 마치 나는 불행해서는 안 된다고 생각해왔거든요. 그게 나예요."

초조함 속에 나는 우리가 다시 그녀의 부모 집 앞에 돌아와 있음을 발견했다. 너무 짧은 대화였다. 아다는 유리창에 무표정하게 서 있었다. 줄리와 나는 멈춰 섰다. 나는 차 뒤에 기댔다.

"짐을 싸서 나랑 같이 집으로 가지." 나는 제안했다. 하지만 그녀는 내가 말을 끝내기도 전에 머리를 흔들었다.

"아니요, 아직 준비가 안 돼 있어요."

"좋아, 보라구. 선택을 하라구. 떨어져 있다가 이혼을 하든지 아니면 집으로 같이 가서 잘 살아보려고 노력을 하든지. 우리가 더 오래 떨어져 있을수록 서로에게서 더욱 멀어져 갈 거고 이혼으로 향하는 거지. 그리고 만약 이혼을 한다면 무슨 일이 생길지 알 거야. 우리 친구들한테 일어난 것들을 무수히 봤으니까. 진심으로 그것을 원하나? 자, 집으로 가자구. 더 나아질 거라고 약속해."

그녀는 머리를 흔들었다. "그럴 수 없어요, 알렉스. 나는 이전에도 너무 많은 약속을 들어왔어요."

나는 머리를 흔들었다. "그럼, 이혼을 원해?"

"말했잖아요, 몰라요!"

"좋아," 나는 마지막으로 말했다. "내가 당신 마음을 정리해줄 순 없어. 아마 그것은 당신의 결정일테니까. 내가 말할 수 있는 것은 내가 당신이 돌아오길 바란다는 것이야. 확신컨대 애들도 그것을 원하고 있을 거구. 당신이 원하는 것이 무엇인지를 알았을 때 전화해줘."

"그게 바로 내가 계획한 것이에요, 알렉스."

나는 차로 돌아와서 시동을 걸었다. 창문을 내리고 차 옆 길가에서 있는 그녀를 올려다봤다.

"알아? 나는 정말 당신을 사랑한다구."

이 말이 결국 그녀의 마음을 녹여줬다. 그녀는 차에 다가와서 몸을 숙였다. 창문 밖으로 나는 그녀의 손을 잡았고 그녀는 내게 키스했다. 그리고 아무 말 없이 일어나서 걸어갔다. 잔디 위를 반쯤 걷다 그녀는 갑자기 뛰기 시작했다. 그녀가 문으로 사라질 때까지 지켜보다 나는 머리를 흔들고 차에 기어를 넣었다. 그리고 차를 몰아 그곳을 떠났다.

21

그날밤 나는 열시에나 집에 도착했다. 우울했지만 내 집이었다. 냉장고 안을 뒤적거리며 나는 저녁거리를 찾았지만, 차가운 스파게티와 먹다 남은 완두콩으로 만족해야 했다. 남아 있는 보드카로 그것들을 뱃속으로 씻어내며 간단히 끼니를 때웠다.

식사를 하면서도 만약 줄리가 돌아오지 않으면 어떻게 해야 하나 생각했다. 만약 아내가 없다면 다른 여자와 다시 데이트를 해야 하나? 어디서 만나지? 나는 베링턴 헐리데이 인에 있는 술집에 서 있는 내 모습을 그려보았다. 섹시하게 보이려고 애쓰며 낯선 여자에게 묻겠지. "당신의 암호는 뭐죠?"

그게 나의 운명인가? 하나님. 그리고 어쨌든 그런 대사가 요즘에도 통할까? 아니, 지금까지 통해왔던가?

누군가 같이 나갈 사람이 필요했다.

잠시 동안 내가 아는 모든 여자들을 생각했다. 누가 나랑 같이 나가줄까? 나는 누구와 나가길 원하지? 리스트를 뒤지는 데 별로 시간이 걸리지 않았다. 한 명이 떠올랐다. 의자에서 일어나 나는 전화기로 갔다. 한 5분을 뚫어져라 그것을 쳐다보았다.

전화를 해야 할까?

긴장해서 번호를 돌렸지만 전화벨이 울리기도 전에 끊었다. 전화기를 좀더 노려보았다. 제기랄! 그녀가 할 수 있는 거라곤 '아니오'라고 말하는 것뿐 아닌가? 나는 다시 번호를 돌렸다. 열 번쯤 울리고 나서야 누군가 전화를 받았다.

"여보세요." 그녀의 아버지였다.

"줄리하고 통화할 수 있을까요?"

어색한 침묵이 흘렀다. "기다리게나."

잠시 시간이 지났다.

"여보세요." 줄리였다.

"나야."

"알렉스?"

"응. 들어봐. 늦은 건 알아. 하지만 뭔가 물어보고 싶어서."

"이혼이나 집에 오라는 얘기라면—."

"아니, 아니야. 단지 당신이 결심을 할 때까지 우리가 서로 가끔 만나는 게 무슨 해가 되는지 궁금해서 그래."

"글쎄요…… 아닐 것 같은데요."

"좋아, 토요일 저녁에 뭘 할 거지?"

그녀의 얼굴에 웃음이 번지는지 잠시 침묵이 흘렀다.

"데이트 신청하는 거예요?"

"응, 그래."

오랜 침묵.

"어때? 같이 나갈 수 있을까?"

"그래요, 나도 정말 그러고 싶어요." 그녀가 최종적으로 말했다.

"좋아. 7시 30분에 보는 게 어때?"

"그때까지 준비하죠."

다음날 아침 우리는 병목의 두 감독관들과 함께 회의실에 있었다. 우리는 스테시, 봅, 랄프 그리고 나였다. 테드 스펜서는 열처리 용광로를 책임지고 있는 감독관이었다. 마치 쇠처럼 보이는 머리칼과 몸을 가진 나이든 사람이었다. 마리오 드몬트는 NCX-10이 있는 작업장의 감독관이다. 그도 테드만큼 나이가 들었지만 더 뚱뚱했다.

스테시와 랄프는 둘 다 눈이 충혈되어 있었다. 내가 자리에 앉기도 전에 그들은 그 일들을 지금까지도 하고 있다고 보고했다.

납기일을 넘긴 주문들의 목록을 만드는 것은 쉬웠다. 컴퓨터가 그것들을 다 뽑아내고 늦은 정도에 따라 분류해주었기 때문에 한 시간도 채 안 걸렸다. 하지만 그 다음에 그들은 각각의 주문의 재료 청구서를 다 뒤져서 어떤 부품들이 병목으로 가는가 알아내고 부품들을 만들 재료가 있나를 확인해야 했다. 그것들을 하느라 거의 밤을 새운 것이다.

스테시는 그녀가 컴퓨터의 존재를 감사하게 여기긴 이번이 처음이었다고 말했다.

우리 모두는 랄프가 직접 써서 복사한 그 목록표들을 다 가지고 있었다. 거기에 기록되어 있는 것들은 납기일을 넘긴 주문 67개의 총계였다. 그것들은 가장 많이 늦어진 것부터 가장 적게 늦어진 것의 순으로 분류되어 있었다. 맨 위에 있는 최악의 것은 마케팅부에서 약속한 납기일자보다 58일이나 늦어 있었다. 가장 나은 것은 하루가 늦은 것이었는데 그런 것이 세 개 있었다.

"몇 가지 체크도 했어요." 랄프가 말했다. "현재 납기일을 넘긴 주문 중 약 90퍼센트가 그 병목 중 하나나 아니면 두 개 모두를 거쳐야 할 부품들을 필요로 하고 있어요. 그것 중에 85퍼센트 가량은 조립장에 묶여 있는데 그 병목을 통하는 부품들을 기다리느라 그러고 있는 거죠."

"그렇다면 그 부품들이 최우선권을 가져야 한다는 게 분명해졌군." 나는 그 두 감독관에게 설명했다.

이어서 랄프가 말했다. "우리는 계속해서 그 열처리 기계와 NCX-10에 대해 어떤 부품들을 어떤 순서대로—다시 가장 늦은 것부터

덜 늦은 것의 순서대로——처리해야 하는가를 표로 작성했죠. 1주일 후엔 그 리스트를 컴퓨터로 만들어낼 수 있을 거예요. 더이상 밤에 등불을 밝히는 일을 그만둬야죠."

"대단하네, 랄프. 스테시와 자네가 정말 대단한 일을 했어." 그리고 나는 테드와 마리오를 보았다.

"자, 이제 자네들이 해야 할 일은 반장들이 그 리스트의 맨 위에서 아래의 순서대로 일을 할 수 있도록 지시하는 것일세."

"별로 어려울 것 없어요." 테드가 말했다. "무난히 해낼 수 있을 것 같아요."

"하지만 아마 어떤 것들은 추적해봐야 할지도 몰라요." 마리오가 말했다.

"그것은 재고를 살펴보면 돼요." 스테시가 말했다. "무엇이 문제죠?"

마리오는 눈살을 찌푸리고 말했다. "문제 없어요. 그저 이 리스트에 있는 것만 하면 돼죠. 맞죠?"

"맞아. 간단하네." 내가 말했다. "그 리스트에 있지 않은 것은 하지 말게. 만약 독촉계원들이 자네들을 괴롭히면 나한테 가보라 그러게. 그리고 우리가 준 그 순서대로 하는 것 명심하게."

테드와 마리오 둘 다 고개를 끄덕였다.

나는 스테시를 보고 말했다. "독촉계원들이 이 우선권 리스트에 간섭하지 않도록 하는 게 얼마나 중요한지 알고 있겠죠?"

"하지만 당신이 마케팅부에서의 압력 때문에 그것들을 바꾸지 않겠다고 약속해야 돼요."

"명예를 걸고 약속하겠소." 나는 그녀에게 말하고 다시 테드와 마리오에게 말했다. "진심으로 자네들이 열처리 기계와 NCX-10이 공장 전체에서 가장 중요한 과정이라는 걸 알아주기 바라네. 자네들이 그것들을 얼마나 잘 관리하느냐가 이 공장의 미래를 진짜로 결정하게 될 걸세."

"최선을 다하겠습니다." 테드가 말했다.

"그들이 최선을 다할 거라는 건 내가 확신해요." 봅 도노반이 말했다.

그 회의가 끝나고 나는 바로 인사부로 마이크 오도넬을 만나러 갔다. 그는 조합 지부장이다. 내가 들어가니 인사 매니저인 스코트 돌린이 의자 팔걸이를 하얀 손가락으로 움켜쥐고 있었고, 오도넬이 소리를 높여 말하고 있었다.

"무슨 문제인가?"

"잘 아실 거예요, 문제가 뭔지. 열처리기와 N/C 기계에서의 새 점심시간 규칙 때문이죠." 오도넬이 말했다. "계약 위반이에요. 7장 4번째 문구에 보면……."

"알았네. 잠깐 기다려, 마이크. 조합에 우리 공장의 최근 상황에 대해 설명해주어야 할 때가 온 것 같군."

남은 아침 시간 내내 나는 그에게 공장의 현 상황에 대해 설명해주었다. 그리고 나서 우리가 발견한 것들과 왜 몇 가지 변화가 필요한지 설명해주었다. 이야기를 마무리하면서 나는 말했다. "이해하겠나? 이것이 아마 많아야 한 20명한테나 영향을 끼칠 거라는 것을?"

그는 고개를 흔들었다.

"봐요, 당신이 이렇게 설명해준 것에 대해서는 고맙게 생각해요. 하지만 우리는 계약이라는 것을 가지고 있잖아요. 다른 식으로 생각해봐요. 당신이 좋아하지 않는 것은 무엇이든 바꿔버릴지 누가 알겠어요?"

"마이크, 진심으로 그것들 말고 다른 것들은 바꿀 필요가 전혀 없네. 하지만, 우리는 궁극적으로 일에 대해 말하고 있는 걸세. 임금을 깎자거나 혜택을 줄이자고 요구하는 것이 아니야. 융통성을 요구하는 거지. 우리의 공장이 돈을 벌게 할 수 있는 변화를 만드는 데 필요한 여유를 가져야 하네. 아니면, 간단히 말해서, 몇 달 후엔 공장이 없어질 걸세."

"마치 협박처럼 들리는군요."

"마이크, 내가 할 수 있는 말은, 내가 진짜 사람들을 겁주려고 이러는지 보려고 자네가 두 달을 기다린다면 그땐 이미 너무 늦었을 거란 사실이네."

마이크 오도넬은 잠시 조용했다.

마침내 그는 입을 열었다. "생각해보겠어요, 모든 것을 다. 다시 연락하죠."

이른 오후가 되자 나는 더이상 참을 수가 없었다. 나는 그 새 우선권 체계가 어떻게 되어가는지를 알고 싶어 안달이 났다. 봅 도노반에게 전화를 했지만 그는 공장에 나가 있었다. 그래서 나는 직접 가서 보기로 했다.

내가 처음 검토한 장소는 NCX-10이었다. 하지만 내가 그 기계로 갔을 땐, 거기에는 물어볼 사람이 한 명도 없었다. 자동기계이기 때문에 대부분의 시간을 아무도 없이 작동하는 것이다. 문제는 내가 거기에 갔을 때 그 빌어먹을 기계가 그저 가만히 서 있었다는 것이다. 그것은 작동하지 않고 있었고 아무런 작동 준비도 되어 있지 않았다. 나는 미칠 정도로 화가 나서 마리오를 찾아갔다.

"왜 저 빌어먹을 기계가 일하지 않고 있나?" 그에게 물었다.

그는 반장에게 알아보고 다시 내게로 왔다.

"재료가 없다는데요."

"재료가 없다니, 무슨 뜻이야?" 나는 버럭 소리를 질렀다. "여기 널려 있는 쇠들은 재료가 아니고 뭔가?"

"하지만 리스트상에 있는 것에 따라서 작업하라고 했잖아요."

"그러면 그 늦어진 주문들에 필요한 부품을 다 만들었단 말인가?"

"아뇨. 그들은 그 부품들을 처음 두 번에 걸쳐 처리했어요. 그리고 리스트에 있는 세번째 부품을 하려고 했는데 주위를 아무리 둘러봐도 그것을 위한 재료를 발견하지 못한 거죠. 그래서 그것들이 나타날 때까지 작업을 중단한 거구요."

나는 거의 그를 목졸라 죽이고 싶은 심정이 되었다.

"그게 당신이 우리에게 원하는 것 아니예요?" 마리오가 말했다. "리스트상에 있는 것들만 정해진 순서대로 하기를 원하잖아요, 안 그래요? 그렇게 말하지 않았나요?"

마침내 내가 말했다. "그래, 그게 내가 말한 거지. 하지만 만약 그 리스트에 있는 한 가지 품목을 발견하지 못한다면 다음으로 가야 한다는 생각이 안 들던가?"

마리오는 곤경에 빠진 것처럼 보였다.

"그건 그렇고 도대체 자네가 필요한 그 재료들이 어디 있나?"

"전혀 모르겠어요. 여섯 개 장소 중 어딘가에 있을텐데. 아마 봅이 벌써 사람을 시켜 알아보고 있을 거예요."

"알았네. 봐, 자네는 리스트상에 있는 다음 주문의 부품을 위해 이 기계를 준비시키게. 하지만 자네가 재료를 갖고 있는 것 중에서 말일세. 그리고 이 기계를 계속 가동시키라구."

"알았어요."

나는 미칠 정도로 화가 나서 사무실로 돌아왔다. 봅을 찾아내 무엇이 잘못되었는지 알고 싶었다. 가는 도중에 나는 선반 옆을 지나가게 되었는데 거기에 그가 반장인 오토와 얘기를 하고 있었다. 어떤 식으로 말을 하고 있는지는 몰라도 오토는 몹시 쩔쩔매고 있었다. 나는 서서 봅이 얘기를 끝낼 때까지 기다렸다. 잠시 후 오토가 걸어가서 기계공들을 불러모았고 봅이 내게로 왔다.

나는 그에게 말했다. "무슨 일이 일어나고 있는지 아는지—."

"네, 알아요." 그가 말했다. "그 일 때문에 내가 여기 온 거죠."

"무엇이 문제인가?"

"아무것도, 아무 문제도 아녜요. 단지 표준 공정 절차일 뿐예요."

봅이 내게 설명하기를 NCX-10이 기다리는 부품들이 저기에 한 일주일 가량 쌓여 있었다는 것이다. 오토는 다른 부품들을 돌리고 있던 중이었다. 그는 NCX-10으로 향하는 부품의 중요성에 대해 모르고 있었다. 그에겐 그것들이 다른 부품 묶음과 다를 게 없어 보였다. 사실 크기로 봐선 오히려 덜 중요해 보였다. 봅이 거기에 갔을 때 그들은 크고 오랫동안 돌려야 하는 작업을 하고 있었고 오토는 멈추길 원하지 않았던 것이다……. 봅이 그것들을 그에게 설명하기 전까지는.

"젠장, 알렉스, 전과 똑같잖아요." 봅이 말했다. "그들은 기계를 준비하고 뭔가를 돌려요. 그리고 그 중간에 다른 것을 하려고 그 일을 멈추는 거죠. 똑같아요!"

"잠깐 기다리게. 잠시 생각해보라구."

봅은 고개를 흔들었다. "생각할 게 어디 있어요?"

"이것을 이론적으로 생각해보자구. 무엇이 문제지?"

"NCX-10에 부품들이 안 왔고, 그것은 그 기계의 조작자들이 그들이 하기로 되어 있는 작업을 할 수 없었음을 의미하는 거죠." 봅은 노래하는 것처럼 얘기했다.

"그리고 그 원인은 이 비병목 기계가 다른 비병목 부품들을 처리하는 동안 그 병목에서 필요한 부품들이 여기서 그저 할 일 없이 기다리고 있었기 때문이구." 내가 말했다. "이제 왜 이 일이 일어났는지 우리 스스로 물어볼 차례네."

"이곳을 책임지고 있는 자가 그저 계속 기계를 바삐 돌리려고 했기 때문이죠. 그것뿐이에요." 봅이 말했다.

"맞네. 그가 기계를 계속 돌리고 있지 않으면 자네 같은 사람이 와서 뭐라고 그럴테니까."

"네, 그리고 내가 아니더라도 당신 같은 사람이 와서 뭐라고 그럴테니까."

"알겠네. 하지만 아무리 그가 바쁘더라도 그는 우리가 목표를 향해 가는 데 도움을 주지 못하고 있는 거야."

"글쎄요……."

"맞아, 봅. 보게!" 나는 NCX-10으로 가기로 되어 있는 부품들을 가리켰다. "우리는 저 부품들이 당장 오늘 필요하네. 내일이 아니라. 그 비병목 부품들은 아마 몇 주 아니면 몇 년간, 아니면 평생 필요치 않을지도 모르네. 그래서 그 비병목 부품들을 계속 만들어냄으로써 그는 우리의 사업을 사실상 방해하고 있는 거야."

"하지만 그는 그걸 모르고 있어요."

"바로 그걸세. 그는 중요한 부품 무리와 중요하지 않은 것을 구별하지 못하는 거야. 왜일까?"

"아무도 그에게 말해주지 않았거든요."

"그렇지. 자네가 오기 전까진. 하지만 자네가 모든 곳에 있을 수는 없지. 결과적으로 이런 종류의 일은 또 일어날 걸세. 그렇다면 어떻게 공장 안의 모든 사람들에게 어떤 부품이 중요한지를 알려줄 수 있겠나?"

"일종의 시스템이 필요할 것 같아요."

"좋아. 당장 그것을 만들어보자구. 그래서 계속 이런 비생산적인 일이 일어나지 않도록 말일세. 그리고 그 두 개의 병목에서 일하고 있는 사람들에게 확실히 교육시키게. 다른 어떤 작업을 하기 전에 우리가 준 리스트상에서 가장 높은 우선권을 갖고 있는 것에 대해 먼저 작업하도록 말일세."

봅이 오토에게 다시 한번 더 말을 해주고 나서 우리들은 다른 병목으로 향했다.

두 병목들을 다 살펴보고 나서 우리는 다시 사무실로 돌아왔다. 봅의 얼굴을 보니 아직도 아까 일어났던 일을 가지고 심란해 하는 것 같았다.

"왜 그러나? 우리가 지금 하고 있는 것들에 대해 확신이 없어 보이는군."

"알렉스, 만약 우리가 그 병목 통과 부품들을 만들기 위해 계속해서 공정들을 중단시킨다면 무슨 일이 일어날까요?" 그가 물었다.

"병목에서의 노는 시간을 없앨 수 있겠지?"

"하지만 다른 98퍼센트의 작업장에서의 비용은 어떻게 되지요?"

"지금은 그것에 대해 걱정하지 말게. 단지 병목만 계속 일하게 하게. 보게, 나는 자네가 아까 그곳에서 옳은 일을 하고 있었다고 확신하네. 자네는 안 그런가?"

"아마 그렇겠죠. 하지만 그것 때문에 모든 규칙을 깨야 했어요."

"그렇다면 그 규칙들은 깨져야 하네."

"그리고 그것들은 좋은 법칙들이 아닐지도 몰라. 알다시피 우리는 어떤 주문을 출고시키라는 독촉 때문에 항상 공정을 중간에서 중단시켜야 했어. 그때와 지금과의 차이는, 이제는 우리가 외부로부터의 압력이 오기 전에 그것을 해야 한다는 것을 미리 안다는 거지. 우리는 우리가 아는 것에 대해 확신을 가져야 하네."

봅은 동의의 표시로 고개를 끄덕였다. 하지만 나는 그가 증거만을 믿는다는 것을 알고 있다. 솔직히 말한다면 나도 같을지 모른다.

그 문제를 해결할 시스템을 개발하는 데 며칠이 걸렸다. 월요일 아침 8시에 첫 교대를 시작할 때 나는 책상에서 종업원들이 들어오고 있는 것을 보고 있었다. 봅 도노반이 나와 함께 있었다.

초반의 그 오해가 있은 후 나는 더 많은 사람들이 병목과 그것의 중요성에 대해 알수록 우리에게 유리하다고 생각했다. 우리는 공장 안의 모든 시간제 일꾼과 반장들이 참석하는 15분짜리 미팅을 가지기로 했다. 오후에는 2교대조에서 일하는 사람과 같은 일을 반복할 것이다. 그리고 야밤에는 3교대조와도 그 미팅을 가질 계획이다. 사람들이 다 모이자 나는 그들 앞에 서서 얘기했다.

"여러분 모두가 알듯이 이 공장은 근래에 와서 하향세에 있습니다. 하지만, 여러분들이 모르고 있는 것은, 우리가 그런 상황을 변화시키려고 뭔가 시작하려 하고 있다는 것입니다. 여러분은 오늘 아침 새로운 시스템을 만나보기 위해 이 미팅에 와 있습니다. 우리 생각으론 그것이 이 공장을 과거보다 더 생산적으로 만들 수 있다고 봅니다. 내가 간단히 우리가 이 시스템을 개발하게 된 배경에 대해 설명해드리고, 그후엔 봅 도노반 씨가 그것이 어떻게 운영될 것인가에 대해서 설명할 것입니다."

15분 안에 미팅을 끝내려고 했기 때문에 그들에게 많이 얘기해줄 시간이 없었다. 하지만 유추법을 이용하여 간단히 그 병목들에 대해 설명하고 왜 우리가 열처리와 NCX-10 공정을 거치는 부품들에 대해 우선권을 주어야 하는지를 설명했다. 시간이 없어 그들에게 자세히 설명해줄 수 없는 것들에 대해선 이전의 공장종업원 신문을 대치할 뉴스레터를 통해 설명할 것이다. 그것은 공장의 발전과 진보에 대한 내용을 담게 될 것이다.

어쨌든 나는 봅에게 마이크를 넘겨주었고, 그는 우리가 공장 안에 있는 모든 재료에 대해 어떻게 우선순위를 정할 것인지를 설명했다.

그래서 모두가 무슨 작업을 해야 될지 알게 말이다.

"오늘이 지나기 전까지는 공장 안에 있는 모든 재공품들 위에 번호가 새겨진 꼬리표가 붙여질 것입니다." 그는 몇 개의 샘플을 들고 말했다.

"그 꼬리표는 두 가지 색 중의 하나일 겁니다. 빨간색이나 초록색. 빨간 표시는 그것이 붙어 있는 작업들이 첫번째 우선권을 가져야 한다는 것을 의미하는데, 그것은 병목을 통과해야 되는 모든 재료에 붙여질 겁니다. 만약 여러분의 작업장에 도착한 부품들이 빨간색 꼬리표를 달고 있다면 여러분은 바로 그것들에 대한 작업에 들어가야 하는 것입니다."

봅은 그 '바로'라는 것이 무엇을 의미하는지 설명했다. 만약 그들이 다른 일을 하고 있었다면 그것을 끝마치는 것은 좋다. 하지만 그 일이 30분 이상 걸리지 않는다는 전제 아래서다. 한 시간 안에는 무슨 일이 있어도 그 빨간 꼬리표가 붙은 부품이 작업에 들어갈 수 있도록 해야 하는 것이다.

"만약 다른 작업을 위해 기계를 준비중이었다면 그 준비를 즉각 그만두고 빨간 꼬리표의 부품들을 위해 준비해야 합니다. 그 병목 부품들을 다 끝마치면 다시 전에 하던 것을 계속할 수 있습니다."

"두번째 색깔은 녹색입니다. 빨간 꼬리표의 부품과 녹색 꼬리표의 부품 사이에 선택을 해야 할 때는 빨간 것을 먼저 하십시오. 저기에 있는 대부분의 재공품들은 녹색으로 표시될 것입니다. 그렇더라도 여러분은 빨간 꼬리표의 것이 작업을 기다리고 있지 않을 때에만 그 녹색 꼬리표의 부품들에 대한 작업을 해야 됩니다."

"이것이 색깔의 우선권에 대한 설명입니다. 그러면 같은 색의 두 가지 작업 더미를 가졌을 때는 어떻게 해야 하겠습니까? 그 경우는 꼬리표에 씌어 있는 숫자를 봐야 합니다. 항상 숫자가 낮은 재료에 대해 먼저 작업을 해야 합니다."

봅은 좀더 자세한 설명을 하고 두어 개의 질문을 받았다. 그리고 내가 마무리를 했다.

"이 미팅은 내 아이디어였습니다. 내가 여러분을 일하는 중에 모이라고 한 것은, 모두가 같은 시간에 같은 메시지를 들을 수 있기를 원했기 때문입니다. 바라건대 여러분들이 무슨 일이 벌어지고 있는지 더 잘 이해하는 기회가 되었으면 좋겠습니다. 하지만 다른 이유는, 여러분들 대부분이 공장에 관한 좋은 소식을 들은 지가 너무 오래되었다는 것을 알리기 위해서입니다. 여러분이 지금 들으신 것들은 단지 시작입니다. 모든 게 좋은 생각 같더라도 우리 공장의 미래와 여러분 직장은 우리가 다시 돈을 벌기 시작할 때만이 확실해지는 것입니다. 여러분이 할 수 있는 가장 중요한 것은 우리와 같이 일을 하는 것입니다. 그리고 우리 모두 이 공장이 계속 살아남도록 열심히 일합시다."

그날 오후 늦게 전화가 왔다.

"안녕하세요, 오도넬입니다. 그 점심시간과 휴식시간에 관한 새 규정 말이죠, 그대로 밀고 나가세요. 아무말도 안 하겠습니다."

나는 그 뉴스를 봅에게 전했다. 그리고 이 작은 승리와 함께 그 한 주가 끝났다.

토요일 저녁 7시 29분에 나는 깨끗이 세차를 하고 왁스칠한 뷔익을 몰고 줄리 부모의 집 앞에 도착했다. 옆자리의 꽃다발을 집어 들고 나는 새로 산 코트를 입고서 잔디 위로 향했다. 7시 30분에 벨을 눌렀다.

줄리가 문을 열었다.

"어머, 당신 근사한데요."

"당신도 아름다워."

사실 그녀는 진짜로 그랬다.

그녀의 부모들과 어색하게 몇 마디를 나누었다. 그녀의 아버지는 공장에서의 일들이 어떻게 되어가는지를 물어왔다. 나는 우리가 회복의 길로 접어든 것 같다고 말하고 새로운 우선권 시스템과 그것이 NCX-10과 열처리기에 어떤 영향을 줄 수 있는가에 대해 언급했다. 줄리의 부모는 나를 멍하니 쳐다봤다.

"나갈까요?" 줄리가 말했다.

나는 그녀의 어머니에게 농담을 건넸다.

"열시까진 집에 데리고 오겠습니다."

"좋네." 그녀의 어머니가 말했다. "기다리고 있겠네."

22

"자, 여기 있어요." 랄프가 말했다.

"나쁘진 않군요." 스테시가 말했다.

"나쁘진 않다구요? 그보단 훨씬 좋잖아요." 봅이 말했다.

"이젠 뭔가 바르게 하고 있다는 것이 분명해졌어요." 스테시가 말했다.

"하지만 충분하지 않아." 나는 중얼거렸다.

일주일이 지나 우리는 회의실 안에 있는 터미널 앞에 모여 앉아 있었다. 랄프가 컴퓨터로부터 우리가 지난주에 출고할 수 있었던 납기일을 넘긴 주문들의 목록을 뽑아냈다.

"충분하지 않아요? 최소한 전보다는 많이 나아졌잖아요." 스테시가 말했다. "지난주에 우린 12개의 주문을 실어냈어요. 이 공장에서 그 정도면 괜찮은 거예요. 그리고 그것들은 납기일이 가장 오래 지난 주문 12개였어요."

"이제 우리가 갖고 있는 것 중 가장 납기일을 오래 넘긴 것은 44일이 늦어진 것이죠." 랄프가 말했다. "기억하실지 모르겠지만 최악의 것은 58일이나 늦은 것이었어요."

"대단한데!" 봅이 말했다.

나는 테이블로 돌아와서 자리에 앉았다.

우리의 열성은 어느 정도 결실을 맺은 것 같았다.

모든 작업더미에 우선권과 공정 과정에 따라 꼬리표를 붙이는 새 시스템은 꽤 잘되어가고 있었다. 이제 병목들은 필요한 부품을 즉시 얻을 수 있었다. 사실 그들 앞의 재고더미는 늘어갔다. 병목에서의 처리가 빨라짐에 따라 그 빨간 꼬리표가 붙은 부품들은 최종 조립대에 좀더 빨리 도달할 수 있었다. 마치 우리가 공장 전체를 통해 그 병목 부품들을 위한 '급행줄'을 새로 만든 것 같았다.

품질검사를 병목 앞에 놓고 난 후 우리는 NCX-10으로 가는 부품들의 약 5퍼센트가, 그리고 열처리로 가는 부품들의 약 7퍼센트가 품질규정에 미달한다는 것을 발견했다. 만약 이러한 퍼센트가 앞으로도 계속 유지될 수 있다면 우리는 그것들을 처리하느라 들었을 시간만큼을 버는 셈이고 따라서 생산율을 늘릴 수 있게 된 것이다.

점심시간 동안에도 기술자를 병목에 대기시킨 새로운 정책도 효과를 보았다. 비록 우리가 전에 얼마를 손해보고 있었는지 모르기 때문에 그것으로부터 이익이 얼마나 되는지 확실치 않지만 말이다. 이제 최소한 우리는 옳은 일을 하고 있는 것이다. 하지만 나는 아직도 종종 NCX-10이 놀고 있다는 보고를 들었다. 그것도 아무도 쉬고 있지 않을 때에 말이다. 봅이 그 이유를 조사하기로 했다.

이런 모든 새로운 제도들의 결합으로, 중요한 주문들이 속속 공장 밖으로 실려 나갈 수 있었다. 또 우리는 이전보다 약간 더 많은 주문을 출고할 수 있었다. 하지만 나는 우리가 과연 충분히 빠르게 가고 있는가를 의심했다. 몇 주 전에 우리는 절뚝거리고 있었지만 이제는 걷고 있다. 하지만 우리는 뛰어야 하는 것이다.

자료 터미널을 다시 보다가 모두 나를 보고 있음을 발견했다.

"듣게. 나는 우리가 바른 방향으로 첫 발을 내딛었다고 확신하네." 나는 그들에게 설명했다. "하지만 우리는 그 진전을 더 가속화시켜야 하네. 지난주에 12개의 주문을 출고할 수 있었던 것은 잘한 일이야. 하지만 아직도 납기일이 넘은 주문들이 몇 개 남아 있네. 그전처럼 많지는 않지만 말이야. 여하튼 우리는 좀더 잘해야 하네. 우선 납기일이 지난 주문들이 하나도 없도록 해야 하네."

모두가 컴퓨터를 보는 것을 멈추고 나와 같이 테이블에 둘러앉았다. 봅 도노반이 우리가 이미 하고 있는 것들을 좀더 정제하는 계획에 대해 이야기하기 시작했다.

나는 말했다. "봅, 좋은 계획이야. 하지만 그것들은 지엽적인 것들이네. 조나가 제안했던 다른 것들에 대해선 어떤 계획이 있나?"

봅은 다른 곳을 쳐다보았다.

"글쎄요. 살펴보고는 있어요."

"수요일 참모회의 때까지 병목들의 부담을 덜어줄 수 있는 방법을 강구해보게."

봅은 아무 말도 안 하고 고개만 끄떡였다.

"그때까지 준비할 수 있겠지?"

"어떻게든 해보죠."

그날 오후에는 사무실에서 품질관리 매니저인 엘로이 랭스턴과 사원신문 편집부에 있는 바브라 펜을 만났다. 바브라는 공장에서 벌어지고 있는 변화들의 배경과 이유에 대한 설명을 담고 있는 뉴스레터를 쓰고 있는데, 지난주 그것의 첫호가 배포됐다. 나는 그녀가 우리의 새 프로젝트를 수행하는 것을 같이 도와주도록 랭스턴에게 지시했다.

우리는 부품이 병목을 통과했는데도 종종 병목으로 들어가는 부품으로 오해받는 경우가 종종 있음을 발견했다. 숙련된 눈으로 자세히 검사해야만 겨우 그 차이를 발견할 수 있기 때문이다. 문제는 어떻게 종업원들이 그것들을 쉽게 구별할 수 있게 하느냐는 것이다. 그래야만 좀더 많은 사람이 그 병목 통과 부품들을 취급할 수 있게 되고 결과적으로 우리의 생산율도 올라가는 것이다. 랭스턴과 펜은 내 사무실에서 그들이 연구해온 것에 대해 얘기를 나누고 있었다.

"우리는 이미 빨간 꼬리표를 쓰고 있어요." 펜이 말했다. "그것은 어떤 부품이 병목 공정으로 가는지를 알려주고 있죠. 이제 우리가 필요한 것은 사람들에게 그들이 특별한 관심을 가지고 취급해야 할 부품들을 알리는 간단한 방법을 찾아내는 거죠. 그들이 마치 황금처럼 취급해야 할 것들을 말이죠."

"적합한 비교요."

그녀는 계속 말했다. "그래서인데 그 부품들이 병목에서 끝마쳐진 다음에 간단히 노란 테이프 조각을 붙이는 게 어떨까요? 그 테이프가 사람들에게 그것들을 그들이 황금처럼 취급해야 할 것이라는 걸 알려주는 거죠. 그리고 나는 그 테이프가 무엇을 뜻하는지에 대한 정보를 사람들에게 알릴 거예요. 통신 매개체로는 게시판이라든가, 반장들이 시간제 일꾼들에게 읽어주는 공고, 또는 공장에 깃발을 건다든가 하는 그런 것들을 이용할 수 있을 거예요."

“그 테이프들을 붙이느라 병목을 방해해서 느리게 하지 않는다면 근사한 아이디어 같군.” 나는 말했다.

“방해하지 않는 방법을 찾을 수 있을 거예요.” 랭스턴이 말했다.

“좋네. 나의 다른 관심은 이것들이 그저 홍보만 많이 하는 것에 그치지 않기를 바란다는 걸세.”

“잘 알고 있어요.” 랭스턴이 웃으면서 말했다.

“지금 현재 우리는 병목들과 그것들을 뒤따르는 공정과정에서의 품질 문제들의 원인들을 조직적으로 규명하고 있어요. 일단 우리가 어디를 겨누어야 하는지를 알면, 우리는 병목 통과 부품과 공정과정들에 대한 세부 절차를 개발할 거예요. 그리고 사람들이 그 절차를 배울 수 있게 교육시간을 가질 것이구요. 하지만 분명히 시간이 좀 걸리겠죠. 당분간은 그 병목 공정의 정확성을 위해서 기존의 절차들이 이중으로 체크되도록 해야겠어요.”

우리는 잠시 동안 더 얘기를 나누었다. 근본적으로는 모든 것이 다 옳게 들렸다. 나는 그들에게 최대한 빨리 일을 처리하고 일어나는 일들은 계속 보고해주도록 말했다.

“아주 잘했네.” 나는 그들이 떠나려고 일어설 때 말해줬다. “그런데, 봅 도노반은 왜 회의에 안 나왔나?”

“요즘 그 사람 보기 힘들어요.” 랭스턴이 말했다. “하지만 우리가 한 얘기를 그에게 요약해줄게요.”

그때 전화벨이 울렸다. 한 손으로 전화를 받으며 나는 문을 나가는 랭스턴과 펜에게 손을 흔들었다.

“여보세요. 봅 도노반입니다.”

“왜 이렇게 늦게 전화하나? 방금 회의를 놓친 것 아나?”

그는 별로 당황한 것 같지 않았다.

“알렉스, 보여줄 게 있어요. 여기로 잠깐 올 시간 있어요?”

"응, 그럴 수 있을 것 같네. 무슨 일이지?"

"글쎄요……. 여기 오면 말해드리죠. 하역 독에서 만나요."

나는 봅을 만나러 갔다. 그는 마치 내가 그를 지나칠까봐 손을 흔들며 서 있었다. 주위에 숨을 곳도 없는 그 확 트인 길에서 어떻게 그를 지나칠 수 있겠는가. 독에는 트럭이 하나 세워져 있었는데, 트럭 안에는 큰 물체가 하나 있었다. 그 물체는 회색 포대로 덮여 있었고 로프가 단단히 묶여 있었다. 두어 명의 사람이 크레인으로 그것을 내리고 있었다. 내가 봅에게 다가갔을 때 그들은 그것을 공중으로 들어올리고 있었다.

"조심해요!" 봅은 그 큰 회색 물체가 앞뒤로 흔들리는 것을 보며 소리쳤다.

크레인이 천천히 그 물건을 콘크리트 바닥에 안전하게 내려놓았다. 일꾼들이 그것을 감고 있는 체인을 풀었고, 봅이 다가가서 그들에게 포대를 묶고 있는 로프를 풀도록 시켰다.

"금방 보여드릴게요." 봅이 내게 자신있게 말했다.

나는 거기서 참을성 있게 서 있었다. 하지만 봅은 참을 수 없었나 보다. 그는 로프가 풀리자마자 그 물체를 덮고 있는 포대를 재빨리 제쳤다.

"짠—짜안!" 그는 뒤로 물러나 서서 내가 여태껏 본 것 중 가장 구식으로 보이는 기계 덩어리를 가리키며 말했다.

"대체 이게 뭔가?" 나는 어이가 없어 물었다.

"메그마입니다." 그는 그렇게 대답하고 걸레조각으로 군데군데 때를 닦기 시작했다.

"이것들은 이제 더이상 생산되지 않아요."

"그 말을 들으니 반갑군."

"알렉스, 메그마는 바로 우리가 필요한 기계라구요."

"마치 1942년엔 최신형이었던 것 같아 보이는군. 도대체 이게 어떻게 우리를 도와주지?"

"봐요. 저게 NCX-10과 똑같은 일을 할 수 없다는 건 인정해요. 하지만 이놈과," 그는 메그마를 가리켰다. "그리고 저기에 있는 스크루메이스더 중 하나를 더하고 그리고 저 구석에 있는 다른 기계 하나를 더하면 NCX-10이 할 수 있는 일들을 모두 해낼 수 있어요."

나는 그 기계들을 쭉 훑어봤다. 모두가 다 오래되고 더이상 사용하지 않고 있는 것이었다. 나는 메그마를 다시 보았다.

"그래서 이것이 자네가 조나에게 재고를 쌓을 자리 마련을 위해서 팔아치운 것이라던 그 기계구만."

"맞아요."

"이건 정말 골동품이군. 다른 것들도 다." 나는 다른 기계들을 가리키며 말했다. "저것들이 만족할 만한 품질의 제품을 생산할 수 있다고 확신하나?"

"자동화된 기계는 아니예요. 그래서 아마 사람들의 실수 때문에 결함이 좀더 많아지겠죠. 하지만 용량을 더 원한다면 이것이 가장 빨리 얻는 길이에요."

"자세히 보니까 점점 나아보이는군. 대체 이걸 어디서 찾았나?"

"사우스 엔드 공장에 있는 친구에게 아침에 전화했죠. 그 친구는 자기들이 아직도 이것들 두 개를 가지고 있는데 우리에게 하나를 줘도 된다고 하더군요. 그래서 보수과의 한 친구를 데리고 가서 살펴봤죠."

"얼마나 들었나?"

"그것을 여기로 가져오는 데 쓴 트럭 대여비밖에 안 들었어요. 그는 우리에게 그냥 가져가라더군요. 원래는 이걸 쓰레기로 처리하려고 했다는 거예요. 팔려면 많은 서류를 작성해야 하기 때문에 오히려 더 귀찮다고 하던데요."

"아직도 작동하나?"

"거기서 실험해봤을 땐 그랬어요."

"한 번 보자구."

보수공이 전원 코드를 가까이 있는 콘센트에 꽂았고 봅이 스위치를 찾아서 ON 버튼을 눌렀다. 잠시 동안 아무 일도 일어나지 않았다. 그리고 나서 우리는 그 낡은 기계의 몸체 속 어디선가에서 모터가 천천히 돌아가는 소리를 들었다. 먼지가 그 골동품 같은 팬에서 떨어져나왔다. 봅은 내게 돌아서서 그 큰 얼굴에 바보 같은 웃음을 지으면서 물었다.

"이제 사업이 잘될 것 같지 않아요?"

23

사무실 창밖으로 빗물이 흐르고 있었다. 바깥 세상은 회색으로 뿌옇게 보였다. 주중의 아침이었다. 내 앞에는 힐튼 스미스가 만든 《생산성 회보》가 놓여 있었다. 나는 맨 위의 첫문장도 읽을 수가 없었다. 대신 창밖을 응시하면서 줄리와의 관계를 곰곰이 생각했다.

줄리와 나는 그 토요일 밤에 데이트를 가졌고 정말 즐거운 시간을 보냈다. 특별히 분위기를 낸 것은 아니었지만 말이다. 우리는 영화를 보고 뭔가를 먹고, 무엇보다도 집으로 오는 길에 공원을 드라이브했다. 매우 단순한 것이었다. 하지만 우리는 바로 그런 것이 필요했던 것이다. 그저 그녀와 쉬고 있는 것이 좋았다. 처음엔 우리가 다시 고등학교로 돌아간 것 같은 느낌이 들었다. 하지만 잠시 후에 나는 그런 것들이 그렇게 나쁜 느낌은 아니라고 생각했다. 나는 그녀를 두시에야 집에 데려다주었다. 그리고 그녀의 아버지가 정원의 불을 켤 때까지 차 안에서 사랑을 나눴다.

그날 이후 우리는 계속 만났다. 지난주에는 두 번이나 그녀를 찾아갔다. 한 번은 중간에 있는 레스토랑에서 만났다. 아침엔 간신히 몸을 추스리고 직장에 나갈 정도였지만 불만은 없었다. 우리는 재미있게 지내고 있었다.

무언의 동의로서 우리는 이혼이나 결혼에 대해 일체 말하지 않았다. 그 얘기는 딱 한 번 나왔는데 우리가 애들에 대해 얘기할 때였다. 그리고 우리는 학교가 끝나는 대로 애들이 그들의 엄마와 외할아버지댁에서 같이 있게 하자는 데 동의했다. 그때 나는 그녀에게 대답을 강요하려 했지만, 이전 논쟁의 증후가 금방 다시 살아나기에 그만두기로 했다. 평화를 유지하기 위해. 우리는 마치 지옥의 변방같이 이상한 상태에 있었다. 마치 결혼하고 정착하기 전의 기분 같았다. 단지 지금 우리는 서로에게 매우 익숙해졌다는 것을 빼놓곤. 그리고 한동안 남쪽으로 태풍이 불고 있지만 언젠가는 누그러질 것이 확실하다.

조용히 문을 두드리는 소리가 나의 명상을 깨뜨렸다. 프렌이 문을 살짝 열고 안을 쳐다보았다.

"테드 스펜서가 밖에 와 있어요. 뭔가 당신께 할 얘기가 있대요."

"무슨 일인데?"

프렌은 사무실 안으로 들어와서 문을 닫고 재빨리 내 책상으로 와서는 속삭였다.

"모르겠어요. 하지만 소문에 듣기론 그가 한 시간 전쯤에 랄프 나카무라와 싸웠대요."

"오." 나는 놀랐다. "좋아요. 얘기해줘서 고맙소. 그를 들여보내도록 해요."

잠시 후 테드 스펜서가 들어왔다. 그는 화가 머리끝까지 나 있는 상태였다. 나는 그에게 열처리기에 무슨 일이 있느냐고 물었다.

"알렉스, 그 컴퓨터 만지는 녀석을 내 밑으로 보내줘요."

"랄프 말인가? 그와 무슨 문제가 있나?"

"그 녀석이 나를 서기 취급하려 들고 있어요. 내 주위를 얼쩡거리면서 온갖 종류의 바보 같은 질문만 해대더니 이제는 열처리기에서 일어나는 일을 계속 기록하라는 거예요."

"어떤 종류의 기록들인가?"

"모르겠어요. 나한테 용광로에 들어가고 나오는 모든 것들을 상세히 기록하라는 거예요. 언제 그것들을 넣었고 언제 꺼냈고 작업 사이의 간격이 얼마나 되나, 뭐 이런 것들이에요. 나는 그런 것들을 하기엔 너무 할 일이 많단 말이에요. 그 열처리기 외에도 내가 책임지고 있는 작업장이 세 곳이나 더 있어요."

"왜 그가 그런 시간기록들을 원하지?"

"내가 어떻게 알겠어요? 우리는 이미 누구나 만족할 정도의 서류를 준비해놨어요. 제가 아는 한은요. 제 생각은 랄프가 그저 숫자를 갖고 장난을 치려는 것 같아요. 그렇게 시간이 있다면 좋아요. 그하고 그의 부서 사람들한테 그런 일을 시키란 말예요. 나는 내 부서의 생산성을 걱정해야 하니까요."

이쯤에서 끝내려고 나는 고개를 끄덕였다.

"알았어. 잘 알았네. 내가 알아보지."

"그를 내 구역 밖으로 쫓아주실래요?"

"나중에 알려주겠네, 테드."

그가 나간 후 나는 프렌에게 랄프 나카무라를 찾아보도록 했다. 랄프는 그렇게 남을 닥달하는 사람이 아닌데, 테드를 그렇게 화나게 만들었다는 것이 의아했다.

"절 찾으셨다구요?" 랄프가 문에서 물었다.

"응, 들어와 앉게나."

그는 내 책상 앞에 앉았다.

"그래, 자네가 무슨 짓을 했기에 테드 스펜서가 그렇게 열받았나?"

랄프는 눈을 크게 뜨고 말했다. "내가 그에게 원한 것이라곤 단지 용광로로 들어가는 부품들의 실제 시간들을 정확히 기록해달란 것 뿐이에요. 아주 간단한 요구라고 생각했는데요."

"왜 그에게 그걸 요구했나?"

"두 가지 이유가 있어요." 랄프가 말했다. "한 가지는 우리가 갖고 있는 열처리기의 자료들이 매우 부정확해 보였기 때문이죠. 그리고 만약 당신이 말한 것이 사실이라면 열처리 공정은 공장 전체에 대단히 중요하잖아요. 그래서 나는 우리가 그것에 관해서 바른 통계를 갖고 있어야 한다고 생각했어요."

"왜 우리의 자료가 부정확하다고 생각하게 됐지?"

"지난주의 총출고를 본 후 나는 뭔가 무척 꺼림칙하게 느껴졌어요. 그 며칠 전에 나는 우리의 병목들에서 나오는 부품들을 바탕으로 얼마나 많은 출고를 해낼 수 있는가를 뽑아냈었거든요. 그 예상에 따르면 우리는 12개가 아니라 18개에서 20개 정도를 실어낼 수 있어야 했어요. 예상이 상당히 빗나갔기 때문에 나는 처음엔 내가 큰 실수를 했나보다고 생각했죠. 그래서 자세히 살펴봤죠. 계산을 두 번 검토했지만 잘못된 것을 발견할 수 없었어요. 그리고 NCX-10에 대한 예상은 어느 정도 맞아떨어졌는데 열처리기엔 큰 차이가 있다는 것을 발견했죠."

"그래서 데이타에 뭔가 잘못이 있을 것이라고 생각했군."

"맞아요. 그래서 스펜서에게 얘기하러 내려간 거였죠. 그리고, 음……."

"그리고, 뭔가?"

"글쎄 거기서 재미있는 일들이 벌어지고 있는 것을 봤어요."

"그는 내가 질문을 하니까 별로 입을 열지 않더라구요. 결국 나는 그에게 지금 처리되고 있는 부품들이 언제 끝나냐고 물어봤지요. 내가 스스로 그 열처리 시간을 기록하려 한 거죠. 그래서 그것이 표준과 근접한가를 보려구요. 그는 부품들이 3시경에 나올 수 있다고 했어요. 그래서 다른 데 갔다가 3시에 다시 거기로 갔어요. 하지만 거기에는 아무도 없었어요. 나는 10분 정도 기다리다 테드를 찾으러 갔지요. 그를 발견했을 때 그는 용광로 조수들이 다른 데에서 일하고 있는데 잠시 후 용광로 안에 있는 것을 꺼내려고 다시 모일 것이라고 말하더군요. 나는 별 생각이 없었어요. 그리고 5시 30분경에 집에 가기 전에 용광로에 가서 언제 부품들을 꺼냈는지 물어보려 했죠. 하지만 같은 부품들이 아직도 거기에 있었어요."

"밖으로 꺼내야 할 시간이 2시간 30분이나 지났는데도 아직도 안에 있었다구?"

"맞아요. 그래서 나는 거기에 있는 2교대 반장 새미를 찾아서 무슨 일인가 물었죠. 그날밤 일손이 모자라 나중에 꺼낼 것이라고 하더군요. 그는 용광로에 오래 둬도 부품엔 이상이 없을 거라고 말했어요. 내가 거기에 있는 동안 그는 버너를 껐지만 나중에 알고 보니 그 부품들을 8시까지도 밖으로 안 꺼냈더라구요. 문제를 일으키려고 한 건 아니예요. 하지만 우리가 한 번 열처리할 때마다의 정확한 시간을 기록한다면, 최소한 견적에 이용할 수 있는 보다 현실적인 수치들을 얻을 수 있을 거라고 생각한 거죠. 보세요. 그곳에 있는 시간제 일꾼들에게 물으니까, 그런 종류의 지연은 열처리기에서 흔히 있는 일이라는 거예요."

"장난이 아니구만. 랄프. 자네가 필요한 모든 것을 다 측정하게. 테드에 대해선 걱정 말고. 그리고 NCX-10에 대해서도 똑같은 작업을 실시하게."

"글쎄요. 그러고는 싶지만 좀 잡일이라서요. 그래서 테드와 다른 사람들에게 간단히 시간과 그런 것들을 적으라고 시킨 거죠."

"좋아. 내가 처리하지. 그리고, 정말 고맙네."

"천만에요."

"그런데 다른 이유는 뭐지? 한 개가 아니라고 하지 않았나?"

"오. 글쎄요. 별로 중요한 게 아닌 것 같아서요."

"아니야. 말해보게."

"우리가 그것을 할 수 있을지는 모르겠어요. 하지만 병목을 이용해서 언제 우리가 주문을 실어낼 수 있을지를 예측할 수 있는 방법을 찾을 수 있을 것 같아요."

나는 그 가능성을 곰곰이 생각해봤다.

"흥미롭게 들리는군. 결과를 알려주게."

랄프가 열처리기에서 발견한 것을 내가 봅 도노반에게 다 말해주었을 즈음엔 그의 귀는 멍멍해져 있었다. 나는 매우 화가 나 있었던 것이다. 그는 내 사무실 의자에 앉아 있었고 나는 그 앞을 원을 그리며 걷고 있었다.

내가 말을 끝마쳤을 때 봅이 내게 말했다.

"알렉스. 문제는 열처리기가 부품을 처리하고 있을 때 거기 있는 사람들이 할 일이 없다는 거예요. 그 용광로에 부품을 넣고 문을 닫으면 그게 다예요. 여섯 시간, 여덟 시간, 아니면 더 걸릴지도 모르는 동안 그들이 무슨 일을 하겠어요? 옆에 서서 손가락이나 빨고 있나요?"

"그들이 부품들을 용광로 안에 즉시즉시 넣고 꺼내는 한, 그 시간에 무엇을 하든지 개의치 않네. 그 기다리는 5시간이면 다른 곳에선 한 부품 더미를 거의 끝마치고 다른 더미로 바꿀 수 있는 시간이네."

"알았어요. 이러면 어때요? 그 부품이 처리되는 동안 사람들을 딴 작업장에 빌려주었다가 시간이 되는 대로 즉시 불러들여서 ―."

"안 돼. 그렇게 하면 모두가 한 이틀은 열심히 일하겠지만 다시 지금처럼 돌아올 걸세. 용광로 사람들은 항상 대기하도록 하게. 부품을 제시간에 넣고 빼낼 수 있게 24시간 내내, 일주일 내내 말일세. 먼저 거기서 일어나는 모든 일들을 감시, 책임지는 반장들을 임명하게. 그리고 테드 스펜서에게 말해주게. 다음번에 내가 그를 만났을 땐 열처리에서 일어나는 일들에 대해 좀더 잘 알고 있는 것이 좋을 거라고. 안 그러면 그의 엉덩이를 차버릴테니까."

"알았어요. 하지만 그러려면 매 교대조마다 두 사람 내지는 세 사람이 더 필요하다는 것을 아세요?"

"그게 전분가? 자네는 우리가 병목에서 잃어버리는 시간들이 얼마나 비싼 건지 기억 못하나?"

"알았어요. 무슨 말인지. 사실을 말하자면 랄프가 열처리기에 대해 발견한 것들은 내가 NCX-10이 놀고 있는 시간에 대해 들은 소문과 많이 흡사해요."

"거기선 또 무슨 일이 일어나고 있는 건가?"

봅은 나에게 말하길, 사실은 NCX-10이 한 번에 반 시간이나 그 이상씩 놀고 있다는 것이다. 문제는 점심시간이 아니었다. 만약 NCX-10을 준비중에 점심시간이 되면 그 두 명의 기술자들은 준비를 끝낼 때까지 거기 있는다는 것이다. 아니면 준비가 오래 걸릴 것 같은 경우는 한 명씩 교대로 점심을 먹고 온다는 것이다. 하지만 만약 기계가 멈추면 사람들이 와서 다시 다른 작업준비를 하기 전까지 20분, 30분, 40분 정도를 그냥 놀고 있다는 것이다. 이유는 그 기술자들이 다른 비병목 기계들 때문에 바쁘기 때문이란다.

"그렇다면 내가 열처리기에 지시한 것과 똑같이 NCX-10에도 하게. 기계공과 조수를 구해서 NCX-10에 항시 대기하도록 하게. 기계가 멈췄을 때 즉시 그들이 일을 할 수 있게 말일세."

"좋은 생각이에요. 하지만 서류상에는 어떻게 보일지 아세요? 마치 우리가 열처리기와 NCX-10에서 나오는 부품들의 직접노무비를 늘린 것처럼 보일 거예요."

나는 책상 뒤 의자에 주저앉았다.

"한 번에 하나씩 싸워나가세."

다음날 아침 참모회의에서 봅은 그의 건의안들을 들고나왔다. 그것은 네 개의 조치로 구성되어 있었다. 처음 두 개는 그 전날 그와 내가 얘기했던 것들에 관한 것이다. NCX-10에 전담 기계공과 조수를 배치하고 열처리 용광로에 반장과 일꾼 두 명을 대기시키는 것, 그것은 3교대조 모두에 해당된다. 다른 두 개의 건의안은 병목의 부담을 줄이는 것에 관한 것이었다. 봅은 우리가 오래된 기계들, '메그마와 다른 2개'를 하루에 한 교대조에서만 작동시키더라도 NCX-10에 의해 생산되는 부품 종류를 18퍼센트나 더 만들 수 있다고 말했다. 마지막으로 열처리기에 대기중인 부품 중 일부를 도심에 있는 벤더에게 보내자는 것이다.

그가 이것들을 발표하고 있을 때 나는 루가 무엇을 말할까 궁금해졌다. 역시, 루는 약간의 반대를 나타냈다.

"지금 우리가 알고 있는 것들을 생각한다면 사람들을 그 병목에 배치하여 생산율을 높일 수 있다면 더할나위 없이 좋은 일이네. 만약 그것이 판매를 늘릴 수 있다면 현금유통도 늘고 그 비용도 정상화할 수 있지. 하지만 어디서 그 사람들을 구할 수 있겠나?"

봅은 해고한 사람을 다시 부를 수 있다고 말했다.

"아니야. 그럴 수 없을 걸세. 보게, 문제는, 우리 회사에는 복직 금지 조항이 있다는 거야. 계열사의 허락 없이는 그들을 다시 불러들일 수 없네."

"이 일들을 할 수 있는 사람이 공장에 없나요?" 스테시가 물었다.

"사람들을 다른 부서에서 훔쳐오자는 거요?" 봅이 물었다.

"물론이지." 내가 말했다. "비병목에서 사람들을 데려오게. 어쨌든 그것들은 초과용량을 가지고 있으니까."

봅은 잠시 생각하더니 열처리기에 필요한 조수들을 찾는 것은 별일이 아니라고 말했다. 그리고 고참이기 때문에 해고되지 않고 일해준 몇몇의 나이든 기계공들이 있는데 그들이 메그마와 다른 두 기계들을 작동할 줄 안다고 덧붙였다. 하지만 그는 NCX-10에 두 명의 설비 기술자를 붙여놓는 것에 대해선 걱정을 했다.

"그럼 누가 다른 기계들을 준비하지요?"

"다른 기계들의 조수들은 자기들 기계쯤은 충분히 셋업시킬 수 있을 걸세."

"글쎄요. 시도해보죠. 하지만 사람들을 그렇게 훔쳐가서 비병목이 병목으로 변하면 어떻게 하죠?"

나는 그에게 말했다. "중요한 것은 흐름을 유지하는 거네. 만약 일꾼을 빼가서 흐름을 유지할 수 없다면 그 일꾼을 도로 갖다놓고 다른 곳에서 빼오는 거야. 그래도 흐름을 유지할 수 없다면 본사에 가서 연장근무를 시키거나 해고한 사람들 중 몇 명을 불러와야겠다고 떼쓰는 수밖에 방법이 없지."

"좋아요. 해보겠어요."

루도 찬성을 했다.

"좋아, 하자구." 내가 말했다. "그리고 봅, 괜찮은 사람들을 뽑게. 지금부터 우리는 가장 뛰어난 사람들만 병목에서 일하게 해야 하네."

계획대로 일은 진행됐다.

NCX-10에는 전담 인원들이 배치되었다. 메그마와 다른 두 개의 기계들도 작동하기 시작했다. 도심의 벤더는 열처리기가 미처 처리 못하는 부품들을 기꺼이 대신해주고 있었다. 열처리부에서는 교대조당 두 명이 대기하고 있어 언제라도 용광로에 부품들을 넣고 꺼낼 준비가 되어 있었다. 봅이 작업장의 책임을 다 떠맡아서 반장들을 종일 거기에 대기시켰다.

반장들에겐 열처리기는 별볼일 없는 작은 성 같아 보인다. 그것을 돌리는 데 있어 뭔가 매력적인 것이 하나도 없는 데다, 겨우 두 사람을 데리고 일하는 것이 더욱 그 일을 별것 아니게 보이게 하는 것이다. 따라서 그들이 마치 한직으로 밀려난 것처럼 느끼는 것을 막기 위해 나는 매 교대조마다 주기적으로 거기 내려갔다. 그리고 반장들에게 누구라도 열처리 부품의 생산을 향상시키는 사람에겐 큰 보상이 있을 거라는 노골적인 암시를 주었다.

그리고 얼마 안 가서 몇 가지 놀라운 일이 벌어졌다. 아주 이른 아침 나는 세번째 교대조가 끝날 무렵 아래로 내려갔다. 마이크 헨리라는 젊은이가 반장이었다. 그는 흑인인데, 팔뚝이 어찌나 굵은지 언제나 옷소매가 곧 터질 것처럼 보였다. 우리는 지난주에 그의 교대조 때가 다른 때보다도 약 10퍼센트의 부품을 더 열처리하고 있음을 발견했다. 대개 3교대조에선 기록이 세워지지 않기 때문에 우리는 마이크의 알통이 무슨 재주를 부리는지 의아해 하기 시작했다. 어쨌든 나는 그가 하는 것을 보기 위해 내려갔다.

걸어가면서 보니 조수 두 명이 그냥 옆에 서서 대기하는 게 아니라 뭔가를 하고 있었다. 용광로 앞에는 빽빽이 쌓여진 재공품들이 있었고, 조수들은 그것들을 계속 쌓아가고 있었다. 나는 마이크를 불러 무엇을 하는지 물어봤다.

"준비를 하고 있는 중이죠." 그가 말했다.

"무슨 뜻인가?"

"우리가 용광로 하나를 다시 채울 때를 위해서 준비하는 거예요. 각 줄에 있는 부품들은 모두 같은 온도로 처리되는 거죠."

"그래서 어떤 무리들은 가르고 어떤 것들은 포개는 건가?"

"네. 그런 식으로 해선 안 된다는 건 알지만 당신은 부품들이 필요하잖아요. 맞죠?"

"물론이지. 문제 없네. 하지만 여전히 그 우선권 시스템에 따라 처리하고 있겠지?"

"아, 그럼요. 이리 와보세요. 보여드릴게요."

마이크는 나를 데리고 용광로 조정대를 지나 낡고 오래된 선박 같은 책상으로 갔다. 그는 납기일을 넘긴 주문들의 목록이 적힌 컴퓨터 용지를 찾았다.

"보세요. 22번을." 그는 그것을 가리키며 말했다. "우리는 50개의 RB-dash-11이 필요한데 그것들은 1200도의 온도에서 처리되죠. 하지만 그것들 50개로는 용광로를 다 채울 수 없어요. 그래서 우리는 다른 것을 살폈고 주문번호 31번을 발견한 거죠. 그것은 300개의 링을 필요로 하는데 그것들 역시 1200도에서 처리돼야 하거든요."

"그래서 자네는 50개의 RB-dash-11을 집어넣고 다음에 그 링들을 용광로가 꽉 찰 만큼 넣은 게로군."

"네. 바로 그거예요. 용광로를 좀더 빨리 채우기 위해서 미리 분류하고 쌓아놓은 것뿐이죠."

"좋은 아이디어네."

"글쎄요. 내가 갖고 있는 생각을 다른 사람들이 들어만 준다면 더 좋아질 수 있을텐데요."

"무슨 생각인데?"

"지금은 말이죠, 저 용광로의 내용물을 바꾸는 데 크레인으로 하든 손으로 하든 한 시간 정도 걸리거든요. 만약 우리가 좀더 나은 시스템을 갖는다면 그것을 몇 분으로 줄일 수 있어요." 그는 용광로를 가리켰다. "저 기계들은 각각 부품을 쌓아놓는 테이블을 가지고 있어요. 부품들은 롤러를 이용해서 미끄러져 들어가고 나오는 거죠. 만약 우리가 쇠판을 좀 구하고 기계부 사람들의 도움을 받을 수 있다면, 그 테이블들을 상호 교체될 수 있게 만드는 거죠. 그래서 부품들을 미리 쌓아놓을 수 있고 그것들을 포크리프트를 이용해서 서로 바꿀 수 있는 것이죠. 그렇게 하면 하루에 두 시간 정도씩을 벌 수 있고 그것은 우리가 더 많은 부품을 열처리할 수 있다는 것을 의미하는 거죠."

나는 용광로로부터 눈을 떼고 마이크를 봤다.

"마이크, 내일 밤 하루 쉬게나. 다른 반장한테 대신 일하라고 할테니까."

"듣기 좋은 소리 같은데요." 그는 웃으며 말했다. "왜죠?"

"왜냐하면 모래부터는 자넨 낮에 일하게 될테니까. 봅 도노반에게 가서 자네를 연구팀에 넣어서 방금 말한 절차들을 정식으로 쓰게 할 걸세. 그래서 그것들을 24시간 내내 이용할 수 있게 말일세."

나는 그에게 말했다.

"자네는 계속 자네의 머리가 돌아가도록 하게. 우리는 그게 필요하네."

그날 아침 늦게 봅 도노반이 내 사무실에 들렀다.

"안녕하세요."

"안녕. 마이크에 대한 내 메모 보았나?"

"네. 지금 처리중이에요."

"좋아. 그렇다면 다음번 임금 인상 때 그에게 돈을 좀더 많이 주도록 하게."

"알았어요." 봅은 웃으면서 말했다. 그리고 그는 문에 기댔다.

"또 다른 일이 있나?"

"당신에게 좋은 소식이 있어요."

"얼마나 좋은 건데?"

"기억하세요? 조나가 열처리기를 통과하는 부품들이 진짜 모두 열처리가 필요하냐고 물어보던 걸?"

나는 기억한다고 말했다.

"방금 세 경우가 기계부에서 열처리를 규정한 게 아니라는 걸 발견했어요. 우리가 한 거죠."

"무슨 뜻인가?"

그는 약 5년 전 어떤 유능한 사람 몇몇이 모여 기계센터의 효율성을 높이려고 한 적이 있다고 설명했다. 그들은 공정 속도를 좀더 빠르게 만들기 위해 절삭성 기구인 바이트를 많이 이용하기로 결정했다. 그래서 부품들이 옮겨질 때마다 칩을 1mm 두께로 깎는 대신 바이트로 3mm를 잘라낸 것이다. 하지만 각 단계마다 떨어져나가는 금속 양이 늘어난 결과 그 금속은 부서지기 쉽게 된 것이다. 그래서 열처리가 필요하게 된 것이었다.

"그리고 우리가 좀더 효율적으로 만든 그 기계들은 비병목이에요." 봅이 말했다. "그것들은 충분한 용량을 가지고 있기 때문에 속도를 늦추더라도 수요를 맞출 수 있어요. 그리고 다시 원래의 공정으로 돌아간다면 열처리가 필요 없게 되는 거죠. 그것은 우리가 용광로부터 현재 작업장의 약 20퍼센트를 덜어줄 수 있다는 것을 의미하구요."

"믿을 수 없구만. 그렇다면 기계부의 승인을 받아내지 그러나?"

"그럴 필요도 없어요. 우리가 5년 전에 그렇게 바꾼 거니까요."

"그러니까 우리의 선택 사항이군. 언제라도 우리가 원할 때 다시 바꿀 수 있는."

"그래요. 기술부의 변경명령을 얻을 필요가 없어요. 왜냐하면 이미 서류상에는 승인된 절차니까요."

잠시 후 그가 방을 나갈 때 나는 가능한 한 빨리 그것을 실시하도록 말했다. 나는 어떤 공정들의 효율성을 감소시키면서도 전체 공정을 더 생산적으로 만들 수 있다는 것에 놀라고 있었다.

13층의 그 본부 사람들은 결코 그것을 믿을 수가 없을 것이다.

24

금요일 오후였다. 주차장엔 1교대조 사람들이 집에 가려고 차에 오르고 있었다. 평상시처럼 문 어귀가 복잡했다. 나는 사무실 안에 앉아서 줄리 생각을 하고 있었다. 그때 갑자기 반쯤 열린 문 사이로 …… 펑!

뭔가 천장을 스치고 지나갔다. 나는 뛰어 일어나서 어디 다친 데가 없나 몸을 살폈다. 다친 데가 없는 것을 발견하고는 카펫 위의 그 미사일 같은 물체를 찾았다. 그것은 샴페인 코르크였다.

문 밖에서는 웃음소리가 들렸다. 다음 순간 모든 사람이 내 방 안에 들어와 있는 것을 발견했다. 스테시, 봅 도노반(그가 코르크가 날아온 샴페인 병을 들고 있었다), 랄프, 프렌, 비서 두어 명 그리고 다른 사람들 무리가 있었다. 루까지도 거기 있었다. 프렌이 사람들에게 나눠주고 있던 종이컵을 내게도 주었고 봅이 샴페인을 따라줬다.

"이게 다 뭔가?" 내가 물었다.

"모든 사람들이 마실 걸 받은 후 건배하고 그때 얘기해드리죠."

더 많은 병들이 따졌다. 거기엔 한 박스가 있었다. 모든 컵들이 채워지고 나자 봅이 자기 잔을 들었다.

"자, 이 공장의 새 출고기록을 위해. 루가 기록들을 살펴보았는데 지금까지 이 공장에서 최고였던 것이 31개의 주문을 한 달에 실어낸 것이었는데 값으로는 200만 달러였대요. 이 달에 우리는 그 기록을 갱신했어요. 57개의 주문을 실어냈고 값으로는, 글쎄요, 반올림을 해서 장장 300만 달러나 된다구요."

"더 많이 출고해낸 것뿐만 아니라," 스테시가 말했다. "방금 재고 수준을 조사해보니 지난 달과 이 달 사이에 우리의 재공품이 무려 12퍼센트나 줄었어요."

"그래, 그렇다면 돈을 번 것에 대해 건배!" 이번에는 내가 건배를 제안했고 모두가 잔을 높이 올렸다.

정말 우리는 해낸 것이다.

"맛이 매우 독특하군요." 랄프가 봅에게 말했다. "직접 고른 건가요?"

"마시기나 하게, 차차 나아질 걸세."

두 잔째 잔을 막 비우는 순간 옆에 프렌이 와 있는 걸 발견했다.

"로고 씨."

"네-에."

"빌 피치 씨 전화예요."

나는 고개를 흔들었다. 이번엔 무슨 짓을 할지 궁금했다.

"내 책상에서 받을게요, 프렌."

나는 내 책상에 가서 전화를 받았다.

"네. 빌, 무슨 일이죠?"

"방금 조니 존스와 얘기했네."

나는 자동적으로 볼펜을 잡고 종이를 꺼냈다. 어떤 주문이 또 우리를 어떻게 곤경에 빠뜨리려고 하는지 구체적 사항을 받아적으려고 말이다. 나는 피치가 말하기를 기다렸으나 그는 잠시 아무 말도 안 했다.

"문제가 뭐죠?"

"아무 문제도 없네. 사실 그는 매우 만족해 하고 있네."

"정말이요? 뭐 때문에요?"

"그는 자네가 요즘에 납기일을 넘긴 주문들을 많이 출고시키고 있다고 말하더군. 추측건대 특별한 노력을 한 것 같아."

"글쎄요. 그렇기도 하고 그렇지 않기도 해요. 우리는 요즘 몇 가지를 다른 식으로 하고 있거든요."

"글쎄 무엇이든. 내가 전화한 이유는 자네가 요즘 추진하고 있는 일에 대해 나나 조니 존스가 다 감사하고 있다는 것을 말해주고 싶어서일세."

"고마와요, 빌. 전화해줘서."

"고마워, 고마워, 고마워, 고마워." 스테시가 우리 집 앞에 차를 세우자 나는 수다스럽게 말했다. "집까지 데려다주다니 정말 좋은 사람이야. 진심이오."

"그런 말 마세요." 그녀가 말했다. "뭔가 축하할 일을 갖게 돼서 저도 기쁜걸요."

그녀는 차 엔진을 껐다. 집을 쳐다보니 불 하나만 켜져 있어서 어두웠다. 나는 미리 어머니에게 전화해서 따로 저녁은 준비하지 말라고 말했다. 그 축하파티가 피치의 전화 후에도 끝도 없이 계속되었기 때문에 잘한 일이었다.

처음 그룹의 반 정도가 함께 저녁을 먹으러 갔었다. 루와 랄프는 이전에 벌써 기권했다. 하지만 도노반, 스테시, 그리고 나는 끝까지 버티고 있는 다른 사람들과 함께 식사 후 술집까지 갔다. 우리는 아주 즐겁게 술을 마셨다. 지금은 새벽 1시 30분이고 나는 더없이 취해 있었다.

안전을 위해 내 뷔익을 술집 뒤에다 주차시켜놓았다. 두어 시간 전에 음료수로 주종을 바꾼 스테시가 너그럽게도 나와 봅을 집까지 데려다주었다. 10분 전에 우리는 봅을 그의 집 부엌 문에 밀어넣었다. 그는 잠시 어리둥절해 하며 서 있다가 우리에게 인사를 했다. 만약 그가 기억한다면 그는 오늘 늦게 그의 부인과 함께 나를 그 술집에 데려다주도록 되어 있다. 그곳에 주차한 내 뷔익을 몰고올 수 있도록 말이다.

스테시가 차에서 내려 차 문을 열어주었다. 나는 온 몸을 발로 겨우 지탱하고 차에 몸을 기댔다.

"그렇게 많이 웃으시는 것은 처음 봤어요."

"웃어야 할 일이 많았거든."

"참모회의 때도 이렇게 행복하셨음 좋겠어요."

"이제부터는 모든 참모회의를 통해 계속 웃을 것이오." 나는 선언했다.

"자, 제가 문까지 바래다드릴게요."

그녀는 내가 똑바로 서도록 내 팔을 잡고서 문까지 데려다주었다.

문 앞에 도착했을 때 나는 그녀에게 물었다.

"커피 좀 마시고 가겠소?"

"아뇨, 너무 늦어서 그냥 집에 가는 게 낫겠어요."

"정말이오?"

"물론이죠."

나는 키로 더듬다가 열쇠구멍을 찾았다.

문이 열리고 어두운 거실이 보였다. 나는 스테시에게 돌아서서 손을 내밀었다.

악수를 하던 중 무슨 이유에선지 나는 뒷걸음질을 치다 문턱에 걸려 중심을 잃었다.

"어이쿠!"

내가 기억하는 다음 장면은 스테시와 내가 바닥에 함께 쭉 뻗었다는 것이다. 다행히도 — 아니면 불행인지도 모른다 — 그녀는 그것이 너무 웃기다고 생각했나 보다. 그녀는 너무도 크게 웃어서 눈물이 뺨을 타고 흐를 정도였다. 나도 덩달아 웃기 시작했다. 우리는 둘 다 바닥 위에 뒹굴면서 웃었다. 그때 갑자기 불이 켜졌다.

"나쁜 놈!"

나는 갑자기 켜진 불에 눈을 조정하면서 위를 쳐다봤다. 그녀가 있었다.

"줄리? 여기서 뭐하는 거야?"

대답 없이 그녀는 부엌으로 쿵쿵거리며 갔다. 일어나서 그녀를 따라 비틀거리며 가는데 창고로 향하는 문이 열렸다. 곧 창고 불이 켜졌다. 나는 그녀의 윤곽을 0.5초 정도 보았다.

"줄리! 잠깐만!"

내가 그녀를 따라가려고 할 때 창고 문이 큰소리를 내며 열리는 것을 들었다. 창고 안에 들어가니 그녀는 벌써 차에 타는 중이었다. 문이 닫혔다. 나는 갈짓자 걸음으로 다가가서 손을 마구 휘저었다. 시동이 걸렸다.

"나는 여기서 밤 내내 당신 어머니 잔소리를 참아가면서 당신을 기다리고 있었어요." 그녀는 내려진 창문을 통해 소리를 질렀다. "그런데 당신은 어떤 화냥년하고 취해서 들어왔어요!"

"하지만 스테시는 그런 사람이 아니야. 그녀는——."

줄리는 시속 30마일 정도로 액셀러레이터를 밟고 후진해서 창고를 빠져나갔다. 차는 마당을 지나(그녀의 차는 스테시의 차를 간신히 비껴갔다) 길로 접어들었다. 나는 창고 불빛 아래 혼자 남아 서 있었다. 그녀 차의 바퀴가 아스팔트 위에서 찌익 하는 소리를 냈다.

그녀는 가버렸다.

토요일 아침 나는 일어나서 두어 번 끙끙거렸다. 처음의 신음은 숙취 때문이었다. 두번째는 어젯밤 일어난 일의 기억 때문이었다.

간신히 옷을 입고 커피를 마시러 부엌에 들어갔다. 어머니가 거기 있었다.

"어젯밤 네 아내가 여기 있었다는 걸 아니?" 커피를 마시고 있는데 어머니가 말했다.

그리고 나서 나는 무슨 일이 있었는지 알 수 있었다. 줄리는 어젯밤 내가 이곳에 전화한 바로 후에 나타났다. 그녀는 나와 아이들이 보고 싶어서 충동적으로 차를 몰고 온 것이다. 그녀는 나를 놀라게 해주고 싶었던 게 분명하다. 사실 그러긴 했지만.

오후에 나는 줄리의 집 전화번호를 돌렸다. 장모는 다시 똑같은 말을 했다. "그애는 더이상 자네와 얘기하길 원치 않네."

월요일 아침 공장에 도착하니 프렌이, 스테시가 아침에 공장에 온 직후로 줄곧 나를 보길 원한다고 전해줬다.

스테시가 문에 나타났을 때 나는 책상에 막 앉고 있었다.

"안녕하세요? 말 좀 할 수 있을까요?"

그녀가 물었다.

"그럼. 들어와요."

그녀는 뭔가 불안해 하는 것 같았다. 앉으면서 그녀는 내 눈을 피했다.

"들어봐요. 금요일 밤에 당신이 나를 데려다주다 생긴 일은 정말 미안하게 됐어요."

"괜찮아요. 부인은 돌아오셨나요?"

"글쎄 아니오. 안 돌아왔소. 그녀는 잠시 자기 부모와 지내는 중이오."

"저 때문에요?"

"아니. 우리는 최근에 좀 문제가 있었어요."

"알렉스. 나는 아직도 일종의 책임을 느끼고 있어요. 봐요, 내가 그녀와 얘기할게요."

"아니, 그럴 필요 없어요."

"정말로 나는 그녀와 얘기를 해야 한다고 생각해요. 그녀의 전화번호가 어떻게 되죠?"

결국 나는 그것이 시도해볼 가치가 있다고 인정해야 했다. 그래서 그녀 부모님의 전화번호를 스테시에게 주었다.

그녀는 그것을 받아적고 오늘 안으로 전화하겠다고 약속했다. 그리고 나서도 그녀는 거기 계속 앉아 있었다.

"다른 일이 있나요?" 내가 물었다.

"유감스럽지만 그래요."

그녀는 잠시 멈추었다.

"그게 뭐죠?"

"당신이 좋아할 것 같진 않지만. 확실해졌어요……."

"스테시. 무엇이 말이오?"

"병목이 퍼졌어요."

"병목이 퍼지다니 그게 무슨 뜻이오? 거기에 무슨 전염병이라도 생겼소?"

"아니예요. 제 말은 우리가 새 병목을 갖게 되었다는 거죠. 아마 한 개 이상일지도 몰라요. 아직 확실하진 않지만 여기 보여드릴게요." 그녀는 그녀가 가지고 온 컴퓨터 종이들을 들고 책상 옆으로 왔다. "이것들이 마지막 조립대에서 대기하고 있는 부품들의 목록이에요."

나는 그녀와 함께 그 목록을 훑어보았다. 언제나처럼 병목 통과 부품들은 여전히 공급이 부족했다. 하지만 최근에 와선 비병목 통과 부품들 중에서도 부족한 것이 몇몇 생기는 것이었다.

그녀는 말했다. "지난주에 우리는 DBD-50 200개에 대한 주문을 만들고 있었어요. 그런데 172개의 부품 중에서 17개가 없었는데 그 중에서 하나만이 빨간 꼬리표가 붙은 부품이었어요. 나머지들은 녹색 꼬리표가 붙은 것들이었죠. 그 빨간 꼬리표 붙은 부품은 목요일에 열처리기에서 나와서 금요일 아침까진 준비가 되어 있었어요. 하지만 다른 것들은 아직도 없어요."

나는 의자에 기대서 코를 만지작거렸다.

"젠장할. 도대체 무슨 일이지? 나는 병목을 통과해야 되는 부품들이 조립대에 마지막으로 도달할 것으로 가정했는데 혹시 그 녹색 꼬리표가 붙은 부품들의 재료가 부족한 것 아니오? 아니면 일종의 벤더 문제라든가."

스테시는 머리를 흔들었다. "아니예요. 재료 구입에는 아무런 문제가 없어왔어요. 그리고 그 부품들 중에 외부 하청을 주는 것은 하나도 없어요. 문제는 분명히 내부에 있어요. 그게 왜 우리가 하나나 그 이상의 새 병목을 가졌다고 확신하는가에 대한 이유예요."

나는 책상에서 일어나 사무실을 걸어다녔다.

"아마도 생산율이 증가하면서 NCX-10이나 열처리기 말고도 몇몇 다른 자원들의 용량이 부족할 정도의 수준까지 공장을 채워넣은 것 같아요." 스테시가 조용히 말했다.

나는 고개를 끄덕였다. 맞아. 충분히 가능성 있는 얘기지. 이제 병목들이 좀더 많이 생산해내면서 우리의 생산율은 늘고 쌓여 있던 주문들도 줄어들었다. 하지만 병목을 더 생산적으로 만듦으로써 다른 작업장에 더 많은 수요를 낳은 것이다. 만약 다른 작업장에 대한 수요가 100퍼센트 이상으로 올라간다면 우리는 새로운 병목을 만든 것이다.

천장을 보면서 나는 물었다. "우리가 병목을 찾는 그 모든 과정을 다시 되풀이해야만 한다는 뜻인가? 이제 막 쓰레기 더미에서 벗어나는 것 같아 보이더니……."

스테시가 컴퓨터 종이들을 접었다.

나는 그녀에게 말했다. "좋아요. 당신이 발견할 수 있는 것을 모두 알아보시오. 정확히 어떤 부품이 얼마나 많이, 또 어떤 제품들이 영향을 받는지, 그들이 어떤 공정을 거치는지, 얼마나 자주 그것들이 부족한지 그런 것들 말이오. 그동안 나는 조나와 연락해서 그가 이 일들에 대해 어떻게 생각하고 있는지 물어봐야겠소."

스테시가 떠난 뒤 프렌이 조나를 찾기 위해 전화를 했다. 나는 사무실 창 옆에 서서 잔디를 내려다보면서 생각하고 있었다. 나는 그것을 우리가 병목을 좀더 생산적으로 만들기 위한 새로운 수단들을 실행한 이후 재고가 줄어들었다는 좋은 징후로 여겼었다. 한 달 전 우리는 비병목 공정에 있는 부품들을 가까스로 뚫고 나올 수 있었다. 그것들의 무더기가 여기저기 계속 쌓여가고 있었기 때문이다. 하지만 몇 무더기는 지난 2주간의 제품 조립 동안 줄어들어 갔다. 지난주 우리는 이 공장에서 일한 이후 처음으로 재고더미들 사이를 빠져나가느라 몸을 옆으로 할 필요 없이 조립라인을 그냥 걸어 지나갈 수 있었다. 나는 그것을 좋은 징후라고 여겼다. 하지만 이제 이런 일이 벌어진 것이다.

"로고 씨," 프렌이 인터폰으로 말했다. "조나 씨와 연결됐어요."

나는 전화기를 들었다. "조나 선생님? 안녕하세요. 들어보세요. 여기에 또 문제가 생겼어요."

"뭐가 잘못됐나?"

내가 그 증후들에 대해서 말하자 조나는 그가 우리를 방문한 후 우리가 무엇을 했는지 물어봤다. 그래서 나는 그에게 모든 걸 말해줬다. 품질관리를 병목 앞에 실시한 것, 병목 통과 부품에 특별한 관심을 갖도록 사람들을 교육시킨 것, NCX-10을 보조하기 위해 세 개의 기계를 가동시킨 것, 새 점심시간 규칙, 몇몇 사람들을 병목에서만 일하도록 전담시킨 것, 열처리기에 들어가는 일괄작업량을 늘인 것, 새 우선권 시스템을 실시한 것 등.

"새 우선권 시스템?" 조나가 물었다.

"네." 나는 빨간 꼬리표와 녹색 꼬리표, 그리고 어떻게 그 시스템이 돌아가는지를 설명했다.

조나가 말했다. "아마 다른 관점을 가져야 할 것 같네."

그날밤 집에 있는데 전화벨이 울렸다.

"안녕하세요?" 줄리의 목소리였다.

"안녕."

"사과를 해야겠어요. 금요일 밤에 일어난 일은 정말 미안하게 생각해요. 스테시가 전화했었어요. 알렉스. 난 정말 어쩔 줄 모르겠어요. 완전히 오해를 했던 거예요."

"응, 글쎄. 우리 사이엔 최근에 너무 많은 오해가 있는 것 같군."

"내가 할 수 있는 말이라곤 미안하다는 것뿐이에요. 나는 당신이 나를 보면 좋아할 것이라는 생각만 하고는 차를 몰아 그곳까지 갔거든요."

"만약 당신이 더 머물러 있었다면 그랬을 거야. 사실 당신이 오는 줄 알았다면 일이 끝나는 대로 바로 집에 갔을텐데."

"전화를 했어야 했다는 건 알아요. 하지만 그냥 그런 기분이 들었어요."

"나를 기다리지 않았어야 했는데."

"계속 당신이 곧 올 거라고 생각했어요. 그리고 내내 당신의 어머니가 나를 무섭게 쳐다봤어요. 결국 그녀와 애들은 자러 갔고 한 시간쯤 후 나도 당신이 들어올 때까지 소파에서 자고 있었어요."

"글쎄……. 다시 친구가 되길 원하나?"

나는 그녀가 안심하는 것을 들었다.

"그럼요. 그러고 싶어요. 언제 당신을 볼 수 있죠?"

나는 금요일에 다시 새로 시작하자고 제안했다.

그녀는 그렇게 오래 기다릴 수 없다고 말했고 우리는 수요일로 타협을 봤다.

25

다음날 아침 나는 공항에서 게이트로 걸어나오고 있는 조나를 다시 맞았다.

열시까지 우리는 공장 회의실에 모였다. 테이블에는 루, 봅, 랄프 그리고 스테시가 벌써 앉아 있었다. 조나는 우리 앞에 섰다.

"몇 가지 기본 질문으로 시작해봅시다." 그가 말했다. "먼저 당신들은 정확히 어떤 부품들이 문제인지 알아냈소?"

산더미 같은 종이들에 둘러싸여 마치 포위공격당하고 있는 것처럼 앉아 있던 스테시가 목록을 들어보였다.

"네, 그것들을 확인했어요. 사실 어젯밤에 공장 안에 있는 것들에 대한 자료를 이중으로 체크하고 그것들의 기록을 살펴보느라 밤을 새웠죠. 30개 부품에 문제가 있는 것으로 드러났어요."

조나가 물었다. "그 부품들용으로 재료를 풀었단 걸 확신하오?"

"네. 그럼요. 그 점은 문제없어요. 스케줄에 따라 재료가 나가거든요. 하지만 그 부품들은 최종조립대에 도달하지 못하고 있어요. 새 병목 앞에 묶여 있거든요."

"잠깐만. 어떻게 그것이 진짜 병목인지 알지요?"

"글쎄요. 부품들이 다 묶여 있으니까 병목이라고……."

"결론으로 건너뛰기 전에 한 30분간 공장에 가서 무슨 일이 벌어지고 있는지 알아봅시다." 조나가 제안했다.

우리는 다 함께 공장 안으로 들어갔다. 몇 분 후 우리는 평삭기 앞에 서 있었다. 한쪽에는 녹색 꼬리표를 달고 있는 큰 재고더미가 쌓여 있었다. 스테시는 거기에 서서 최종 조립에 필요한 부품들을 가리켰다. 대부분의 부족한 부품들이 바로 거기 있었고 모두가 녹색 꼬리표를 달고 있었다. 봅이 반장을 불렀다. 잭이라는 건장한 남자였다. 봅이 그를 조나에게 소개했다.

"네. 저것들은 여기에 2주나 3주 이상 있었어요." 잭이 말했다.

"하지만 우리는 지금 당장 저것들이 필요하네." 내가 말했다. "어떻게 아직도 처리되지 못하고 있는 건가?"

잭은 어깨를 움찔거렸다. "필요한 부품을 말씀해주시면 지금 당장 처리해드릴게요. 하지만 그렇게 되면 당신이 만든 그 우선권 시스템의 규칙을 위반하는 게 되잖아요?"

그는 근처에 있는 다른 재료더미를 가리켰다.

"저것들 보이시죠? 저것들은 모두 빨간 꼬리표가 붙어 있는 것들이에요. 저것들을 다하고 난 다음에야 여기 이 녹색 꼬리표의 것들을 할 수 있어요. 그것이 당신이 우리한테 시킨 것 아닌가요?"

아하. 무슨 일이 벌어지고 있는지가 확실해져 가고 있었다.

"그러니까," 스테시가 말했다. "저기 저 녹색 꼬리표 부품들이 산더미처럼 쌓여가고 있는 동안 당신들은 병목으로 갈 부품들을 처리하는 데 모든 시간을 보낸 거군요."

"네, 대부분의 시간이죠." 잭이 말했다.

"병목 부품들에 대해 얼마만큼 일하나?" 조나가 물었다.

"아마 75퍼센트나 80퍼센트 정도일걸요. 보세요. 열처리기나 NCX-10로 가는 부품들은 반드시 이곳을 먼저 거쳐가야 해요. 빨간 꼬리표 부품들이 계속 들어오는 한—사실 우리가 그 새 시스템을 시작한 이후 그것들은 한 번도 그치지 않고 계속 왔어요—우리는 녹색 꼬리표 부품들을 작업할 시간이 많지 않아요."

잠시 침묵이 흘렀다. 나는 부품에서 기계로 그리고 다시 조나에게 눈길을 돌렸다.

"도대체 이제 어떻게 해야 되죠?" 도노반이 물었다. "꼬리표를 바꿀까요? 우리가 필요한 부품들에 녹색 꼬리표 대신 빨간 꼬리표를 붙일까요?"

나는 낙담하여 손을 가로저으며 말했다. "유일한 해결책은 독촉하는 거 같아."

"아니야, 사실 그것은 전혀 해결책이 아니네." 조나가 말했다. "왜냐하면 자네들이 지금 독촉에 의지한다면 평생 독촉해야 되기 때문일세. 그리고 상황을 악화만 시킬 거구."

"하지만 이제 무슨 일을 할 수 있겠어요?" 스테시가 말했다.

"일단 병목을 봅시다. 왜냐하면 그 문제엔 다른 측면이 있으니까."

NCX-10을 보기 전에 우리는 재고들을 볼 수 있었다. 그것들은 가장 큰 포크리프트에 닿을 정도로 높이 쌓여 있었다. 그것은 산이었다. 많은 봉우리까지 있는 산이었다. 그 더미는 우리가 그 기계를 병목이라고 규정짓기 전보다 더 컸다. 그리고 모든 뭉치마다 부품에 걸려 있는 꼬리표는 빨간색 일색이었다. 그리고 약간 뒤에 재고더미에 가려 그 장대함이 흐릿해진 NCX-10이 있었다.

"어떻게 저기로 가지?" 재고들 사이로 나 있는 길을 보면서 내가 말했다.

"여기, 제가 보여드리죠." 봅이 말했다. 그가 우리를 재고의 미로를 통해서 기계까지 안내했다.

주위에 있는 모든 재공품들을 쳐다본 후 조나가 말했다.

"이것만 봐도 당신들이 이 기계에서 할 일들이 최소한 일개월이나 그 이상이 걸릴 거라는 것을 알 것 같소. 그리고 내기를 하겠는데 열처리기에 가도 상황은 꼭 같을 거요. 한 번 말해봐요. 왜 저렇게 많은 재고 더미를 갖고 있는지."

"왜냐하면 이 기계 앞의 모든 기계들이 다 붉은 꼬리표 부품들에 우선권을 주고 있기 때문이죠." 내가 말했다.

"맞아. 그것도 이유 중의 하나지. 하지만 왜 공장을 빠져나가는 그 많은 재고들이 여기에 묶이게 되느냐구?"

아무도 대답이 없었다.

"좋소. 내가 병목과 비병목 사이의 몇 가지 기본적 관계에 대해 설명하겠소." 조나는 그렇게 말하고 나서 나를 보았다. "그런데 내가 자네에게, 모두가 항상 일하고 있는 공장은 매우 비능률적이라고 했던 말 기억하나? 이제 내 말이 무얼 의미했는지 정확히 이해할 수 있을 걸세."

조나는 가까이 있는 품질검사대로 가서 검사관들이 불합격시킨 부품에 결함을 표시하는 데 쓰이는 분필을 가져왔다. 그는 콘크리트 바닥에 무릎을 꿇고 NCX-10을 가리켰다.

"이것이 자네의 병목이네. X-뭔가 하는 기계 말일세. 간단히 X라고 부르세."

그는 바닥에 X를 쓰고는 통로에 있는 다른 기계들을 가리켰다.

"저것들은 부품들을 X에 공급하는 여러 가지 종류의 비병목 기계들과 거기에 딸린 일꾼들이네. 우리가 병목을 X라고 규정했으니 저 비병목들은 Y 자원들로 부르세. 간단히 하기 위해 한 병목과 공동으로 있는 한 비병목을 고려해보라구……."

분필로 그는 바닥 위에 썼다.

Y → X

제품 부품들은 그들 양쪽의 관계를 연결시키는 것들이라고 조나가 설명했다. 그리고 화살표는 물론 한쪽으로부터 다른 쪽으로의 부품의 흐름을 나타낸다. 그는 우리가 X에 부품을 공급하는 어떠한 비병목도 고려할 수 있다고 덧붙였다. 왜냐하면 우리가 어떤 것들을 선택하더라도 그것의 재고는 어느 시점에 가서는 반드시 X에 의해 처리되어야 하기 때문이다.

"비병목의 정의에 의해 우리는 Y가 초과용량을 갖고 있다는 것을 아네. 그 초과용량 때문에 Y가 수요를 채우는 데 있어 X보다 빠를 것이라는 것도 알지. X와 Y가 둘 다 일개월에 600시간이 생산에 가용하다고 가정해보세. X는 병목이기 때문에 수요를 맞추기 위해선 그 600시간 모두가 다 필요할 걸세. 하지만 우리의 생산량을 수요와 같게 하기 위해선 Y는 일개월에 단지 450시간이 필요하다고 해보세. 그렇다면 Y가 450시간을 일했다면 무슨 일이 벌어지겠나? 그후엔 그냥 놀게 놔두겠나?"

봅이 말했다. "아뇨. 뭔가 그것이 할 다른 일을 찾아보겠죠."

"하지만 Y는 이미 시장수요를 만족시키지 않았소?"

"글쎄요. 그러면 다음달 것을 미리 하게 하지요."

"그것을 할 재료가 없는데?"

"그러면 재료를 더 풀지요."

"바로 그것이 문제요. Y의 초과 생산시간 때문에 일어나는 일, 그것이 문제인 것이오. 그 재고들은 어디론가 가야 하지. Y는 X보다 빠르고 그래서 Y가 계속 일하도록 하다 보니 X로 가는 부품 유출량이 X에서 나오는 부품 유출량보다 커지는 거요. 그것은……."

조나는 재공품 더미로 걸어가더니 날려보내는 제스처를 했다.

"당신들이 X 앞의 이 모든 것들을 갖게 된다는 것을 의미하오. 그리고 시스템이 생산율로 바꿀 수 있는 것보다 더 많은 재료를 밀어넣는다면 무엇을 얻겠소?"

"초과재고죠." 스테시가 말했다.

"바로 그거요. 하지만 다른 결합은 어떻겠소? 이를테면 X가 Y에 부품을 공급한다면?"

조나는 그것을 바닥 위에 썼다.

X → Y

"Y의 600시간 중 얼마만큼이 생산을 위해 쓰일 수 있겠소?"

"역시 450시간뿐이죠." 스테시가 말했다.

"맞아요. 만약 Y가 재고를 받는 데 X에게만 전적으로 의지한다면, 그것이 일할 수 있는 최대 시간은 X의 생산고에 따라 결정되는 거요. 그리고 X로부터의 600시간은 Y의 450시간과 같고 그 시간들을 일한 다음 Y는 처리할 것이 없어 놀 것인데 그것은 그리 나쁜 게 아니오."

"잠깐만요," 내가 말했다. "우리 공장에선 병목이 비병목을 공급하고 있어요. 예를 들면 NCX-10을 떠난 모든 것들은 비병목에 의해 처리되죠."

"만약 자네가 Y를 그런 식으로 계속 일하게 한다면 무슨 일이 생기는지 아는가?" 조나가 물었다. "이것을 보게."

그는 바닥에 세번째 도식을 그렸다.

Y	→	조립라인
X	→	

이 경우 어떤 부품들은 병목을 통과하지 않는다고 조나는 설명했

다. 그것들은 비병목들에서만 처리되고 곧바로 Y에서 조립으로 가는 것이다. 다른 부품들은 병목 X를 통과해서 조립으로 가는데 거기에서 Y 부품과 짝을 맺어 완제품이 되는 것이다.

실제 상황에서 Y노선은 아마 비병목 하나가 다른 비병목에 부품을 공급하는 것으로 이루어져 있을 것이다. 그리고 그 비병목은 다른 비병목에 부품을 공급하고 이런 식으로 최종 조립까지 갈 것이다. X 노선은 일련의 비병목들이 병목에 공급을 하고 이어서 병목 X는 다른 더 많은 비병목에 부품을 공급하는 것이다. 조나가 말하기를 우리의 경우는 X나 Y 노선으로부터 받는 부품을 처리하는 또 한 무리의 비병목 기계들이 있는 것이다.

"간단히 하기 위해 나는 그 결합들을 최소수의 요소로 도식화했소. 즉 하나의 X와 하나의 Y. 얼마나 많은 비병목들이 시스템 안에 있든, Y를 그저 계속 일하게 하는 결과는 같은 것이오. X나 Y를 둘 다 그들이 가용한 시간만큼 계속 일하게 한다고 합시다. 시스템이 얼마나 효율적이 되겠소?"

"엄청나게 효율적이 되겠죠." 봅이 말했다.

"아니오. 틀렸소. Y로부터의 이 모든 재고가 최종조립에 도달할 때 어떻게 되겠소?"

봅은 어깨를 움츠리고 말했다. "조립해서 실어내죠."

"어떻게 그럴 수 있소? 80퍼센트의 당신 생산품들이 최소한 한 개의 병목들과 부품을 요구하고 있소. 만약 병목 통과 부품이 아직도 안 나타나고 있다면 어떻게 하겠소?"

머리를 긁으며 봅이 말했다. "아, 까먹었어요."

"그래서 만약 우리가 조립할 수 없다면," 스테시가 말했다. "다시 재고를 산더미처럼 갖게 되는 거죠. 이번에는 그 초과재고들이 병목 앞에 축적되어 있는 것이 아니라 최종 조립 앞에 쌓이게 되는 거죠."

"맞아요." 루가 말했다. "그리고 또 다른 기백만 달러가 그저 기계를 돌리기 위해 거기서 썩고 있는 거구요."

조나가 말했다. "봤소? 한 번 더 말해서 비병목은 생산율을 결정하지 않소. 비록 그것이 하루 24시간 일을 하더라도."

봅이 물었다. "좋아요. 하지만 병목 통과 부품이 없는 20퍼센트의 생산품들은 어떻게 되죠? 그것들은 아직도 높은 효율성을 얻을 수 있잖아요."

"그렇게 생각하오?"

그는 다시 바닥에 도식을 그렸다.

Y → 생산품 A

X → 생산품 B

이번엔 X와 Y가 서로 독립적으로 일한다고 조나가 말했다. 그들은 각각 다른 시장 수요를 채우는 것이다.

"Y의 600시간을 시스템이 얼마만큼 이용할 수 있겠소?" 조나가 물었다.

"모두요." 봅이 대답했다.

"절대 아니오. 언뜻 보기엔 우리가 Y를 100퍼센트 이용할 수 있을 것 같겠지만 다시 생각해봐요."

"우리는 시장수요가 흡수할 수 있는 만큼만 이용할 수 있죠." 내가 말했다.

"맞네. 바로 그걸세. 정의에 따라 Y는 초과용량을 가지고 있지. 그래서 만약 Y가 최대한으로 일한다면 자네들은 다시 또 초과재고를 갖게 되는 거야. 이번엔 초과재공품이 아니라 초과완제품을 갖게 되는 거지. 여기서의 전략은 생산에 있는 것이 아니야. 마케팅부의 판매능력에 있는 거지."

그가 그 말을 하자 나는 우리가 창고에 쑤셔넣은 완제품들에 대해 생각하기 시작했다. 최소한 그 재고들의 2/3가 모두 비병목 통과 부품으로 만들어진 제품들이다. '효율성'을 위해 비병목들을 계속 돌려대느라고 우리는 수요보다 훨씬 많은 재고를 만든 것이다. 그리고 완제품의 나머지 1/3은 어떤가? 그것들은 병목 통과 부품들을 가지고 있다. 하지만 그 제품들 대부분이 창고 선반 위에서 거의 2년 정도 썩어가고 있다. 그것들은 구식이 됐다. 창고에 있는 1500개 중에서 일개월에 열 개나 팔면 운이 좋은 편이다. 병목 통과 부품을 가진 제품들 중 **경쟁력이 있는** 것들은 거의 모두 최종 조립대를 나오자마자 팔려버린다. 길어야 하루이틀 정도 창고에 있다가 고객에게 간다. 하지만 이미 받아놓은 주문들 때문에 그런 것은 많지 않다.

나는 조나를 쳐다봤다. 그는 바닥 위에 그려져 있는 네 개의 도식에 이제 번호를 붙였다.

1) Y → X	3) Y → [조립라인]	4) Y → 생산품 A
2) X → Y	X → [조립라인]	X → 생산품 B

조나가 말했다. "우리는 X와 Y를 포함하는 네 개의 1차 결합들을 검토해봤소. 물론 우리는 X와 Y의 다른 결합을 끝도 없이 만들어낼 수 있소. 하지만 우리 앞에 있는 네 개가 충분히 근본적인 것들이기 때문에 더이상 파고들 필요는 없소. 우리가 이것들을 벽돌쌓기처럼 이용한다면 우리는 **어떠한** 생산 상황도 나타낼 수 있소. 모든 생산

상황에 보편적으로 맞는 것을 찾기 위해 100만조의 X와 Y의 결합들을 살펴볼 필요는 없어요. 앞의 네 경우의 각각에서 일어날 수 있는 것들을 밝힘으로써 그 진실을 보편화할 수 있는 것이오. 자, 그 네 개 모두에서 어떤 비슷한 점을 발견했소?"

스테시가 즉시 어떠한 경우도 Y가 시스템의 생산율을 결정하지 않는다고 지적했다. Y를 X의 수준보다 더 돌리는 게 가능할 때마다 그렇게 한 결과는, 생산율이 느는 것이 아니라 초과재고만 생길 뿐이었다.

"맞소. 그리고 논리적 결론으로 생각되는 것에 따라 우리는 모든 경우에 사실인 간단한 원리를 만들 수 있소. 비병목의 이용 수준은 그것의 잠재력에 의해 결정되는 것이 아니라 시스템에서의 다른 제약들에 의해 결정된다는 겁니다."

그는 NCX-10을 가리켰다.

"당신들 시스템의 가장 큰 제약은 이 기계요. 당신들이 비병목을 이 기계보다 더 일하게 한다고 생산성을 늘리는 것은 아니오. 그것은 고사하고 당신들은 그 정반대를 하고 있는 것이오. 당신들은 초과재고를 만드는 것이고 그것은 목표에 반하는 일이오."

"그러면 무엇을 해야 되는 거죠?" 봅이 물었다. "사람들을 계속 일하도록 하지 않는다면 노는 시간이 생길 것이고 그 노는 시간은 우리의 효율성을 낮출텐데요."

"그래서 어쨌단 말이오?" 조나가 물었다.

봅이 나섰다. "죄송하지만 어떻게 그런 식으로 말할 수 있죠?"

"당신 뒤에 있는 것을 한 번 보시오. 당신들이 만들어낸 저 괴물을 봐요. 저것은 저절로 생긴 게 아니오. 당신들이 당신들 자신의 결정에 따라 이 산더미 같은 재고를 만든 것이오. 왜? 왜냐하면 일꾼들 시간의 100퍼센트를 생산하는 데 이용하거나 아니면 돈을 절약하기 위해 그들을 내쫓아야 한다는 그릇된 가정을 갖고 있기 때문이오."

루가 말했다. "글쎄요. 100퍼센트는 좀 비현실적인 것 같아요. 우리는 단지 그들에게 어느 정도 받아들일 수 있는 비율을 요구할 뿐이에요. 이를테면 90퍼센트요."

"왜 90퍼센트가 받아들일 만한 것이오? 왜 60퍼센트나 25퍼센트가 아니고? 숫자들은 그것들이 시스템의 제약들을 바탕으로 하지 않는 한 의미없는 것이오. 원자재만 충분하다면 당신들은 한 일꾼을 지금부터 퇴직할 때까지 계속 일하게 할 수 있소. 하지만 과연 우리가 그래야 될까? 돈을 벌고 싶지 않다면 몰라도?"

랄프가 말했다. "당신이 지금 말하는 것은 일꾼을 일하게 하는 것과 그 일로부터 이익을 보는 것은 별개의 문제라는 건가요?"

"그렇소. 그리고 그것이 우리가 방금 말한 X와 Y의 네 가지 결합으로부터 논리적으로 유추할 수 있는 두번째 법칙과 매우 흡사한 것이오. 정확히 말하자면 자원을 일하게 만드는 것과 자원을 유용하게 하는 것은 동의어가 아니라는 것이오."

그는 두 법칙 모두에서 자원을 유용하게 하는 것은 시스템이 목표를 향해 움직이게 자원을 이용한다는 뜻이라고 설명했다. 자원을 '일하게 만든다'는 것은 기계의 ON 스위치를 누르는 것과 같고, 그것은 그것이 하고 있는 일로부터 무슨 이익이 생기든 안 생기든 그냥 돌아가게 하는 것이다. 그래서 실제로 비병목을 그것의 최대치로 활동화시키는 것은 최고로 바보 같은 짓이 되는 것이다.

"그리고 이 법칙들이 함축하는 것은, 우리가 시스템 안의 모든 자원들을 극대화하려고 힘써서는 안 된다는 것이오." 조나가 말했다. "국지적 극대화의 시스템은 최고의 시스템이 아니오. 그것은 매우 비효율적인 시스템이오."

"좋아요." 내가 말했다. "하지만 이걸 안다고 해서 우리가 어떻게 없는 부품들을 최종조립대까지 가져올 수 있죠?"

"여기와 그 평삭기 앞에 쌓여 있는 재고들을 우리가 지금 얘기한 두 법칙에 따라 생각해봐야지."

"문제의 원인을 알 것 같아요." 스테시가 말했다. "우리가 재료들을 병목이 처리할 수 있는 것보다 빨리 내보내고 있는 거예요."

"그렇소. 당신들은 비병목이 할 일이 없어질 때마다 일거리를 내보낸 거요."

"그렇더라도 평삭기는 이제 병목인데요." 나는 말했다.

조나는 머리를 흔들고 말했다. "아니야. 그것은 병목이 아니네. 보게. 그 평삭기는 본질적으로 병목이 아닌데 자네들이 그것을 그렇게 만든 것이지."

그는 우리에게 생산율의 증가는 새 병목을 만들어낼 수 있다고 말해줬다. 하지만 대부분의 공장들은 초과용량이 많기 때문에, 그런 일이 벌어지려면 생산율이 엄청 늘어나야 한다는 것이다. 우리는 겨우 20퍼센트 증가를 기록했다. 내가 그에게 전화로 얘기했을 때 그는 새 병목이 생긴다는 것을 의아하게 생각했단다.

무슨 일이 일어났는고 하니 생산율이 늘어나면서 우리가 공장에 계속적으로 재고를 적재했다는 것이다. 마치 모든 일꾼들이 온종일 활동하게 되길 바라는 것처럼 말이다. 이것은 평삭기에서 할 일을 증대시키고 그것의 용량 이상으로 밀어넣은 것이다. 제1순위의 빨간 꼬리표 부품은 처리되었다. 하지만 녹색 꼬리표 부품들은 쌓여만 간 것이다. 그래서 우리가 NCX-10과 열처리에서만 초과재고를 얻은 것이 아니라, 병목 통과 부품의 양 때문에, 다른 작업장에서의 유출도 방해하고 비병목 부품들이 최종조립 단계로 못 가게 됐던 것이다.

그가 마치고 나서 나는 말했다. "좋아요. 이제 우리 방식의 잘못을 알았어요. 그렇다면 그 문제를 고치려면 무엇을 해야 되는지 가르쳐주시겠어요?"

"모두 회의실로 돌아가면서 생각해보세. 그리고 나서 자네들이 무엇을 해야 할지에 대해 얘기해보자구." 조나가 말했다. "해결책은 상당히 간단하네."

26

그날 밤 집에 도착하기 전까진 내게 그 해결책은 그렇게 단순해 보이지 않았다. 나는 연습장과 연필을 갖고 부엌에 앉아 오늘 제기됐던 것들에 대해 생각하고 있었고 그때 샤론이 들어왔다.

"아빠, 안녕!" 그애가 앉으면서 말했다.

"안녕. 무슨 일이지?"

"별일 없어요. 그냥 아빠가 뭘 하는지 궁금해서요."

"일을 하고 있단다."

"제가 도와드릴까요?"

"글쎄, 모르겠구나. 좀 기술적인 문제라서 아마 지겨울걸."

"아! 아빤 제가 떠나길 바라시죠?"

죄책감이 들었다.

"아니. 네가 머물고 싶지 않다면 말이지." 나는 그애에게 말했다. "문제를 한번 들어볼래?"

"좋아요." 그애는 밝아져서 말했다.

"그래. 자 어떻게 얘기를 할까. 너 데이브와 아빠가 갔던 하이킹 아니?"

"샤론은 몰라요. 제가 알죠." 데이브가 부엌으로 달려오면서 말했다. 그는 매끄러운 부엌 바닥 위를 미끄럼 타고 왔다. "샤론은 그 하이킹에 대해서 아무것도 몰라요. 제가 아빠를 도와줄 수 있을 거예요."

"데이브, 넌 세일즈하면 잘하겠구나." 나는 말했다.

샤론이 화를 내며 말했다. "나도 그 하이킹에 대해서 알아."

"넌 거기 있지도 않았잖아." 데이브가 놀려댔다.

"사람들이 하는 얘기 다 들었어."

"좋아. 그럼, 너희들 둘 다 한번 들어보렴. 여기 문제가 있다. 숲 속에 아이들이 한 줄로 서서 하이킹을 하고 있는데 그 줄 중간에 허비가 있고 우리는 그가 더 빨리 갈 수 있도록 짐을 덜어주었지. 하지만 그는 아직도 가장 느리고 모두가 다 그보다 빨리 가고 싶어하지. 그렇게 된다면 그 줄은 길어지고 애들을 잃어버릴지도 모르지. 이런 저런 이유로 우리는 허비를 중간에서 다른 데로 옮길 수도 없고. 자, 이제 우리가 어떻게 줄이 길어지는 걸 막을 수 있겠니?"

데이브와 샤론은 곰곰이 생각하기 시작했다.

"좋아. 이제 둘 다 다른 방으로 들어가렴. 10분을 줄테니까 그 후에 누가 좋은 아이디어를 생각해냈는지 보자."

"이기면 상이 뭐죠?" 데이브가 물었다.

"글쎄. 뭐든지 황당하지만 않다면."

"뭐든지요?" 샤론이 물었다.

"황당하지만 않다면." 나는 그 말을 반복했다.

그들이 떠나고 나는 10분간의 평화와 고요의 시간을 가질 수 있었다. 잠시 후 두 얼굴이 모퉁이에서 보였다.

"준비됐니?"

아이들은 들어와서 부엌 테이블에 앉았다.

“제 아이디어를 들어보시겠어요?” 샤론이 물었다.

“제 아이디어가 더 나을 거예요.” 데이브가 말했다.

“그렇지 않아.” 샤론이 소리쳤다.

“좋아! 네 아이디어는 뭐니, 샤론?” 나는 샤론에게 먼저 물었다.

샤론이 말했다. “북치는 사람요.”

“뭐라고?”

“있잖아요…… 이를테면 퍼레이드에서,”

“오, 무슨 말인지 알겠다.” 나는 그애가 마음속에 무슨 생각을 하고 있는지 깨닫고 말했다. “퍼레이드에선 간격이 하나도 없잖아요. 모두가 보조를 맞추어 행진하고 있잖아요.”

샤론은 눈을 반짝이며 말했고 옆에서 데이브가 그녀를 고깝게 쳐다봤다.

“그래. 모두가 발을 맞춰 행진한다…… 북치는 소리에 맞춰.” 나는 열심히 생각하기 시작했다. “물론 그럴 수 있지. 하지만 어떻게 허비 앞에 있는 사람들이 빠른 속도로 가는 걸 막을 수 있지?”

“허비에게 북을 치게 하는 거예요.”

나는 그것에 대해 잠시 더 생각했다. “음, 나쁘진 않구나.”

“하지만 제 아이디어가 더 나아요.” 데이브가 말했다.

나는 데이브를 쳐다보았다. “좋아. 똑똑한 사람, 네 아이디어는 뭐니?”

“모든 사람을 로프로 묶는 거예요.”

“로프?”

“아시잖아요. 암벽 등반가들이 하는 거요. 모두의 허리를 긴 로프 하나로 묶는 거예요. 그렇게 하면 아무도 뒤로 처질 수 없어요. 그리고 모두가 속도를 내기 전에는 아무도 혼자 속도를 낼 수도 없어요."

"흠…… 매우 좋은 생각이야."

그것은 줄이 — 그것은 공장 안의 재고로 볼 수 있을 것이다 — 그 로프보다 결코 길 수 없음을 의미할 것이다. 그리고 그 로프는 물론 미리 결정된 길이일 수 있고 그것은 우리가 그것을 정확히 컨트롤할 수 있다는 걸 의미한다.

또한 모두가 같은 속도로 걸어야 할 것이다. 나는 그의 창의성에 감사하는 마음으로 데이브를 봤다.

"그렇게 생각해보니 로프는 마치 모든 장비들 사이의 물리적 연결을 하는 것과 같이 들리는구나. 마치 조립선처럼."

"네. 조립선. 아빠가 언젠가 조립선이 물건을 만드는 데 최상의 방법이라고 했잖아요?"

"응, 그렇지. 그것은 생산의 가장 효율적인 방법이지. 사실 우리는 그 방법을 대부분의 생산품의 최종 조립 때 쓰거든. 문제는 조립선이 공장 전체를 통해서 일하진 않는다는 거지."

"아." 데이브가 말했다.

"하지만 너희들 생각은 둘 다 아주 좋은 것들이다." 나는 그들에게 말했다. "사실 너희들 생각들을 약간씩만 바꾼다면 오늘 제기됐던 것의 해결책이 될 것 같기도 하구나."

"어떻게요?" 샤론이 물었다.

"봐라, 줄이 길어지는 것을 막기 위해서는 사실은 사람들이 보조를 똑같이 맞추어 걷거나 모두를 로프로 묶는다거나 하는 것은 필요하지는 않아. 우리가 진짜 해야 되는 것은 맨 앞에 있는 아이가 허비보다 빠르게 걷는 것을 막는 일이지. 만약 그것을 할 수 있다면 모두가 같이 갈 수 있을 거다."

"그러면 허비부터 맨 앞의 아이까지 로프로 묶으면 되잖아요."

데이브가 말했다.

"아니면 허비나 맨 앞의 아이가 신호를 보내게 하면 되잖아요." 샤론이 말했다. "맨 앞의 아이가 너무 빨리 가면 허비가 그에게 기다리거나 천천히 가라고 하면 되잖아요."

"맞아! 둘 다 알아냈구나."

"그럼 우리 둘 다 이긴 거예요?" 샤론이 물었다.

"자, 무엇을 원하니? 토핑이 많이 들어 있는 피자? 아니면 영화구경?"

아이들은 잠시 조용했다.

"영화가 근사하게 들리는데요." 샤론이 말했다. "하지만 엄마가 다시 집으로 돌아오는 게 더 좋아요."

이제 매우 조용해졌다.

데이브가 침묵을 깼다. "하지만 할 수 없으시다면 이해할게요."

"글쎄다. 최선을 다해보마. 그동안 영화구경은 어떠니?"

아이들이 자러 간 다음에 나는 수백 번이나 과연 줄리가 돌아올 것인가를 생각했다. 나의 결혼생활의 어려움에 비교한다면 공장의 재고 문제는 단순하게 보였다. 아니면 최소한 이제는 단순해보였다. 모든 문제가 일단 풀고 나면 쉬운 것이다.

나는 나의 두 꼬마들이 생각해낸 것들을 실행해볼 것이다. 허비(병목)는 언제 더 많은 재고를 시스템 안으로 넣어야 할지 우리에게 알려줄 것이다. 북이나 로프 대신 컴퓨터를 이용해서 말이다.

다음날 아침 회의실에 모인 우리는 얘기를 시작했고 모두 우리가 너무 많은 재료들을 내보내고 있다는 데 동의했다. 병목을 생산적으로 만들기 위해 그 앞에 5주나 6주의 재고가 필요하지는 않다는 데도 의견의 일치를 보았다.

"첫번째 비병목이 아무것도 할 일이 없어지자마자 붉은 꼬리표 부품용 재료들을 밀어넣는 대신 그것을 억제할 수 있다면," 스테시가 말했다. "밀랍 기계가 녹색 부품에 일할 수 있는 시간이 생길 거예요. 그러면 우리에게 없는 부품들이 별 어려움 없이 조립대에 도달할 거구요."

조나가 고개를 끄덕이더니 덧붙였다. "맞소. 당신들이 해야 할 일은 빨간 꼬리표 부품용 재료들을 병목이 필요로 하는 그 속도에 따라 내보내는 거요. 정확히 그 속도에 맞추어서 말이오."

다음은 내가 말했다. "좋아요. 하지만 어떻게 재료들이 적시에 병목에 도착하도록 정확히 방출할 수 있죠?"

스테시가 말했다. "확실친 않지만 당신이 걱정하는 게 무엇인지 알겠어요. 우리는 그 반대 문제인, 병목 앞에 아무 일거리가 없는 상태를 원하지 않는 거죠."

"이봐요, 우리가 오늘부터 더이상 빨간 꼬리표를 내보내지 않더라도 그런 일이 벌어지려면 최소한 일개월은 지나야 해요." 봅이 말했다. "하지만 당신이 무슨 말을 하는진 알겠어요. 만약 우리가 병목을 놀린다면 우리는 생산율을 잃게 되는 거죠."

"우리가 필요한 것은," 내가 말했다. "병목들을 재료 방출 스케줄과 연결하는 일종의 신호네."

갑자기 랄프가 입을 열었다. "실례지만 이것은 단지 생각뿐인데요, 아마 우리는 지금까지 그 두 개의 병목에 대해 간직해온 자료들을 바탕으로 한 일종의 시스템에 의해 언제 재료들을 내보낼까를 예측할 수 있을 것 같아요."

나는 그가 무엇을 얻었는지 물어보았다.

"글쎄요, 우리가 병목에 대한 자료를 기록하기 시작한 이후 각각의 병목이 특정 시간에 무슨 일을 할지를 3, 4주 전에 예측할 수 있게 됐어요. 보세요. 무엇이 작업 대기중인가를 아는 한, 나는 각각의 종류의 부품에 대한 평균 셋업 시간과 처리 시간을 가지고 언제 하나의 더미들이 병목을 빠져나갈 수 있는가를 계산할 수 있죠. 우리가 한 작업장만 상대로 하기 때문에 종속이 훨씬 적어서 통계적 변동을 평균화할 수 있고 더 나은 수준의 정확도를 얻을 수 있죠."

랄프는 계속해서, 그의 관찰에 의하면 재료들이 처음 공정에서 병목까지 닿는 데는, 하루 이틀 차이가 있을 수는 있어도 약 2주가 걸린다고 말했다.

"그래서 병목에 작업 대기중인 것의 셋업과 처리 시간에다 2주를 더하면 우리가 내보낸 재료에 대해 그 병목이 실제로 일하는 데까지 얼마나 걸릴까를 알 수 있는 거죠. 그리고 각 더미가 병목을 떠나면 우리는 정보를 최근 것으로 바꾸고, 언제 스테시가 더 많은 빨간 꼬리표용 재료를 들여야 할지 계산해낼 수 있어요."

조나가 랄프를 보고 말했다. "아주 대단하오!"

"랄프," 내가 말했다. "정말 대단하네. 우리가 이것을 가지고 얼마나 정확할 수 있다고 생각하나?"

"하루 편차의 범위 안에서 정확하다고 하겠어요. 각 병목 앞에 삼 일간의 재공품들을 놓아두면 안전할 거예요."

모두가 랄프에게 감명받았다고 말하고 있을 때 조나가 말했다.

"하지만 랄프, 사실 당신은 같은 정보로 더 많은 걸 할 수 있소."

"이를테면요?" 랄프가 물었다.

"조립대 앞에 있는 재고 문제도 공략할 수 있소."

"그러니까 병목 통과 부품의 초과재고뿐 아니라 비병목 통과 부품에 대해서도 뭔가 할 수 있다는 뜻인가요?" 내가 물었다.

"정확히 그걸세."

그때 랄프가 말했다. "죄송하지만 어떻게 그것을 할지 확실히 모르겠어요."

조나는 그에게 설명해줬다. 우리에게도. 만약 랄프가 그 병목에 기초를 두고 빨간 꼬리표 재료를 내보내는 스케줄을 결정할 수 있다면, 그는 또 최종 조립의 스케줄도 결정할 수 있을 것이다. 일단 그가 언제 병목 통과 부품이 최종 조립에 도달할 수 있는가를 안다면, 그는 거꾸로 계산해서 비병목용 재료들을 그것들의 공정로에 따라 방출하는 것을 결정할 수 있을 것이다. 이렇게 함으로써 병목들이 공장 안 모든 재료들의 방출을 결정할 것이다.

나는 말했다. "알았어요. 그것은 병목들을 생산의 전면으로 옮기는 것과 같은 결과를 낳을 거예요. 그것이 내가 계획했던 것이고."

"네. 아주 근사하게 들리는데요." 랄프가 말했다. "하지만 당신한테 경고를 하나 하죠. 나는 컴퓨터가 이 모든 것들을 하도록 하는데 얼마나 시간이 걸릴지 말할 수 없어요. 제 말은, 빨간딱지용 재료들의 스케줄을 짧은 시간 안에 짤 수 있지만 나머지는 꽤 걸릴 거라는 거죠."

"이봐, 랄프." 봅이 말했다. "자네 같은 컴퓨터 전문가는 그런 것쯤 금방 해내야 하는 것 아닌가?"

"금방 해낼 수는 있어요. 하지만 그것이 잘 작동할 거라곤 장담 못해요."

나는 그에게 말했다. "진정하게. 우리가 평삭기의 작업량을 줄여 줄 수 있는 한 당분간은 별문제 없을 걸세. 그동안 시간을 갖고 생각해보게."

"자네들은 이제 마음 편히 먹어도 된다고 느끼는군그래." 조나가 말했다. "하지만 나는 35분 안에 시카고행 비행기를 타야 하네."

"이런," 나는 반사적으로 시계를 보면서 중얼거렸다. "이제 자리를 뜨는 게 낫겠네."

우아한 이별은 아니었다. 조나와 나는 빌딩을 뛰어나와 달렸다.

그를 제시간에 공항에 데려다주려고 나는 계속 속도위반을 해야 했다. 다행히 사고는 없었다.

"나는 자네 공장 같은 것에 특별히 관심이 많네." 조나가 말했다. "그래서인데 무슨 일이 벌어지는지 계속 알려준다면 고맙겠네."

"물론이죠. 문제 없어요. 사실 그럴 계획이니까요." 나는 그에게 힘주어 말했다.

"좋네. 그럼, 나중에 얘기하세."

그렇게 말하고 그는 차에서 내려 손을 흔들고 터미널 문으로 뛰어 들어갔다. 그가 나를 부르지 않는 것으로 미루어 그가 무사히 비행기를 탔다고 단정했다.

다음날 아침 우리는 어떻게 이 접근법을 실행해야 할지 회의를 했다. 봅 도노반이 우리 앞에 빨간 깃발을 흔들기 시작했다.

"보세요. 우리는 큰 문제에 봉착할 수도 있어요." 그가 말했다.

"뭔데?" 내가 물었다.

"만약 공장 전체에 효율성이 떨어진다면 무슨 일이 생기죠?"

"글쎄, 내 생각엔 그건 우리가 감수해야 할 위험인 것 같은데."

"네. 하지만 우리가 이것을 실행에 옮긴다면 많은 사람들을 놀게 만든 것같이 들릴 거예요."

"그래, 때때로 어떤 사람들은 놀고 있겠지." 나는 인정했다.

"그러면 우리가 모두를 그저 거기에 서 있게 해야 하나요?"

"왜 아니예요?" 스테시가 물었다. "일단 어떤 사람이 이미 월급을 받고 있다면 그를 놀리게 해도 비용이 더 들지는 않잖아요. 어떤 사람이 부품을 생산하든 몇 분 기다리든 우리의 영업비용을 늘리지는 않아요. 하지만 초과재고는 많은 돈을 묶어놓죠."

"좋아요." 봅이 말했다. "하지만 보고는 어떻게 하죠? 이달 말에 빌 피치가 우리의 공장 문을 닫을지 말지를 결정할텐데 우리의 효율성이 뚝 떨어진 걸 본다면 별로 긍정적이 될 것 같진 않아요. 본부에서는 그것을 대단히 못마땅하게 여기는 경향이 있다고 들었어요."

잠시 회의실 안이 조용했다. 그리고 루가 말했다. "그의 말에 일리가 있어요, 알렉스."

나는 잠시 동안 에어컨의 윙윙 돌아가는 소리를 듣고 있었다.

"좋아, 보라구." 나는 결국 말했다. "우리가 재고를 억제하고 있다가 병목에 따라 풀어주는 시스템으로 가지 않는다면 우리는 공장경영을 향상시키고 공장을 구해낼 수 있는 중요한 기회를 놓칠 걸세. 그리고 나는 확실히 저 밑에보다는 중간 경영진에 더 영향을 끼칠 그런 기준을 유지하기 위해서 그저 옆에서 방관만 하고 있진 않을 걸세. 우리는 그 새로운 시스템으로 갈 걸세. 효율성이 떨어진다면 떨어지게 놔두라구."

마치 아드미랄 파라것의 토페도스 연설을 연상시키는 용감한 말이 끝나자 모두들 약간 숙연해졌다.

"그리고, 아, 봅! 만약 노는 시간이 많더라도 아무도 재촉하진 말게. 그냥 그것이 다음달 효율성 보고에 나타나지 않게만 하게. 알겠나?"

"물론이죠. 대장님."

27

"……결론적으로 말해 지난달 베링턴 공장과 그 제품들에 의해 생긴 이익증가가 없었다면, 우리 유니코사는 7개월 연속 손실을 봐야 했을 것입니다. 같은 계열 안의 다른 모든 공장들에선 아주 근소한 이익이나 지속적인 손실만이 보고되었을 뿐입니다. 하지만 베링턴에서의 향상과 그것에 기인한 계열사의 올해 첫 영업이익에도 불구하고 우리는 견고한 재무구조로 다시 돌아가기는 아직 멀었습니다."

에탄 프로스트가 말을 마치자 빌 피치는 고개를 끄덕였다. 나는 그 긴 테이블의 반대쪽 아래에 다른 공장장들과 같이 앉아 있었다. 피치의 오른쪽에는 힐튼 스미스가 앉아 있었다. 그는 프로스트의 내 공장에 대한 찬사가 끝나자 나를 못마땅히 쳐다보고 있었다. 나는 의자에 편히 앉아 잠시 동안 넓은 유리창 밖으로 보이는 경치를 바라보고 있었다. 초여름의 햇살이 비치는 도시가 보였다.

5월이 지났다. 비병목 부품들의 부족—이제는 없어졌지만—을 빼고는 아주 뛰어났던 달이었다. 우리는 이제 랄프가 개발한 새로운 시스템에 따라 모든 재료의 방출시간을 맞추고 있는데, 그것이 병목 속도의 열쇠를 쥐고 있었다. 랄프는 병목 두 개에다 자료 터미널을 설치해서 재고들이 처리되면 가장 최근의 정보가 바로 공장 데이타로 들어가도록 했다. 그 새 시스템을 가지고 우리는 기가 막힌 결과를 보기 시작했다.

랄프는 시스템을 가지고 약간 실험을 하더니 곧 언제 출고품들이 공장을 떠날지를 하루나 그 안에 예측할 수 있다는 것을 발견했다. 이것에 바탕을 두고 우리는 모든 고객 주문과 그것들이 언제 출고될 수 있는지를 기록한 보고서를 마케팅부에 줄 수 있었다(마케팅부의 누가 그 보고를 진짜로 믿을지는 모르겠지만 지금까지 그것들은 매우 정확했다).

"로고," 피치가 말했다. "자네가 우리 중에서 유일하게 어느 정도 향상을 이룬 것 같으니까 자네가 보고해보게."

나는 내 보고서의 커버를 열고 주요 요점들을 발표하기 시작했다. 거의 모든 기준에 의거해 우리는 아주 훌륭하게 그 달을 끝마쳤다. 재고수준은 떨어졌고 계속 빠른 속도로 더 떨어지고 있었다. 어떤 재료들의 방출을 억제해놓은 것은 우리가 더이상 재공품들에 숨이 막히지 않게 됨을 의미했다. 부품들은 예정된 때에 병목에 도달했고 공장 전체의 흐름은 그 전보다 훨씬 원활해졌다.

그러면 효율성은 어떻게 됐는가? 글쎄, 그것들은 우리가 재료 방출을 억제하기 시작한 처음에는 떨어졌다. 하지만 우리가 걱정한 만큼은 아니었고 결국 우리가 초과재고를 소비하고 있음이 드러났다. 하지만 출고율이 극적으로 올라가면서 그 초과재고는 재빨리 없어졌다. 그리고 이제 우리는 비병목에 대한 재료방출을 재개했다. 그러자 효율성은 다시 올라갔다. 도노반은, 장래의 진짜 수치는 전과 거의 똑같을 거라고 은밀히 내게 말하기조차했다.

최고의 뉴스는 그동안 납기일을 못 지키고 쌓여 있던 주문들을 모두 없앴다는 것이다. 놀라보이겠지만 우리는 완전히 따라잡은 것이다. 그 결과로 고객 서비스도 개선되었다. 생산율도 올랐다. 우리는 다시 부활하고 있는 것이었다. 우리가 준비한 표준 보고서들로는 그 모든 것들을 말해줄 수 없다는 것이 아쉬웠다.

발표를 끝마치고 나는 테이블을 보았고 힐튼 스미스가 빌 피치에게 뭔가 속삭이는 것을 보았다.

테이블에는 잠시 정적이 흘렀다. 그리고 나서 빌이 힐튼에게 고개를 끄덕이고 나서 나에게 말했다.

"잘했네, 알렉스."

그 말 한마디를 하고 빌은 다른 매니저에게 보고하도록 시켰다. 자리에 돌아와서 나는 피치가 좀더 긍정적이지 않은 것에 약간 화가 났다. 그는 프로스트가 아까 말한 만큼의 칭찬을 하지도 않았다.

나는 여기에 올 때 우리가 진짜로 공장을 바꾸어놓았다고 느꼈었다. 그리고 나는 '잘했네'라는 말보다 더 바라고 있었는지도 모른다. 머리를 쓰다듬어준다든지.

하지만 그러고 나서 나는 피치가 그 변화의 정도를 모른다는 것을 나 스스로 상기시켰다. 그가 알아야 할까? 그에게 말해야 할까? 루가 그것에 관해 내게 물었다. 나는 그에게 말했다. "아니, 당분간 참자구요."

우리는 빌 피치한테 가서 개인적으로 보고할 수도 있었다. 그리고 테이블 위에 우리의 카드들을 늘어놓고 그에게 고르라고 할 것이다. 사실 궁극적으로 우리는 그럴 것이다. 하지만 아직은 아니다.

그리고 그럴 이유가 있었다.

나는 빌 피치와 오랫동안 일해왔기 때문에 그를 아주 잘 안다. 그는 똑똑한 사람이다. 하지만 혁신자는 아니다. 2년 전이라면 그는 우리가 새 시스템을 당분간 돌릴 수 있도록 했을지도 모른다. 하지만 지금은 아니다. 내 생각으론 지금 만약 우리가 그에게 찾아간다면 그는 인상을 쓰면서 우리에게 그가 충실히 믿고 있는 비용회계방법에 의거해 공장을 운영하라고 말할 것이다.

나는 그에게 내 방식(사실은 조나의 방식)이 바로 모든 성공의 실체라는 확실한 케이스를 가지고 그에게 갈 수 있을 때까지 때를 기다려야 한다.

하지만 과연 시간이 있을까? 나는 이 질문을 계속 나 자신에게 물어보고 있었다. 피치는 아직까지는 공장을 닫겠다는 그 위협을 자발적으로 철회하진 않았다. 나는 그가 아마도 내 보고가 끝난 후 뭔가를 말할 것이라고(공식적으로나 아니면 개인적으로) 생각했었으나 그는 그 문제에 대해 아무 말도 안 했다. 나는 테이블 끝에 있는 그를 쳐다봤다. 그는 나와는 달리 좀 산만해보였다. 다른 사람이 말하고 있는데도 별관심을 안 두고 있었다. 힐튼이 그에게 무엇을 해야 하는지 암시를 주고 있는 것 같았다. 도대체 저 힐튼에게 뭐가 있을까?

그 회의는 점심 후 한 시간 정도 후에 끝났다. 그때 나는 피치와 가능하다면 개인적으로 얘기를 해야겠다고 결심했다. 회의실을 나와 저기 복도 쪽으로 가고 있는 그를 뒤쫓아갔고 그는 나를 자기 방 안으로 들어오게 했다.

"그래서 언제 우리를 곤경에서 구해주실 거죠?" 나는 문이 닫히자 그에게 물었다.

빌은 큰 융단의자에 앉고 나는 맞은편 의자 중 하나에 앉았다. 우리 사이에는 테이블이 없어 친근한 대화에 좋은 분위기였다.

빌은 나를 똑바로 쳐다보고 말했다. "무엇이 자네에게 내가 그럴 것이라는 생각을 갖게 했나?"

"베링턴은 회복되고 있어요." 나는 그에게 말했다. "우리는 그 공장이 계열사를 위해 돈을 벌도록 만들 수 있어요."

"만들 수 있다구? 보게, 알렉스. 자네는 지난달을 아주 훌륭히 끝마쳤네. 올바른 방향으로 나아가는 첫걸음이지. 하지만 다음달도 그렇게 좋은 달을 우리에게 줄 수 있나? 다다음달은? 그리고 그 다음달은? 그것이 내가 보려고 기다리는 걸세."

"우리는 그럴 수 있어요."

"솔직히 말하지. 나는 아직도 이것이 단지 순간적인 불꽃인지 아닌지 확신하지 못하겠네. 자네들이 결국엔 출하를 해야 된다는 것은 필연적인 사실이네. 하지만 비용을 줄이기 위해 무엇을 했는가? 내가 보기엔 아무것도 안 했네. 공장이 장기적으로 이익을 내기 위해선 10 내지 15퍼센트의 영업비용 절감이 필요하네."

나는 가슴이 가라앉는 느낌이었다. 마침내, 나는 말했다. "빌, 만약 우리가 다음달도 또 향상된 것을 보여준다면 공장을 닫겠다는 건의안은 최소한 연기시켜줄 건가요?"

그는 고개를 흔들었다. "그것은 자네가 이번에 보여주었던 것보다 더 큰 향상이어야 될 걸세."

"얼마나 큰?"

"이번 달에 했던 것보다 15퍼센트만 더 보여주게."

나는 고개를 끄덕였다. "할 수 있다고 생각해요."

그의 얼굴에서 찰나적으로 쇼크가 반짝이는 것을 눈치챘다.

그가 말했다. "좋네. 만약 자네가 그럴 수 있다면, 그리고 계속 그럴 수 있다면, 우리는 베링턴 공장을 존속시킬 걸세."

나는 웃었다. 당연하지 않은가! 만약 우리가 그렇게 잘해나간다면 바보가 아닌 이상 누가 우리 공장문을 닫겠는가?

피치가 일어섰고 우리의 대화는 끝이 났다.

액셀러레이터를 꽉 밟고 라디오를 크게 틀어놓은 채 고속도로에 진입했다. 내 머리 속의 생각이 차보다 더 빠르게 달리고 있었다.

2개월 전 나는, 이맘때까진 이력서를 다른 곳으로 보내야 할 것이라고 생각했다. 하지만 빌 피치는 방금 우리가 한 달 더 잘해낼 수 있다면 공장은 그대로 놔둘 것이라고 말했다. 우리는 거의 거기에 도달해 있다. 이런 불안한 상황을 끝낼 수 있는 것이다. 겨우 일개월만 더 잘하면 되니까.

하지만 15퍼센트라?

우리는 그동안 쌓여 있던 주문들을 무서운 속도로 해치웠다. 그리고 그러면서 우리는 엄청난 양의 제품들을 출고시킬 수 있었다. 어떠한 비교로도 정말 엄청나다. 지난달, 지난 분기, 지난해와 비교하더라도. 그것은 우리에게 수입의 큰 증가를 가져왔다. 그리고 모든 것이 장부상으로도 근사해보인다. 하지만 이제 우리는 모든 납기일이 지난 주문들을 다 실어냈고 새 주문들도 전보다 빠른 속도로 내보내고 있는 중이다.

큰 문제에 빠졌다는 생각이 슬그머니 들었다. 도대체 어디서 우리에게 15퍼센트 향상을 줄 수 있는 주문들을 받아온단 말인가?

피치는 단지 또 한 달을 더 잘하는 것을 요구하고 있는 것이 아니다. 그는 그 한 달간 우리가 엄청나게 잘하기를 요구하는 것이다. 그는 아무것도 약속하지 않았다. 나는 했는데. 그것도 아마도 너무 많이. 나는 다음주에 계획되어 있는 주문들을 기억해내 우리가 피치가 보기 원하는 최하선의 증가에 필요한 양을 가지고 있는지 계산해 보았다. 그것들이 충분하지 않을 것이라는 두려운 생각이 들었다.

좋다. 예정을 앞당겨 출고할 수도 있을 것이다. 7월 첫주나 둘째주로 예정된 주문들을 앞당겨서 6월에 내보내는 것이다.

하지만 그 이후에는 무엇을 할 것인가? 그 달에 가면 우리는 거대한 구멍 속에 들어가 아무 할 일도 없어질 것이다. 우리는 좀더 많은 주문이 필요한 것이다.

갑자기 요즘에 조나가 어디 있는지 궁금해졌다.

속도계를 내려다보니 놀랍게도 시속 80마일로 달리고 있었다. 나는 속도를 줄였다. 넥타이도 풀렀다. 공장으로 돌아갈까 생각하다 곧 마음을 바꿔먹었다. 사실 내가 공장에 다시 도착할 쯤엔 거의 퇴근시간이 될 것이라는 생각이 들었다.

바로 그때 포리스트 그로브로 가는 고속도로로 향하는 교차로까지 2마일이라는 신호판을 지나쳤다. 글쎄 왜 아닌가? 나는 한 이틀 동안 줄리나 애들을 못 봤다. 학기가 끝난 후 아이들은 줄리와 그녀의 부모들과 같이 머물고 있는 것이다.

나는 교차로를 타고 가다가 다음 출구로 빠져나갔다. 귀퉁이의 주유소에서 공중전화를 발견하고 공장에 전화를 했다. 프렌이 전화를 받았고 나는 그녀에게 두 가지를 말했다. 하나는 봅, 스테시, 랄프, 그리고 루에게 그 회의가 우리에게 좋은 방향으로 진행되었다고 전하라는 것이었고, 두번째는 오늘 오후에 공장에 가지 않겠다는 거였다.

줄리 부모네 집에 도착해서 나는 아주 환대를 받았다. 샤론과 데이브와 한동안 얘기를 하고 나서 줄리와 같이 산책을 나갔다. 바깥은 아주 좋은 여름 오후였다.

샤론을 껴안고 굳바이라고 얘기를 하자 그애는 내 귀에 대고 속삭였다. "아빠, 언제 집에 다 같이 갈 거예요?"

"아주 곧. 바라건대 말이다." 나는 그애에게 말했다.

내가 그애에게 준 그런 확신에도 불구하고 샤론의 질문은 내 머리 속에서 쉬 사라지지 않았다. 나도 같은 질문을 스스로 물어보곤 했던 것이다.

줄리와 나는 공원으로 갔다. 잠시 걸은 후 우리는 강 옆의 벤치에 앉았다. 우리는 잠시 동안 아무 말도 안 하고 있었다. 그녀는 나에게 뭐가 잘못되었는지 물었고 나는 그녀에게 샤론의 질문에 대해 말해주었다.

"그애는 언제나 내게 그 질문을 해요." 줄리가 말했다.

"그래? 그래서 뭐라고 대답해줬지?"

"곧 빨리 갈 거라고 했어요."

나는 웃었다. "나도 그애한테 그렇게 말했는데, 진심이야?"

그녀는 잠시 동안 아무 말도 안 했다. 그러다가 나를 보고 웃더니 진지하게 말했다. "지난 몇 주 동안에 당신이 옆에 있어서 무척 즐거웠어요."

"고마워. 사실 나도 그랬어."

그녀는 내 손을 잡고 말했다. "하지만— 미안해요, 알렉스. 난 아직도 집에 돌아가는 게 걱정돼요."

"왜? 우리는 이제 훨씬 더 잘 지내고 있잖아. 무엇이 문제지?"

"봐요. 우리는 변화를 위해서 좋은 시간을 가졌어요. 그건 좋아요. 난 정말 당신과의 이런 시간이 필요했어요. 하지만 우리가 다시 돌아가서 같이 산다면 무슨 일이 벌어질지 아시죠? 모든 게 한 이틀 정도는 좋을 거예요. 하지만 일주일 후면 우리는 이전과 같이 또 논쟁을 시작할 거예요. 그리고 한 달 후, 반 년 후 아니면 일 년 후엔— 제 말뜻 아시죠?"

나는 한숨을 쉬었다. "줄리, 나랑 같이 사는 게 그렇게 나빴나?"

"알렉스, 나쁘진 않았어요. 그저 잘 모르겠어요. 당신은 나한테 관심을 안 가졌어요."

"하지만 나는 직장에서 온갖 종류의 문제를 안고 있다구. 난 정말 얼마간 제정신이 아니었어. 그런 나에게 무엇을 바란 거야?"

"제가 받고 있었던 것보다 조금 더요. 아세요? 내가 어렸을 때 아빠는 직장에서 집으로 늘 같은 시간에 돌아오셨어요. 모든 가족이 늘 함께 식사했죠. 아빠는 저녁을 집에서 보냈어요. 하지만 당신과는 무슨 일이 벌어지고 있는지 언제나 모르잖아요."

"당신 아버지와 날 비교할 순 없어. 그분은 치과의사잖아. 그 날의 마지막 이빨을 보시고 나면 문을 잠그고 집에 올 수 있어. 내 사업은 그런 게 아니잖아."

"알렉스, 문제는 당신이 그렇지 않다는 거예요. 다른 사람들은 규칙적인 시간에 직장에 나가고 집에 돌아와요."

"그래. 부분적으론 당신 말이 맞아. 나는 다른 사람과 달라." 나는 인정했다. "뭔가에 열중하면 난 진짜로 열중하게 돼. 그리고 그건 아마 내가 자라온 길과 관계가 깊을 거야. 우리 집안을 봐. 우리들은 거의 같이 식사를 안 하거든. 아버지의 법칙은, 사업이 우리를 밥 먹여주는 것이다, 그러므로 언제나 그것이 먼저여야 한다는 것이었어. 우리 식구 모두는 그것을 이해했고 모두 같이 일을 했지."

"그것이 우리들 집안이 다르다는 것 말고 또 뭘 증명하죠?" 그녀가 물었다. "나는 당신에게 나를 그렇게도 오랫동안 괴롭혀 내가 당신을 더이상 사랑하는지조차 확신이 안 서게 했던 것에 대해 말하고 있는 거예요."

"그러면 무엇이 지금은 나를 사랑하고 있다고 확신케 하지?"

"다시 싸우고 싶어요, 알렉스?"

나는 다른 곳을 쳐다봤다.

"아니, 싸우고 싶지 않아." 나는 그녀에게 말했다.

그녀가 한숨 쉬는 소리가 들렸다. 그리고 그녀가 말했다. "아세요? 아무것도 변하지 않았어요."

잠시 동안 우리는 아무 말도 하지 않았다. 줄리는 일어서서 강쪽으로 걸어갔다. 마치 도망이라도 가려는 듯 보였다. 하지만 그러진 않았다. 그녀는 다시 돌아와서 벤치에 앉았다.

그녀는 내게 말했다. "내가 열여덟 살이었을 때 나는 모든 걸 계획했어요. 대학, 교원자격증, 결혼, 집, 아이들, 그런 순서대로요. 모든 결정들이 미리 만들어졌죠. 나는 나중에 우리 집에 깔 중국 융단을 생각해놓았고 애들 이름들도 미리 정해놨어요. 집이 어떻게 생겨야 하고 커튼은 어떤 것인지도 미리 생각했죠. 하지만 이제…… 나는 모든 걸 가졌어요. 어느 정도. 하지만 이제는 그것들 모두가 별것 아닌 것같이 느껴져요."

"줄리, 왜 당신의 삶이 당신이 그리고 있는 완벽한 이미지와 일치해야 하지? 왜 당신이 그것들을 원하는지나 알아?"

"왜냐하면 그것이 내가 자라온 방식이기 때문이에요. 당신은 어때요? 당신은 왜 이렇게 큰 출세를 해야 되죠? 왜 하루에 24시간 일해야 한다고 느끼는 거죠?"

침묵.

그리고 나서 그녀가 말했다. "미안해요. 너무 혼란스러워서요."

"아니, 괜찮아. 좋은 질문이었어. 나도 왜 내가 그저 구멍가게나 아홉시부터 다섯시까지 일하는 직장인에 만족하지 못하는지 정말 모르겠어."

"알렉스, 우리 모든 걸 잊어버리도록 노력해요."

"아니, 난 그렇게 생각하지 않아. 나는 그 반대로 해야 된다고 생각해. 우리는 좀더 많은 질문들을 해야 돼."

줄리는 나를 회의적으로 보더니 물었다. "이를테면요?"

"이를테면 우리의 결혼이 우리에게 무엇을 해줘야 하는 거지?" 나는 그녀에게 물었다. "내 결혼의 목표는 모든 것이 시계에 따라 행해지는 그런 완벽한 집에서 사는 것은 아니야. 그것이 당신의 목표인가?"

"내가 요구하는 것은 남편으로부터의 관심이에요. 그리고 그 목표라는 것에 관해선데요, 결혼할 때 우리는 그저 결혼하게 되는 거예요. 거기에 무슨 목표 같은 것은 없어요."

"그럼 왜 결혼했지?"

"나에 대한 열중, 사랑 뭐 그런 누구나 가지고 있는 이유들 때문에 결혼한 거죠. 알렉스, 당신은 바보 같은 질문만 하고 있어요."

"바보 같건 똑똑한 질문이건, 나는 그것들을 물어봐야겠어. 왜냐하면 우린 15년간이나 같이 살아왔지만 결혼이 우리에게 무엇을 해야 되는지에 대한 명확한 이해도 없단 말이야." 나는 침을 튀기며 말했다. "우리는 그저 남이 모두 하는 것을 하면서 같이 항해해온 거야. 그리고 결국 이제 와서 우리 둘의 삶에 대한 가정들이 너무도 다른 것으로 드러난 거지."

"우리 부모님들은 37년간 결혼해서 살고 계세요. 하지만 그들은 아무도 여태껏 '우리 결혼의 목표가 뭐지?' 하고 물어보지 않았어요. 사람들은 그저 사랑하기 때문에 결혼하는 거예요."

"오, 글쎄. 그것이 모든 걸 설명하는군."

"알렉스, 제발 그런 질문 따위는 하지 말아요. 그것들은 아무 해답도 없어요. 그리고 그런 식으로 계속 얘길 한다면 우리는 모든 걸 파멸시킬 거예요. 이것이 당신이 우리에 대해 재고를 하고 있다는 말을 뜻하는 거라면—."

"줄리, 난 당신에 대해 재고를 하고 있지 않아. 하지만 우리한테 무엇이 잘못되었는지 알아내야 할 사람은 당신이야. 만약 당신이 우리를 연애소설의 인물들과 비교하는 대신 이것에 대해 논리적으로 생각하려고 노력한다면—."

"난 연애소설 따위는 안 읽어요."

"그러면 어디서 결혼은 어때야 한다는 아이디어를 얻은 거야?"

그녀는 아무 말도 안 했다.

"내가 말하는 것은 우리가 잠시 결혼에 대해 가지고 있는 모든 선입견을 던져버리고, 단지 우리가 지금 어떤가를 봐야 한다는 거지. 그리고 나서 우리는 우리가 무엇을 원하는지 알아내서 그 방향으로 가야 하는 거야."

하지만 줄리는 듣고 있는 것 같지 않았다. 그녀는 일어섰다.

"돌아가야 할 시간인 것 같아요."

줄리 부모집으로 돌아가는 길에 우리는 마치 한 겨울의 빙산처럼 조용했다. 우리는 같이 표류하고 있는 것이다. 나는 길의 한쪽을 보았다. 줄리는 그 반대쪽을 보았다. 우리가 들어가자 줄리의 아버지가 저녁을 권했지만 거절했다. 아이들에게 작별인사를 하고 난 줄리에게 손을 흔들고 떠났다.

차에 타는데 줄리가 뛰어오는 게 들렸다.

"토요일에 다시 볼 수 있나요?" 그녀가 물었다.

나는 조그맣게 웃었다. "음, 물론. 좋게 들리는군."

"아까는 미안했어요. 모든 것이 잘 풀릴 때까지 그저 노력해야 할 것 같아요."

우리는 둘 다 웃기 시작했다.

28

해가 질 무렵에야 집에 도착했다. 하늘은 분홍 장밋빛이었다. 부엌문을 여는 순간 안에서 전화벨 소리가 났다. 뛰어가서 수화기를 들었다.

"좋은 아침이네." 조나가 말했다.

"아침이요?" 창문 밖으로 해가 지평선 밑으로 거의 지고 있어서 나는 웃었다. "나는 지금 해가 지는 걸 보고 있어요. 지금 어디서 전화하는 거죠?"

"싱가포르."

"오."

"그런데, 내가 지금 서 있는 곳에선 해가 뜨는 게 보이는 걸. 알렉스, 자네 집으로 전화하지 말 걸 그랬나? 하지만 몇 주간 다시 자네와 통화할 수 없을 것 같아서."

"왜요?"

"글쎄, 얘기가 길어서 지금 말해줄 순 없네. 하지만 나중에 얘기할 기회가 있을 걸세."

"알겠어요……." 나는 무슨 일이 벌이지고 있는지 궁금했지만 참았다. "내가 운이 좀 없는 것 같아요. 지금 막 당신한테 가서 도움을 청하려고 하던 중이거든요."

"뭐가 잘못돼가나?"

"아니예요. 모든 것이 운영 관점에선 아주 잘 되어가고 있어요. 하지만 우리 계열사 사장하고 회의를 막 끝냈는데 더 큰 향상을 보여줘야 한다고 말하더군요."

"아직도 돈을 못 벌고 있나?"

"아뇨. 다시 돈을 벌고 있긴 해요. 하지만 공장이 문을 닫게 되는 걸 막기 위해서는 그 향상을 더 가속해야 할 필요가 있거든요."

저쪽 전화에서 낄낄 웃는 소리를 들을 수 있었다. 조나는 말했다. "내가 자네라면 공장문 닫는 것에 대해 너무 걱정하지 않겠네."

"글쎄요, 우리 사장 말에 의하면 공장문을 닫을 가능성은 진짜 있어요. 그가 다른 말을 하기 전까지는 그것을 가볍게 받아들일 수 없어요."

"알렉스, 만약 공장을 더 개선시키고 싶으면 내가 도와주겠네. 그런데 자네와 얘기할 기회가 당분간은 없을 것 같으니까 그것에 대해 지금 말해보게. 지금까지 무슨 일이 있었는가 말이야."

나는 모든 것을 다 말해줬다. 그리고선, 우리가 어떤 이론적 한계에 다다랐는지 궁금하다고 말하고 우리가 시도할 수 있는 다른 방법들이 있는지 물어봤다.

"다른 방법들? 나를 믿게. 우리는 이제 겨우 시작한 거야. 이제,

내가 제안해주겠네…….”

다음날 아침 일찍, 나는 공장 사무실에서 조나가 한 말들을 생각하고 있었다. 밖은 그가 이미 싱가포르에서 본 동틀녘이었다. 커피를 마시러 나가다 커피 자동판매기 앞에 있는 스테시를 발견했다.

“안녕하세요.” 그녀가 말했다. “어제 본부에서 모든 게 잘 풀려나갔다고 들었어요.”

“글쎄, 나쁘진 않았소. 하지만 아직도 피치에게 우리가 장기적으로 잘할 수 있다고 확신시키기까진 갈 길이 좀 남아 있는 것 같아. 그건 그렇고, 어젯밤에 조나하고 통화를 했소.”

“그에게 우리의 진보에 대해서 얘기했나요?”

“그렇소. 그리고 그는 우리에게 다음의 논리적 단계라는 것을 해보라고 제안했지.”

그녀의 얼굴에서 긴장된 웃음을 볼 수 있었다.

“그게 뭐죠?”

“비병목에서의 일괄작업량을 반으로 줄이라는 것이오.”

스테시는 한 걸음 뒤로 물러서며 생각을 했다. “하지만 왜요?”

나는 웃으면서 말했다. “왜냐하면 결국엔 우리가 돈을 벌테니까.”

“이해 못하겠어요. 그게 어떻게 우리를 도울 수 있죠?”

“이봐요, 스테시. 당신은 재고관리를 맡고 있소. 당신이 내게 만약 그 일괄작업량을 반으로 줄인다면 무슨 일이 벌어질지 말해줘야지.”

그녀는 커피를 마시면서 잠시 생각했다. 몰두를 하느라 눈썹이 찌푸려졌다. 그리고 나서 그녀는 말했다. “만약 우리가 일괄작업량을 반으로 줄인다면 아마 어느 한순간의 공장의 재고품 양을 반으로 줄일 수 있겠죠. 그것은 우리가 공장을 계속 가동시키기 위해 재공품에 투자하는 것을 반으로 줄일 수 있다는 것을 의미하구요. 벤더들과의 일만 잘된다면 우리의 모든 재고를 아마도 반으로 줄일 수 있을 거예요. 그리고 재고를 반으로 줄임으로써 묶여 있는 현금의 양을 줄일 수 있고 그것은 현금유통에 대한 압박을 덜 수 있죠."

나는 그녀가 한 마디 할 때마다 고개를 끄덕이다 마침내 말했다. "맞아요. 그것들은 한 세트의 이득이지."

그녀는 말했다. "하지만 그 이득들을 충분히 수확하기 위해선, 우리의 공급자들에게 배달 횟수를 늘이고 배달 때마다 양을 줄이도록 해야 해요. 그러려면 구매부를 통해 좀 협상을 해야 하는데 모든 벤더들이 다 그것에 응해줄지 확신할 수 없어요."

"그것이 바로 우리가 해내야 하는 일이오. 결국은 그들도 찬성할 거야. 왜냐하면 그것이 우리뿐 아니라 그들에게도 이익이 되니까."

"하지만 우리가 그 일괄작업량의 크기를 줄인다면," 그녀는 평소에 하듯 눈을 가늘게 뜨면서 말했다. "그것은 우리가 기계들에 그만큼 셋업을 많이 해야 되는 것을 의미하지 않나요?"

"물론이오. 하지만 그것에 대해선 걱정 말아요."

"걱정 말라구요?"

"그래요. 걱정 말아요."

"하지만 봅은……."

"봅은 셋업을 더 많이 하더라도 괜찮을 거요. 그리고 그동안 우리가 즉시 얻을 수 있는 다른 세트의 이득이 생기게 되지. 방금 당신이 말한 것 말고도."

"그게 뭐죠?"

"정말 알고 싶소?"

"물론이죠."

"좋소. 참모회의에서 모두에게 말해줄테니 당신이 회의를 준비해봐요."

그녀에게 번거롭게 회의준비를 시킨 것에 대한 일종의 보복인지 그녀는 동네에서 가장 비싼 식당에서 정오에 회의를 개최했다. 그 점심값은 물론 내 주머니에서 나갔다.

"달리 어쩔 수 없었어요." 그녀가 테이블에 앉으며 말했다. "이 시간만이 모든 사람들이 가능했거든요. 맞죠, 봅?"

"맞아요." 봅이 말했다.

나는 화나 있지는 않았다. 이 사람들이 최근에 한 일의 양과 질을 생각한다면 점심값을 내게 된 것에 대해 불평할 순 없는 것이다. 나는 모두에게 오늘 아침 스테시와 나눈 얘기를 해주고 다른 세트의 이득에 관해 토의를 했다.

어젯밤 조나가 전화를 통해 말한 것의 일부는, 재료 하나가 공장으로 들어온 순간부터 그것이 완성품의 한 부분으로 공장 문을 나가는 시간까지의 총시간을 생각한다면 그 시간을 네 개의 요소로 나눌 수 있다는 것이다.

하나는 셋업이다. 그러니까 부품이 자원에서 기다리는 시간인데, 그 자원이 그 부품에 대한 작업을 준비하고 있는 시간인 것이다.

두번째 것은 처리시간인데 이것은 그 부품이 새롭고 좀더 가치있는 형태로 가공되는 데 걸리는 시간이다.

세번째 요소는 열에서의 시간이다. 그것은 어떤 자원이 먼저 와 있는 다른 것을 작업하는 동안에 뒷줄에 있는 부품이 줄에서 그 자원을 기다리고 있는 시간이다.

네번째 요소는 대기시간이다. 그것은 부품이 자원을 기다리는 시간이 아니라 그 부품이 같이 조립될 다른 부품을 기다리는 시간이다.

조나가 어젯밤 지적했듯이, 셋업과 처리는 부품의 총경과시간 중에서 작은 부분을 차지한다. 하지만 열에서의 시간과 대기는 아주 자주 많은 시간을 필요로 한다. 사실 부품이 공장 안에서 보내는 총경과시간의 대부분이다.

병목을 통과하는 부품은 열 중에서의 시간이 가장 많은 시간을 차지한다. 그 부품들은 병목 앞에 장시간 묶여 있는 것이다. 비병목으로만 통과하는 부품들은 대기시간이 가장 많은 부분을 차지한다. 왜냐하면 그들은 병목에서 나오는 부품을 기다리느라 조립대 앞에서 장시간 대기하기 때문이다. 이것은 모든 경우 병목들이 경과시간을 결정한다는 것을 의미한다. 그것은, 차례로, 병목이 생산품뿐 아니라 재고도 결정한다는 것을 의미한다.

우리는 일괄작업량을 경제적 작업량 공식에 따라 정해왔다. 어젯밤, 조나는 내게 전화로선 그 이유를 다 설명할 순 없지만, 그 공식이 많은 잘못된 가정에 바탕을 두고 있다고 말했다. 대신, 그는 지금의 양보다 그 일괄작업량을 반으로 줄이면 무슨 일이 일어날까 고려해보라고 요구했다.

우리가 만약 일괄작업량을 반으로 줄인다면, 우리는 그 작업량을 처리하는 시간 역시 반으로 줄이는 것이 된다. 그것은 열에서의 시간과 대기시간 역시 반으로 줄임을 의미한다. 그것들을 반으로 줄임으로써 우리는 부품들이 공장에서 보내는 총시간을 반으로 줄이는 것이다. 총시간을 반으로 줄이면…….

"우리의 총리드타임이 줄어들지." 나는 설명했다.

"그리고 부품더미에 앉아서 보내는 시간이 줄어들기 때문에 부품의 흐름속도가 빨라질 걸세."

"그리고 주문에 대한 처리속도가 더 빨라짐으로써 고객들은 주문을 더 빨리 받아볼 수 있는 거죠." 루가 말했다.

"그뿐이 아니죠." 스테시가 말했다. "단축된 리드타임으로 우리는 시장의 변화에 더 빨리 대응할 수 있죠."

"맞소." 나는 말했다. "우리가 시장에 좀더 빨리 대응할 수 있다면, 시장에서 유리해질 것이오."

"그것은 우리가 더 빨리 배달할 수 있기 때문에 더 많은 고객들이 우리를 찾을 것이라는 걸 뜻하죠."

"우리의 판매가 늘어난다는 것이죠!" 나는 말했다.

"우리의 보너스도 늘어나구요." 스테시가 말했다.

"잠깐, 잠깐만 기다려요!" 봅이 외쳤다.

"무슨 일인가?" 나는 그에게 물었다.

"셋업 시간은요? 일괄작업량을 반으로 줄이면 셋업 횟수가 두 배로 늘어나죠. 직접노무비는 어쩌구요? 비용을 줄이려면 셋업을 줄여야 해요."

"그 말이 나올 줄 알고 있었지." 나는 그에게 말했다. "자, 보게. 이제 우리가 이것을 신중히 생각해봐야 할 시간이네. 조나가 어젯밤 나에게 말하길, 병목에서의 한 시간 손해에 관한 법칙에 대응하는 법칙이 있다는 것이야. 그걸 기억하나? 병목에서의 한 시간 손해는 전체 시스템의 한 시간 손해라는 것."

"그럼요, 기억하죠."

"그가 어젯밤 내게 준 법칙은 비병목에서 절약한 한 시간은 환상이라는 거지."

"환상!" 그가 말했다. "무슨 뜻이죠, 비병목에서의 한 시간 절약이 환상이라구요? 한 시간 절약은 한 시간 절약이에요!"

"아니야. 그게 아닐세."

"우리가 병목이 준비되기 전까진 재료의 방출을 억제하기 시작했기 때문에, 비병목 쪽은 이제 노는 시간을 갖게 되었네. 따라서 비병목 쪽에 대해선 더 많은 셋업을 해도 완벽하게 OK인 걸세.

왜냐하면 우리는 그 기계가 놀면서 보내는 시간을 쓰는 것뿐이니까. 비병목에서 셋업을 절약하는 것은 시스템을 조금이라도 더 생산적으로 만드는 게 아니야. 시간과 돈이 절약된다는 것은 환상이지. 우리가 셋업 횟수를 두 배로 한다 해도, 그 노는 시간 모두를 쓸 수 없을 걸세."

"좋아요, 좋아. 당신이 무얼 말하는지 알 것 같아요."

"조나가 말했지. 무엇보다도 일괄작업량을 반으로 줄여라. 그리고 신 즉시 마케팅부로 가서 그들에게 우리가 제품을 빨리 배달해줄 수 있다는 고객 캠페인을 벌이도록 납득시키라고 말야."

"우리가 그럴 수 있을까요?" 루가 말했다.

"이미 우리의 리드타임은 전보다 훨씬 줄었어요. 그 우선권 시스템과 병목을 훨씬 더 생산적으로 만든 덕택이죠. 우리는 리드타임을 3~4개월에서 2개월 또는 그 이하로 줄였지. 우리가 일괄작업량을 반으로 줄인다면, 얼마나 빨리 대응할 수 있다고 생각해요?"

토론을 하는 동안 계속해서 헛기침 소리가 났다.

결국, 봅이 인정했다. "좋아요, 만약 일괄작업량을 반으로 줄인다면, 그것은 지금보다 시간이 반만 걸릴 것이라는 걸 뜻하죠. 그래서 6~8주 대신 4주 정도 걸릴 거예요…… 아마 많은 경우에는 3주까지도요."

"내가 마케팅부에 가서 고객에게 3주 안의 배달을 약속하라고 말한다면?"

"와, 잠깐만요." 봅이 말했다.

"네, 숨 좀 쉬게 해줘요!" 스테시가 말했다.

"좋네, 그럼 4주로 하지. 그것이 적당하지 않나?"

"나한텐 적당하게 들리는데요." 랄프가 말했다.

"글쎄요…… 좋아요." 스테시가 말했다.

"그 정도 위험은 감수해야 할 것 같아요." 루가 말했다.

"그럼 자네도 우리와 함께 이것에 전념할 수 있겠나?" 나는 봅에게 물었다.

봅은 뒤로 앉더니 말했다. "글쎄요…… 보너스가 많아지는 것이라면 찬성이에요. 젠장할. 한번 해보자구요."

금요일 아침 나는 본부로 향하는 고속도로를 빠르게 달리고 있었다. 나는 태양이 유니코 빌딩의 창문에 비치어 눈이 부시게 표면반사될 때 그 도시에 도착했다. 참으로 꽤 아름다운 광경이었다. 잠시 동안 나는 긴장을 풀었다. 나는 조니 존스와 그의 사무실에서 면담 약속이 있다. 전화를 했을 때 그는 기꺼이 나를 만나주겠다고 했다. 하지만 내가 말하고 싶어하는 것에 대해 얘기해주자 덜 열성적이 된 것처럼 들렸다. 나는 그를 설득하는 건 내 능력에 달렸다고 느꼈다. 그래서 오는 도중 내내 손가락 한 개를 깨물고 있었던 것이다.

존스의 사무실에는 데스크가 없었다. 그는 크롬 다리 위에 유리판 하나를 깔아놓고 있었다. 그래서 모든 사람이 그의 구치 신발과 비단 양말을 잘 볼 수 있구나 하고 생각했다. 그가 손가락을 깍지껴 머리 뒤에 올려놓고 의자 뒤로 기대자 그것들이 더 잘 보였다.

그는 말했다. "그래…… 일들이 어떻게 돼가고 있나?"

"모든 것이 이제는 아주 잘돼가고 있어요. 사실, 그것이 내가 당신과 얘기하고 싶어하는 이유죠."

그는 갑자기 무감각한 표정을 지었다.

"좋아요, 들어봐요." 나는 그에게 말했다. "당신에게 내 카드를 먼저 보여줄게요. 내가 모든 일이 잘 돼가고 있다고 한 것은 과장이 아니예요. 우리는 당신도 알다시피 납기일을 넘긴 주문들을 다 해냈어요. 지난주 초부터는 엄격히 납기일을 맞춰 생산하기 시작했죠."

존스는 고개를 끄덕이며 말했다. "알고 있네. 요즘 고객들의 독촉 전화가 없는 걸 보고 알고 있었네."

"요점은 우리가 진짜로 공장을 바꿔놓았다는 것이죠. 자, 이걸 보세요."

나는 가방에서 컴퓨터가 만들어낸 가장 최근의 고객 주문표를 꺼냈다. 거기엔 납기일과 랄프의 출고예정일, 그리고 제품이 실제로 출고된 시간이 나와 있었다.

"보세요." 나는 그에게 그것을 펼쳐보이며 말했다. 그는 그의 책상 위 유리창에 놓인 표를 힐끗 살펴보았다.

"글쎄, 뭔가 많이 씌어 있구만. 날짜들인가?"

"물론이죠."

"인상적이군."

"최근에 출고된 몇몇 주문들과 그 전의 것들과 비교하면 알 수 있듯이, 우리의 생산 리드타임을 극적으로 줄였어요. 4개월의 리드타임은 이제 더이상 우리에겐 신성한 시간이 아니죠. 당신이 고객과의 계약에 사인을 하는 날부터 우리가 실어내는 날까진, 최근엔 평균 약 2개월이 걸리죠. 자, 말해봐요, 이것이 시장에서 우리의 장점이 될 수 있다고 생각하세요?"

"물론 그럴 수 있지."

"그러면 4주는요?"

"뭐라구? 날 놀리는 건가? 4주라니!"

"우리는 할 수 있어요."

"이봐! 작년 겨울, 우리가 만드는 제품에 대한 수요가 널려 있을 때 우리는 4개월 안의 배달을 약속했지. 그리고 그것은 6개월이나 걸렸어! 헌데 자네는 지금 이제 나한테 계약에서 완제품까지 4주 안에 할 수 있다고 말하는 건가?"

"만약 그럴 수 없다면 여기서 이렇게 얘기하고 있지 않았을 거예요." 나는 그에게 말했다. 우리가 옳기를 진심으로 바라면서.

존스는 확신이 안 선 상태에서 콧방귀를 뀌었다.

"조니, 사실 우린 좀더 많은 일이 필요해요. 납기일을 넘긴 주문들이 없어지니까 우리의 최근 작업량이 줄고 있어요. 좀더 많은 일거리를 공장으로 가져와야 해요. 일감은 바깥에 얼마든지 있어요. 경쟁사가 우리보다 더 많이 가져갈 뿐이지."

존스는 눈을 가늘게 뜨고 나를 쳐다보았다. "정말 Model-12 200개나 DBD-50 300개를 4주 안에 실어낼 수 있나?"

"한번 실험해봐요. 나에게 주문 다섯 개만, 아니 열 개만 줘봐요. 그럼 당신에게 증명해보일게요."

"만약 자네가 실패했을 때 우리의 신용도에 생길 타격은?" 그가 물었다.

당황해 하며 나는 유리책상 밑을 봤다.

"조니," 나는 말했다. "당신과 내기를 하죠. 만약 내가 4주 안에 배달 못한다면, 당신에게 새 구치 신발을 사주겠어요."

그는 웃었다. 손을 흔들더니 결국 말했다.

"좋아. 자네가 이겼네. 자네가 자네 제품들에 대해 6주 안의 출고를 약속한다고 세일즈맨들을 시켜 선전하겠네."

나는 항의하려 했지만 그는 손을 들어 내 말을 막았다.

"자네가 확신에 차 있는 건 알아. 우리 이러지. 만약 자네가 새 주문들을 5주 안에 실어낸다면, 내가 자네에게 구두 한 켤레를 사주겠네."

29

보름달이 침실 창문을 통해 내 눈에까지 비쳤다. 그날 밤은 조용했다. 시계를 보니 새벽 4시 20분이었다. 내 옆에는 줄리가 자고 있었다.

팔꿈치를 베개 삼고 나는 줄리를 내려다봤다. 검은 머리가 하얀 베개 뒤로 헝클어져 있는 그녀는 이 보름날 밤에 아주 멋지게 자고 있었다. 나는 그녀를 잠시 봤다. 무슨 꿈을 꾸고 있을까 궁금했다.

나는 악몽을 꾸다가 깬 상태였다. 그것은 공장에 관한 꿈이었다. 내가 통로를 위아래로 달려가고 있었는데 빌 피치가 그의 진분홍색 벤츠를 타고 나를 쫓고 있었다. 그가 나를 막 치려고 할 때마다 나는 기계들 사이에 몸을 숨기거나 지나가는 포크리프트 위로 뛰어 올라갔다. 그는 유리창 안에서 나에게 소리를 지르고 있었는데 우리 공장의 실적이 충분하지 않다는 내용이었다. 그는 나를 출하부에 몰아놨다. 나는 마분지 상자 더미에 등을 대고 서 있었고 그의 벤츠가 시속 100마일의 속도로 나에게 돌진해왔다. 나는 그 눈부신 헤드라이트로부터 눈을 감으려고 했다. 피치가 나를 막 깔아뭉개려는 순간 나는 깼고 그 헤드라이트 불빛은 내 얼굴에 비친 달빛이었다는 것을 알았다.

이제 나는 완전히 깨어 있었다. 그리고 어제 저녁 줄리와 있으면서 잊으려 했던 그 문제가 너무도 생생하게 살아나 다시 잠을 청할 수가 없었다. 나의 불안함 때문에 줄리가 깨지 않도록 조용히 침대를 빠져나왔다.

오늘밤 집엔 우리뿐이었다. 우리는 특별한 일 없이 저녁에 만났는데, 그때 베링턴에 우리를 방해할 사람이 아무도 없는 집이 있다는 걸 기억해내고 포도주 한 병과 치즈와 빵을 사가지고 온 것이다.

거실 창문에 서서 나는 어두운 밖을 쳐다봤다. 나를 빼곤 세상이 모두 자고 있는 것 같았다. 잘 수 없다는 것이 화가 났다. 하지만 마음속에 담고 있는 것 때문에 잘 수가 없었다.

어저께 우리는 참모회의를 열었다. 좋은 뉴스와 나쁜 뉴스가 있었다. 사실 좋은 뉴스가 더 많았다. 무엇보다도 마케팅부가 우리 덕에 새 계약을 많이 했다는 것이다. 내가 조니와 말한 후부터 우리는 여섯 개의 새 주문을 받았다. 더 좋은 소식은 그동안 우리가 공장에서 새로 시도한 일들의 결과로 효율성이 떨어진 것이 아니라 올라갔다는 사실이다. 재료방출을 억제하고 열처리기와 NCX-10에서의 공정이 끝나는 것에 따라 푼 후로 효율성은 얼마간 떨어졌다. 하지만 그것은 우리가 초과재고들을 쓰고 있었기 때문이다. 그 초과재고들이 없어지자—그것은 생산율 증가의 결과 빨리 없어졌는데—효율성은 다시 올라가기 시작했다.

그리고 나서, 2주일 전, 우리가 다시 일괄작업량을 반으로 줄이자 효율성은 그대로 있었고 이제 일꾼들은 전보다 훨씬 더 바쁜 것처럼 보였다.

우리가 일괄작업량을 줄이기 전엔, 작업장에 아무것도 할 일이 없어 놀고 있는 것은 흔한 일이었다. 비록 우리가 초과재고 사이를 간신히 빠져나가고 있었지만 말이다. 그것은 그 놀고 있는 작업장 앞의 작업장이 규모가 큰 일회 작업량을 처리하기를 기다려야 했기 때문이다. 독촉계원들에게 따로 지시받지 않는 한, 재료 취급자는 전체 작업이 끝나기를 기다렸다가 그것을 옮겼다. 사실, 아직도 그렇게 하고 있긴 하다. 하지만 이제 그 일괄작업량이 적어져 부품들은 그전보다 더 빨리 다음 작업장으로 움직일 준비가 돼 있는 것이다.

우리는 몇 번이나 비병목을 일시 병목으로 만들었다. 그것은 효율성의 저하에 반영되었다. 이제, 비병목들이 주기적으로 놀아야 된다는 것을 깨달았지만, 실제로는 전보다 노는 시간이 더 적었다. 우리가 일괄작업량을 줄였기 때문에 작업은 공장 전체를 통해 전보다 더 원활히 진행되었다. 그리고 이상한 일이지만 노는 시간들이 덜 눈에 띄었다. 그것들은 짧은 시간으로 퍼져 있는 것이다. 사람들이 아무 일도 할 게 없어 두어 시간 모여서 어슬렁대는 대신 이젠 하루에 똑같은 양의 작업을 하는 데 10분 내지 20분 동안의 대기 시간들을 몇 번 갖는 것이다. 더욱더 좋은 소식은 재고가 공장 역사상 가장 낮아졌다는 것이다. 공장 안을 걷다보면 거의 쇼킹할 정도다. 부품과 일차 조립품들의 더미들이 이제는 전보다 반 정도로 줄어들었다. 마치 트럭 함대가 와서 모든 걸 쓸어간 느낌이었다. 사실 그것이 곧 일어날 일들이었다. 우리는 초과재고들을 완제품으로 만들어 모두 출고시켰다. 물론, 그 이야기에서 주목할 것은 우리가 새 재고품들을 쏟아부어서 공장을 다시 채우지 않았다는 사실이다. 현재 여기에 있는 유일한 재공품들을 다 현재의 주문을 위한 것들이다.

하지만 나쁜 뉴스도 있다. 그것을 생각하고 있을 때 어둠 속에서 등뒤로 카펫 밟는 소리가 들렸다.

"알렉스?"

"응."

"어두운데 왜 여기 나와 있어요?"

"잘 수가 없어."

"뭐가 잘못됐어요?"

"아니, 아무것도. 잠시 뭘 좀 생각하고 있어."

잠시 조용했다. 한순간 그녀가 간 줄 알았다. 하지만 나는 곧 옆에 있는 그녀를 느낄 수 있었다.

"공장 때문이에요?"

"응."

"하지만 모든 게 잘되어가고 있다고 생각했는데요. 뭐가 잘못된 거죠?"

"우리의 비용 평가 방법에 관련된 거야."

그녀는 내 곁에 앉았다.

"나한테 그것에 대해 말해봐요."

"정말 듣고 싶어?"

"네, 그럼요."

나는 그녀에게 말해주었다. 일괄작업량이 적어지면서 추가 셋업이 필요해지고, 그것 때문에 부품 비용이 올라간 것처럼 보인다고.

"저런. 그건 나쁜 거죠. 그렇죠?"

"정치적으로 말하면, 그렇지. 하지만 재정적으로 말하면 그것은 전과 전혀 다를 바가 없는 건데 말이야."

"어째서요?"

"글쎄, 왜 그 비용이 올라간 것처럼 보이는지 알아?"

"아뇨. 전혀요."

나는 불을 켜고 종이와 연필을 찾았다.

"좋아. 내가 예를 들어보지. 부품 100개가 일괄작업량이라고 가정해보자구. 기계를 셋업하는 시간은 두 시간이니까 부품당 영업비용은 두 시간 나누기 100, 즉 1.2분이 되지. 그래서 우리는 부품당 5분 더하기 1.2분을 투자한 셈이 되지. 회계사들에 따르면 부품의 직접 노무비는 6.2분에 바탕을 두는 것이지."

"이제 우리가 그 일괄 작업장을 반으로 줄인다면 우리는 아직도 같은 양의 영업시간을 쓰고 있는 거야. 하지만 그것은 100개가 아니라 50개에 분산되는 거지. 그래서 우리는 5분의 처리시간 더하기

2.4분의 영업시간으로 총 7.4분의 직접노무비가 나오는 거지."

그리고 나서 나는 비용이 계산되는 방법을 설명했다.

먼저, 원자재 비용이 있다. 그리고 직접노무비가 있고 마지막으로 '적재비'가 있다. 그것은 본질적으로 직접노무비를 요소로 곱하는 것인데 우리의 경우 그 요소는 3이다. 그래서 서류상엔 직접 노동이 오르면 적재비도 역시 오른다.

"그러면 셋업이 많아지면, 부품을 만드는 비용도 오르겠군요."

"그렇게 보이지. 하지만 사실은 그것은 우리의 실제 비용과 전혀 무관하다구. 우리가 더 많은 사람을 취직시킨 것도 아니고, 셋업을 더 많이 함으로써 추가비용이 드는 것도 아니거든. 사실, 우리가 일괄작업량을 적게 한 이후로 부품비용은 오히려 떨어졌다구."

"떨어져요? 어떻게요?"

"왜냐하면 우리가 재고를 줄이고 판매를 통해 벌어들이는 돈의 양이 늘었기 때문이지. 그래서 같은 적재비와 같은 직접노무비가 보다 많은 생산품으로 분산된 거지. 같은 비용으로 더 많은 제품을 만들게 됨으로써 영업비용은 올라간 것이 아니라 내려간 거야."

"어떻게 그들이 쓰는 평가방법이 잘못될 수 있죠?"

"그 평가방법은 공장 안의 모든 일꾼들이 언제나 바쁘다고 가정한 거야. 그래서 셋업을 더 하려면 더 많은 사람을 고용해야 한다고 생각한 거지. 하지만 그것은 사실이 아니야."

"그래서 어떻게 할 거예요?"

나는 창문을 쳐다보았다. 이제 태양이 이웃집 지붕 위로 떠오르고 있었다. 나는 그녀의 손을 잡았다. "어떻게 할 거냐구? 당신을 밖으로 데리고 나가 아침을 사줄 거야."

사무실에 도착했을 때 루가 걸어왔다.

“더 나쁜 소식이 있나요?” 나는 농담을 했다.

“보세요……, 제가 이 생산비용에 관한 한 당신을 도와줄 수 있을 것 같아요.”

“음, 이를테면 어떻게요?”

“우리가 부품의 비용을 결정하는 데 이용하는 그 기준을 바꾸는 거예요. 지난 12개월의 비용요소를 이용하는 대신 지난 2개월간의 것을 이용하는 거죠. 왜냐하면 지난 두 달 동안 우리의 생산율이 크게 늘었기 때문에 그렇게 하면 우리에게 도움이 될 거예요.”

“맞아요.” 나는 그 가능성을 감지하고 말했다. “그래요. 아마 잘될 것 같군요. 사실 지난 2개월 동안이 작년보다 지금 여기서 진짜로 일어나고 있는 것들을 훨씬 더 잘 대변할 수 있을 거예요.”

루는 몸을 좌우로 기울이며 말했다.

“글쎄—요. 맞아요. 그게 사실이에요. 하지만 회계정책에 따르면 그건 유효하지 않아요.”

“알겠어요. 하지만 우리는 좋은 구실이 있어요. 공장은 이제 과거와 다르단 말이에요. 우리는 그전보다 진짜로 훨씬 나아졌다구요.”

“알렉스. 문제는 에탄 프로스트가 그것을 받아들이지 않을 거라는 거죠.”

“그렇다면 그걸 왜 제안했죠?”

“만약 프로스트가 그걸 알아채면 안 받아들일 거라는 얘기지요.”

나는 고개를 천천히 끄덕였다. “알겠어요.”

“언뜻 보면 감춰질 수 있는 걸 알려드릴게요. 하지만 프로스트와 그의 사람들이 그것을 검토하기라도 하는 날에는 금방 탄로가 날 거예요.”

“큰일날 수도 있다는 건가요?”

“네. 하지만 찬스를 쓴다면…….”

"그것이 우리에게 두어 달 정도 벌어준다면 우리가 할 수 있는 것들을 진짜로 보여줄 수 있겠지요." 나는 얘기를 끝내며 말했다.

나는 일어서서 잠시 걸으며 그 아이디어를 내 마음속에 담았다.

마침내 나는 루를 보고 말했다. "사실 피치에게 부품비용이 증가된 것을 보여주면서 공장이 지난달보다 더 잘 돌아가고 있다는 것을 확신시킬 수는 없어요. 만약 그가 그 숫자를 보고 우리의 비용이 올라갔다고 생각한다면 어쨌든 우리는 큰일날테니까요."

"그럼 그걸 한번 시도해보실 건가요?"

"물론이지요."

"좋아요. 하지만 명심하세요. 만약 걸리면—."

"걱정 마시죠, 탭댄스 연습을 할테니까."

루가 가고 있을 때 프렌이 조니 존스에게서 전화가 와 있다고 알려줬다. 나는 전화를 들었다.

"여보세요." 나는 그에게 말했다. 사실 이제 우리는 오랜 친구 사이나 마찬가지다. 지난 몇 주간 나는 거의 매일 그에게 전화를 했다. 어떤 때는 하루에 서너 번을 하기도 했다.

"오늘은 무얼 해드릴까요?"

"우리의 오랜 친구 버키 번사이드를 기억하나?" 존스가 말했다.

"내가 어떻게 버키를 잊겠어요? 그가 아직도 우리에게 불만이 많나요?"

"아니. 전혀. 사실 지금은 그와 어떠한 계약도 한 게 없어. 그게 내가 전화를 한 이유지. 몇 개월 만에 처음으로 그들이 우리에게 다시 뭔가를 사겠다는 의사를 보였거든."

"그들이 관심을 갖고 있는 게 뭐죠?"

"모델 12번," 그가 말했다. "1,000개가 필요하다는군."

"굉장하군요!"

"그렇지만은 않아. 그들은 그 주문 전체를 이달 말까지 필요하다고 했거든."

"겨우 2주 후군요."

"알아," 존스는 말했다. "우리 쪽 세일즈맨이 창고를 체크해봤는데 겨우 50개 정도가 있다더군." 물론 우리가 그 주문을 원한다면 950개를 더 만들어야 한다는 뜻이다.

"글쎄요……. 조니, 봐요. 당신에게 내가 더 많은 주문이 필요하다고 말한 건 알아요. 그리고 내가 당신에게 말한 이후로 당신이 근사한 주문 몇 개를 가져다준 것도 알구요. 하지만 모델 12를 2주일 안에 1,000개나 만들라는 건 무리예요."

그가 말했다. "알렉스, 사실을 말하면 전화를 하면서도 나도 사실 우리가 이것을 어떻게 할 수 있다고 생각하진 않아. 하지만 자네한테 알리는 게 좋겠다고 생각했어. 혹시 내가 모르는 뭔가를 자네가 알고 있을지 모르니까. 1,000개란 건 100만 달러가 조금 넘는 큰 세일이거든."

"네. 나도 알아요. 근데 무슨 일이죠? 왜 그 물건들을 그렇게 빠른 시일 안에 원하죠?"

그는 그 주문이 원래는 우리의 최대 경쟁사에게 주어진 것이었다고 말했다. 그 경쟁사는 모델 12와 비슷한 것을 만들고 있었는데 그 주문을 받고 5개월이 지난 지금도 아직 그것들을 다 만들어내지 못하고 있는 것이다. 그리고 이번 주도 역시 출고가 불가능하다는 것이 확실해졌다고 한다.

"내 생각은 번사이드가 그동안 우리가 빠른 배달을 해주고 있다는 소식을 듣고 다시 우리에게 돌아온 것 같아. 솔직히 그는 지금 자포자기 상태거든. 그리고 만약 우리가 이것을 해낼 수만 있다면 그의 체면을 세워주는 아주 좋은 기회가 되겠지."

"글쎄요. 모르겠어요. 나도 그와 다시 사업을 하고 싶지만……."

"우리가 판매가 저조하던 때에 통찰력을 가지고 모델 12를 만들어 놓았더라면 이번 건을 잡을 수 있었을텐데 하는 생각이 드는군."

나는 웃었다. 왜냐하면 연초라면 나도 아마 그와 동의했을 거라고 생각했기 때문이다.

"참 안 됐군. 우리에겐 참 좋은 기회가 될 수 있었는데……."

"무슨 말이죠?"

"사실 만약 우리가 그 주문을 해낼 수 있다면, 우리가 그들의 제1공급자가 될 것이라는 강한 암시를 받았거든."

나는 잠시 아무 말도 안 했다.

"당신은 이 건을 진짜로 놓치고 싶지 않은 거군요, 그렇죠?"

"너무 좋은 기회라서 말이지. 하지만 만약 불가능하다면……."

"언제까지 그들에게 알려줘야 하죠?"

"아마 오늘중으로 아니면 최소한 내일까지는 알려줘야 하네. 왜? 우리가 할 수 있다고 생각하나?"

"아마 방법이 있을지도 몰라요. 이쪽 상황을 한번 살펴보고 제가 전화를 드리죠."

전화를 끊자마자 나는 봅, 스테시, 그리고 랄프와 내 사무실에서 회의를 소집했다. 모두 모였을 때 나는 존스가 나에게 한 말을 해주었다.

"평상시대로라면 이런 것은 말도 안 된다고 생각하지. 하지만 '안 된다'라고 하기 전에, 한번 다시 생각해보자구."

모두가 나를 쳐다봤다. 그들의 표정은 이것이 시간낭비일 뿐이라고 말하고 있는 것 같았다.

나는 말했다. "우리가 무엇을 할 수 있나 한번 보자구, 알겠나?"

남은 아침 시간 내내 우리는 이것 때문에 바빴다. 우리는 모든 재료청구서를 훑어보았다. 스테시는 원자재 재고를 체크했다. 랄프는 재료가 준비된 다음에 1,000개를 생산하는 데 얼마나 시간이 걸리는가를 계산했다. 11시경에 그는 병목이 하루에 100개 정도의 비율로 모델 12를 만들어낼 수 있다고 계산해냈다.

"그렇다면, 우리가 그 주문을 해내는 것이 계산상으로는 가능한 것이죠." 랄프가 말했다. "하지만 이것은 우리가 2주 동안 번사이드 씨의 주문 말고는 아무것도 안 할 때만 가능한 거죠."

"아니야. 그러고 싶지는 않아." 나는 그에게 말했다. "단지 한 명을 즐겁게 해주려고 다른 12명의 고객과의 관계를 망치고 싶지는 않네. 다른 방법을 한번 연구해보자구."

"이를테면 뭐죠?" 봅이 물었다. 그는 우리 옆에 앉아 있었는데 그 건에 대해 매우 열중해 보였다.

나는 대답했다. "몇 주 전 우리는 일괄작업량을 반으로 줄였고 그 결과 공장 안에서 재고가 보내는 시간을 단축시킬 수 있었네. 그것은 또 생산율의 증가도 가져다주었지. 그렇다면 우리가 그 일괄작업량을 다시 절반을 더 줄인다면 어떻게 될까?"

랄프가 말했다. "아! 그것까지는 미처 생각 못했군요!"

봅이 몸을 앞으로 기울였다. "다시 줄여요? 미안하지만 알렉스. 나는 그것이 무슨 도움이 될지 모르겠어요. 우리가 지금 하고 있는 양보다도 줄인다면 도저히……."

"잠깐만요!" 랄프가 말했다. "납기일보다 미리 출고시킬 주문들이 꽤 있어요. 그것들을 다시 조정해서 미리 출고시키는 대신 약속시간에 맞춰 내보내는 거예요. 그렇게 하면 병목이 시간을 더 가질 수 있을 것이고 그러면서도 아무에게 피해를 안 주는 거죠."

"좋은 생각이네, 랄프." 내가 말했다.

"하지만 아직도 우리는 그 1,000개를 만들어낼 수 없네." 봅이 느릿느릿 말했다. "2주 안에는 말이야."

나는 말했다. "글쎄. 그렇다면, 우리가 일괄작업량을 반으로 줄인다면 얼마나 많은 양을 다음 2주 안에 만들 수 있나? 우리의 다른 주문들도 제시간에 출고시키면서 말일세."

봅은 턱을 끌어당기고 말했다. "봐야 알 것 같아요."

"한번 가서 알아볼게요." 랄프가 서서 말했다. 그는 벌써 컴퓨터로 돌아갈 준비를 하고 있는 것 같았다.

그의 관심이 마침내 다른 사람의 호기심을 자극했다.

봅이 말했다. "나도 자네와 같이 가는 게 좋을 것 같군. 어차피 내가 해야 할 일이 될테니까 말일세."

랄프와 봅이 이 새로운 가능성과 씨름하고 있는 동안 스테시가 재고에 대한 소식을 가지고 들어왔다. 그녀는 우리가 필요로 하는 모든 재료를 우리의 창고에서나 벤더에게서 며칠 안에 다 구할 수 있다고 확신했다. 단 한 가지 예외가 있었다.

"모델 12의 전기 조정 모듈이 문제예요." 스테시가 말했다. "그것은 창고에 많지가 않아요. 그리고 우리가 그것을 자체적으로 생산할 기술도 없어요. 캘리포니아에서 그것을 만드는 벤더를 찾았지만 불행히도 그 벤더는 그 많은 양을 4주에서 6주 안에 보내주는 것은 약속할 수가 없대요. 배달시간까지 포함해서요. 역시 잊어버리는 게 낫겠어요."

"잠깐, 기다려요. 스테시. 우리는 전략을 약간 바꾸는 것을 생각중이요. 그들이 우리에게 주당 몇 개나 그 모듈을 보내줄 수 있지?" 나는 그녀에게 물었다. "그리고 얼마나 빨리 첫째 주의 양을 보내줄 수 있소?"

"모르겠어요. 하지만 그렇게 되면 대량주문에 따르는 할인을 못 받아요."

"왜 안 돼지? 우리는 똑같이 1,000개를 주문하는 건데, 단지 선적을 좀 융통성 있게 하는 것뿐이지."

"글쎄요. 그렇다면 추가 운송비가 있을 걸요?"

"스테시, 우린 지금 100만 달러짜리 사업 얘기를 하고 있소."

"좋아요. 하지만 그것들이 트럭으로 여기에 오려면 최소한 3일에서 일주일이 걸릴 거예요."

"그렇다면 비행기로 보내도록 하지 그래요? 그렇게 큰 부품들도 아니니까."

"글쎄요……."

"내 생각엔 항공 운송비가 그 100만 달러짜리 사업의 이익을 먹어치울 것 같진 않소. 그리고 그 부품들을 구할 수 없다면 우리는 그 주문을 따낼 수도 없지."

"좋아요. 그들이 어떻게 할 수 있는지 알아볼게요."

그날 퇴근시간까지도 우리는 그것에 대해 이리저리 분석하고 있었지만 그때쯤엔 존스에게 전화를 걸 만큼은 충분히 그 건에 대해 알게 되었다.

"그 모델 12에 대한 주문을 받을테니 번사이드에게 알려주세요." 나는 존스에게 말했다.

"정말인가?" 존스는 흥분해서 전화기에 대고 소리를 질렀다. "그걸 하겠다는 건가?"

"조건이 있어요." 나는 그에게 말했다. "무엇보다도 그 1,000개 모두를 2주일 안에 배달하는 건 불가능해요. 하지만 매주당 250개씩 4주 안에 배달할 순 있어요."

"글쎄. 좋네. 그들은 아마 그래도 좋아할 걸세." 존스가 말했다.

"그러면 언제부터 출고를 시작할 수 있겠나?"

"그들이 우리에게 주문을 준 날로부터 2주 후에요."

"정말 확신하나?"

"우리는 한다면 해요."

"그렇게 자신있나?"

"네."

"좋아. 좋아. 그에게 전화를 해서 관심이 있나 알아볼게. 하지만 알렉스. 난 자네가 나에게 얘기하고 있는 게 정말 사실이기를 바라네. 왜냐하면 난 그 사람들과 전에 했던 그 싸움들을 다시 하고 싶지 않거든."

한두 시간 후, 집으로 전화가 왔다.

"알렉스? 우리가 땄네. 우리가 그 주문을 받아냈다구!"

존스가 내 귀에 대고 소리를 지르고 있었다.

그리고 내 왼쪽 귀로는 100만 달러가 현금출납기로 들어가는 소리가 들렸다.

"알겠나?" 존스가 말했다. "그들은 1,000개를 한 번에 받은 것보다 조금씩 받는 것이 오히려 더 좋다더라구!"

나는 그에게 말했다. "좋아요. 당장 공을 굴릴게요. 그들에게 오늘부터 2주 후에 처음 250개를 보내주겠다고 말해줘요."

30

새 달이 시작될 때 우리는 참모회의를 열었다. 루를 빼고는 모두가 참석했다. 봅이 루가 곧 올 것이라고 말해줬다. 나는 자리에 앉아 안절부절못했다. 먼저 나는 출고현황에 대해 물어봤다.

"첫번째 선적은 예정대로 됐습니다." 봅이 말했다.

"나머지는 어떤가?"

"문제 없어요." 스테시가 말했다. "그 모듈 박스는 하루 늦게 왔지만 조립해서 늦지 않게 출고하는 데는 충분한 시간이 있었어요. 그리고 이번 주에 필요한 양도 그 벤더한테 이미 받았구요."

"좋네. 일괄작업량을 줄인 것에 대한 새 뉴스는 없나?"

"공장 전체를 통해 흐름이 훨씬 나아졌어요." 봅이 말했다.

"대단하군."

그때 루가 들어왔다. 그는 이달의 결산을 끝마치느라 늦었다고 했다.

"말해봐요," 내가 물었다. "우리가 15퍼센트 향상을 해냈나요?"

"아니예요," 그는 말했다. "대신 17퍼센트를 해냈어요. 부분적으로는 번사이드 덕분이죠. 그리고 다음달도 좋아보여요." 그리고 나서 그는 우리가 2/4분기를 통해 어떻게 해냈는지에 대해 간단히 말해줬다.

우리는 이제 완전히 흑자였다. 재고는 3개월 전의 약 40퍼센트 정도뿐이 안 되고 생산율은 두 배로 늘었다.

"정말 우리는 길고 힘든 길을 헤쳐왔군요. 안 그래요?" 나는 물었다.

다음날 점심을 먹고 돌아와보니 책상 위에 봉투 두 개가 놓여 있었다. 두 봉투 다 왼쪽 위에 유니웨어 계열사 로고가 찍혀 있었다. 하나를 열고 빳빳한 편지지를 펴보았다. 편지는 두 개의 문단으로 되어 있었는데 아래에는 빌 피치의 사인이 있었다.

우리가 번사이드의 주문을 따낸 것을 축하한다는 내용이었다. 다른 봉투를 열어보니 역시 피치로부터 온 것이었다. 그것은 나에게 공장의 성과 분석을 공식적으로 본부에서 발표할 준비를 하라는 지시였다.

처음 편지를 읽으면서 짓던 웃음이 더욱 번졌다. 3개월 전이라면 그 두번째 편지는 나를 공포로 몰아넣었을 것이다. 왜냐하면 직접적으로 말은 하진 않지만, 그 분석이 우리 공장의 미래를 결정지을 것이라고 생각했을테니까 말이다. 그것도 공식석상에서 말이다. 하지만 이제 나는 그것을 더이상 두려워하지 않는다— 오히려 환영한다. 우리가 걱정할 게 뭐가 있단 말인가? 그래, 이것은 우리가 지금까지 해온 것을 보여줄 좋은 기회인 것이다!

마케팅부에서 우리가 빨리 주문을 배달해줄 수 있다는 말을 퍼뜨린 후 우리의 생산율은 크게 증가했다. 재고는 과거에 비하면 일부분에 지나지 않고 계속 떨어지고 있었다. 더 많은 주문으로 비용들이 분산될 부품이 더 많아짐으로써 영업비용도 떨어졌다. 우리는 진짜로 돈을 벌고 있는 중인 것이다.

그 다음 주에 나는 인사 매니저 스코트 돌린과 함께 공장을 이틀간 떠나 있었다.

우리는 세인트루이스에서 계열사의 노사관계 사람들 및 다른 공장장들과 비밀회의를 가졌다. 대부분의 토의는 노조와의 임금협상에서 양보를 얻어내는 것에 관한 것이었다. 나에게는 실망스러운 시간이었다. 베링턴에서는 특별히 임금을 낮출 필요가 없었다. 그래서 나는 제안된 여러 전략들에 대해 별관심이 없었다. 그것이 조합과의 문제를 야기시킬 수도 있고 그 결과 조합이 스트라이크를 일으킬 수 있고, 그것은 우리가 그간에 고객들과 만들어온 그 진보에 악영향을 줄 수도 있다는 걸 알고 있었기 때문이다. 그것 모두를 제외하고라도 그 회의는 진행도 엉성했고 별로 결정된 것도 없이 끝났다. 나는 베링턴으로 돌아왔다.

오후 네시쯤 사무실 빌딩 문을 들어섰다. 내가 지나가자 안내가 깃발을 내렸다. 그녀는 봅 도노반이 내가 돌아오는 즉시 보았으면 한다고 말해줬다. 나는 봅에게 연락을 취했고 그는 곧바로 내 사무실로 뛰어들어왔다.

"무슨 일인가, 봅?"

"힐튼 스미스," 그가 말했다. "그가 오늘 공장에 왔었어요."

"그가 여기에 있었다구? 왜?"

봅은 고개를 흔들고 말했다. "기억하세요? 2개월쯤 전에 말이 있었던 그 로봇 비디오테이프 건이요?"

"취소되지 않았었나?"

"그런데요, 다시 하게 됐대요. 하지만 이번에는 그랜비 대신 힐튼이 나오죠. 그가 우리 계열사의 생산성 매니저라서 그랜비 대신 연설을 한 거랍니다. 아침에 G통로 옆에 있는 자판기에서 커피를 빼먹고 있었는데 TV 제작팀들이 몰려오더라구요. 그들이 여기서 뭘 하는지 알았을 땐 힐튼 스미스가 바로 코앞에 와 있더라구요."

"아무도 그들이 여기 오는 것을 몰랐나?"

그는 우리의 종업원 신문을 만들고 있는 바브라 펜이 알고 있었다고 말했다.

"그런데 그녀가 아무한테도 얘기를 안 해준 건가?"

"보세요. 모든 것이 갑자기 재계획된 거예요. 당신과 스코트가 근처에 없으니까 그녀가 그냥 혼자 처리한 거죠. 조합에도 알리고 혼자 모든 준비를 한 거예요. 그녀가 메모를 돌렸지만 아무도 아침 전까진 그것을 못 받았거든요."

"미리 알았어야 했는데……." 나는 중얼거렸다.

봅은 계속해서 힐튼 일행이 어떻게 로봇 앞에서 준비를 하였는지 — 그것은 용접 로봇이 아니라 재료를 쌓는 로봇이었다 한다 — 에 대해 말해줬다. 하지만 곧 문제가 있다는 것이 분명해졌다. 그 로봇이 아무 일도 안 하고 있었던 것이다. 그 앞에 재료들도 없었고.

생산성에 관한 비디오테이프에서 로봇이 뒤에 앉아 그저 아무 일도 안 하고 있을 순 없는 일 아닌가. 그것은 생산을 하고 있었어야 했다. 그래서 근 한 시간 동안, 봅과 두 명의 조수들이 공장 구석을 뒤지며 로봇이 할 수 있는 뭔가를 찾아 헤맸다. 그동안 힐튼 스미스는 기다리다 지쳐서 여기저기 돌아다니기 시작했고 얼마 안 가 그는 몇 가지 이상한 것을 눈치챘다.

"우리가 재료들을 가지고 돌아왔을 때, 힐튼이 우리의 일괄작업량에 대해 별의별 것을 다 묻기 시작했어요." 봅이 말했다. "당신이 본부에서 뭐라고 말했는지 모르기 때문에 그에게 뭐라 말해야 될지 모르겠더라구요……. 음, 글쎄요. 그저 당신이 있어야 안다고 말했어요."

위가 뒤틀리는 느낌이었다. 바로 그때 전화가 울렸다. 나는 내 책상에서 그것을 받았다. 본부에 있는 에탄 프로스트였다. 그는 방금 힐튼 스미스와 말했다고 했다. 나는 봅에게 나가줄 것을 부탁했다. 그가 나가고 문이 닫히자 나는 프로스트와 한 2분간 더 말을 했다. 그리고 나서 루를 보러 아래로 내려갔다. 문을 향해 걸으면서 나는 탭댄스를 추기 시작했다.

이틀 후, 본부에서 감사팀이 왔다. 계열사 회계 담당자인 닐 그래비츠가 그 팀을 이끌고 왔다. 그는 오십대인데도 손이 부서질 정도로 악수를 세게 했는데 그의 얼굴은 내가 여태껏 만난 사람 중 가장 유머가 없게 생겨 보였다. 그들은 회의실을 점령하고 감사에 들어가더니 곧바로 우리가 생산품의 비용을 결정하는 기초를 바꾼 것을 발견했다.

"이건 매우 비정상적인 거요." 그래비츠가 회계장부로부터 눈을 떼고 안경 위로 우리를 쳐다보며 말했다. 루가 더듬거리면서, 그것이 회사 방침에 정확히 따르지 않은 것일지는 모르지만 우리가 비용을 최근 2개월을 기초로 한 데에는 합당한 이유가 있다고, 변명하듯이 말했다.

내가 덧붙였다. "사실 이 방법이 더 진실을 나타낼 수 있어요."

"미안합니다, 로고 씨," 그래비츠가 말했다. "우리는 표준절차를 준수해야 합니다."

"하지만 공장은 이제 달라졌단 말이오!"

테이블 주위의 다섯 명의 회계사가 나와 루를 노려보고 있었다. 그들에게 호소하는 것은 무의미했다. 그들이 아는 모든 것이라곤 회계표준뿐이었다.

그 감사팀은 숫자들을 다시 계산했고 이제 우리의 비용은 올라간 것처럼 보였다. 그들이 떠날 때 나는 그들이 돌아가기 전에 피치에게 전화를 해서 그들을 막으려 했지만 피치는 출장을 나가고 없었다. 나는 프로스트를 찾았으나 그도 역시 없었다. 비서 한 명이 나를 스미스에게 연결해주겠다고 했다. 그가 사무실에 있는 유일한 매니저였던 것 같다. 하지만 나는 퉁명스럽게 거절해버렸다.

일주일 동안 나는 가슴을 졸이며 본부에서 폭탄이 떨어지기만을 기다렸지만 그것은 결코 떨어지지 않았다. 루는 프로스트로부터 허가

된 절차에 따르라는 메모 형식의 경고로 견책을 받았다. 또한 우리의 분기 보고서를 옛날 비용 표준에 따라 다시 작성해 제출 검사를 받으라는 공식 명령도 받았다. 하지만 피치로부터는 아무 연락이 없었다.

그 이른 오후에 나는 루와 같이 우리가 새로 만든 월례 보고서를 보고 있는 중이었다. 나는 풀이 죽어 있었다. 옛날 비용요소에 바탕을 둔 그 수치로는 그 15퍼센트의 향상을 이룰 수 없는 것이다. 우리는 루가 원래 계산해냈던 17퍼센트가 아니라 12.8퍼센트만의 증가를 기록할 수 있었다.

"루, 이걸 어떻게 좀 조작할 수 없을까요?" 나는 그에게 간청했다. 그는 머리를 흔들었다. "이제부터 프로스트는 우리가 제출하는 모든 것들을 샅샅이 볼 거예요. 당신이 지금 보고 있는 것보다는 아무것도 더 잘할 수 없어요."

바로 그리고 나서 나는 사무실 바깥에서 점점 커져가는 소리를 감지할 수 있었다.

투투투투투…….

나는 루를 봤고, 그는 나를 보았다.

"헬리콥터?" 내가 물었다.

루는 창문으로 가서 밖을 내다봤다.

"네, 우리 잔디밭에 착륙하고 있어요!"

내가 창문가에 도달했을 때 그것은 막 착륙하는 중이었다. 먼지와 잘려나간 갈색 잔디가 반들반들한 빨강과 흰색의 헬리콥터의 프로펠러 속에서 돌고 있었다. 날개가 아직도 멈추지 않은 상태에서 문이 열리고 두 사람이 밖으로 나왔다.

"앞사람은 조니 존스 같은데요." 루가 말했다.

"조니 존스 맞아요." 내가 말했다.

"다른 사람은 누구죠?" 그가 물었다.

나는 확신할 수 없었다. 나는 그들이 잔디를 건너서 주차장을 통해 걷기 시작하는 것을 바라보았다. 뚱뚱하고 키가 크고 거만하게 걷는 그 거대한 은발의 남자가 멀리서 본 그때의 기억을 일으켰다. 나는 그가 누구인가 알기 시작했다.

"하나님, 맙소사." 나는 말했다.

"내 생각엔 하나님이 여기 오는 데는 헬리콥터가 필요하지 않을 것 같은데요." 루가 말했다.

"하나님보다 더한 사람이죠." 나는 말했다. "저 사람이 바로 버키 번사이드예요!"

루가 한마디 말을 더 내뱉기도 전에 나는 문으로 달려갔다. 모퉁이로 돌진해서 스테시의 사무실로 들어갔다. 그녀는 비서와 그녀가 만나고 있던 다른 사람들과 같이 창에 서 있었다. 모두가 그 빌어먹을 헬리콥터를 보고 있었다.

"스테시, 빨리! 급하게 할 얘기가 있소!" 그녀가 문으로 왔고 나는 그녀를 복도 밖으로 끄집어냈다.

"번사이드의 모델 12번 주문의 현 상태가 어떻지?" 나는 그녀에게 물었다.

"이틀 전에 마지막 물건들이 나갔어요."

"제시간에 나간 것이었소?"

"물론이죠." 그녀는 말했다. "아무 문제 없이 문 밖으로 나갔죠. 그 전번 출고들처럼요."

나는 "고맙소"라고 그녀에게 중얼거리며 다시 뛰었다.

"봅!"

그는 자기 사무실에 없었다. 나는 그의 비서 책상에 멈췄다.

"봅이 어딨지?" 그녀에게 물었다.

"화장실에 간 것 같아요."

나는 그쪽 방향으로 전속력으로 달렸다. 화장실 문을 벌컥 열고 들어가니 봅이 손을 씻고 있었다.

"번사이드 주문에," 나는 그에게 물었다. "무슨 품질 문제가 있었나?"

"아뇨." 봅이 깜짝 놀라 나를 보며 말했다.

"제가 아는 한은 하나도 없어요."

"그 주문에 무슨 문제가 있었나?"

그는 종이휴지를 빼내어 손을 닦으며 말했다. "아뇨, 모든 것이 정확하게 나왔어요."

나는 벽에 몸을 기대고 말했다. "그렇다면 그가 여기서 무얼 하고 있는 거지?"

"누가 여기서 뭘 하는데요?"

"번사이드. 그가 방금 조니 존스와 같이 헬리콥터에서 내렸네."

"뭐라구요?"

"날 따라오게."

우리는 안내로 갔다. 하지만 그곳에는 아무도 없었다.

"존스 씨가 방금 손님과 함께 여기 오지 않았나?"

나는 안내에게 물었다.

그녀가 말했다. "헬리콥터에 있던 두 사람이요? 여기를 지나 공장으로 들어갔어요."

봅과 나는 나란히 아래로 뛰어서 이중문을 지나 오렌지 빛과 각종 소음이 나는 공장 안으로 들어갔다. 감독관 한 명이 건너편 통로 쪽에서 우리를 보더니 물어보지도 않았는데 존스와 번사이드가 간 쪽을 가리켰다. 아래쪽으로 뛰어가다 나는 저만치 앞에 있는 그들을 보았다.

번사이드는 그가 보는 모든 종업원들한테 가서 한 명 한 명과 악수를 하고 있었다. 틀림없다! 그가 팔로 그들을 가볍게 두드리며 악수하고 뭔가를 말하고 있는 것이다. 그리고 그는 웃고 있었다.

존스는 그와 같이 걷고 있었다. 그도 같은 짓을 하고 있었다. 번사이드가 손을 놓자마자 그도 악수를 청했다. 그들은 보이는 모든 사람에게 악수를 하고 있었다.

마침내 존스가 우리가 오는 것을 보고 번사이드의 어깨를 툭 쳤다. 그리고 그에게 뭔가를 말했다. 번사이드는 활짝 웃으며 나에게 성큼성큼 걸어와 손을 내밀었다.

"여기 내가 특별히 축하해줘야 할 사람이 있구만." 마치 으르렁대는 목소리로 그가 말했다.

"나는 최고의 것은 나중을 위해 맨 마지막으로 남겨두지. 그런데 자네가 그것을 깨는구만. 그래, 어떤가?"

"좋습니다. 번사이드 씨." 나는 그에게 말했다.

"알렉스! 내가 여기 온 건 자네 공장의 모든 종업원들과 악수를 하고 싶어서네. 자네 공장은 정말 대단한 일을 해냈네. 정말 대단한 일이라구! 다른 망할 놈들은 그 주문을 다섯 달 동안이나 갖고 있으면서도 아직도 다 못해내고 있는데 여기 자네 사람들은 모든 걸 단지 5주 안에 해냈네. 믿기 어려울 정도로 노력한 것임에 틀림이 없네!"

내가 무슨 말을 하기 전에, 존스가 대화에 끼어들어 말했다. "번사이드 씨와 나는 오늘 점심을 같이 했는데, 내가 자네가 어떻게 번사이드 씨의 장애물을 제거해주었는지 얘기했지. 그리고 여기 있는 사람들이 얼마나 그 작업에 열정을 쏟았는지도."

나는 말했다. "아── 예, 우린 단지 최선을 다했어요."

"계속 돌아다녀도 괜찮겠나?" 번사이드가 통로 아래로 계속 가려는 듯 물었다.

"물론이죠." 나는 말했다.

"자네의 효율성을 방해하진 않겠지?"

"전혀요. 계속 가십시오."

나는 봅을 돌아보고 입을 오무리고 말했다. "바브라 펜을 당장 데려오게. 그녀가 종업원 뉴스에 쓰는 카메라도 가져오게 하구. 그리고 필름도 잔뜩 가져오라 하게."

봅은 사무실 쪽으로 급히 갔고, 존스와 나는 번사이드를 따라 통로를 왔다갔다하며 모두와 악수를 했다.

나는 존스가 정말 흥분되어 있음을 알 수 있었다. 번사이드가 우리가 하는 말을 못 들을 정도의 거리로 떨어지자 그는 나에게 돌아서서 물었다. "자네 신발 사이즈가 어떻게 되나?"

"10 1/2이요. 왜요?"

"자네한테 신발 한 켤레를 빚졌잖은가."

"괜찮아요, 조니. 걱정 말아요."

"알렉스, 자네한테 말하겠는데 우리는 다음 주에 번사이드 사람들을 만나 모델 12에 대한 장기계약을 체결할 걸세. 일년에 만 개를 공급하는."

난 잠시 중심을 잃을뻔했다. 만 개라니!

"그리고 돌아가면 내 부서 사람들 모두를 불러모을 걸세." 존스는 걸으면서 계속 말했다. "그래서 자네가 여기서 만드는 모든 것을 홍보하는 새 캠페인을 시작할 걸세. 자네 공장만이 우리 계열사에서 유일하게 양질의 제품을 제시간에 배달할 수 있는 공장이니까 말일세. 자네네 리드타임은, 알렉스, 다른 이들을 모두 시장 밖으로 내쫓아내고도 남을 정도라네. 자네 덕분에 우리는 마침내 승자가 되었네."

나는 웃었다. "고마워요, 조니. 하지만 번사이드 씨의 주문에 우리가 특별히 매달리지는 않았는데……."

"쉬! 번사이드 씨가 모르게 하게." 존스가 말했다.

내 뒤에서 두 명의 시간제 일꾼이 하는 얘기가 들렸다.

"이게 다 뭐지?" 한 명이 물었다.

"글쎄," 다른 사람이 말했다. "아마 우리가 뭔가를 잘했나봐."

공장 성과분석의 전날 밤, 나는 발표연습을 하고 복사된 보고서 열 장을 다시 한번 더 살펴보고 난 후 더 할 일이 없어져 줄리에게 전화를 했다.

"안녕," 나는 그녀에게 말했다. "나는 내일 아침 회의 때문에 본부에 가야 하거든. 그리고 포리스트 그로브가 그곳으로 가는 길에 있으니까 오늘밤 거기에 가서 당신과 있고 싶은데, 당신 생각은 어때?"

"물론, 좋지요."

나는 공장을 좀 일찍 나와 고속도로로 접어들었다.

고속도로를 타고 가다 보니 베링턴이 왼쪽으로 펼쳐져 있었다. '나를 사주세요!' 고층 빌딩의 꼭대기에 붙은 현수막은 아직도 그 자리에 있었다. 내 시야 안에 살아 숨쉬고 있는 삼만 명은 이 도시의 경제적 장래의 작지만 중요한 부분이 내일 결정될 것이라는 것을 모르고 있을 것이다. 그들 대부분은 우리 공장이나 우리가 여기서 해온 것들에 전혀 관심이 없다. 하지만 만약 유니웨어사가 우리 공장문을 닫는다면 그들은 미쳐버리고 두려워할 것이다. 그리고 만약 우리가 그냥 남아 있게 된다면? 다시 아무도 우리에게 신경쓰지 않을 것이다. 아무도 우리가 어떤 과정을 지나왔는지조차 모를 거다.

글쎄, 이기거나 지거나, 난 최선을 다했다.

줄리의 부모 집에 도착했을 때 샤론과 데이브가 차로 달려왔다. 양복을 평상복으로 갈아입고 나서 나는 두 아이와 한 시간 가량 플레즈비를 던지며 놀았다. 그들이 나를 완전히 녹초로 만들었을 때 줄리가 둘이서 저녁을 먹으러 나가자고 제안했다. 나는 그녀가 나에게 뭔가 말하고 싶어한다는 걸 알아챘다. 간단히 씻고 나서 우리는 나갔다.

드라이브를 하면서 공원을 지나쳤다.

"알렉스, 잠깐 멈추죠." 줄리가 말했다.

"왜?"

"지난번 여기에 왔을 때 산책을 다 끝내지 못했잖아요."

나는 차를 공원 옆에 세웠다. 우리는 차에서 나와 걸었다. 얼마 안 되어 우리는 강가의 벤치에 도달해서 그 위에 같이 앉았다.

"내일 회의는 무엇에 관한 건가요?"

"공장 성과분석이지. 계열사가 우리 공장의 장래를 결정할 거야."

"그들이 뭐라고 말할 것 같아요?"

"사실 나는 내가 빌 피치한테 약속한 것을 완전하게 지키지는 못했어. 한 세트의 수치들이 실제만큼 좋아 보이지 않아. 그놈의 생산비용 기준 때문이지. 내가 당신에게 그것에 대해 말해주던 것 기억해?"

그녀는 끄덕였다. 나는 아직도 그 감사의 결과로 일어난 것들에 화가 나서 잠시 머리를 좌우로 흔들었다.

"하지만 그것 갖고도 우리는 이 달에 잘해냈어. 비록 우리가 진짜로 했던 만큼 그렇게 놀랍게는 안 보이지만 말이야."

"그들이 아직도 당신 공장문을 닫으려고 한다고 생각하진 않겠죠? 그렇죠?"

"그렇게 생각하진 않아. 단지 제품비용이 올랐다고 우리를 책망한다면 그 사람은 바보천치임에 틀림없어. 아무리 엉망인 평가방법을 가지고도 결국 우리는 돈을 번 것으로 나타날테니까."

그녀는 내 손을 잡고 말했다. "그날 아침 나가서 아침을 사준 것 참 멋있었어요."

나는 웃고 말했다. "새벽 다섯시에 일어나 내가 두서없이 지껄이는 걸 들어줬으니 당연히 그 정도는 했어야지."

"그때 당신이 나에게 말해줬을 때 나는 내가 당신이 하는 일을 얼마나 모르고 있었나 깨달았어요. 당신이 예전에도 나에게 그런 얘기를 해줬더라면 하고 생각했어요."

나는 움츠렸다. "내가 왜 그러지 않았는지 모르겠어. 아마 당신이 듣기를 원하지 않는다고 생각했나봐. 아니면 당신에게 부담을 주고 싶지 않았던지."

"글쎄요. 아마 내가 당신에게 더 많은 걸 물어봤어야 했었는지도 몰라요."

"너무 오래 일하느라 당신에게 그럴 기회를 안 준 게 확실하지."

"내가 떠나기 전날 당신이 집에 안 들어왔을 때, 나는 그걸 정말 개인적인 것으로 받아들였어요. 나는 그것이 나와 관계가 없는 것이라고 믿을 수 없었어요. 마음속 깊이 나는 당신이 그것을 나에게서 멀리 있으려는 변명으로 이용하고 있다고 생각했죠."

"아니야, 절대로 아니야. 줄리. 이 모든 위기가 일어났을 때, 나는 당신이 그것들이 얼마나 중요한가 알아야 한다고 계속 생각했어. 미안해, 당신에게 더 많이 얘기해줬어야 했는데."

줄리는 내 손을 꼭 잡았다.

"지난번 우리가 여기 앉았을 때 당신이 우리의 결혼에 대해 말한 것들을 줄곧 생각해봤어요. 오랫동안 우리는 그저 같이 항해하고 있었어요. 사실 우리는 서로로부터 멀리 떠내려가고 있었던 거예요. 나는 세월이 지날수록 당신이 더욱 더 일에 몰두하는 걸 지켜봤어요. 그리고 당신을 잃은 것을 보상받기 위해 집을 치장한다거나 친구와 시간을 보내는 것에 열중했구요. 우리는 무엇이 중요한지의 판단을 잃어버린 거죠."

나는 햇빛 속의 그녀를 보았다. 내가 NCX-10이 고장난 날 집에 왔을 때 보았던 그녀 머리의 끔찍한 서리는 마침내 없어졌다. 그것은 죽은 것이다. 그녀의 머리카락은 다시 굵고 진갈색의 생머리가 됐다.

그녀는 말했다. "알렉스, 내가 분명히 아는 하나는, 내가 당신을 더 원한다는 거예요. 그게 언제나 나에겐 문제였어요."

그녀는 하늘색 눈으로 나를 돌아보았다. 그리고 나는 그녀에게서 오랫동안 잃어버렸던 감정을 되찾았다.

"난 왜 내가 당신과 같이 베링턴으로 돌아가는 걸 원치 않는지 결국 알아냈어요. 비록 내가 그곳을 별로 좋아하지는 않지만 그 동네 때문만은 아니예요. 사실은 우리가 떨어져 살았기 때문에 실제로는 더 많은 시간을 보낼 수 있었다는 거예요. 내 말은요, 우리가 같은 집에서 같이 살 때는, 나는 당신이 나를 당연시한다고 느꼈어요. 하지만 이제 당신은 내게 꽃을 갖다주잖아요. 그리고 나와 같이 있기 위해 당신이 가는 길에서 빠져나오기도 하구요. 이런 식으로 평생 갈 수 없다는 것은 알아요. 우리 부모님들도 이런 것에 조금씩 지쳐가는 것 같거든요."

나는 기분이 좋아지기 시작했다.

나는 말했다. "최소한 우리가 헤어지기를 원하지 않는다는 건 확실하군."

"알렉스, 나는 우리의 목표가 뭔지 아직도 확실히 모르겠어요. 아니면 무엇이어야 하는지도요. 하지만 우리가 서로를 필요로 하고 있다는 것은 알아요. 샤론과 데이브가 좋은 사람으로 자라기를 원하는 것도 알아요. 그리고 우리 모두가 서로에게 필요한 것을 주기를 바라고요."

나는 그녀를 껴안았다.

"시작하는 사람에겐 뭔가 목표 삼을 가치가 있는 말처럼 들리는군." 나는 그녀에게 말했다. "봐. 말처럼 쉽진 않겠지. 하지만 정말 당신을 당연시하지 않도록 노력할 수 있어. 난 당신이 집으로 돌아오길 원해. 하지만 불행히도 이 모든 문제를 일으켰던 그 압박감이 아직도 남아 있는 것 같아. 그것은 그냥 사라져버리진 않을 거라구. 난 내 일을 무시할 수 없어."

"그렇게 하라고 요구한 적 없어요. 단지 나나 애들을 무시하지 말아줘요. 나도 당신의 일을 이해하도록 정말 노력할게요."

나는 웃었다.

"아주 오래 전에 우리가 결혼하고 둘 다 직장을 다닐 때, 우리가 어떻게 집에 와서 두 시간 동안 서로 대화만 하면서 그날 우리가 겪은 어려웠던 일들을 서로 위로했던가 기억해?" 나는 물었다. "그때는 정말 좋았지."

"하지만 그리고 얼마 있어 애가 생겼잖아요." 줄리가 말했다. "그리고 그 이후로 당신은 일에 더 많은 시간을 쏟기 시작했어요."

"그래. 인정해. 우리가 다시 그때처럼 한다면 어떻게 생각해?"

"너무 근사하게 들려요. 봐요, 알렉스. 내가 당신을 떠난 건 내가 너무 이기적이기 때문으로 보였을 거라는 것은 알아요. 난 잠시 미쳐버렸던 거예요. 미안해요."

"아니야, 당신이 미안해 할 필요는 없어. 내가 당신에게 더 관심을 가졌어야 했지."

"하지만 만회하도록 노력할 거예요." 그녀는 말했다. 그리고선 가볍게 웃고 덧붙였다.

"옛날 추억들을 더듬고 있으니까 우리가 처음 싸우던 때가 기억나네요. 우리는 그 싸움 이후로 늘 상황을 자신의 관점뿐 아니라 상대방의 관점에서 보도록 노력하자고 약속했죠. 글쎄요, 내 생각엔 우리는 지난 몇 년 동안 자주 그러지 못했던 것 같아요. 난 당신도 그걸 원한다면 다시 그래볼 용의가 있어요."

"나도 그래."

우리는 오랫동안 껴안았다.

"그래, 당신 다시 결혼식하고 싶어?" 나는 그녀에게 물었다.

그녀는 내 팔에 기대어 말했다. "뭐든지 다시 해볼게요."

"알아? 완벽하지는 않을 거라는 걸. 여전히 싸우기도 할 거고."

"그리고 가끔씩 난 또 이기적이 되겠죠."

"그럼 어때? 베가스에 가서 결혼 서약할 치안판사를 찾아보자구."

그녀는 웃었다.

"진담이에요?"

"글쎄. 오늘 밤은 갈 수 없지만." 나는 말했다. "아침에 그 회의가 있어서 말이야. 내일 밤은 어때?"

"진담이군요!"

"당신이 떠나고 내가 한 거라곤 은행에 월급을 넣는 것뿐이었지. 내일 이후는 꼭 그것들을 좀 꺼낼 시간이 될 거야."

줄리는 웃었다. "좋아요. 우리 한번 실컷 써보자구요!"

31

다음날 아침 유니코 빌딩 15층. 나는 열시 조금 전에 회의실로 들어갔다. 긴 테이블 저쪽 끝에 힐튼 스미스가 앉아 있었고 그 옆에는 닐 그래비츠가 있었다. 여러 부서의 참모들이 그들을 둘러싸고 앉아 있었다.

나는 말했다. "좋은 아침!"

힐튼은 웃지 않고 나를 보며 말했다. "자네가 문을 닫으면 시작할 수 있네."

"잠깐만, 빌 피치가 아직 안 왔잖은가?" 나는 말했다. "그를 기다려야 하지 않나, 안 그런가?"

"빌은 안 오네. 무슨 협상을 하고 있거든." 힐튼이 말했다.

"그렇다면 이 회의를 그가 참석할 수 있을 때까지 연기해주기 바라네." 나는 그에게 말했다.

순간 힐튼의 얼굴이 굳어졌다.

"빌이 나에게 이 회의를 진행하고 그에게 내 의견을 보고하라고 특별히 당부했네. 그러니 만약 자네 공장을 선전하고 싶다면 지금 당장 시작하라고 제안하겠네. 안 그러면 자네의 보고서를 바탕으로 우리가 나름대로 결론을 내리겠네. 그리고 빌이 내게 말해준 제품 비용의 증가에 대해선데, 자네가 좀 설명을 해줘야만 할 것처럼 들리더군. 난 특히 왜 자네가 경제적 일괄작업량을 결정하는 데 올바른 절차를 밟지 않았는지 알고 싶네."

나는 그의 말에 대답하지 않은 채 앞으로 걸어갔다. 화가 서서히 치밀기 시작했지만 진정하고 그 말이 무슨 뜻인지 생각했다. 전혀 나에게 유리하지 않은 상황이었다. 그 빌어먹을 피치가 여기에 와 있어야 했다. 그리고 나는 그의 참모들이 아니라 프로스트에게 발표를 하도록 예정되어 있지 않았던가. 하지만 지금 들은 말들에 의하면 힐튼이 피치를 꼬셔서 나를 판단하는 판사가 되었고 아마도 집행인까지 된 것 같다. 결국 나는 가장 안전한 내기는 발표를 함으로써 나를 변호하는 것이라고 결정했다.

"좋네," 나는 결국 말했다. "하지만 내가 내 공장에서 무슨 일이 일어났는가를 발표하기 전에, 한 가지 물어보겠네. 우리 유니웨어 계열사의 목표가 비용을 줄이는 건가?"

"물론이지," 힐튼은 지체없이 말했다.

"아니네. 사실 그것은 목표가 아니야." 나는 그에게 말했다. "유니웨어의 목표는 돈을 버는 것이네. 맞지 않나?"

그래비츠가 일어나서 말했다. "맞소."

힐튼은 애매하게 고개를 끄덕였다.

나는 계속 말했다. "우리의 비용이 표준 평가방법에 의하면 어떻게 보이든 상관없이 우리 공장이 예전에 없이 돈을 벌고 있다는 것을 자네에게 증명해 보이겠네."

그리고 나는 시작했다.

한 시간 반 후, 나는 병목의 재고와 생산율을 설명하고 있는 중이었는데 힐튼이 내 말을 중단시켰다.

"좋네. 자네는 우리에게 이 모든 것을 얘기하느라 많은 시간을 잡아먹었지만, 난 개인적으로 이것의 중요성을 이해할 수가 없네." 힐튼이 말했다. "아마 자네 공장에 정말로 두 개의 병목이 있고 자네가 그것이 무엇인지 발견했나본데, 글쎄 그 발견에 대해선 진심으로 축하하네. 하지만 내가 공장장이었을 때도 우린 여기저기에 있는 병목을 매일 상대했네."

"힐튼, 우리는 지금 옳지 않은 근본적 가정을 다루는 중이네." 나는 그에게 말했다.

"난 자네가 어떠한 근본적인 것도 다루고 있다고 보지 않네. 그것들은 기껏해야 상식이고 난 여태껏 그것들을 관대히 들어줬네."

"아니네. 이건 상식보다 더한 걸세. 왜냐하면 우리는 대부분의 사람들이 생산에 사용하는 기존의 법칙에 완전히 상치하는 것들을 매일 하고 있기 때문이네."

"예를 들면?" 그래비츠가 물었다.

"과거에 모두가 이용했던 비용회계에 따르면 우리는 용량을 수요와 먼저 맞추도록 되어 있지. 그리고 나서 흐름을 유지하도록 해야 하구." 나는 말했다. "하지만 우리는 용량을 균형잡히도록 노력해서는 절대 안 되네. 대신에 우리는 초과용량이 필요하지. 우리가 따라야 할 법칙은 용량을 수요에 맞추는 것이 아니라 흐름을 수요에 맞추는 것이네."

"두번째로 우리가 주는 보너스는, 종업원의 이용수준은 그 자신의 잠재력에 의해 결정된다는 가정에 바탕을 두고 있지. 그것은 전적으로 잘못된 가정이네. 왜냐하면 종속이라는 것 때문이지. 병목이 아닌 모든 자원에서의 시스템이 이익을 볼 수 있는 활동수준은 그 자원들의 개인적 잠재력에 의해 결정되는 것이 아니라 시스템 안의 어떤 다른 제약들에 의해 결정되는 것이네."

힐튼은 성급하게 말했다. "뭐가 다른가? 어떤 사람이 일할 때 우리는 그를 이용해먹고 있는 거지."

"아니네. 그리고 그것이 세번째로 잘못된 가정이네." 나는 말했다. "우리는 이용과 일하게 하는 것이 같다고 가정해왔지. 자원을 일하게 하는 것과 그것을 이용하는 것은 동의어가 아니네."

논쟁은 계속되었다.

나는 병목에서의 한 시간 손실은 전체에서의 손실이라고 했다. 힐튼은 병목에서의 한 시간 손해는 그 자원의 한 시간 손해일 뿐이라고 말했다.

나는 비병목에서 절약한 한 시간은 가치가 없다고 말했다. 힐튼은 비병목에서의 한 시간 절약은 그 자원의 한 시간 절약이라고 말했다.

"병목 얘기만 하는군." 힐튼이 말했다. "병목은 잠정적으로 생산율을 제한하지. 아마 자네 공장이 그 증거겠지. 하지만 그것들은 재고에 거의 영향을 안 끼치네."

"그 정반대지, 힐튼. 병목은 생산율과 재고 모두를 좌우하네. 그리고 자네에게 우리 공장이 진짜로 증명해준 것을 말해주겠네. 그것은 우리의 성과분석법이 잘못되었다는 것을 증명했네."

그래비츠가 들고 있던 펜을 놓쳤고 그것은 책상 위로 시끄럽게 굴렀다.

"그렇다면 어떻게 우리 경영의 성과분석을 해야 하는 거죠?" 그래비츠가 물었다.

"최저선에 의해서죠," 나는 그에게 말했다. "그리고 그 평가에 바탕을 두고 이제 우리 공장은 유니웨어 계열에서 최고가 됐어요. 아마 이 분야에서도 최고일 거구. 우리는 다른 사람들이 아무도 못 벌고 있을 때 돈을 벌구 있다구요."

"일시적으로 아마 돈을 벌고 있는지는 모르지. 하지만 자네가 만약 이런 식으로 공장을 운영한다면," 힐튼이 말했다. "자네 공장이 어떻게 오랫동안 이익을 볼 수 있을지 알 수가 없네."

내가 무슨 말을 하려고 하자 힐튼은 목소리를 높여서 말을 막았다.

"중요한 사실은 자네의 제품비용이 늘어났다는 거야. 그리고 비용이 오르면 이익은 내려가기 마련이네. 간단한 이치지. 그리고 그것이 내가 빌 피치에게 보여줄 보고서의 바탕이 될 걸세."

회의가 끝나고, 나는 혼자 회의실에 남아 있었다.

힐튼 스미스와 그래비츠는 떠났다. 나는 열려진 가방을 노려보고 있었다. 그리고 주먹으로 그것을 쾅 닫았다. 회의실을 나와 엘리베이터로 가면서 나는 뭔가 그들의 뒤틀린 마음보에 대해 불평하고 있었다. 나는 '하강' 단추를 눌렀다. 하지만 엘리베이터가 도착했을 때 나는 그곳에 없었다. 나는 복도로 다시 가 모퉁이에 있는 사무실로 향하고 있었다.

빌의 비서인 메그가 내가 오는 것을 보고 있었다.

나는 그녀가 서류 클립을 분류하고 있는 책상 앞으로 성큼성큼 걸어갔다.

"빌을 봐야겠소." 그녀에게 말했다.

"하루 종일 약속이 있어요." 그녀가 말했다.

"급한 일이오."

그녀는 나를 차갑게 응시했다. "그는 방해하지 말라는 주의를 주고 떠났어요."

"메그, 나는 가능한 한 빨리 그와 얘기를 해야 해요."

내가 그 말을 하자마자 빌 피치가 모퉁이에서 걸어오고 있었다. 그는 빨리 움직이고 있었다. 하지만 그가 사무실로 사라지기 전에 나는 그에게 달려들었다.

"빌—."

"안녕, 알렉스!" 그는 즐겁게 말했지만 멈추지는 않았다. "잘되가나?"

"별로요, 빌." 나는 말했다. "당신과 몇 분만이라도 얘기 좀 해야겠어요."

그는 이미 그의 사무실 안에 있었다. 하지만 나는 그가 문을 닫기 전에 그를 따라 들어갔고 그는 나를 돌아봤다.

"화요일까지 기다릴 수 없나?" 그가 물었다.

나는 말했다. "힐튼 스미스가 내 공장에 대해 부정적인 보고서를 제출할 거예요. 그리고 난 당신이 어떠한 결론을 내리기 전에 내 상급자로서 최소한 내 말도 들어봐야 한다고 느껴요."

피치는 멈춰서서 나를 쳐다봤다. 그는 의자를 가리키며 말했다.

"앉게."

우리는 그의 책상을 사이에 두고 앉았다.

내가 얘기를 시작하자 그가 손을 들고 앞으로 몸을 숙였다. 그는 책상 위에 팔꿈치를 올리고 손가락으로 얼굴을 받치고 있었다.

"무엇보다도 먼저," 그는 말했다. "자네 공장의 성과분석에 참석 못한 것 미안하게 생각하네. 하지만 오늘 아침에 그랜비를 만나러 가야 했네. 그리고 자네한테 할말이 있네."

나는 기다렸다.

그는 말했다. "나는 자네가 공식 발표가 있을 때까지 함구해줄 거로 기대하지만 이제 자네에게 뭔가 변화가 오고 있다는 것을 말해줘도 될 때가 충분히 되었다고 생각하네. 무엇보다도 이번 주가 지나면 나는 더이상 자네의 상관이 아닐 걸세."

"다른 곳으로 떠나나요?"

"그룹의 새 자리로 갈 걸세."

"오, 축하해요." 나는 그에게 말했다. "누가 당신의 후임자가 될지 물어봐도 될까요?"

"글쎄, 아직 결재는 못 받았지만 힐튼 스미스 같네."

나는 바닥이 꺼지는 것처럼 느꼈다.

"그렇다면 나는 아무 소득도 없이 일만 잔뜩 해온 셈이군요."

나는 말했다. "힐튼이 볼 수 있는 거라곤 내 비용이 올라갔다는 것뿐이니까요. 그것도 사실은 아니지만."

피치는 손을 들고 말했다. "잠깐 기다리게, 알렉스. 자네가 생각하는 대로가 아니네."

"하지만 힐튼은——."

"힐튼이 모든 것을 다 알고 있진 않네."

피치는 말했다.

"물론 당연하죠." 나는 중얼거렸다.

"자네도 마찬가지야."

"무슨 뜻이죠?"

그는 말했다. "알렉스. 우리 유니코사는 자네 공장과 다른 두 개로 구성된 새 계열사를 만드는 중일세."

나는 정말로 어안이 벙벙해졌다.

"힐튼이 그때까지 현 계열사를 이끌 것이네. 그리고 그 개편 후에는 그 계열사의 새 사장이 임명되고 그는 나에게 직접 보고할 걸세. 힐튼도 나에게 보고할 것이고."

사무실 바깥에서 무슨 소리가 들렸다. 빌은 문을 쳐다봤다.

"누가 그 새 계열사를 이끌 것인지 말해줄 수 있나요?"

나는 얘기를 끝내야 한다는 것을 눈치채고 조용히 물었다.

"글쎄, 누군가 그것을 해야 된다고 생각하네만." 빌이 의자를 밀치며 일어서며 말했다. 나는 그가 바깥의 누군가에 손을 흔드는 것을 보았다.

내 의자를 돌렸다. 문에 서 있는 사람은 바로, J.바트 그랜비 3세였다. 유니코사의 회장.

안경 너머로 나를 보면서 그랜비는 말했다.

"아는가, 알렉스. 자네는 나를 정말 놀라게 했네. 자넨 올초에는 꽤 손해를 봤지. 하지만 늦게 시동이 걸리더니 거기서 정말 뭔가를 바꿔놔 버렸어."

그는 말을 하면서 내 등을 툭툭 두드렸다.

"사실이죠." 피치가 덧붙였다. "단지 생산품 비용의 증가를 제외하고는……."

"젠장, 이봐 피치," 그랜비는 으르렁대며 말했다. "알렉스는 저기에 있는 다른 모든 사람들보다도 더 많은 것을 해냈어. 그것이 중요한 거지. 사실, 만약 우리가 어떤 계열사를 팔거나 닫는다면, 내 장담컨대 절대 자네 공장은 아닐 걸세."

상황을 감지하기 시작하면서 나는 활짝 웃었다.

그랜비도 역시 웃으며 말했다. "글쎄, 고양이가 가방에서 나와 있으니, 자네 그 새 계열사를 맡아보지 않겠나?"

"네, 그러고 싶습니다."

"나중에 피치와 새 봉급에 대해 얘기해보게. 하지만 지금 우리는 점심을 먹으러 가는 길이네. 별계획이 없다면, 로고, 같이 가지 않겠나?"

다음 한 달 동안, 비록 힐튼으로부터의 메모는 점점 위협적이 되었지만 나는 계속해서 공장을 새 방식대로 경영했고, 판매부로부터는 더욱 더 많은 주문이 들어오고 있었다.

마침내 나는 뉴욕에 있는 조나와 연락이 됐고, 그에게 지난 몇 달간에 일어났던 일들에 대해 알려주었다. 기뻐해주긴 했지만 그는 별로 놀란 것 같지 않았다.

"자네는 자네가 해야 될 것들을 했네, 알렉스. 자네는 공장이 돈을 벌게 만들었네. 물론 그 시스템은 하나의 공장보단 더 한 거지." 그는 말했다. "만약 자네 공장에 적용된 아이디어가 다른 공장에도 적용되었더라면 그 결과는 달랐을 걸세. 하지만 세 개는 하나보다 낫지. 그리고…….”

나는 말했다. “모든 것이 결과적으로 그렇게 된 것은 운이었던 것 같아요.”

“알렉스, 자네가 뭔가를 올바르게 했을 때 운이라는 것은 없는 걸세.”

“글쎄요…….”

“자네가 런던에 있는 나에게 전화한 것이 운이었나? 병목을 찾고 일괄작업량을 줄인 게 운이었나? 운은 그것들과 전혀 관계가 없네.”

“네. 하지만 제가 운이 좋아서 선생님을 그날 시카고에서 만나지 않았더라면 저는 평생 그것을 배우지 못했을 거예요.”

“알렉스, 지금까지 일들이 진행되어왔던 것을 생각해보면 우리가 결국은 서로를 찾았을 거라고 말할 수 있네. 그리고 자네한테 말하겠는데, 자네는 아직 다 배우지 않았어. 예를 들면 내가 자네에게 준 그 법칙을 보게. 그것들은 생산에 대한 상식적인 것들을 표현한 것뿐이네. 이제까지 9개의 법칙이 개발되어왔네. 자네는 그 중 여섯 개만을 배웠지. 사실 이제 겨우 배우기 시작한 셈이지. 나도 그렇고. 우리 둘 다 배우는 과정에 있는 거지. 자네는 유니웨어를 상대적으로 짧은 시간 안에 패자에서 승자로 바꾼 것이네. 그리고 많은 사람을 위해 돈을 많이 벌겠지.”

“글쎄요. 그게 다 목적 아니겠어요?” 나는 말했다.

“그게 뭔가?”

나는 말했다. “그게 다 그것들의 목표죠. 돈을 버는 거요. 그것이 목표죠.”

“시카고 오헤어 공항에서의 우리의 처음 대화를 상기한다면,” 그는 말했다. “자네는 내가 돈 말고 다른 것에 관심이 있다는 것을 눈치챘을 것이네. 나에겐 그것이 더 중요하네."

"하지만 전 돈을 버는 것이 목표라고 생각했어요. 안 그래요?"

"돈을 버는 것은 생산조직의 목표네. 하지만 그것은 내 것이 아니네. 자네 것도 아니지. 그럼 무엇이 우리의 목표가 되겠나?" 그는 물었다.

"글쎄요. 아, 잘 모르겠어요."

"이제 작별할 시간이네."

조나가 말했다.

"연락하세. 그동안 자네한테 한 가지 제안하겠네."

"뭔데요?"

"무엇이 목표가 되어야 할지 생각해보게나."

7
중단 없는 경영개혁

영원한 승자란 없다. 누구도
내일의 판도를 점칠 수 없다. 너나 없이
전세계적인 경주에 휩싸여 있고, 경쟁은
어느 때보다도 치열하다. 쉬지 않고
움직이는 조직, 끊임없는 개혁만이
미래의 승리를 약속한다.

32

밤하늘을 나는 747기 위로는 별들과 달이, 아래로는 짙은 은빛 구름이 놓여 있었다. 일등석 칸의 다른 모든 승객들은 잠을 자거나 술을 마시거나 따분해 하고 있었다. 두 명을 제외하곤. 그 중 한 명은 비행기가 수시간 전 도쿄를 떠난 이후 줄곧 말을 하고 있었다. 다른 한 명은 그의 동반자가 하는 얘기에 지극한 관심을 가지고 듣고 있었다. 둘 다 지쳤지만 졸립지는 않았다.

캐나다 어딘가를 지날 때, 그 얘기는 마침내 끝났다. 창문 바깥으로 그들이 일본을 떠나던 같은 날 새벽이 다시 찾아오고 있었다. 알렉스 로고는 자기 자리에 앉아 컵에 담겨 있는 얼음물을 마셨다. 그리고 쉬었다. 얘기를 듣고 있던 에릭도 역시 의자에 몸을 깊숙이 파묻고 앉았다. 하지만 그의 얼굴엔 아직도 흥분과 사색의 표정이 남아 있었다.

수년 전 대학에서 그들은 급우였고 친구였다. 그들은 고급수학 시간에 둘 다 애를 먹었다. 그들은 여행도 같이 다녔다. 세상에서 가장 맛있는 스테이크를 찾아 시카고로 차를 몰고갔을 때는 기름이 떨어져 인디애나 주의 거리에서 치즈버거로 때워야 했다. 졸업하기 이틀 전에 그들은 징집영장을 받고 그날 밤 빅 브루노 술집의 아래 선반에 있는 술을 모두 마셨다. 그리고 그들은 서로 결코 절대로 연락이 끊기지 않도록 하자고 맹세했다. 그리고 긴 세월이 흘렀지만 그들은 아직도 결코 연락이 끊기지 않고 있다.

그의 친구처럼 에릭도 회사에 취직했다. 그는 보스턴에 본부를 둔 컴퓨터 회사의 중간 매니저다. 어느 날 밤 갑자기 그는 알렉스에게 전화를 해서 안부를 물었다. 우연히도 그들은 같은 시간에 일본에 머물 예정인 것을 알게 됐다. 그리고 같은 날 미국으로 돌아오도록 되어 있었다. 그래서 그들은 도쿄에서 만나 같이 돌아오기로 계획을 세웠다.

돌아오기 전날 밤, 둘은 마침내 세상에서 가장 맛있는 스테이크를 먹었다. 단지 고기가 미국 것이 아니고 일본 것이라는 게 다를 뿐.

"그래, 왜 일본에 왔나?" 알렉스가 물었다.

"생산성을 늘리려고 몇 가지 새 로봇을 사고 있는 중이지." 에릭이 말했다. "자네는?"

"우리 판매부 사람이 좀더 많은 계약을 따내도록 도와주러 왔네." 알렉스가 말했다.

"오, 정말? 여기서 뭔가를 파나?"

"물론이지."

"파고들기 힘든 시장인데."

"그렇지. 하지만 우리는 하고 있네," 알렉스는 그렇게 말했다. "구매자들은 우리가 그들의 품질과 배달 조건들을 맞출 수 있다고 잘 믿지 못하지만 우리는 그러고 있거든."

"농담 아니지?" 에릭이 물었다. "나는 자네가 여기에 적기선적(Just-in-time)이나 다른 이론들에 대해 배우러 온 것으로 생각했거든."

“음, 적기선적은 아니지만, 그보다 더 나은 것을 발견했지.”

“더 나은 것이라구?”

“확실하네. 우리는 그것을 우리 계열사에서 이용하고 있는데 한 2년 됐지.”

에릭은 회의적인 표정을 지었지만 관심이 생긴 것은 틀림없었다.

“말해주게.”

“글쎄, 사실 긴 얘기지. 저녁 동안 얘기하기엔 너무 길어. 어쨌든 여기 있는 동안 사업일은 잊어버리고 일본 구경이나 하자구.”

그리고 다음날 비행기에 오르기 전까지 그들은 그것에 대해 말하지 않았다. 이제 에릭은 그 적기선적보다 낫다는 것에 대해 물어보았다. 알렉스는 설명하는 데 시간이 꽤 걸릴 것이라고 경고했다. 에릭은 알렉스에게 그들이 장장 14시간 동안이나 비행기를 타고 있어야 한다는 사실을 상기시켜주었다.

그리고 얘기는 시작됐다.

“그래서 자네가 지금의 그런 위치에 그렇게 도달했구만.” 에릭이 말했다.

“글쎄, 그게 어떻게 시작되었지.” 알렉스가 말했다. “다 몇 년 전 일들이지.”

“요즘은 모두 어떤가?”

“그들 모두 꽤 잘하고 있네. 봅과 스테시는 내 참모가 되어 있지. 봅은 몇 년 전부터 운동을 하기 시작했는데 먹는 양을 줄여서 이제는 보기 좋다구. 육체적으로는 줄었지만 직업면에선 많이 자랐어. 루는 은퇴했지. 건강상의 문제가 약간 있었지만 아직 축구도 하면서 때때로 상담에도 응해주지. 그리고 랄프는 두어 단계 승진되어서 지금은 본부에 있네.”

“자네와 줄리 그리고 애들은 어떤가?”

"그 힘들었던 날들이 지나고서 아직도 사랑하지. 결코 쉽지는 않았어. 하지만 우리는 이제 훨씬 더 서로 잘 이해하고 즐겁게 지내고 있어. 우리가 뉴욕에 도착하면 줄리가 마중나와 있을 걸세. 며칠간 같이 쉴 걸세.

그리고 애들도 잘 지내지. 데이브는 고등학교에 다니는데, 부모가 먼 데 외출하고 나면 믿기 어려울 정도로 얼간이 같은 짓을 하지(나라도 그럴테니까). 그리고 샤론은 이제 막 남자를 사귀고 있어. 다행히도 남자애들은 그애를 아직 꼬마 취급하는 것 같아."

얼굴에 미소를 지으며 에릭은 잠시 동안 조용히 그가 방금 들은 이야기를 생각했다.

"그래서 자네는 이겼구만, 후—." 에릭이 마침내 말했다.

알렉스는 그를 보았다. "무엇을? 내가 내 계열사를 갖게 된 것을 의미하나?"

"맞아. 내 말은 자네가 정말 이겼다는 거지, 안 그런가?"

알렉스는 그 말을 생각하더니 웃었다.

"나도 그랬다고 생각했었어. 우리 모두가 전쟁에서 이겼다고 생각했던 거지. 사실은 단지 한 전투에서 승리한 것뿐인데 말이지. 중요한 것이지만 단지 하나의 전투였지." 알렉스는 말했다. "사실, 그 시점에서, 난 우리가 가질 수도 있었던 가장 큰 기회를 놓쳤네."

"왜? 무슨 일이 일어났나?"

"글쎄, 그것도 역시 긴 얘기네." 알렉스가 말했다. "그리고 미안하지만 다른 기회에 얘기해주겠네."

"좋아, 좋아, 한 번 비행에 한 이야기로 만족하지." 에릭은 양보했다. 그리고 그는 알렉스가 자신의 큰 승리를 거짓 겸손으로 감추려고 그러는지도 모른다는 듯한 표정으로 알렉스를 쳐다봤다. "하지만, 알렉스. 자네는 정말로 승리했네! 자네는 저 일본인들한테 물건을 팔고 있네, 안 그런가? 자네는 자신의 계열사를 갖게 됐네. 그리고 사업도 잘되고, 안 그런가?"

알렉스는 웃었다. "글쎄, 사실이네. 이제 우리는 승리하는 중이지. 하지만 투쟁은 아직 끝나지 않았네. 결코 끝나지 않지. 그것은 더 큰 것들로 계속 이어지지."

그는 에릭을 보았다.

"그리고 신에게 그것을 감사하네." 알렉스는 말했다.

그리고 나서 그는 그의 자리를 젖히고 몸을 깊숙이 눕혔다. 갑자기 피곤해진 것이다. 에릭도 얼마간 조용했다. 알렉스 로고는 자기 시작했다.

알렉스는 비행기가 방향을 바꾸려고 동체를 기울일 때 깨어났다. 밖의 구름은 부풀어서 햇빛 속에 금색을 띠었다. 알렉스는 얼마나 잤는지 알지 못했지만 그가 기대했던 것보다 훨씬 푹 잘 수 있었다. 바깥쪽에 앉은 에릭은 전혀 잠을 잔 것 같지 않아 보였다. 여태 뭔가를 골똘히 생각하고 있었다. 그는 오른손을 턱에 괴고 통로를 멍하니 쳐다보고 있었지만 머리 속은 핑핑 돌고 있었다.

마침내 그는 알렉스가 깬 것을 눈치챘다.

"자넨 아침 식사를 놓쳤네." 에릭이 말했다.

"어땠나?"

"3만 5,000피트 상공에서 먹는 것치곤 나쁘지 않았네."

"계속 깨어 있었나?"

"잠시 졸기는 했어. 사실 너무 생각이 많아서 잘 수 없었지."

"무엇을 그렇게 생각했는데?"

"자네가 말해준 모든 것. 내가 무엇을 결심했는지 아나? 나는 자네가 베링턴에서 한 모든 것을 내 공장에서도 할 것이네!" 에릭은 확신있게 말했다. "알렉스, 자네가 정말 나를 눈뜨게 했네. 만약 우리가, 자네가 베링턴에서 한 것을 한다면, 일년 후 우리가 어떻게 되어 있을까 생각해보게! 이건 정말 근사해, 알렉스. 정말 굉장한 거야. 난 정말 흥분 안 할 수 없네."

그가 그 가능성에 흥분되어 있다는 것은 분명했다. 알렉스가 그렇게 어렵게 배운 것들을 그의 공장에 도입해 단시일 안에 엄청난 성공을 거둘 것이라는 생각에. 하지만 알렉스는 웃고 있지 않았다.

"좋아, 하지만 잠깐 기다리게. 뭐 좀 물어볼게." 알렉스가 말했다. "어떻게 그것을 할 수 있다고 생각하나?"

"자네가 한 것과 똑같이지." 에릭이 말했다. "사실, 보스턴으로 갈 때까지도 기다릴 수 없네. 먼저 나는 회의를 열어서 모두에게 그것을 알릴 걸세. 그리고 우리는 병목을 찾아볼 것이고 일괄작업량을 줄이고, 그러면 재고가 떨어지는 걸 보게 되겠지 — 그 9야드나 되는 것을."

알렉스는 고개를 흔들었다. "아니야, 아니야, 잠깐만 기다리게. 자넨 내가 한 걸 그대로 본따기를 정말 원치 않을 걸세."

"왜 아닌가? 그것이 자네 공장에서는 통하잖아, 안 그런가?"

알렉스는 말했다. "보게, 만약 우리가 경쟁관계에 있거나 적이라면 난 자네 어깨를 툭툭 치면서 그것을 해보라고 할 걸세 — 보스턴에 돌아가서 모두를 설득해 내가 베링턴에서 했던 같은 종류의 변화들을 만들라고. 하지만 우리는 경쟁자가 아니고 좋은 친구이기 때문에 난 그렇게 할 수가 없네."

에릭은 그를 멍하니 쳐다보았다.

"무슨 말인지 모르겠군. 자넨 내가 망칠 거라고 생각하나? 그걸 잘해낼 만큼 똑똑지 못하다고 생각하나?"

"그게 아닐세. 난 자네가 나만큼 똑똑한지 알아, 아마 더 똑똑할지도 모르지." 알렉스는 말했다.

"그러면 그것이 우리 사업에선 통하지 않을 거란 뜻인가?"

"물론 자네 사업에도 통할 걸세. 어떤 것들에도 통하지, 서비스 업종까지도 말이야."

"그럼 왜 우리가 같은 결과를 얻을 수 없다는 것인가?"

"자네도 같은 결과를 얻을 수 있네. 사실, 내가 예측건대, 만약 자네가, 우리가 베링턴에서 했던 것들을 자네 사람들에게 시킬 수 있다면, 처음 일년 안에 자네의 이익은 크게 늘 걸세. 하지만 그건 문제가 아니야."

"그럼 무엇이 문제인가?"

"자네가 돌아가서 모두에게 내 얘기를 했을 때 무슨 일이 벌어질까 생각해보게."

알렉스는 말했다.

"모두가 나처럼 흥분하겠지. 그리고 우리는 자네 공장처럼 향상을 이루게 되고 우리의 문제가 해결될 걸세."

알렉스는 머리를 저었다. "무엇보다도, 자네는 새 아이디어를 옹호하고 있다는 것을 기억하게."

"내가 저항에 부딪힐 것이란 뜻인가?"

"바로 그걸세. 저항." 알렉스가 말했다. "자네가 뭔가 새로운 것을 제안하는 순간, 그것이 뭔가 나은 것이라 할지라도, 사람들은 그것에 반대를 하게 될 걸세. 그들은 모든 힘을 집중해서, 그 새 아이디어가 통하지 않을 거라는 이유를 만들어내려는 경향이 있지."

"글쎄, 아마 자네 말이 맞을지도 모르지." 에릭은 인정했다. "하지만 왜? 왜 그러지?"

"좋은 질문이네." 알렉스는 말했다.

"내 말은, 우리는 개혁에 대해서 얘기하는 거지 위협하는 것에 대해 얘기하는 게 아니야."

"하지만 개혁이 뭔가?"

에릭은 잠깐 생각하더니 말했다. "좀더 나아지기 위한 변화지."

"그것이 더 나은 것을 위한 것이든 아니든, 개혁은 변화를 의미하네. 그리고 어떤 이유에서든 변화는 불확실성을 의미하지. 우리는 안전하고 잘 알려진 것에서 알려지지 않은 것으로 위험을 무릅쓰고 가는 거지. 그것은 대부분의 사람들이 두려워하는 움직임이야." 알렉스가 말했다.

"그래서 개혁을 제안하면, 그것은 공포로 바뀐다, 이 말인가?" 에릭이 말했다.

"변화는 조직이 가장 하기 어려운 것이네." 알렉스가 말했다. "우리가 매니저로서 하는 것 중 많은 것이 사실은 변화와 반대로 향하고 있다고 생각해보지 않았나? 모든 변수의 한가운데서 경영자들은 통제, 예측성, 그리고 확실성에 매달리지. 그리고 변화에 반대하는 사람은 매니저뿐이 아니야. 모두가 다 반대하지!"

에릭은 실망해서 고개를 흔들었다. "자네가 옳은 것 같아. 개혁하기가 정말 힘들다는 건 확실하지."

승무원이 커피잔들을 모으며 지나갔다. 한 가지 생각이 에릭에게 떠올랐고 그는 자리에서 돌아앉아 알렉스에게 자신의 진지함을 확신시켰다.

"잠깐만 기다리게. 조직들은 정말 변하네." 에릭이 말했다. "개혁도 정말 일어나고. 그건 부정할 수 없는 사실이네."

"물론 그렇지. 의지력이나 권위 아니면 정치적인 방법을 통해서 조직이 격리된 변화를 만들게 할 수 있지." 알렉스는 말했다. "하지만 모든 사람이 그것에 동의하게 만들려면 오랜 시간이 걸리네. 그리고 일반적 동의가 생긴 후에도 사람들은 주안점과는 별상관이 없는 그 미묘한 차이 같은 것 때문에 다투느라 믿을 수 없을 만큼 많은 시간을 허비하게 되지."

"그래서 나한테 무엇을 하기를 제안하고 있는 건가?"

"보게나, 어쨌든 자네가 모두가 찬성하게 만들어서 자네 공장을 각각의 제한에 따르거나 일괄작업량을 줄이거나 뭐든지 자네가 하고 싶어하는 대로 운영한다고 가정해보세." 알렉스가 말했다. "일단 개혁이 되고 나면 무슨 일이 벌어지겠는가?"

"우리의 성과가 올라가겠지." 에릭이 말했다.

"맞네. 그리고 나선?"

"모두가 만족하겠지."

"정확히 그걸세. 일어날 수 있는 가장 최악의 것 중 하나지."

"왜, 만족하는 것이 뭐 잘못됐나? 나는 영웅이 될 걸세. 우리 모두는 돈을 더 벌 것이고 그리고 모두 다 그후는 행복하게 살겠지 — 그게 이야기의 끝이 아닌가?"

"그렇지는 않네," 알렉스가 말했다. "보게, 사실은 그 얘기가 절대 안 끝난다는 거지."

"난 아직 자네가 무슨 생각을 하는지 모르겠네."

"자네들은 아마 첫 해엔 행복하게 살지 모르네. 하지만 둘째 해엔 무엇을 할 것인가?"

그는 에릭의 머리가 약간 위로 흔들리는 것을 쳐다봤다. 에릭은 잠시 다른 곳을 보았다.

"모르겠네." 에릭이 말했다. "시간이 오면 그것에 대해 걱정하겠지. 어쨌든, 왜 걱정을 해야 하나? 자네가 내게 말한 것에 의하면, 우리는 엄청난 향상을 이룰 수 있는데."

"맞네, 그럴 수 있지. 하지만 요즘 세상에선, 한 가지의 개혁이, 그것이 아무리 큰 것일지라도, 자네를 오랫동안 선두로 지켜주진 못하네. 우리는 세계적인 경주를 하고 있네. 경쟁은 어느 때보다도 더 치열하지. 우리가 대치하고 있는 것들을 보게."

알렉스는 경쟁의 영향을 항목별로 말하면서 그것들을 열거할 때마다 손가락으로 세기 시작했다.

"제품의 수명 사이클이 더 짧아졌네. 구입자들은 그들이 사는 것에 결함이 하나도 없기를 요구하고 있고, 그런 품질을 얻기 위해 벤더를 주저없이 바꾸지. 기술은 하루가 다르게 새로워지고 있네. 국내 시장에서마저 수입품들과의 경쟁으로 더욱 힘들어져 가고 있지. 거기다가 시장은 한 나라에서 세계로 늘어났네. 그것은 더 많은 변화, 적응력 그리고 더 많은 문제를 의미하지. 그리고 그 모든 것이 숨도 못 쉴 정도의 속도로 벌어지고 있어. 그것이 왜 하나의 개혁이 결코 충분하지 않은가 하는 이유지."

"글쎄, 그렇다면 자네 얘기를 들은 적이 없는 것으로 간주해야겠구만." 에릭이 말했다. "마치 그것에 신경도 쓰지 말라고 말하는 것처럼 들린단 말야. 내가 이룩할 어떤 개혁도 충분하지 않을 것이다, 그러니 괜한 노력을 하지 말고 하던 대로 계속해나가라 하는 것처럼 말이지."

"아니야, 물론 아닐세. 사실 내가 제안하는 것은 그 반대야." 알렉스가 말했다. "회사가 살아남고 궁극적으로 번영하는 유일한 길은 변하는 것이지."

"그러나 우리는 방금 사람들이 변화에 저항한다는 데 동의하지 않았나?"

"만약에 변화가 예외가 아니라 표준이 된다면 어떻겠나? 조직이 그것의 에너지를 안정을 이루는 데 쏟는 게 아니라 지속적 개혁을 추구하는 데 쏟는다고 가정해보게."

에릭이 머리를 흔들었다. "잠깐 멈추게. 좀 현실적으로 생각해 보세. 만약 한 번의 개혁이 그렇게 저항을 받는다면 어떻게 지속적 개혁을 바라겠나?"

"어떻게 조직에서 어떤 일이 늘 될 것을 확신하나?"

에릭은 점점 실망하는 것 같았다.

"이봐, 왜 이렇게 질문이 많나? 꼭 자네의 그 교수 같군!"

"조나 같다구?"

"그래, 왜 그저 곧바로 해답을 주지 않나?"

알렉스는 그를 진지하게 보고 말했다. "나를 믿게. 내가 이 질문들을 하는 데에는 중요한 이유가 있네. 만약 자네에게 그저 내가 아는 해답들을 말해준다면 자네가 얻는 것이라곤 귀가 따갑도록 듣는 조언들뿐일 걸세. 하지만 만약 자네 스스로가 그 해답들을 발견해낸다면, 자네는 그 해답들의 주인이 되는 거지. 그것들은 자네가 간직할 것들이 될 걸세. 그리고 자네는 그것들을 자네 스스로가 찾았기 때문에 더 믿게 될 걸세."

에릭은 알렉스가 정말 진정으로 그러는지 잠깐 쳐다보았다. 그리고 나선 말했다. "좋아, 그 질문이 뭐지?"

"이렇게 말해보세. 어떻게 자네의 회사는 어떤 일이 일어나는 것을 확신하나?"

"글쎄, 우리는 여기저기에 과정이 있어서—."

"바로 그걸세." 알렉스는 말했다. "자네는 과정들을 가지고 있네. 그리고 어떤 새로운 것이 일어나기를 원할 때 새로운 과정을 집행하지. 지속적 개혁도 다를 바 없네."

에릭은 잠시 아무 말도 하지 않았다.

"지속적 개혁 과정이라," 그는 중얼거렸다. 그리고 나서 말했다. "꽤 급진적 생각 같은데 그게 과연 먹혀들까?"

"글쎄, 그것은 순환적인 과정이네. 상황에 따르는 변화와 함께 자네가 계속해서 다시 반복하는 그런 일련의 행동들이지." 알렉스는 말했다.

"우리가 베링턴에서 배운 것들로부터, 우리는 생산시스템의 아주 적은 수의 제약이 시스템의 성과수준을 결정한다는 걸 알았네."

"맞아, 그래서 그것들이 무엇인가 확인해야 되지 않았는가?" 에릭이 말했다.

"그렇지." 알렉스가 말했다.

그리고 그는 조나의 경험 덕분에 대부분의 공장들이 몇 개의 제약 세트에 의해 영향받는다는 것을 알았다고 설명했다.

"예를 들면, 자네는 조직의 모든 자원의 용량은 시장의 수요를 초과한다는 것을 발견할 걸세. 시스템 안의 가장 적은 용량을 가진 자원은 200개를 취급할 수 있는데 시장은 단지 100개밖에 취급하지 못하는 거지."

"그래서 시장이 병목이군." 에릭이 말했다.

"글쎄, 아니네. 시장은 자원이 아니야. 그래서 정의에 의해 그것은 병목이 될 수 없네. 하지만 그것은 자주 제약이 될 수 있지. 결코 병목은 될 수 없지만."

"좋아. 알았어." 에릭이 말했다.

"다른 경우에 자네는 수요가 최소한 한 자원의 용량을 초과하는 것을 발견할 것일세. 그리고 그 병목자원이 제약이지." 알렉스가 말했다.

"그것도 알겠네." 에릭이 말했다.

"대부분의 공장들은 몇 개의 제약에 좌우되지. 그것들이 무엇이든 일단 자네가 그것을 발견했다 하세. 지속적인 개혁 과정에서 다음 할 일은 무엇이라 생각하나?"

에릭이 말했다. "전체 시스템을 그 제약에 따라 돌리는 거겠지."

"맞네. 하지만 어떻게 그 시스템 안의 모든 사람들이 무엇을 해야 할지 아나?"

"알았네. 그들을 인식시킬 필요가 있지. 모든 사람이 그 제약이 무엇인지를 확실히 알도록 해야 하네."

알렉스는 고개를 끄덕였다. "그리고 그들의 모든 행동은 그것이 시스템의 제약들에 미칠 영향을 고려해서 행해져야 하네. 그것이 전체 조직의 관심의 초점이 되는 거지."

"특히 경영진에게 말이지." 에릭이 말했다.

"물론이지."

에릭은 이제 문제를 이해하기 시작한 것 같았다. "그리고 그 제약들을 다룰 때, 자네는 그것들로부터 자네가 할 수 있는 만큼 모든 걸 짜내야 하지. 마치 자네가 허비와 공장의 병목에서 했던 것처럼 말일세."

"맞네," 알렉스는 말했다. "아니면 조니 존스 같은 사람하고 만날 때엔 시장으로부터 좀더 많은 세일즈를 짜내게 하는 거지. 그동안에 시스템에 있는 다른 것들을 자네는 그것의 잠재력에 따라서가 아니라 그것에 영향을 끼치는 제약들의 용량에 따라서 돌려야 하고 말이지."

"알았네. 하지만 그 제약의 용량을 늘리도록 해야 하지 않나?" 에릭이 물었다.

"물론이네, 그것이 다음 순서지." 알렉스가 말했다. "하지만 자네가 각각의 결과를 더 많은 생산율을 얻기 위해 늘린다면 무슨 일이 일어나겠는가?"

"전체 시스템의 성과가 올라갈 걸세."

에릭이 말했다.

"사실이네. 하지만 다른 일들도 일어날 걸세."

에릭은 열심히 생각했다. 하지만 몇 분이 지나도 그는 아무 대답이 없었다.

"제약을 늘리면 그 시스템 안의 다른 곳의 요소들에겐 무슨 일이 벌어지겠는가?" 알렉스는 그에게 힌트를 주었다.

에릭의 얼굴에 불이 들어왔다.

"다른 모든 것에 대한 그들의 영향이 변할 걸세." 그는 말했다.

"아주 드라마틱하게 변할 수 있지." 알렉스가 말했다. "한 제약이 늘어나고 나면 새로운 제약 — 아니면 새로운 세트의 제약들 — 이 나타날 걸세. 제약들은 조직에서 바깥 시장 쪽으로 나갔다가 다시 돌아올 뿐 아니라 조직의 한 부분에서 다른 곳으로도 옮겨질 것이네. 만약 그런 상황이 일어나면 경영진과 전체 조직의 관심도 같이 옮겨지게 되는 거지."

에릭이 바로 앉았다. "그래서 모두가 같이 쫓아가는구만."

"그러고 나서 새 제약들이 확인되고 그 순환은 다시 시작되는 걸세." 알렉스가 말했다.

"끝이 없다는 뜻인가? 조직은 계속해서 개혁한다는?"

"계속은 아니네. 지속적 개혁 과정은 자네가 늘 개혁을 한다는 것을 의미하진 않아. 개혁률이 변할 걸세. 그것은 모두가 성과를 향상시키기 위해 그들의 관심을 어디에 집중시켜야 할까를 — 그것이 모든 것의 진짜 열쇠인데 — 정확히 알고 있음을 의미하네."

"확실히 그럴 것 같구만."

"하지만 어떤 의미에선 자네가 맞네. 거기엔 끝나는 선이 없네." 알렉스가 말했다. "그 과정은 계속해서 나가는 거네."

에릭은 감명받은 것처럼 보였다. 그는 마음속으로 신중히 생각하고 있었다. 안전벨트 사인이 나타났다. 창문 밖으로 맨하탄의 스카이라인이 보였다. 알렉스는 그것의 복잡성에 매료되어 잠시 그것을 주시했다.

알렉스의 마지막 말에 대해 머리를 짜내다 에릭은 말했다. "어떻게 모두가 어떤 한 시간에 무엇이 그들이 개혁을 시켜야 하는 가장 중요한 것인가를 발견할 수 있나?"

"에릭, 그 질문에 대한 해답은 또 다른 얘기일세. 그리고 그것은 내가 방금 자네에게 한 것보다도 더 길지. 다음 기회에 얘기하도록 하세. 다만 지금은 그것을 하는 방법이 있다는 것만 받아들이게. 어떤가, 내 생각이?"

"그래. 바로 그것이 우리가 지금부터 해야 할 일이겠지. 하기야 우리가 그 과정을 확립할 수 있다면 어떠한 조직도 침체되지 않을 걸세."

알렉스는 그의 친구가 그 가능성에 황홀해 하는 것을 쳐다보았다. 에릭의 얼굴에서 그런 표정을 본 것은 실로 오랜만이었다. 그리고 그것은 맨하탄보다 더 황홀한 것이었다. 그것은 알렉스에게 옛날 대학시절의 밤을 연상시켰다. 그때 그들 둘은 다른 사람과 함께, 공부도 잊은 채, 신으로부터 시작해 섹스, 정치, 잴 수 없는 미래, 그리고 우주 끝까지 가는 모든 것들에 대해 두서 없이 얘기를 하곤 했다. 그것은 그에게 어린아이의 당혹감을 연상시켰다. 그에겐 모든 것이 새롭고 가능성이 무한하고 모든 해답들이 남겨져 있었다.

특히 그의 친구는 알렉스 자신을 연상시켰다. 최근에 지나간 세월 속에서 그는 이루어질 수 있는 것들의 잠재성에 끊임없이 흥분되고 열중해왔다. 그러한 진보로 세상은 아마도 그들의 제도가 온전한 것으로 발전하기 위해서 몇 세대를 기다릴 필요가 없게 될는지도 모른다. 이 모든 개념은 돈을 번다는 것의 의미보다 훨씬 더 나아간 것이다.

"우리는 모두 더 크고 더 나아질 것이네." 에릭이 말했다.

"이제 자네 공장에 관한 한 내가 왜 베링턴에서 한 그대로를 모방

하는 것이 그렇게 좋은 생각이 아니라는 이유를 알겠나?" 알렉스가 물었다.

에릭의 얼굴 표정은 경탄에서 당혹감으로 변했다.

"듣게," 알렉스가 말했다. "내가 베링턴에 있었을 때, 나는 무시무시한 부담 아래 있는 사치를 누렸지."

"부담의 사치?"

"그렇게 보이지 않았다는 건 알지만 그랬네. 그 상황은 너무 절망적이어서 한 세트의 개혁은 충분하지 않았어. 우리는 지속적인 개혁을 해야 했네. 그 당시에는 몰랐지만 우리는 단지 필요성에 의해 그 지속적 개혁 과정을 시작한 것이지."

알렉스는 잠시 멈췄다.

그리고 나서 그는 다시 말했다. "하지만 일단 베링턴에서의 위기가 사라지고 내가 거기서 배운 것을 내 계열사의 다른 공장에 적용하려 했을 때 무슨 일이 생겼는지 아는가?"

"부담이 없었겠지, 그땐," 에릭이 말했다. "그래서 자세도 많이 해이해졌겠구."

"맞아," 알렉스가 말했다. "우리는 길가로 달리기 시작했지. 조금씩 조금씩 성과의 개혁은 떨어지기 시작했지. 갑자기 나는 경쟁사들이 우리를 빠르게 따라오고 있음을 눈치챘지. 우리가 이룩한 결과의 영향들이 침범해오기 시작한 거야. 그리고 내가 모든 사람들에게 이러한 사실을 일깨워주려 했을 때 그것은 마치 시체를 깨우는 것 같았어. 마치 조직이 기계로 바뀐 것 같았어. 베링턴에선, 아무도 더이상 생각을 안 하고—."

"저런, 마치 베링턴에서 있었던 원래 문제같이 들리는구만." 에릭이 말했다.

"사실 그렇네. 그리고 다른 공장에서는 아무도 생각하지조차 않았어. 잘해봤자 모두가 우리가 한번 점잖게 노력하면 그게 끝이라고 기대하는 것 같았어. 마치 그러면 우리 모두가 모든 것이 완벽한 천당으로 갈 것처럼."

갑자기, 알렉스가 주의를 기울이지 않고 있었기 때문이지만, 비행기 바퀴가 땅에 닿았다. 두 사람은 속도 감속의 충격을 느꼈다. 알렉스는 비행기가 지나가면서 유리창 밖의 풍경을 보았다. 다시 에릭을 보았을 때, 그는 물었다.

"우리가 실수한 게 뭔지 아나?"

"자네는 모든 에너지를 개혁과정보다는 개혁 그 자체에 썼지." 그가 말했다.

"정확히 맞았네." 알렉스는 말했다. "그것이, 왜 만약 자네가 보스턴에 돌아가서 모든 사람들에게 우리가 했던 것을 하도록 시키는데 자네의 모든 힘을 쓴다면 자네가 큰 기회를 놓칠 거라는 이유지."

에릭은 가까이서 듣고 있었다.

"왜냐하면 그 개혁은 내가 이용할 수 있는 그 부담을 제거해준 것이기 때문이지." 그는 결론지었다. "그리고 우리가 그 부담을 다시 가지려면 아마도 얼마간의 시간이 걸릴 걸세."

"그것이네. 이제 다 알아들었군." 알렉스가 말했다.

"그래서 첫번째 걸음은 변화에 대한 저항을 없애는 것이군." 에릭이 말했다.

"맞아. 개인별 개혁이 아니라 그룹 전체가 합의에 도달하도록 힘써서 ―."

"지속적 개혁을 채택하는 것에 대한 동의 일치!" 에릭은 마치 그것이 세상에서 가장 논리적 생각인 것처럼 말했다.

비행기가 터미널에 멈추고 엔진이 꺼졌다. 오랫동안 자리에 앉아서 움직이고 싶어 안절부절하던 승객들이 즉시 그들의 짐을 챙겼다.

에릭과 알렉스는 가방을 들고 통로로 향했다.

"그것이 빨리 효과를 못 보면 어떻게 하지?" 에릭이 물었다.

"그게 좋은 건 알아. 하지만 현실은 다르잖아. 우리 경영진은 단기간내에 빨리 이익을 보기 바라거든. 지속적 개혁 과정은 좀 시간이 걸리지 않을까?"

알렉스는 아니라고 대답했다.

"베링턴에서 일어난 일들을 보게. 그리고 만약 자네가 그 과정을 실천한다면 자네의 단기 이익은 단지 자네가 계속 나아가고 장기적 이익으로 도약할 수 있도록 하는 긍정적 자극일 뿐이네. 만약 자네가 그것을 빠르게 실시한다면 아무 경쟁자도 자네를 막을 수 없을 것일세."

그들은 비행기 문 바로 옆의 비행 승무원 앞을 지나갔다. 짙은 머리색의 여자가 모델 같은 얼굴을 하고 인형처럼 웃었다. 그녀는 웃으면서 작별인사를 하려다가 알렉스가 에릭에게 "부딪쳐보게" 하고 말하는 것을 듣고는 그만두는 눈치였다. 두 사람은 안도의 심정으로 비행기를 빠져나와 터미널로 가는 통로를 걸어나갔다. 문에서 에릭이 돌아봤다.

"하지만 어떻게?" 에릭이 물었다. "어떻게 그 일이 일어나게 하지?"

"먼저 문화를 만들게." 알렉스가 말했다.

"내 말 뜻은 어디서 그런 것을 가져와야 하며 또 어디서 배울 수 있느냐는 것일세."

"내가 배운 같은 출처에서지." 알렉스가 말했다.

그들은 세관으로 갔다. 그곳에 도착했을 때 알렉스는 멀리서 줄리가 손을 흔들고 있는 것을 보았다. 그도 손을 흔들었다.

"여하튼 자네를 다시 보게 돼서 반가웠네." 에릭이 손을 내밀며 말했다.

알렉스는 그 손을 잡고 흔들었다. "나도 마찬가지야."

"그리고 얘기해줘서 고맙네. 모든 것이 다." 에릭이 말했다. "보스턴에 가서 사람들의 관심을 모은 다음에 전화하겠네."

"좋네. 자네한테도 그 방법이 잘되길 비네."

알렉스가 막 움직이려 했을 때 에릭이 그의 옷소매를 잡았다.

"하나 더." 에릭이 물었다. "무엇이 진짜 목표지?"

알렉스 로고는 말했다.

"생각해보게. 과연 무엇이 목표일지를."

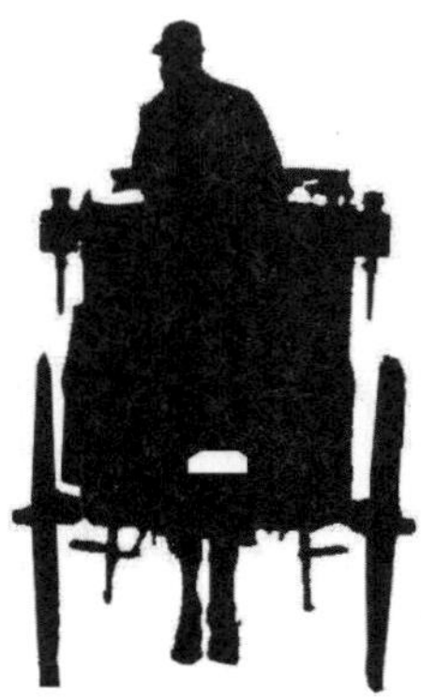

중원문화 아카데미 新書

1 한국근대 사회와 사상
• 일본 교토대학교 연구소 엮음

2 걸어다니는 철학
• 황세연 저

3 반듀링론
• F.엥겔스/김민석 역

4 헤겔 법철학 입문
• 꼬우즈미 따다시 지음

5 이성과 혁명
• H.마르쿠제/김현일 외 역

6 정치경제학 교과서 I-1
• 짜골로프 외/윤소영 엮음

7 정치경제학 교과서 I-2
• 짜골로프 외/윤소영 엮음

8 정치경제학 교과서 I-3
• 짜골로프 외/윤소영 엮음

9 이탈리아 맑스주의
• K.프리스터/윤수종 옮김

10 걸어다니는 경제사
• 황세연 편저

11 자본론에 관한 서한집
• K.마르크스와 F.엥겔스 저

12 지배와 사보타지
• 안토니오 네그리/윤수종 옮김

13 과학기술사
• 석동호 편저

14 저개발과 의약품
• M. 뷜러/우연재 옮김

15 맑스주의의 세 갈래길
• W. 레온하르트/하기락 옮김

16 역사적 맑스주의
• R.알튀세르/서관모 옮김

17 경제학의 선구자들
• 일본경제신문사/김종호 옮김

18 근현대 사회사상가 101
• 이마무라 히도시/안효상 옮김

19 맑스를 넘어선 맑스
• 안토니오 네그리/윤수종 옮김

20 교육과 의식화
• P.프레이리/채광석 역

21 정치경제학 교과서 II-1
• 짜골로프 외/윤소영 엮음

22 정치경제학 교과서 II-2
• 짜골로프 외/윤소영 엮음

23 청년 마르크스의 휴머니즘
• H.포피츠/황태연 역

24 사회를 어떻게 볼 것인가?
• 황세연 편저

25 헤겔연구②
• 임석진 외저 (절판)

26 칸트 철학입문
• W.O.되에링/김용정 역

27 노동조합 입문
• 양원직 편저

28 마르크스에서 쏘비에트 이데올로기로
• I.페처/황태연 역

29 소유의 위기
• E.K.헌트/최완규 역

30 변증법의 현대적 전개①
• W.뢰트/임재진 역

31 변증법의 현대적 전개②
• W.뢰르/임재진 역

32 모순의 변증법
• G.슈틸러/김재용 역

33 헤겔연구③
• 임석진 외저 (절판)

34 국제무역론
• 久保新一/김선기 역

35 칸 트
• 코플스톤/임재진 역

36 자연과학과 철학
• H.라이헨바하/김회빈 옮김

37 철학 입문
• 황세연 편역

38 맑스주의의 역사 ①
• P. 브르니츠기/이성백 옮김

39 맑스주의의 역사 ②
• P. 브르니츠기/이성백 옮김

40 한국사회와 자본론
• 황태연 저

41 정치경제학 비판을 위하여
• K.마르크스/김호균 역

42 과학기술 혁명시대의 자본주의와 사회주의
• 황태연 저/허상수 엮음

43 혁명운동의 문제들
• S. P.노보셀로프/이창휘 옮김

44 마키아벨리의 고독
• 루이 알튀세르/김민석 역

45 들뢰즈와 가타리
• 로널드 보그/이정우 옮김

46 과학적 사회주의
• G.그로서/송주명 옮김

47 맑스-레닌주의 철학의 본질
• F. V. 콘스탄티노프/김창선 역

48 철학의 기초(1)
• A. 라키토프/김신현 옮김

중원문화 아카데미 新書

49 철학의 기초(2)
• A. 라키토프/김신현 옮김

50 소수자 운동의 새로운 전개
• 윤수종 외 지음

51 한눈에 들어오는 서양철학사
• 타케다 세이지/홍성태 옮김

52 마르크스즘과 유로코뮤니즘
• 산티아고 까리요/김유향 옮김

53 맑스주의와 프랑스인식론
• P. 토미니크 르쿠르/박기순 옮김

54 논리의 오류
• 에드워드 데이머/김회빈 역

55 프랑스 문화와 예술
• 마르크 블랑팽 · 장 폴 쿠슈/송재영 옮김

56 개발과 파괴의 사회학
• 홍성태 지음

57 인민의 벗이란 무엇인가
• V. 레닌/김우현 역

58 예술 · 정보 · 기호
• 가와노 히로시/진중권 역

59 담론의 질서
• 미셸 푸코 지음/이정우 해설

60 사회학의 명저 20
• 김진균 외 지음

61 철학사(1)
• Akademiya Nauk SSSR 편

62 철학사(2)
• Akademiya Nauk SSSR 편

63 철학사(3)
• Akademiya Nauk SSSR 편

64 철학사(4)
• Akademiya Nauk SSSR 편

65 철학사(5)
• Akademiya Nauk SSSR 편

66 인격의 철학, 철학의 인격
• 김종엽 저

67 담론의 질서
• 푸코 지음/이정우 옮김

68 교육자의 길
• 이오덕 외 저

69 정치경제학
• 짜골로프 저

70 박정희 시대-5.16은 쿠데타다
• 이상우 저

71 박정희 시대-민주화운동과 정치주역들
• 이상우 저

72 박정희 시대-5.16과 한미관계
• 이상우 저

73 박정희와 유신체제 반대운동
• 이상우 저

74 세계사 (제국주의 시대)
• 김택현 편

75 세계사 (제1차세계대전)
• 김택현 편

76 세계사 (제2차세계대전과 파시즘)
• 김강민 역

77 세계사 (현대)
• 조진원 편/이춘란 감수

78 근현대 형성과정의 재인식①
• 안종철 외 저

79 근현대 형성과정의 재인식②
• 정근식 외 저

80 시몬느 베이유 철학교실
• 앙느레느/황세연 역

81 소크라테스에서 미셸 푸코까지
• 기다 캔/김석민 역

82 상식 밖의 세계사
• 가바야마 고아치/박윤명 역

83 들뢰즈와 카타리
• 로널드 보그 저/이정우 옮김

84 새로운 예술을 찾아서
• 브레이트 저/김창주 역

85 역사 유물론의 궤적
• 페리 앤더슨/김필호 외 옮김

86 철학적 맑스주의
• 루이 알뛰세르/서관모 역

87 생산의 발전과 노동의 변화
• 마이클 피오르 외/강석재 외 역

88 항일과 혁명의 한길에서
• 김운선 지음

89 지배와 사보타지
• 안토니오 네그리/윤수종 역

90 헤겔철학 서설
• 오토 푀겔러/황태연 역

91 과학적 공산주의란 무엇인가
• 빅토르 아파나시예프/최경환 역

92 페레스트로이카 논쟁(서독)
• 에케르트 외/송주명 역

93 페레스트로이카 논쟁(동독)
• 모르겐슈테른 외/신현준 역

94 페레스트로이카 논쟁(프랑스)
• 프랑시스 코엥/신현준 역

95 페레스트로이카 논쟁(소련)
• 야코블레프 외/신현준 역

96 마르크스주의와 개인
• 아담 샤프/김영숙 역

개 정
증보판
방송인·교사·연기자
강연자들을 위한
필독서
우리말
바르게
말
하기
사전
改訂
우리말
장단음 사전
-간추린 生活用語-
표준말은 인격
우리말
장단음 사전
Chroneme-Sorted Korean Dictionary
엮은이 : 최 흘(崔屹)
명문당

JUNGWON-MUNHWA PUBLISHING CO.
SINCE 1978
도서출판 중원문화

새길 아카데미

도서출판 青史